杜澤遜 撰
程遠芬 編索引

四庫存目標注

叁

顧廷龍題

上海古籍出版社

四庫存目標注卷三十二

子部一

滕州　杜澤遜　撰

儒家類

孔子家語註八卷　明何孟春撰　**二六七二**

湖南巡撫採進本(總目)。○《湖南續到書》：「《孔子家語註》二本。」○中國歷史博物館藏明正德十六年張公瑞刻本，正文首題「孔子家語卷之一」，次題「郴陽何孟春註」。半葉十行，行二十字，小字雙行，行四十字，白口，四周單邊。白棉紙。有正德二年何孟春序，正德十六年辛巳林俊題辭。又正德十六年莆陽黄鞏《新刊孔子家語注跋》云：「是本先生自滇寄至，因托建寧郡伯張侯公瑞梓行書坊。」卷内鈐「東吴朱海家藏」、「海鹽陳德大藏書」、「陳德大」、「容齋」、「杭州王氏九峰舊廬藏書之章」、「山陰沈仲濤珍藏祕籍」、「荃孫」、「藝風審定」等印記。卷一第五葉第六葉、卷三第三第四葉、卷七第五第六第十五第十六葉均佚去。前有鄧邦述手跋：「何孟春在正德時所刊古籍甚多，故是博雅之士。此本乃其所注，今年過海上，見雲自在龕遺書，因併收之。辛酉十二月正闇檢記。」《存目叢書》據以影印，卷三卷七缺葉用嘉靖本補配。北圖藏是刻有羅振常跋。上圖、安徽省圖等亦有是刻。○北京圖書館藏明嘉靖二年高應禎刻本，作《孔子家語》八卷，半葉十行，行二十字，白口，四周單邊。明徐𤊹手跋。此與前本字體較近，似爲覆刻。北大亦有是刻。○浙江東陽文管會藏明刻本，作《孔子家語》八卷，半葉十行，行二十字，白口，左右雙邊。○明永明書院刻本，作《孔子家語》八卷，半葉九行，行二十字，白口，四周雙邊，間有單邊。北圖、浙圖、中山大學等藏。○明永明書院刻遞修本，作《標題句解孔子家語》三卷，半葉九行，行十五字，黑口，四周雙邊。北圖藏。○明刻本，作《標題句解孔子家語》三卷，半葉九行，行十五字，黑口，四周雙邊。北圖、上圖、川圖等藏。○杭州大學藏明嘉靖三十七年刻本，作《孔子家語》八卷八册，半葉九行，行二十字。三行題「六十一世孔弘鐸校刊」。卷末有「嘉靖戊午仲夏端陽之吉命建陽書林吴世林梓」。鈐「華陽書屋」、「一山」及嘉業堂等藏印。《嘉業堂藏書志》、《杭州大學善本書目》著録。○清同治癸酉經綸堂刻本，山東圖藏。○民國十三年上海協記書局鉛印盧文弨校本，南大藏。

家語正義十卷　國朝姜兆錫撰　**二六七三**

江蘇巡撫採進本(總目)。○《江蘇省第一次書目》：「《家語正義》二本。」○《江蘇採輯遺書目録》：「《家語正義》十卷，清丹陽姜兆錫著。」〇中國科學院圖書館藏清雍正十一年寅清樓刻本，題「姜兆錫正義，男允重、允遠校」。半葉九行，行二十五字，白口，四周單邊。各卷首葉版心刻「寅清樓」。正文前有《至聖年表正譌》、《至聖像記》。《存目叢書》據以影印。北大亦有是刻，李盛鐸故物。

孔叢子正義五卷　國朝姜兆錫撰　**二六七四**

江蘇巡撫採進本（總目）。〇《江蘇省第一次書目》：「《孔叢子正義》一本。」〇《江蘇採輯遺書目録》：「《孔叢子正義》五卷，清丹陽姜兆錫著。」〇中國科學院圖書館藏清雍正十一年寅清樓刻本，題「姜兆錫正義，男允重、允遠校」。半葉九行，行二十五字，白口，四周單邊。有雍正二年姜兆錫序，序首葉版心刻「寅清樓」。《存目叢書》據以影印。上圖亦有是刻，王培孫舊藏。

曾子全書三卷　明曾承業編　**二六七五**

江蘇周厚堉家藏本（總目）。〇《江蘇省第一次書目》：「《曾子全書》一本。」〇《江蘇採輯遺書目録》：「《曾子全書》三卷，明五經博士曾承業刻。」〇臺灣「中央圖書館」藏明萬曆四十三年曾承業刻本，題「曾嘉祥後學陳文剛校，六十二代孫曾承業梓」。半葉八行，行十六字，白口，四周單邊。前有萬曆四十三年乙卯周延儒序云：「博士曾承業者，夫子六十二代孫也，雅衣德言，夙虔理範，勤研考之思，殫提纂之力，爰彙先聖書三卷十一篇而梓行之。」（參該館《善本書志初稿》、《善本序跋集録》）上圖、北京市委圖書館亦有是刻。

忠經一卷　舊本題漢馬融撰　鄭元（玄）注　　二六七六

江蘇巡撫採進本（總目）。○《江蘇省第一次書目》：「《忠經》一本。」○《江蘇採輯遺書目録》：「《忠經》一册，後漢南郡太守扶風馬融著，鄭玄著，刊本。」○臺灣「中央圖書館」藏南宋末刻本，正文首題「忠經」，次題「漢南郡太守馬融撰」。書分十八章，依次用十八種字體：王筯、倒薤、芝英、古文、垂露、墳書、穗書、柳葉、纓絡、垂雲、懸鍼、剪刀、奇字、轉宿、金錯、大篆、龍爪。正文大字，每字下有小字楷體釋文。半葉六行，行大字五，小字五，相互間隔。白口，雙魚尾，上下魚尾之間刻「忠經篆註」。此本僅正文，無鄭玄注。所謂「註」指篆文下之楷字釋文。前有番陽黃震序，後有太原王安國後序，乾道己酉陳欽跋，嘉定六年張革跋。卷首扉葉有道光十五年李兆洛手跋，書後有清錢天樹手跋，清王宗誠手跋。卷内又有嘉慶五年庚申九月錢大昕觀款，道光六年丙戌孫原湘觀款，道光十年庚寅楊希銓觀款，道光十年方若蘅觀款，道光十年邵淵耀觀款，道光十一年蔣因培觀款。卷内鈐「趙孟頫印」、「天水趙氏」、「葉盛」、「與中」、「菉竹堂」、「吴岫家藏」、「陳道復」、「文嘉」、「休承」、「汲古閣」、「毛晉過眼」、「錢曾」、「高士奇印」、「叔芷」、「儂長荷花三日生」、「孫從添印」、「虞山張蓉鏡鑒定宋刻善本」、「張鈞衡印」等印記。（詳該館《善本書志初稿》、《善本序跋集録》、《善本題跋真跡》）○臺灣「中央圖書館」藏明宣德九年蘇州府學刻本，首行題「忠經」，次題「漢南郡太守馬融撰，大司農鄭玄註」。半葉七行，行十五字，小字雙行同，白口，四周雙邊。前有宣德九年甲寅會稽韓陽序。後有宣德九年會稽胡季舟跋云：「今年冬，予友山陰韓君伯陽出其先君子本常先生所藏舊本，請質蘇郡守南昌況公。公閱之，卓然感發，是蓋忠貞之心殆與二公異世而同符者，乃捐俸鋟梓，署諸郡庠。」知係況鍾出貲刻署蘇州府學者。鈐有「孫氏伯淵」、「臣星衍印」、「南陵徐乃昌校勘經籍記」、「積學齋徐乃昌藏書」等印記。○臺灣「中央圖書館」藏明嘉靖三十三年霍氏刻本，題「漢南郡太守馬融撰，大司農鄭玄註」。半葉八行，行十八字，白口，左右雙邊。前有況鍾引，嘉靖三十三年甲寅黃洪毗序，河南按察司副使奉敕提督學校徐霈序。又嘉靖三十三年朱睦㮮序云：「舊刻於吴中，歲久鏤板寖缺。侍御思齋霍公來按中州，得是編而悦之，曰子臣嚴敬之義一也，於是正其訛舛而付梓焉。」知係霍冀官河南時所刊。鈐「吴興許博明氏懷辛齋藏書印」、「雪溪許氏申申閣章」、「楊璘私印」等印記。○原北平圖書館藏明嘉靖三十四年益藩舒城王府刻本，題「漢南郡太守馬融撰」。半葉三行，行四字。卷末題「嘉靖乙卯秋八月皇明宗永仁篆」，上鈐「舒城王圖書」大印，卷端鈐「皇明宗室」、「永仁」兩印。有嘉靖三十四年大明高皇帝八世孫益藩舒城王永仁道人序。鈐「延古堂李氏珍藏」、「積學齋徐乃昌藏書」等印記。此本現存臺北「故宫博物院」。（參王重民《善本提要》、臺灣《中央圖書館善本書目》）○上海圖書館藏明嘉靖四十五年令狐鏓刻本，題「漢南郡太守馬融撰，大司農鄭玄註」。半葉八行，行十八字，白口，四周單邊。前有宣德甲寅韓陽序，後有宣德九年胡季舟跋。又嘉靖四十五年丙寅秋知朝邑縣事琢軒令狐鏓書後云：「遂捐廩鋟梓，以惠後學。」卷内鈐「子晉」、「汲古主人」、「毛扆之印」、「斧季」、「蘿邨蔣氏手校藏書」等印記。《存目叢書》據以影印。○北京圖書館藏明嘉靖祗洹館刻《小十三經》本，題漢馬融撰，鄭玄注。半葉十行，行十八字，白口，左右雙邊。○明嘉靖隆慶間内府重寫《永樂大典》卷四百八十五至四百八十六東韻忠字下收有《忠經》。臺灣「中央圖書館」藏。鈐「周暹」印。○臺灣「中央圖書館」藏明隆慶二年刻本，題「漢南郡太守馬融撰，大司農鄭玄註，明襄國後學孔昭校刊」。半葉六行，行十四字，白口，四周雙邊。前有宣德甲寅韓陽序。後有隆慶二年三月玉泉山人跋云「是故刻之」。按：趙孔昭，字子潛，號玉泉，邢臺人，明嘉靖二十三年進士，神宗時官至兵部左侍郎。襄國故城在邢臺縣西南。然則此「襄國後學孔昭」、「玉泉山人」即邢臺趙孔昭，亦即刻書人也。○明萬曆新安程榮刻《漢魏叢書》本，北圖、上圖、南圖等藏。民國十四年商務印書館影印程榮刻《漢魏叢書》本。○明萬曆二十年刻《廣漢魏叢書》本，北圖、上圖、遼圖等藏。○清嘉慶刻《廣漢魏叢書》本，北師大、上圖等藏。○清乾隆五十六年金溪王氏刻《增訂漢魏叢書》本。○清光緒二年紅杏山房刻民國四年盧樹柟修補印《增訂漢魏叢書》本。○清光緒六年三餘堂刻《增訂漢魏叢書》本。○明萬曆胡文煥文會堂刻《格致叢書》本，北圖、首都圖等藏。○明崇禎十五年采隱山居刻《增訂漢魏六朝别解》本，中科院圖書館、武漢大學藏。○明刻清順治三年宛委山堂印《説郛》本。○清光緒三十三年古香女子北京排印《鮑紅葉叢書》本，北圖、清華等藏。○民國九年上海五鳳樓石印《子書四十八種》本，北圖、山東大學等藏。按：據《叢書綜録》程榮本以下十一本均無鄭玄注。○明崇禎毛氏汲古閣刻《津逮祕書》第四集本。民國十一年上海博古齋影印汲古閣刻《津逮祕書》本。○清嘉慶十年虞山張海鵬照曠閣刻《學津討原》第十二集本，北圖、上圖等藏。民國十一年商務印書館影印張海鵬刻《學津討原》本。○清道光十三年王氏棠蔭館刻《廿二子全書》本，北師大、上圖等藏。○清光緒元年崇文書局刻《子書百家》本，北圖、復旦等藏。○民國八年掃葉山房石印《百子全書》本。○民國二十五年商務印書館據《津逮祕書》本排印，收入《叢書集成初編》。按：據《叢書綜録》汲古閣以下六本有鄭玄注。○日本天和三年（清康熙二十二年）刻本，作《忠經集註詳解》一卷一册，題「漢扶風馬融撰，漢北海鄭玄註，明潭陽余昌年訂」。每半葉分上下欄，九行，上欄行五字，下欄行十八字，四周單邊。卷末牌記：「天和三年癸亥仲秋日熙齊秋山玄春。」（見臺灣「中央圖書館」《善本書志初稿》）○日本元禄二年（清康熙二十八年）刻文政八年（清道光五年）平野屋善兵衛印本，作《忠經集註詳解》一卷，馬融撰，鄭玄註，日本宇都宮由的（遯庵）詳解。遼圖、雲南大學藏。○日本明治十五年（清光緒八年）浪華書肆明善堂刻本，作《校定忠經集註》一卷，馬融撰，鄭玄註，日本五十川左武郎增註。遼圖藏。○日本明治十六年鹽冶芳兵衛刻本，作《鼇頭增註忠經定本》一卷，馬融撰，鄭玄註，日本柳澤祐嗣增註。遼圖藏。○明萬曆刻本，作《忠經集註》一卷，漢馬融撰，明劉勅注。半葉八行，行十九字，白口，四周單邊。陝西省圖藏。○明崇禎刻本，作《忠經詳解》一卷，漢馬融撰，鄭玄注，明陶原良詳解。半葉七行，行十八字，白口，四周單邊。上圖藏。

女孝經一卷　唐鄭氏撰　**二六七七**

内府藏本（總目）。○明嘉靖祇洹館刻《小十三經》本，上圖、北圖藏。○明刻《續百川學海》癸集本，北圖、浙圖、遼圖等藏。○明萬曆胡文焕文會堂刻《格致叢書》本。○明崇禎毛氏汲古閣刻《津逮祕書》本。民國十一年上海博古齋影印汲古閣刻《津逮祕書》本。○明刻《緑窗女史》本，北大、上圖等藏。○明刻清順治三年宛委山堂印《説郛》本。○清道光十一年王氏棠蔭館刻《廿二子全書》本，北師大、上圖等藏。○清同治十三年陶漱藝齋刻《閨門必讀》本，作《鄭氏女孝經》。上圖、遼圖等藏。○清光緒二十七年膠州聽雨何時軒刻《東聽雨堂刊書·女兒書輯八種》本，北師大、上圖等藏。

千秋金鑑録一卷　舊本題唐張九齡撰　二六七八

江蘇周厚堉家藏本（總目）。○《江蘇省第一次書目》：「《千秋金鑑録》一本。」○《江蘇採輯遺書目録》：「《唐張九齡千秋鑑》一册，明劉日相訂。」○北京圖書館藏清雍正十三年張世緯、張世綱刻《唐丞相曲江張文獻公集》附刻本五卷，半葉九行，行十八字，白口，四周單邊。《存目叢書》據以影印。○臺灣中研院史語所藏清光緒十六年鏡芙精舍刻本五卷一册。○民國間中華書局排印《四部備要·唐丞相曲江張文獻公集》附本，作《千秋金鑑》五卷。

漁樵對問一卷　舊本題宋邵子撰　二六七九

兩江總督採進本（總目）。○南宋福建漕治刻本，半葉十行，行十八字，白口，左右雙邊。此與《邵子觀物内篇》二卷《外篇》二卷《後録》二卷合刻共八册，怡親王府故物，同治初歸翁同龢，建國前其後人翁萬戈携往美國，公元二千年四月售歸上海圖書館。同時售歸上圖者凡八十種五百四十二册。一九九六年文物出版社影印《常熟翁氏世藏古籍善本叢書》收有此種。○南宋咸淳刻《百川學海》本，北圖藏。○民國十六年陶湘影刻南宋咸淳刊《百川學海》本。近中國書店《海王邨古籍叢刊》影印陶湘刻本。○明弘治十四年華珵刻《百川學海》甲集本，北圖、上圖、南圖等藏。民國十年上海博古齋影印華珵刻《百川學海》本。○明嘉靖十五年鄭氏宗文堂刻《百川學海》本，北圖、北大藏。○明鈔《百川學海》本，南圖、北圖各一部。○上海圖書館藏明鈔《説郛》本，在卷九十三。○北京圖書館藏明鈔《説郛》本。○浙江瑞安玉海樓藏明鈔《説郛》本。○民國十六年商務印書館排印張宗祥據明鈔數本重校定《説郛》本，在卷九十二。昌彼得先生《説郛考》謂全書二十條，此本係全録，唯書名作《漁樵問對》，與他本作「對問」互乙，傳鈔誤書也。澤遜按：明鈔《説郛》即作「問對」。○明刻清順治三年宛委山堂印《説郛》本，在弓八。○臺灣「中央圖書館」藏明萬曆九年臨武劉堯晦刻《皇極經世全書》本二卷。○臺灣「故宫博物院」藏明萬曆刻《皇極經世書》附刻本，共兩部。未知與前本異同。○冀淑英先生謂文津閣《四庫全書》内《皇極經世書》實爲十四卷，卷十四後附《漁樵問對》。是《漁樵問對》一書實已録入《四庫全書》，而復見於存目也。（《文獻》一九九四年三期）○清姚振宗輯鈔《師石山房叢書》本，中山大學藏。○日本天保刻《省心録合綴》本，日本東京静嘉堂文庫藏。○北京大學藏鈔本十三葉，李盛鐸故物。

太極圖分解一卷　不著撰人名氏　　二六八〇

浙江范懋柱家天一閣藏本（總目）。○《浙江省第五次范懋柱家呈送書目》：「《太極圖分解》一卷，明羅鶚著，一本。」○《浙江採集遺書總録》：「《太極圖説分解》一册，明天一閣寫本，不著撰人。」

太極圖説論十四卷　國朝王嗣槐撰　**二六八一**

浙江吴玉墀家藏本(總目)。○《浙江省第四次吴玉墀家呈送書目》:「《太極圖説》十六卷,國朝王嗣槐著,八本。」○《浙江採集遺書總録》:「《太極圖説論》十六卷,刊本,國朝中書錢塘王嗣槐撰。」○《江蘇省第一次書目》:「《太極圖説論》八本。」○《江蘇採輯遺書目録》:「《太極圖説論》十四卷,清内閣學士錢唐王嗣槐著。」○北京大學圖書館藏清康熙三十五年王氏桂山堂自刻本,作《太極圖説論》十四卷,半葉九行,行二十字,白口,四周單邊。版心下刻「桂山堂」三字。前有康熙三十五年三月自序。凡例末署:「桂山堂主人王嗣槐仲昭氏自識。」《存目叢書》據以影印。

太極集註一卷　國朝孫子昶撰　**二六八二**

山西巡撫採進本(總目)。○《山西省呈送書目》:「《太極集註》。」

太極圖説註解無卷數　國朝陳兆成撰　**二六八三**

浙江巡撫採進本(總目)。○《浙江省第十次呈送書目》:「《太極圖説註解》,國朝陳兆成著,一本。」○《浙江採集遺書總録》:「《太極圖説解》一册,刊本,國朝上虞陳兆成撰。」○按:《總目》謂陳兆成爲常熟人,《江蘇藝文志》從之。《浙江總録》則作上虞人。考《總目》道家類存目有《參同契註》二卷,國朝陳兆成撰,《提要》謂爲上虞人。《江蘇採輯遺書目録》亦作上虞陳兆成著。然則兆成係浙江上虞人無疑。《總目》此作常熟人,誤也。

通書問一卷　元何中撰　　**二六八四**

江西巡撫採進本（總目）。○《江西巡撫海第一次呈送書目》：「《通書問》一本。」○清康熙五十八年刻《知非堂集》三種之一，日本京都大學人文所藏。

太極繹義一卷通書繹義一卷　明舒芬撰　　**二六八五**

兩江總督採進本（總目）。○北京圖書館藏明萬曆四十八年刻《梓谿文鈔》内集本，二書分别爲卷二、卷三。卷二題「明太史氏進賢視帶子舒芬國裳甫著，裔孫舒琛伯獻甫輯，舒璪季琰甫録，南昌漆彬中父甫編，後學臨川吴撝謙汝則甫閲，進賢樊良樞尚默甫校」。半葉九行，行十八字，白口，四周雙邊。《存目叢書》據以影印。清華、上圖等亦有是刻。

正蒙釋四卷　舊本題明高攀龍集註，徐必達發明　　**二六八六**

浙江巡撫採進本（總目）。○《浙江省第八次呈送書目》：「《正蒙釋》四卷，舊題明高攀龍集註，二本。」○《浙江採集遺書總録》：「《正蒙釋》四卷，刊本，明高攀龍集注，徐必達發明。」○《江蘇省第一次書目》：「《正蒙釋》二本。」○上海圖書館藏明萬曆刻本，題「明後學無錫高攀龍雲從父集註，嘉興徐必達德夫父發明」。半葉十行，行二十字，白口，四周雙邊。前有顧允成序。版心刻工：尚、孫、毛、王、鄧、安等。鈐有「李宣龔印」、「合衆圖書館藏書印」等印記，李拔可故物也。《存目叢書》據以影印。川圖、無錫市圖、黑龍江大學亦有是刻。○清刻本四册（南京大學目）。臺灣「中央圖書館」藏一部，行款版式同萬曆本，末有平江蔡方炳重刻序，則係康熙間重刻本。該館書志定爲崇禎刻，恐誤。

二六八七　周張全書二十二卷　明徐必達編

内府藏本(總目)。○《武英殿第一次書目》：「《周張全書》四本。」○北京圖書館藏明萬曆三十四年徐必達刻本，作《合刻周張兩先生全書》二十二卷。題「宋晦翁朱熹注釋，明後學徐必達校正」。半葉十行，行二十字，白口，四周雙邊。前有萬曆三十四年丙午徐必達《刻周張二子書序》。刻工：毛有爲刻、朱本、尚文、石松、張文、沈一科、羅伍、沈光祖、徐仁、楊桂、陳貴、于畢、李方。鈐「長樂鄭氏藏書之印」、「長樂鄭振鐸西諦藏書」等印記。《存目叢書》據以影印。南圖藏是刻有某氏録吕柟批。四川省圖、福建省圖亦有是刻。○日本延寶三年(清康熙十四年)田中長左衛門等重刻明徐必達本，四川省圖藏。

二六八八　太極解拾遺一卷通書解拾遺一卷後録一卷西銘解拾遺一卷後録一卷　國朝李文炤撰

湖南巡撫採進本(總目)。○《湖南省呈送書目》：「《太極通書西銘解拾遺》一本。」

二六八九　正蒙集解九卷　國朝李文炤撰

湖南巡撫採進本(總目)。○《湖南省呈送書目》：「《正蒙集解》二本。」

二六九〇　周子疏解四卷　國朝王明弼撰

陝西巡撫採進本(總目)。○《陝西省呈送書目》：「《周子疏解》。」

二六九一　濂關三書無卷數　國朝王植撰

直隸總督採進本(總目)。○《直隸省呈送書目》：「《濂關三書》三本。」○中國科學院圖書館藏清雍正刻本，作《朱子注釋濂關三書》不分卷。半葉十行，行二十四字，白口，四周單邊。前有雍正元年七月王植序。《存目叢書》據以影印。三書之後又有《正蒙》十七卷，則係《四庫》著録者。美國普林斯頓大學葛思德東方圖書館有清乾隆刻本《朱子注釋濂關三書》六卷七册，包括《太極圖説集釋》二卷、《通書集解》二卷、《西銘集釋》二卷。未知與前本異同。

伊川粹言二卷　舊本題宋張栻編 二六九二

江蘇巡撫採進本（總目）。○明成化十三年張瓚刻《河南程氏全書》本，北圖、南圖藏。○明萬曆三十四年嘉興徐氏刻《河南程氏全書》本，北師大、四川省圖藏。○清康熙石門吕氏寶誥堂刻《河南程氏全書》本，北圖、復旦等藏。○清同治六年涂氏求我齋刻《河南程氏全書》（在《洪氏唐石經館叢書》内）本，上圖、桂林圖藏。以上均作《河南程氏粹言》二卷，題宋楊時訂定，宋張栻編次。○同治五年刻《正誼堂全書》本。○光緒十八年刻《二程全書》（在《西京清麓叢書》内）本。○民國二十五年商務印書館《叢書集成初編》據《正誼堂叢書》本排印本。○民國間中華書局排印《四部備要·二程全書》本。以上四本均作《二程粹言》二卷，題宋楊時訂定，宋張栻編次。（各本均見《叢書綜録》）按：四庫著録楊時《二程粹言》即是此書，唯不言張栻編次。《伊川粹言》當即《二程粹言》之一種。

二程節録四卷文集鈔一卷附録一卷　明高攀龍編 二六九三

江蘇巡撫採進本（總目）。○《江蘇省第一次書目》：「《二程節録》二本。」○《江蘇採輯遺書目録》：「《二程節録》六卷，明梁谿高攀龍輯。」○清乾隆六年華希閔刻本，作《程子節録》四卷《文集鈔》一卷，題「明無錫後學高攀龍」。半葉九行，行十九字，白口，四周單邊。卷二又分上下二子卷。《附録》有目無文。目録後刻「乾隆六年辛酉金匱後學華希閔重較刊」二行。此係《高子全書》之一種，北圖分館藏，《存目叢書》據以影印。吉林市圖、甘肅省圖等亦有是刻。○無錫市圖藏鈔本，書名卷數同前本。

程子詳本二十卷　明陳龍正編　**二六九四**

浙江朱彝尊家曝書亭藏本(總目)。○《浙江省第五次曝書亭呈送書目》：「《程子詳本》二十卷，明陳龍正輯，六本。」○《浙江採集遺書總録》：「《程子詳本》二十卷，刊本，明中書嘉善陳龍正編。」○湖南省圖書館藏明崇禎十六年刻本，題「後學陳龍正彙纂」，半葉九行，行十九字，白口，四周單邊。前有崇禎十六年八月陳龍正序，凡例。《存目叢書》據以影印。

二程語録十八卷　國朝張伯行編　**二六九五**

河南巡撫採進本(總目)。○《河南省呈送書目》：「《二程語録》，本朝張伯行編，五本。」○《都察院副都御史黄交出書目》：「《二程語録》五本。」○清同治五年福州正誼書院刻《正誼堂全書》本，題「儀封張伯行孝先甫訂，受業諸子仝校」。半葉十行，行二十二字，白口，左右雙邊。版心下刻「正誼堂」，各卷末有牌記：「同治五年夏月福州正誼書局重校開雕。」又「侯官楊浚雪滄總校」等銜名。前有康熙四十八年張伯行於榕城正誼堂序，又朱子序，葉向高序。《存目叢書》據中科院圖書館藏本影印。北圖、上圖等多有是刻。

程書五十一卷　國朝程湛編　**二六九六**

内府藏本（總目）。○《武英殿第二次書目》：「《程書》六本。」○《江蘇採輯遺書目録》：「《二程全書》五十一卷，清後裔程湛、福亮同訂，湛重訂梓。」○中國科學院圖書館藏清康熙二十五年刻本，各卷無大題，封面題「二程全書」，版心題「程書」。各卷首行題「程子廿二代孫兵部武庫清吏司郎中臣程湛、陝西興漢掛印總兵官臣程福亮重訂梓」。半葉十行，行二十一字，白口，四周雙邊。前有康熙二十五年程湛刻書序。清華、山西大學等有是刻。余藏一部修版重印本，各卷首行程湛、程福亮重訂梓一行已剷去。《存目叢書》據以影印。《四庫提要》云：「湛爵里未詳。」知館臣所見内府藏本亦無各卷首行程湛、程福亮重訂梓一行。

浩齋語録二卷　舊本題宋過源撰　**二六九七**

江西巡撫採進本（總目）。○《江西巡撫海第四次呈送書目》：「《浩齋語録》一套一本。」○北京圖書館藏明萬曆三十三年過繼美刻本，正文首題「浩齋過先生語録卷上」，次題「從孫勗紹古刊行」。半葉八行，行十七字，白口，四周單邊。前有宣和五年謝逸序，嘉靖癸未十二世孫郁引，萬曆三十三年乙巳十六世孫繼美《三刻浩齋公語録序》。末有曾淵子跋，十六世孫懋中跋。卷内鈐「陽湖陶氏涉園所有書籍之記」、「四明張氏約園藏書之印」等印記。《存目叢書》據以影印。

唐氏遺編四卷　宋唐棣編　**二六九八**

江蘇巡撫採進本（總目）。○《江蘇省第一次書目》：「《彦思遺編》一本。」○《江蘇採輯遺書目録》:「《彦思遺編》四卷,宋唐棣著,刊本。」又「《彦思遺編》,唐棣著」。

通言一卷　宋吴沆撰　**二六九九**

永樂大典本(總目)。

道南三先生遺書十一卷　不著編輯者名氏　**二七〇〇**

浙江巡撫採進本(總目)。○《浙江省第五次范懋柱家呈送書目》:「《道南三先生遺書》十一卷,輯者佚名,三本。」○《浙江採集遺書總録》:「《道南三先生遺書》十一卷,天一閣寫本,輯者佚名。」

崇正辨三卷　宋胡寅撰　**二七〇一**

兩淮馬裕家藏本(總目)。○《兩淮商人馬裕家呈送書目》:「《崇正辨》三卷,宋胡寅,三本。」○《江西巡撫海第一次呈送書目》:「《崇正辨》六本。」○北京圖書館藏明刻本,作《致堂先生崇正辨》三卷,半葉十行,行二十四字,黑口,四周雙邊。前有佚名序。印本漫漶。鈐有「袁廷檮印」、「又愷」、「五硯樓藏」、「汪士鐘字春霆號朖園書畫印」、「茂苑香生蔣鳳藻秦漢十印齋」、「吴下蔣郎」、「貝墉印」、「簡白父」、「簡香藏書」等印記。○臺灣「中央圖書館」藏明成化十三年南陽段可久刻本,作《致堂先生崇正辯》三卷,殘存卷一。半葉十行,行二十四字,白口,四周雙邊。前有成化十三年丘濬序,佚名序。(見該館《善本書志初稿》)○天一閣文管所藏明刻本,作《致堂先生崇正辨》三卷,半葉十行,行十八字,白口,四周單邊。○明嘉靖刻本,半葉十行,行十八字，白口。版心有刻工：陳著、陳佛榮、陳勝等（李國慶《明代刊工姓名索引》）。未知與天一閣本異同。○清乾隆二十八年刻本三卷二册，容肇祖藏。山東省圖藏清乾隆二十八年南豐胡濬安順堂刻咸豐元年胡慶勳印本，作《宋儒胡致堂先生崇正辯》三卷六册。半葉十行，行十八字，白口，四周單邊。封面刻「乾隆癸未重鐫」、「安順堂藏板」。海源閣故物。與容肇祖本當係同版。○日本文政九年（清道光六年）官刻本，作《致堂先生崇正辯》三卷，北大、遼圖、日本静嘉堂藏。○一九九三年中華書局排印容肇祖校點本，《理學叢書》之一。

小學集解六卷　國朝張伯行撰　二七〇二

直隸總督採進本（總目）。○《直隸省呈送書目》：「《小學集解》五本。」○南京大學藏清道光二十七年求是軒重刻本。○南京圖書館藏清咸豐重刻本。○復旦大學藏清同治三年刻本。○四川省圖藏清同治四年山東王氏太原刻本。○中國科學院圖書館藏清同治五年福州正誼書院刻《正誼堂全書》本，題「儀封張伯行孝先先生纂輯，受業李蘭汀倩甫校訂」。半葉十行，行二十二字，白口，左右雙邊。版心下刻「正誼堂」，各卷末有「同治五年夏月福州正誼書局重校開雕」牌記。有康熙五十年張伯行於姑蘇正誼堂序，雍正九年受業樂亭李蘭序。據李序知是書雍正九年由李蘭授梓，今未見傳本。《存目叢書》據同治五年本影印。北圖、上圖等亦有是刻。○清同治六年湖北崇文書局刻本，北師大、華東師大、四川省圖藏。○清同治十一年江西撫署刻本，北師大、四川省圖藏。○清同治十一年廣州郡署刻本，復旦大學藏。○清光緒二十七年廣雅書局刻本，收入《廣雅書局叢書》。北圖、上圖等藏。○民國二十五年商務印書館據《正誼堂全書》本排印,收入《叢書集成初編》。

小學集解六卷　國朝黄澄撰　**二七〇三**

福建巡撫採進本(總目)。○《福建省呈送第六次書目》:「《小學集解》。」

小學分節二卷　國朝高熊徵撰　**二七〇四**

浙江巡撫採進本(總目)。○《浙江省第十次呈送書目》:「《小學分節》二卷,國朝高熊徵輯,二本。」○《浙江採集遺書總録》:「《小學分節》二卷,刊本,國朝鹽運使高熊徵校注。」

小學集解六卷　國朝蔣永修撰　**二七〇五**

江蘇巡撫採進本(總目)。○《江蘇省第一次書目》:「《孝經、小學集解》二本。」○《江蘇採輯遺書目録》:「《孝經、小學集解》七卷,清户科給事中宜興蔣永脩著,刊本。」

小學纂註六卷　國朝高愈撰　**二七〇六**

編修勵守謙家藏本(總目)。○《編修勵交出書目》:「《小學纂註》一本。」○山東大學藏清乾隆元年陳弘謀雲南刻本,卷一卷五題「梁溪高愈編訂,桂林陳弘謀重校刊」。半葉九行,行十九字,白口,左右雙邊。有乾隆元年丙辰正月既望陳弘謀序云:「弘謀承乏六詔職司……因重爲刊板。」卷内弘字缺末筆。皮紙初印。○清華大學藏清乾隆十二年刻本,正文首題「心遠堂新編小學纂註卷之一」,次題「梁溪高愈編訂」。半葉九行,行十九字,白口,左右雙邊。前有乾隆十二年尹會一序,康熙三十六年丁丑華泉序，凡例。又《小學總論》、《文公朱子年譜》各一卷。《年譜》末有康熙丁丑高愈跋，據跋知係高愈重編。卷内鈐「豐華堂書庫寶藏印」等印記。《存目叢書》據以影印。○北京師大藏清乾隆四十六年刻本。○清道光十四年成都錦江書院刻本，華東師大、四川省圖藏。○清同治八年江蘇書局刻本，北大、北師大藏。○清同治十一年浙江書局刻本，杭州大學、四川省圖藏。○清同治楊秉璋成都刻本，四川省圖藏。○清光緒十四年蘇州掃葉山房刻本，南京大學藏。○清光緒二十八年烟臺成文信刻本，山東省圖藏。○清光緒二十九年成都志古堂刻本，四川省圖藏。○清光緒三十一年成都兩儀堂刻本，四川省圖藏。○日本明治十五年此郵莊助等刻本，作《小學纂註校本》内篇四卷外篇三卷，華東師大藏。

小學句讀記六卷　國朝王建常撰　　二七〇七

陝西巡撫採進本（總目）。○《陝西省呈送書目》：「《小學句讀記》。」○北京師大藏清同治十二年傳經堂刻本，題「天台陳選點，關中王建常記，華陽張慄、朝邑上官汝恢、華陰李作模校閲」。半葉十行，行二十五字，黑口，四周雙邊。有「同治十有二年癸酉開雕」牌記。有同治七年戊辰三原賀瑞麟序云：「板舊藏朝邑某家，吾鄉劉君毓英映菁購得之，欲廣印以公同志，故爲之説。」然則此本似就舊板修補刷印者。又明成化癸巳陳選序，清順治戊子王建常序，凡例，讀法，朱子行實。又圖二十八葉。《西京清麓叢書續編》、《劉氏傳經堂叢書》所收皆即此刻。《存目叢書》據以影印。

近思録集解十四卷　國朝李文炤撰 **二七〇八**

湖南巡撫採進本（總目）。○《湖南省呈送書目》：「《近思録集解》三本。」○華東師大藏清康熙五十九年刻本三卷，正文首行上題「近思録卷之一」，下題「李文炤集解」。半葉九行，行十七字，黑口，四周單邊。有康熙五十九年庚子自序，綱領。《存目叢書》據以影印。○《販書偶記續編》著録清乾隆四爲堂刊本，作《近思録集解》十四卷附《感興詩解》一卷《訓子詩解》一卷。

紫陽宗旨二十四卷　舊本題宋王佖撰 **二七〇九**

兩江總督採進本（總目）。○《兩江第一次書目》：「《紫陽宗旨》，舊題宋王佖編，八本。」

朱子語類纂十三卷　國朝王鉞撰 **二七一〇**

山東巡撫採進本（總目）。○北京大學圖書館藏清康熙五十三年刻《世德堂遺書》本，題「琅邪王鉞任菴纂，男沛憻、沛思、沛憍、沛恂校」。半葉九行，行二十字，黑口，左右雙邊。《存目叢書》據以影印。復旦、南圖等亦有是刻。

朱子文語纂編十四卷　不著編輯者名氏 **二七一一**

編修勵守謙家藏本（總目）。○《編修勵第一次至六次交出書目》：「《朱子文語纂編》十本。」○臺灣「中央圖書館」藏清康熙五十九年車鼎豐金陵刻本，半葉十二行，行二十五字，白口，左右雙邊。封面右刻「苕溪嚴寒邨手定」，中刻「朱子文語類纂」，下刻「晚聞軒藏板」，眉刻「康熙庚子新鐫」，左欄外下刻「金陵顧子英梓」。目録後有康熙五十七年戊戌嚴鴻逵序云：「稿凡數易，閱十年，癸巳之秋甫就稿。楚邵車遇上自京陵來，見之便攜歸謄寫，且約將付諸梓。」又康熙戊戌車鼎豐序。知係嚴鴻逵輯，車鼎豐刊於金陵。清華大學有是刻，《存目叢書》據以影印。○日本安政三年（清咸豐六年）遠州濱松水野氏刻本，清華、華東師大、湖南省圖、日本東京大學東洋所藏。○臺灣中研院史語所藏鈔本，作《朱子文集語類纂編》十四卷八册，題「南陽講習堂鈔」。

玉溪師傳録一卷附録一卷　舊本題宋童伯羽撰　　二七一二

兩江總督採進本（總目）。○《兩江第一次書目》：「《玉溪師傳録》，舊題宋童伯羽著，二本。」

分類標註朱子經濟文衡七十五卷　宋滕珙編　　二七一三

江蘇巡撫採進本（總目）。○《江蘇省第一次書目》：「《經濟文衡》六本。」○《江蘇採輯遺書目録》：「《經濟文衡》七十二卷，明福建朱崇沐編，刊本。」○元泰定元年梅溪書院刻本，作《類編標註文公先生經濟文衡》前集二十五卷後集二十五卷續集二十二卷。半葉十三行，行二十三字，黑口，四周雙邊。《天禄琳琅書目》卷六著録兩部，謂宋馬括輯，前有宋黄昇（昇乃晷之誤，下同）序，馬括自序。馬括序作於淳祐十一年辛亥。黄昇序稱馬括字季機。前集總目後有「時泰定甲子春刊於梅溪書院」木記，版式係仿宋巾箱本。澤遜按：據《天禄琳琅書目》所記，則此係宋馬括字季機者所輯無疑。《四庫提要》卷九十二、卷九十五兩見此書，據乾隆乙未南昌楊雲服重刻本程恂序，定爲宋滕珙編。未知程恂何所據而云然，恐不可信從。《中國古籍善本書目》亦沿《四庫提要》而未察。天禄琳琅所儲元刊兩部當已燬於嘉慶二年宫火。其存於今者，清華大學一部全本，上海博物館僅前集二十五卷,北圖則僅前集卷十七至卷二十五。《四庫提要》卷九十二云:是書「初刻於正德辛巳」,「再刻於萬曆丙午」。不知當時昭仁殿内有元泰定刻本兩部,遠在正德以前也。又《天禄琳琅書目》前編已録入《四庫全書》,其於是書編者言之鑿鑿,館臣何以視而不見,失於照應如此。是皆草率之徵也。○臺灣「中央圖書館」藏明初刻本,僅《類編標註文公先生經濟文衡》前集二十五卷,半葉十三行,行二十二字,黑口,四周雙邊。前有淳祐辛亥(十一年)黄畧序云:「季機馬兄所編《經濟文衡》乃其一也。」又云:「季機方將取書問中精切之語類而編之,以爲後集云。」知淳祐十一年僅有前集也。鈐「大興朱氏竹君藏書印」、「延古堂李氏珍藏」、「赤松樵夫黄河漁者」等印記。○臺灣「中央圖書館」藏明正德四年淮安知府趙俊刻本,書名卷數同元泰定本。半葉十二行,行二十三字,白口,四周單邊。前有淳祐十一年辛亥黄畧序。又正德四年己巳正月楊一清《重刊文公朱先生經濟文衡序》云:「前輩嘗采葺先生答問要語爲《經濟文衡》,有前、後、續三集,板行已久,字多漫滅。總督漕運都憲沁水李公謂其傳不廣,出所藏善本,屬淮安知府西蜀趙君俊重刻之。」卷内鈐「漢鹿齋金石書畫印」、「穉農藏書」等印。楊序後有手書:「如臯城南許家巷祝氏漢鹿齋考藏。」黄畧序後有庚子年祝光鑾手書題識,疑黄畧序爲明人筆法,淳祐云云乃僞作。(參該館《善本書志初稿》、《善本題跋集録》)澤遜按:黄畧序元泰定本已有之,祝氏指爲明人僞作自不可信。故宫、上圖、山東省圖等亦有是刻。○臺灣「中央圖書館」藏明萬曆三十四年朱吾弼、朱崇沐等刻本,書名卷數同元泰定本。正文首葉題「宗後學監察御史高安朱吾弼、後學監察御史沁水孫居相、後學監察御史內鄉李雲鵠、後學禮部郎中婺源汪國楠命刻」，又同訂同閱等十三人，次題「文公十三世孫朱崇沐訂梓」。半葉九行，行二十字，白口，四周單邊。有萬曆二十四年朱吾弼刻書序，萬曆三十四年董應舉刻書跋。又楊一清舊序。北圖、山東圖、湖北圖等亦有是刻。又有崇禎七年李寅賓重修印本，無續集，北大、南圖藏。○南圖藏明刻本，作《朱子經濟文衡類編》，前、後、續集卷數同元泰定本。半葉九行，行二十字，白口，四周單邊。○清乾隆四年己未楊雲服刻本，作《朱子經濟文衡類編》，前、後、續集分卷同前。半葉九行，行二十字，白口，四周單邊。《四庫提要》卷九十二所稱「乾隆乙未南昌楊雲服重刻，程恂序之」者是也，唯乙未當作己未耳。山東省圖、南圖、華東師大等有藏。○按：各本均七十二卷，《總目》作七十五卷，恐誤。

性理字訓一卷　舊本題宋程端蒙撰　程若庸補輯　　二七一四

湖北巡撫採進本（總目）。○《湖北巡撫呈送第三次書目》：「《性理字訓》一本。」○原北平圖書館藏元刻本，作《增廣字訓》六卷，存卷三卷四兩册。題「新安程若庸類纂」。半葉八行，行二十字。王重民《善本提要》著録。現存臺北「故宮」。○臺灣「中央圖書館」藏明正統元年漢陽知府王靜刻《楓林小四書》本，作《性理字訓》一卷。○臺灣「中央圖書館」又藏明嘉靖元年司禮監重刻《小四書》本一卷。○南開大學藏明嘉靖八年胡明善刻《小四書》本一卷。○華東師大藏明崇禎十年程性初刻《朱楓林先生注釋小四書》本。○清光緒八年宏道堂刻《小四書》本，山東大學、內蒙圖、重慶圖、雲南圖藏。○清同治十二年刻本，作《程蒙齋性理字訓》、《程庸齋增廣性理字訓》，收入《西京清麓叢書續編・蒙養書九種》。《存目叢書》據以影印。○清光緒刻《津河廣仁堂所刻書》本，作《程氏性理字訓》一卷。

聖門事業圖一卷　宋李元綱撰 二七一五

編修勵守謙家藏本(總目)。○《編修勵第一次至六次交出書目》：「《聖門事業圖》二十四本。」○日本宮内廳書陵部藏宋咸淳刻《百川學海》本，半葉十二行，行二十字，細黑口，左右雙邊。(見《藏園訂補郘亭書目》)○明弘治十四年華珵刻《百川學海》本，北圖、上圖等藏。民國十年上海博古齋影印華珵刻《百川學海》本。○明嘉靖十五年鄭氏宗文堂刻《百川學海》本，北圖、北大藏。○民國十六年武進陶湘刻《百川學海》本。○明正德四年河内令李暘刻本，附《魯齋研幾圖》後，係乾隆三十八年五月衍聖公孔昭煥進呈四庫原本。原藏北平圖書館，現存臺北「故宫」。王重民《善本提要》著録。○明刻清順治三年宛委山堂印《説郛》本。

庸言一卷　宋楊萬里撰 二七一六

永樂大典本(總目)。○《四庫全書》本《誠齋集》卷九十二至卷九十五爲《庸言》二十則。

明倫集三卷　宋塗近正撰 二七一七

永樂大典本(總目)。

子家子一卷　宋家頤撰 二七一八

永樂大典本(總目)。

言子三卷　宋王爚編　**二一七一九**

永樂大典本(總目)。○河南省圖書館藏明鈔本二卷附録一卷。○清馮雲鵷輯有《言子書》三卷首一卷,收入馮雲鵷輯《聖門十六子書》内,道光十四年崇川馮氏刻本,北圖、清華、上圖等藏。

心經附註四卷　明程敏政撰　**二一七二〇**

浙江巡撫採進本(總目)。○《浙江省第六次呈送書目》:「《心經附註》四卷,明程敏政著,一本。」○《浙江採集遺書總録》:「《心經附注》四卷,刊本,宋真德秀撰,明程敏政注。」○《吏部主事程交出書目》:「《心經附注》二本。」○湖南省圖藏明弘治五年刻本,存卷三卷四,半葉十三行,行二十三字,黑口,四周雙邊。有刻工。○臺灣「中央圖書館」藏明嘉靖四十五年朝鮮刻本,半葉十行,行十七字,白口,雙花魚尾,四周雙邊。卷首總目後有《心經贊》,宋端平元年顔若愚跋,程敏政《心學圖》及説,弘治五年壬子程敏政《心經附註序》。卷末有弘治五年八月程敏政序後,同年門人汪祚序後。又朝鮮李滉《心經總論》,署「皇明嘉靖四十五年歲丙寅孟秋日真城李滉謹書」。紙幅寬大,印本清晰。鈐有「金東暉印」、「春岡」、「玄谷」、「少靈」、「机信鍾福」等印記。○臺灣「中央圖書館」又藏清康熙二十四年朝鮮寧邊府刻本,半葉十行,行二十字,白口,四周雙邊。前有弘治五年程敏政序,李滉《心經後論》,弘治五年程敏政序後,汪祚序後。李滉《後論》後有「乙丑五月日寧邊府開刊」一行。朴現圭《臺灣公藏韓國古書籍聯合書目》認爲乙丑爲朝鮮肅宗十一年,即清康熙二十四年。(以上二條均見該館《善本書志初稿》)○南京圖書館藏清鈔本,半葉十行,行二十字,白口,左右雙邊。鈐有「許焞收藏」、「曾經八千卷樓所得」、「善本書室」、「光緒壬辰錢塘嘉惠堂丁氏所得」等印記。《善本書室藏書志》著録。《存目叢書》據以影印。

大學衍義通略三十一卷　明王諍編　二七二一

内府藏本(總目)。○明嘉靖四十一年刻本,半葉十二行,行二十五字,黑口,四周雙邊,有刻工。南圖、津圖藏。○中國科學院圖書館藏明嘉靖四十三年刻本,題「永嘉王諍考註」,半葉十二行,行二十五字,下黑口,四周雙邊。前有嘉靖四十三年正月雲南右布政使宋國華《重刻大學衍義通略前序》,嘉靖二十九年宋鑒序。後有嘉靖四十二年仲冬薛天華《刻大學衍義通略後序》,序後列銜:「歷事監生陳可則、嚴文學,書吏陳珍對讀,通吏李安然、典吏李堯相、董希賢謄録,雲南布政使司經歷司經歷張允、原任富民縣知縣陳環、雲南府學教授佘學、昆明縣學教諭楊珍校正。」又嘉靖四十一年劉時舉跋。《存目叢書》據以影印。山東博物館、廣東新會縣景堂圖書館亦有是刻。

大學衍義輯要六卷大學衍義補輯要十二卷　國朝陳宏謀撰　二七二二

江蘇巡撫採進本(總目)。○《江蘇省第一次書目》:「《大學衍義輯要》五本。」○《江蘇採輯遺書目録》:「《大學衍義輯要》十二卷,清大學士桂林陳宏謀著,刊本。」○清乾隆元年陳宏謀培遠堂自刻本,半葉十行,行二十二字,白口,四周單邊。有乾隆二年丁巳撫滇使者襄平張允隨時齋序,乾隆二年丁巳孫人龍序,乾隆元年丙辰自序。四川省圖、中山大學、清華大學等藏。《存目叢書》據清華藏本影印《大學衍義輯要》六卷。○清道光十七年培遠堂刻《培遠堂全集》本。北圖、上海師大、杭大、川大等藏。○清道光二十二年寶恕堂刻本，半葉十行，行二十一字，白口，左右雙邊。封面刻「道光壬寅孟夏寶恕堂重梓」。北師大、上圖、山東省圖等藏。《存目叢書》據以影印《大學衍義補輯要》十二卷。○清同治四年漢南趙氏明德堂刻本，陝西省圖、美國普林斯頓大學葛思德東方圖書館藏。○清同治十年四川合州刻本，四川省圖藏。

研幾圖一卷　舊本題宋王柏撰　　　　二七二三

浙江巡撫採進本（總目）。○《浙江省第十一次呈送書目》：「《研幾圖》，宋王柏著，一本。」○《浙江採集遺書總録》：「《研幾圖》一册，刊本，宋金華王柏撰。」○《衍聖公交出書目》：「《研幾圖》，宋王柏著，一本。」○原北平圖書館藏明正德四年河内令李暘刻本，作《魯齋研幾圖》一卷，附《聖門事業圖》一卷《性命心説》一卷，共一册。半葉十二行，行二十六字。有正德四年潘棠序，景定二年王柏序，正統六年陳景茂跋，正德四年李暘後序。首葉鈐「翰林院印」滿漢文大官印。書衣有「乾隆三十八年五月衍聖公孔昭焕送到家藏研幾圖壹部計書壹本」長方木記。現存臺北「故宫博物院」。王重民《善本提要》、臺灣《中央圖書館善本書目》著録。○北京大學藏明正德刻本，半葉十二行，行二十六字，黑口，四周雙邊。前有景定辛酉王柏序。後有明正德六年趙鶴跋云：「圖刻金華縣，雜附李徐諸説，鶴爲正之。」知係正德六年刊本。鈐「結一廬藏書印」印記。李盛鐸舊藏，有李盛鐸手跋。《存目叢書》據以影印。○民國永康胡氏刻本，收入《金華叢書》民國補刻本子部。民國二十六年商務印書館《叢書集成初編》據以影印。

太極辨三卷　元孫自强撰　二七二四

永樂大典本(總目)。

魯齋心法一卷　元許衡撰　二七二五

浙江巡撫採進本(總目)。○《浙江省第六次呈送書目》:「《魯齋心法》一卷,元許衡著,一本。」○《浙江採集遺書總録》:「《魯齋心法》一册,寫本,元懷慶許衡撰。」○《提要》云:「是書刻於嘉靖元年,前有懷慶府知府洪洞韓士奇序。……今考此書即《全書》中《語録》之下卷,而摘其《語録》上卷之三十二條,亂其次第,竄入其中。」○南京圖書館藏清康熙重刻本二册,丁氏八千卷樓舊藏。○臺灣東海大學藏日本元禄四年(清康熙三十年)刻本。○北京大學藏日本寬政間刻本,作《許魯齋先生心法》一卷。李盛鐸舊藏。○北京圖書館藏清鈔本二卷一册,半葉八行,行十七字,無格。前有嘉靖元年韓士奇序。鈐「鐵琴銅劍樓」印記。《存目叢書》據以影印。

聖賢語論二卷　元王廣謀編　二七二六

浙江朱彝尊家曝書亭藏本(總目)。○《浙江省第五次曝書亭呈送書目》:「《聖賢語論》二卷,元王廣謀輯,二本。」○《浙江採集遺書總録》:「《聖賢語論》四卷,寫本,元王廣謀輯。」○《提要》云:「後有嘉靖癸巳書林余氏自新齋跋語,蓋明人所重刊也。卷端題曰《新刊標題明解聖賢語論》。」○上海圖書館藏明嘉靖十二年書林余氏自新齋刻本,正文首題「新刊標題明解聖賢語論卷之一」,次題「猷堂王廣謀景猷句解,鄉進士安福彭参挍正」,卷二至四於校正之後更題「書林自新齋余氏刊行」。半葉九行，行十八字，黑口，四周雙邊。首《魯司寇像》，次《素王事實》，次《先聖歷聘紀年》，次卷首一卷。書末有牌記：「《聖賢語論》迺孔門之遺書，垂訓之法，言學者誠能潛心玩味，以窮其理而力行之，則知格物致知之要，修齊治平之道，不外是耳。本堂請莆邑陳先生校讎□□，謹依官本，大字鋟梓，以便讀者披閱可認。余氏自新齋之記，幸鑒。是歲嘉靖癸巳仲夏之吉謹識。」《存目叢書》據以影印。天一閣文管所亦有是刻。○杭州市圖書館藏明萬曆十四年書林張氏居仁堂刻本，書名卷數同前本，半葉九行，行十八字，黑口，四周版框單雙不一。卷二配嘉靖十二年余氏自新齋刻本。

聖學心法四卷　明成祖文皇帝撰　**二七二七**

江蘇巡撫採進本（總目）。○北師大藏明永樂七年内府刻本，半葉十行，行二十二字，黑口，四周雙邊。前有永樂七年御製序。鈐有「永清朱檉之字淹頌號玖珊滂喜堂藏經籍金石書畫記」宋體字長印、「九丹一字淹頌」、「鮑氏覺園珍賞」等印記。清華、復旦、南圖等亦有是刻。《存目叢書》用北師大藏本卷一、清華藏本卷二至四配合影印。○北京圖書館藏明嘉靖三十八年益府刻本，行款版式同前本。○原北平圖書館藏明内府紅格寫本四卷四册，半葉十行，行二十二字。現存臺北「故宫博物院」。王重民《善本提要》、臺灣《中央圖書館善本書目》著録。

性理備要十二卷　明王三極撰　**二七二八**

安徽巡撫採進本（總目）。○《安徽省呈送書目》：「《性理備要》四本。」

顔子鼎編二卷　明徐達左編　高陽删補併註　二七二九

浙江巡撫採進本（總目）。○《浙江省第六次呈送書目》：「《顔子鼎編》二卷，元徐達佐輯，高陽删補併註，一本。」○《浙江採集遺書總録》：「《顔子鼎編》二卷，刊本，元吴郡徐達佐輯。」○南京圖書館藏清鈔《傳道四子書》本，作《顔子》二卷。此係徐達左原輯。至館臣所見《顔子鼎編》當係高陽重編後所改書名。

西村省己録二卷　明顧諒撰　二七三〇

浙江范懋柱家天一閣藏本（總目）。○《浙江省第五次范懋柱家呈送書目》：「《西村省己録》二卷，明顧諒著，一本。」○《浙江採集遺書總録》：「《西村省己録》二卷，刊本，明教諭上虞顧諒撰。」○杭州大學藏明萬曆九年刻本，作《重刻西村顧先生省己録》二卷，半葉七行，行十八字，白口，四周單邊。

雜誡一卷　明方孝孺撰　二七三一

浙江范懋柱家天一閣藏本（總目）。○《浙江省第五次范懋柱家呈送書目》：「《雜誡》一卷，明方孝孺著，一本。」○《浙江採集遺書總録》：「《雜誡》一册，刊本，明文學博士寧海方孝孺撰。」○《提要》云：「已編入《遜志齋集》第一卷。此乃宏治辛酉蜀人鄒魯摘出別行之本也。」○北京圖書館藏明嘉靖三十三年鄭梓刻《明世學山》本。○明萬曆刻《百陵學山》本，北圖、上圖、吉大、杭大藏。○明刻清順治三年宛委山堂印《説郛續》本。○清道光十一年六安晁氏木活字印《學海類編》本。

民國九年商務印書館影印晁氏木活字《學海類編》本。○民國二十六年商務印書館據《百陵學山》本排印，收入《叢書集成初編》。○按：各本均名《侯城雜誡》。

夜行燭無卷數　明曹端撰　二七三二

副都御史黄登賢家藏本(總目)。○《都察院副都御史黄交出書目》：「《夜行燭》，明曹端輯，一本。」○《河南省呈送書目》：「《夜行燭》，明曹端著，一本。」○《浙江省第四次汪汝瑮家呈送書目》：「《夜行燭》不分卷，明曹端輯，一本。」○《浙江採集遺書總録》：「《夜行燭》一册，刊本，明霍州學正澠池曹端撰。」○中國人民大學藏明萬曆三年宋承殷刻二十三年潘汲補刻本，作《夜行燭》一卷，《曹月川先生遺書》八種之一。○傅增湘藏明人紅格寫本，作《夜行燭》一卷。題「大明正統歲次戊辰正月十八吉日鎮守南京太監袁誠書，永遠流傳於世」。天一閣佚書，得於上海者。(見《藏園群書經眼録》)○復旦大學藏清初鈔本，作《曹月川先生夜行燭》一卷《家規輯略》一卷，半葉十行，行二十字，無格。寫本極精。鈐「休寧汪季青家藏書籍」、「古香樓」、「吴興劉氏嘉業堂藏書記」等印記。《存目叢書》據以影印《夜行燭》一卷。○清乾隆四庫館鈔《四庫全書・曹月川集》本。○清咸豐十一年刻《曹月川先生遺書》本，北圖、上圖、河南圖、福建師大藏。○清光緒刻《津河廣仁堂所刻書》本，中科院圖、上圖等藏。

月川語録一卷　明曹端撰　二七三三

河南巡撫採進本(總目)。○《河南省呈送書目》：「《語録》一卷，明曹端著，一本。」○清乾隆四庫館鈔《四庫全書·曹月川集》内有《語録》。○清道光十八年刻《月川先生遺書》本,作《月川語録》一卷,題「真定趙邦清輯次」。半葉九行,行二十一字,下黑口,四周單邊。中科院圖書館藏。《存目叢書》據以影印。○清咸豐十一年刻《曹月川先生遺書》本,作《曹月川先生語録》一卷,明趙邦清輯。北圖、上圖、河南圖、福師大藏。

從政名言二卷　明薛瑄撰　　**二七三四**

江蘇巡撫採進本(總目)。○《江蘇採輯遺書目録》:「《薛文清公行實録》五卷附《從政名言》一册《年譜》一册,明河津王鴻著,刊本。」○《山西省呈送書目》:「《從政名言》。」○南京圖書館藏明隆慶四年刻《畜德十書》本,作《薛文清公從政名言》一卷。○首都圖書館藏明崇禎十六年薛繼言、薛昌胤刻本,作《薛文清公從政名言》一卷,半葉十行,行十八字,白口,四周單邊。○中科院圖書館藏日本寛政十一年(清嘉慶四年)刻本,作《薛文清公從政名言》一卷,明胡纘宗編。○日本嘉永四年(清咸豐元年)官刻本,作《薛文清公從政名言》一卷,胡纘宗編。華東師大、日本静嘉堂藏。○日本嘉永四年活字本,書名卷數編者同前。北京大學藏。

薛子道論一卷　舊本題明薛瑄撰　　**二七三五**

編修程晉芳家藏本(總目)。○北京圖書館藏明嘉靖三十三年刻《明世學山》本。○明萬曆刻《百陵學山》本。民國二十七年商務印書館影印萬曆刻《百陵學山》本。民國二十六年商務印書館《叢書集成初編》本亦據此本影印。○清道光十一年六安晁氏木活字印《學海類編》本。民國九年商務印書館影印晁氏木活字《學海類編》本。○清光緒元年崇文書局刻《子書百家》本。○民國八年掃葉山房石印《百子全書》本。

明良交泰録十八卷　明尹直撰　**二七三六**

江西巡撫採進本（總目）。○《江西巡撫海第二次呈送書目》：「《明良交泰録》五本。」○北京圖書館藏明紅格鈔本十八卷八册，半葉十行，行二十字。鈐有「許星臺藏書印」、「東官莫氏五十萬卷樓劫後珠還之一」、「東莞莫伯驥号天一藏」、「東官莫伯驥所藏經籍印」等印記。《存目叢書》據以影印。

朱子學的二卷　明邱濬編　**二七三七**

副都御史黄登賢家藏本（總目）。○《都察院副都御史黄交出書目》：「《朱子學的》，明邱濬著，二本。」又：「《朱子學的》二本。」○《廣東省呈送書目》：「《朱子學的》二本。」○《江蘇省第一次書目》：「《朱子學的》二本。」○《江蘇採輯遺書目録》：「《朱子學的》二卷，明大學士瓊山邱濬著，刊本。」○《浙江省第五次曝書亭呈送書目》：「《朱子學的》二卷，明邱濬輯，二本。」○《浙江採集遺書總録》：「《朱子學的》二册，刊本，明大學士瓊山邱濬輯。」○北京圖書館藏明正德刻本，正文首題「學的上」，下題「丘濬輯」。半葉八行，行十六字，黑口，四周雙邊。前有朱子小影，道統相傳之圖。後有天順七年癸未丘濬序。《存目叢書》據以影印。南開大學、吉林大學亦有是刻。○明萬曆三十四年朱崇沐刻本，作《重編朱子學的》二卷，明朱吾弼重輯。半葉九行，行十九字，白口，左右雙邊。正文卷端下刻「文公十三世孫朱崇沐訂梓」。人民大學、北京大學藏。〇清康熙四十八年張伯行正誼堂刻本,山東省圖藏。〇清乾隆三十六年石洲草堂刻本,作《朱子學的》二卷附録一卷。四川師大藏。〇清咸豐十一年刻本,江西省圖藏。〇清同治五年福州正誼書院刻《正誼堂全書》本,北圖、上圖等藏。〇清光緒十五年家刻本,華東師大藏。〇清光緒川南刻本,四川省圖藏。〇民國二十五年商務印書館據《正誼堂叢書》本排印,收入《叢書集成初編》。〇日本承應二年(清順治十年)銅駝坊書林邨上平樂寺刻本,作《學的》二卷,日本鵜飼信之(石齋)訓點。中科院圖書館、臺灣東海大學、遼圖藏。遼圖本有羅振玉題識。

居業録類編三十一卷　明胡居仁撰　陳鳳梧編　二七三八

兩江總督採進本(總目)。〇《兩江第二次書目》:「《居業録類編》,明胡居仁撰,陳鳳梧編,四本。」〇《提要》云:「付門人無錫陳大尹名世校而刻之,以廣其傳。此本蓋從刻本傳寫者。」

道一編六卷　不著撰人名氏　二七三九

浙江汪汝瑮家藏本(總目)。〇《浙江省第四次汪汝瑮家呈送書目》:「《道一編》六卷,明程敏政著,二本。」〇《浙江採集遺書總録》:「《道一編》六卷,刊本,明程敏政撰。」〇明弘治三年李汎刻本,半葉八行,行十七字,白口,左右雙邊。有弘治二年己酉冬日長至新安程敏政自序,弘治三年李汎後序。北圖、重慶市圖藏。原北平圖書館一部現存臺北「故宫」,王重民《善本提要》著録。〇明弘治三年李信刻本,半葉十一行,行十九字,黑口,四周雙邊。南圖藏一部,丁丙《善本書室藏書志》

著録，謂「前有自序，末有門生祁閶李信後序」。鈐「秀水朱氏潛采堂圖書」及丁氏印記。中國社科院歷史所、上圖亦有是刻。○北京大學藏明嘉靖刻本，半葉九行，行二十字，白口，四周雙邊。版心刻工：余員、一清、范一、江四、葉文修、蔡六、余甫、王一。前有嘉靖三十一年沈寵序，嘉靖七年聶豹《重刻道一編序》，弘治二年程敏政序。末有嘉靖三十一年汪宗元後序云：「少司馬雙江聶公昔巡八閩，刻是編以淑多士，茲已散失無存。昔嘗受其學者以重刻請，侍御古林沈公乃手自校訂，屬宗元鋟梓以廣其傳。」知是本乃嘉靖三十一年沈寵命汪宗元刻於福建者。《存目叢書》據以影印。

二七四〇

性理要解二卷　明蔡清撰

浙江鄭大節家藏本（總目）。○《浙江省第五次鄭大節呈送書目》：「《性理要解》二卷，明蔡清著，二本。」○《浙江採集遺書總録》：「《性理要解》一册，寫本，明南京祭酒晉江蔡清撰。」○《提要》云：「上卷題《虛齋看太極圖說》，下卷題《虛齋看河圖洛書說》。」○臺灣「中央圖書館」藏有《虛齋看河圖洛書說》一卷，舊鈔本一册，題「虛齋先生晉江蔡清著，後學同邑王慎中正，門生易時中刊」。半葉八行，行十八字，無格。鈐「南昌彭氏」、「知聖道齋藏書」、「遇者善讀」等印記。（參該館《善本書志初稿》）

二七四一

虛齋三書無卷數　明蔡清撰

浙江巡撫採進本（總目）。○《浙江採集遺書總録》：「《虛齋三書》一册，刊本，明祭酒晉江蔡清撰。」○《提要》云：「是編即以《看太極圖說》改名《太極圖說》，以《看河圖洛書說》改名《河洛私見》，而增以《艾菴密箴》五十條，故曰三書。乾隆壬戌其裔孫蔡廷魁所刊。」○清乾隆七年壬戌蔡廷魁遜敏齋刻《蔡文莊公集》附刻本，三種與《提要》合，但無《虛齋三書》總名。三種卷端均題「宗裔廷魁經五校梓，山人徐居敬重編校」。半葉十行，行二十字，白口，左右雙邊。《存目叢書》據中科院圖書館藏本影印。武漢大學、厦門市圖、莆田圖亦有是刻。○明萬曆刻《百陵學山》內有蔡清《密箴》一卷，僅録十條。《叢書集成初編》本即據是刻排印。

白沙遺言纂要十卷　明張詡編　二七四二

衍聖公孔昭煥家藏本（總目）。○《衍聖公交出書目》：「《白沙遺言纂要》，明陳獻章著，一本。」

文公先生經世大訓十六卷　明余祐編　二七四三

禮部尚書曹秀先家藏本（總目）。○《總裁曹交出書目》：「《朱子經世大訓》六本。」○《編修勵第一次至六次交出書目》：「《經世大訓》，明余祐集朱子書，十本。」○《安徽省呈送書目》：「《經世大訓》六本。」○北京大學藏明嘉靖元年河南按察司刻本，作《文公先生經世大訓》十六卷，題「後學余祐編集」。半葉十行，行二十四字，白口，四周雙邊。前有正德甲戌余祐序。序後有「嘉靖元年河南按察司刊」大字二行。卷內鈐「曾藏蔡南萬處」、「呂海寰印」、「鏡宇」等印記。《存目叢書》據以影印。清華、中科院圖書館等亦有是刻。○臺灣「中央圖書館」藏明嘉靖五年湖廣布政司刻本，題「後學余祐編集」，半葉十行，行二十四字，白口，四周雙邊。前有正德甲戌余祐序。序後有「時嘉靖五年湖廣布政司重刊」二行。卷內鈐「李文田印」、「順德李氏藏書」、「師竹齋圖書」等印記（見該館

《善本書志初稿》）。安徽圖書館藏是刻殘存卷一至卷十二。○臺灣「中央圖書館」藏明天啟三年河南巡撫馮嘉會刻本，題「後學余祐編集」。半葉十行，行二十四字，白口，四周雙邊。前有正德甲戌余祐序。次天啟三年奉勅巡撫河南等處地方提督軍務兼理河道都察院右副都御史古瀛馮嘉會重刻序。次天啟三年河南等處承宣布政使司左布政使郭尚友序，稱「中丞馮公重刊《經世大訓》」，又稱馮氏「捐捧重梓」。鈐有「四明盧氏抱經樓藏書印」、「吴興劉氏嘉業堂藏書印」等印記（見該館《善本書志初稿》、《善本序跋集録》）。

近言一卷　明顧璘撰　**二七四四**

山西巡撫採進本（總目）。○明嘉靖十八年至二十年顧元慶大石山房刻《顧氏明朝四十家小説》本，半葉十行，行十八字，白口，左右雙邊。北圖、上圖、福建省圖、厦門大學藏。○清宣統上海國學扶輪社排印《顧氏明朝四十家小説》本。○民國三年古今圖書局石印《顧氏明朝四十家小説》本。○臺灣「中央圖書館」藏傳鈔《顧氏明朝四十家小説》本一册，題「奉訓大夫知全州吴郡顧璘撰」。半葉十行，行二十字，緑格，白口，四周單邊。封面注「顧氏四十家小説本鈔出」。卷首有光緒十七年李文田手跋，述顧璘生平。鈐有「李仲約藏」印。○北京圖書館分館藏明嘉靖吴郡沈與文繁露堂刻本，題「奉訓大夫知全州吴郡顧璘撰」。半葉九行，行十五字，白口，四周單邊。前有王廷相序，黄綰序。黄序後有「吴人沈與文校刻」小字一行。末有牌記「吴郡沈氏繁露堂雕」。《存目叢書》據以影印。原北平圖書館藏《顧東橋全集》所收亦即此刻，唯佚去王、黄二序及沈與文校刻一行。其書現存臺北「故宫」。

傳習録略一卷　不著編輯者名氏　二七四五

編修程晉芳家藏本(總目)。○《提要》云:「取王守仁《傳習録》删存大略,曹溶收入《學海類編》者。」○按: 清道光十一年六安晁氏木活字印《學海類編》内無《傳習録略》,有《傳習則言》一卷,題「明餘姚王守仁伯安著」,疑即其書。《傳習則言》又有明嘉靖三十三年鄭梓刻《明世學山》本(北圖藏)、明萬曆刻《百陵學山》本(北圖、上圖等藏)。

慎言十三卷　明王廷相撰　二七四六

衍聖公孔昭焕家藏本(總目)。○《衍聖公交出書目》:「《慎言》,明王廷相著,二本。」○臺灣「中央圖書館」藏明嘉靖十二年歷城周居岐刻本十五卷四册,半葉十行,行二十一字,白口,四周單邊。前有嘉靖十二年癸巳九月歷城門人周居岐《刻慎言序》云:「明嘉靖壬辰歲,居岐寓京師,得覽我師浚川夫子所著詩文雜集,統二十有奇册。内《慎言》二集迺我師夫子廓彰道學、昭示心法者也。居岐重拜序曰……因梓之以識明道之心云。全集珍笥,俟時也。」又嘉靖丁亥十二月自序。末有嘉靖十二年仲秋吉日平原晚學生李鐶後語,歷下門人周居魯跋。跋後有「歷城門人趙應奎、李倫、徐宗美、劉東山校」四行。卷内鈐「世恩堂印」、「繩齋識」、「吴興劉氏嘉業堂藏書記」等印記。(詳該館《善本書志初稿》、《善本序跋集録》)○明嘉靖刻《王氏家藏集五種》本,十三卷。半葉十行,行十八字,白口,四周單邊。北大、中科院圖書館、東北師大等藏。○明嘉靖十七年廣東重刻《王氏家藏集》本，十三卷。半葉十行，行十八字，白口，四周單邊。中山大學藏。○明嘉靖隆慶間刻《王浚川所著書》本，十三卷。上圖本題「門生蜀人焦維章、後學長洲姚厚校」。半葉十行，行十八字，白口，左右雙邊。前有嘉靖十三年正月張一厚《后語》，嘉靖十一年黄芳序，嘉靖十二年門生成都焦維章書後，嘉靖六年自序。焦維章云：「癸巳三月望後予得之南來者，方展玩案間，適蘇人沈生、姚生見之，且請勘，乃校而俾其壽諸木。」知係嘉靖十二年長洲姚厚等刻本。鈐「杭州王氏九峰舊廬藏書畫印」印記。《存目叢書》據以影印。東北師大亦有是刻。

後渠庸書一卷　明崔銑撰　**二七四七**

編修程晉芳家藏本（總目）。○北京圖書館藏明嘉靖三十三年鄭梓刻《明世學山》本，作《后渠庸書》。○明萬曆刻《百陵學山》本，作《后渠庸書》一卷，題「洹野崔銑子鍾」。《存目叢書》據以影印。北大、南開、重慶市圖亦有是刻。○明刻清順治三年宛委山堂印《説郛續》本。

同異録二卷　明陸深撰　**二七四八**

浙江鮑士恭家藏本（總目）。○明嘉靖二十四年刻《儼山外集》本，北圖、北師大、上圖等藏。○明刻《亦政堂鐫陳眉公普祕笈》本，作《寶顔堂訂正同異録》二卷。北圖、中科院圖、復旦等藏。○民國十一年上海文明書局石印《寶顔堂祕笈》本。

心性書無卷數　明湛若水撰　**二七四九**

浙江巡撫採進本（總目）。○《浙江省第九次呈送書目》：「《心性書》，明湛若水著，一本。」○《浙江採集遺書總録》：「《心性書》一册，刊本，明湛若水撰，門人黄民準、鍾景星等注。」○明嘉靖三十四年刻萬曆二十二年修補《甘泉先生續編大全》本，在卷三十一。半葉十行，行二十字，白口，四周雙邊。湖南圖、臺灣「中央圖書館」藏。

楊子折衷六卷　明湛若水撰　二七五〇

浙江鄭大節家藏本(總目)。○《浙江省第五次鄭大節呈送書目》：「《楊子折衷》六卷，明湛若水著，二本。」○《浙江採集遺書總録》：「《楊子折衷》六卷，續鈔堂評本，明湛若水輯。」○福建省圖書館藏明嘉靖刻藍印本六卷一册，半葉十一行，行二十一字，白口，左右雙邊，有刻工。鈐「鄭杰之印」、「鄭氏注韓居珍藏記」、「大通樓藏書印」、「龔少文收藏書畫印」印記。○浙江圖書館藏明嘉靖葛澗刻本六卷，題「門人蘄水程轍校正」。半葉十行，行二十字，白口，四周單邊。每卷末有「門人江都葛澗刻在新泉精舍」一行。前有嘉靖十八年崔銑序，十九年湛若水《讀崔公后渠讀楊子折衷》，十八年劉譽序，湛若水引。鈐有「繼遠」、「雲煙過眼」、「正民」、「紅樹館主」、「貴陽陳昌穀審定真蹟」、「子式珍藏」、「新齋珍藏書畫之章」等印記。《存目叢書》據以影印。○臺灣「中央圖書館」藏明嘉靖十九年嶺南朱明書院刻萬曆二十一年修補《泉翁大全集》本三卷。

遵道録八卷　明湛若水撰　二七五一

江蘇巡撫採進本(總目)。○《江蘇省第一次書目》：「《遵道録》二本。」○《江蘇採輯遺書目録》：「《遵道録》八卷，明禮部尚書曾城湛若水著。」○《衍聖公交出書目》：「《遵道録》，明湛若水著，二本。」○《提要》云：「此本凡八卷，衍聖公孔昭焕所進本則作十卷，蓋當時原有兩刻。」○臺灣「中央圖書館」藏明嘉靖刻本十卷四册，題「後學增城湛若水編釋」。半葉八行，行二十字，大黑口，四周雙邊。前有正德十四年自序。後有王溱後序，署「嘉靖二年癸未七月甲申門人澶淵王溱書于大梁書院」，但未言刻書事。鈐「吴興劉氏嘉業堂藏書記」印。

二七五二 甘泉新論一卷　明湛若水撰

編修程晉芳家藏本(總目)。○臺灣「中央圖書館」藏明嘉靖十九年嶺南朱明書院刻萬曆二十一年修補《泉翁大全集》本，作《新論》一卷。○北京圖書館藏明嘉靖三十三年鄭梓刻《明世學山》本，作《新論》一卷。○明萬曆刻《百陵學山》本，作《新論》一卷，北圖、北大、南開、重慶市圖藏。民國二十七年商務印書館影印萬曆刻《百陵學山》本。○清道光十一年六安晁氏木活字印《學海類編》本。民國九年商務印書館影印晁氏木活字《學海類編》本。○清道光二十五年南海伍氏粤雅堂刻《嶺南遺書》第二集本。

二七五三 論學要語一卷洞語一卷接善編一卷人倫外史一卷　明劉陽撰

江西巡撫採進本(總目)。○《江西巡撫海第四次呈送書目》：「《劉兩峰集》一套三本。」○《提要》云：「舊總題曰《劉兩峯集》。」

二七五四 閑闢録十卷　明程曈撰

浙江巡撫採進本(總目)。○《浙江省第六次呈送書目》：「《閒闢録》十卷，明程曈著，二本。」

○《浙江採集遺書總録》：「《閑闢録》十卷，刊本，明新安程曈撰。」○《都察院副都御史黄交出書目》：「《閑闢録》二本。」○清華大學藏明嘉靖四十三年程纘洛刻本，題「鄉後學練江程曈輯」。半葉九行，行十八字，白口，左右雙邊。前有正德十年乙亥自序。又嘉靖四十三年二月男程纘洛《刻閑闢録後》云：「而其手澤宛然，敬刻而傳之。」《存目叢書》據以影印。北圖、上圖等亦有是刻。○《國學圖書館現存目》著録正誼堂刻本十卷二册，范志熙木犀香館舊藏，今當在南京圖書館。○《國學圖書館現存目》又著録清刻本十卷四册，當在今南圖。○清光緒十八年傳經堂刻《辨學七種》本，收入《西京清麓叢書續編》，北大、上圖等藏。○日本文政十年（清道光七年）官刻本，日本東京静嘉堂文庫藏。

苑洛語録六卷　明韓邦奇撰　　二七五五

副都御史黄登賢家藏本（總目）。○《都察院副都御史黄交出書目》：「《苑洛語録》，明韓邦奇，二本。」○上海圖書館藏明嘉靖三十四年白璧刻本，作《苑洛先生語録》六卷，半葉十行，行二十字，白口，四周單邊。前有明嘉靖三十四年九月山西布政司左參議門人白璧序云：「刻而題之曰《苑洛先生語録》。」鈐有「杭州葉氏藏」、「景葵祕笈印」等印記。版多漫漶。《存目叢書》據以影印。○《提要》云：「本名《見聞考隨録》，已編入所著《苑洛集》中，唯《集》本五卷，此本作六卷。所載雖稍有出入，而大略皆同。」按：《四庫全書》别集類有《苑洛集》二十二卷，末五卷即《見聞考隨録》。

願學編二卷　明胡纘宗撰　**二七五六**

陝西巡撫採進本(總目)。○《陝西省呈送書目》：「《願學編》。」○明嘉靖刻清順治十三年周盛時補修本，與《鳥鼠山人小集》、《後集》等合印。題「鳥鼠山人胡纘宗學，錦屏山人梁高校勘」。半葉九行，行十九字。版心刻「鳥鼠山房」四字。前有嘉靖三十三年自序，又嘉靖三十四年十月梁高序云：「於是序之而捐俸以壽諸梓。」知係嘉靖三十四年梁高捐刻。有胡繹宗識語牌子。《存目叢書》據北圖分館藏本影印。北大、上圖、津圖等多有之。

近取編二卷　明胡纘宗撰　**二七五七**

陝西巡撫採進本(總目)。○明嘉靖刻清順治十三年周盛時補修本，與《鳥鼠山人小集》、《後集》等合印。北大、上圖、津圖等多有藏。

海樵子一卷　明王崇慶撰　**二七五八**

編修程晉芳家藏本(總目)。○南京圖書館藏明嘉靖十七年呂景蒙刻本，題「澶淵王崇慶著」，半葉九行，行二十字，白口，四周單邊。有嘉靖十四年孔天胤《刻海樵子序》。又嘉靖十七年三月呂景蒙重刻序云：「乃重加校正，復刻於汲。」《存目叢書》據以影印。○北京圖書館藏明嘉靖三十三年鄭梓刻《明世學山》本。○明萬曆刻《百陵學山》本，北圖、上圖、吉林大學、杭州大學藏。民國二十七年商務印書館影印萬曆刻《百陵學山》本。民國二十八年商務印書館《叢書集成初編》亦據是刻影印。○明崇禎二年序刻《廣快書》本，北圖、復旦等藏。○明刻清順治三年宛委山堂印《說郛續》

本,北圖、上圖等藏。一九八八年上海古籍出版社影印宛委山堂《説郛續》本,收入《説郛三種》。○清道光十一年六安晁氏木活字印《學海類編》本,北圖、上圖等藏。民國九年商務印書館影印晁氏木活字《學海類編》本。○清光緒元年崇文書局刻《子書百家》本,北圖、復旦等藏。○民國八年掃葉山房石印《百子全書》本。○民國九年上海五鳳樓石印《子書四十八種》本,北圖、上海師大等藏。○南京圖書館藏舊鈔《養素軒叢書》本。

東石講學録十一卷　明王蓂撰　**二七五九**

浙江范懋柱家天一閣藏本(總目)。○《浙江省第五次范懋柱家呈送書目》:「《東石講學録》十一卷,明王蓂著,黄文龍編,二本。」○《浙江採集遺書總録》:「《東石講學録》十一卷,刊本,明提學副使金谿王蓂撰,黄文龍編。」

心學録四卷　明王蓂撰　**二七六〇**

浙江范懋柱家天一閣藏本(總目)。○《浙江省第五次范懋柱家呈送書目》:「《心學録》四卷,明王蓂輯,一本。」○《浙江採集遺書總録》:「《心學録》四卷,寫本,明提學副使金谿王蓂撰。」○《兩江第一次書目》:「《心學録》,宋陸九淵著,一本。」按:《提要》云「取陸九淵之言,擇其發明心學者彙爲一編」。故兩江目題陸九淵著。○《武英殿第二次書目》:「《心學録》四本。」

大儒心學語録二十七卷　明王蓂撰　**二七六一**

江蘇巡撫採進本(總目)。○《江蘇省第二次書目》:「《大儒心學語録》十本。」○《江蘇採輯遺書目録》：「《大儒心學語録》二十七卷，明浙江按察副使金谿王蓂著，刊本。」○清華大學藏明嘉靖二十八年撫州府儒學刻本，題「後學金谿王蓂輯」，半葉十行，行二十字，白口，四周雙邊。有嘉靖二十七年王蓂序。又嘉靖二十八年孟夏奉勅提督學校陜西按察司副使臨川章衮序云：「中丞安州應臺傅公見而悦之，屬吾郡太守嘉禾横山顧侯刻置郡齋。」又嘉靖二十八年孟夏撫州知府顧霑序。又首紀。首紀末列銜：「撫州府儒學訓導楊演、生員高應乾、吴朝楨校刊。」書末有嘉靖十九年庚子王蓂書後。《存目叢書》據以影印。湖北省圖、蘇州市圖亦有是刻。

性理群書集覽七十卷　題瓊山玉峯道人集覽　**二七六二**

江蘇巡撫採進本（總目）。○《江蘇省第二次書目》：「《性理群書集覽》六十四本八函。」○《江蘇採輯遺書目録》：「《性理群書集覽》七十卷，元東甌徐天章撰，刊本。」按：吴慰祖據《提要》改爲「題瓊山玉峰道人集覽」。余謂《江蘇目録》自有來歷，不便更動。○《提要》云：「其書取永樂《性理大全》中人名、地名、年號、訓詁之類，依王幼學《通鑑綱目集覽》之例，各爲注釋。」又云：「卷尾有大德辛未刊行字，尤爲舛謬。是書本註《性理大全》，安得大德中先有刊本。考辛未爲明正德六年，此售僞者以版式近麻沙舊本，故削補『正』字，僞冒元刻也。」○南京圖書館藏明正德六年宗德書堂刻本，正文首題「性理群書集覽大全」，次題「後學瓊山玉峯道人集覽，後學青田養浩遁叟訂定，後學雲間林泉處士校正」。半葉十一行，行二十二字，黑口，四周雙邊。前有永樂十三年御製《性理大全》序，胡廣等進《性理大全》表及銜名等，皆爲永樂《性理大全》作。每卷後有「後學東甌雙清軒徐天章繕寫（或謄録）」識語。卷末有「正德辛未宗德書堂鼎新刊」牌記。又墨筆題：「皇明正德六年宗德重刊性理大全首尾共七十卷終。」丁丙《善本書室藏書志》卷十五著録。天津圖書館亦有是刻。○上海辭書出版社圖書館藏明書林劉氏日新堂刻本，作《性理群書大全》七十卷，題玉峯道人輯，半葉十一行，行二十二字，黑口，四周雙邊。○首都圖書館藏明刻本，卷一首題「性理群書大全」，餘卷多題「性理群書集覽」。卷一次題「後學瓊山玉峯道人集覽，後學青田養浩遁叟訂定，後學雲間林泉處士校正」。半葉十一行，行二十二字，下黑口，四周雙邊。相其字體版式，是閩坊刊本。《存目叢書》據以影印。○臺灣《故宫博物院善本舊籍總目》著録「明坊刊黑口小字巾箱本」，書名卷數同存目，未知與前三本異同。

三難軒質正無卷數　明戴金編　**二七六三**

浙江巡撫採進本（總目）。○《浙江省第九次呈送書目》：「《三難軒質正》，明戴金輯，一本。」○《浙江採集遺書總録》：「《三難軒質正》一册，刊本，明御史漢陽戴金撰。」○按：戴金，浙本《總目》作濮陽人。殿本《總目》作漢陽人。

正學編二卷　明陳琛撰　**二七六四**

浙江范懋柱家天一閣藏本（總目）。○《浙江省第五次范懋柱家呈送書目》：「《正學編》二卷，明陳琛著，一本。」○《浙江採集遺書總録》：「《正學編》二卷，天一閣寫本，明江西提學僉事晉江陳琛撰。」○山東省圖藏明嘉靖刻本，半葉九行，行十八字，白口，四周雙邊。○明萬曆刻《今獻彙言》

本一卷，北圖、上圖等藏。民國二十六年商務印書館影印萬曆刻《今獻彙言》本。〇明刻清順治三年宛委山堂印《説郛續》本一卷。一九八八年上海古籍出版社影印宛委山堂《説郛續》本，收入《説郛三種》。〇清乾隆三十三年刻《紫峰陳先生文集》本一卷。參集部《紫峰集》條。

二七六五　説理會編十五卷　明季本撰

浙江巡撫採進本(總目)。〇《浙江省第十次呈送書目》：「《説理會編》十五卷，明季本著，六本。」〇《浙江採集遺書總録》：「《説理會編》十六卷，刊本，明季本輯。」〇清華大學藏明馮繼科刻本，十六卷，題「越季本撰次，吴袁洪愈訂正」。半葉十行，行二十一字，白口，四周單邊。有嘉靖三十三年季本序。《存目叢書》據以影印。北大亦有是刻。

二七六六　困辨録八卷　明聶豹撰

浙江巡撫採進本(總目)。〇《浙江省第六次呈送書目》：「《困辨録》八卷，明聶豹著，二本。」〇《浙江採集遺書總録》：「《困辨録》八卷，刊本，明尚書永豐聶豹撰。」〇《兩江第一次書目》：「《困辨録》，明聶豹撰，羅洪先批注，二本。」〇南京市博物館藏明刻本，正文首題「雙江先生困辯録卷之一」，次題「吉水念菴羅洪先批註，長水後學岳和聲校閲」。半葉九行，行十九字，白口，左右雙邊。版心刻工：仲、黄、桓、正、荣。前有岳和聲《聶雙江先生二録序》云：「遂版之觀生堂中。」又嘉靖二十七年聶豹自序，二十九年羅洪先序。末有嘉靖三十一年三月桐城阮鶚序。《存目叢書》據以影印。按：岳和聲，明萬曆至天啟間人，著《餐微子集》五卷《擒妖始末》二卷，天啓刻本，王重民

《善本提要補編》著録。此即岳和聲所刊。

燕居答述二卷　明戴經撰　二七六七

浙江巡撫採進本(總目)。○《浙江省第六次呈送書目》:「《燕居答述》二卷,明戴經輯,二本。」○《浙江採集遺書總録》:「《燕居答述》二卷,刊本,明德清戴經輯。」

研幾録無卷數　明薛侃撰　二七六八

河南巡撫採進本(總目)。○《河南省呈送書目》:「《研幾録》,明薛侃著,一本。」○廣東省中山圖書館藏明萬曆四十五年薛茂杞、薛茂槮刻本,題「揭陽中離薛先生著,門人鄭三極輯,歸善葉萼校」。半葉九行,行二十字,白口,四周單邊。前有嘉靖十四年鄭三極序,己酉林熙春序。後有弟僑跋。跋後有「萬曆丁巳歲人日曾孫茂杞、茂槮重刊」識語。《存目叢書》據以影印。

庸言十二卷　明黄佐撰　二七六九

江蘇巡撫採進本(總目)。○《江蘇省第一次書目》:「《庸言》四本。」○《江蘇採輯遺書目録》:「《庸言》十二卷,明禮部侍郎嶺南黄佐著。」○北京圖書館藏明嘉靖三十一年孫學古等刻本,題「海隅泰泉子黄佐才伯甫」。半葉十行,行二十字,白口,四周單邊。版心刻工:呈、馮、㒷等。前有嘉靖三十一年門人從化黎民表序云:「蕭山孫子學古、三山鄧子遷、衡陽何子价、灌陽吕子天恩、同郡陳子譓試、梁子孜,購工鋟梓,而嘉興陸子湯臣亦助之用匠于成。」此本卷九第二葉版心誤刻爲卷八。《存目叢書》據以影印。無錫市圖亦有是刻。○清康熙二十一年重刻本,半葉八行,行十五字，白口，四周雙邊。中山大學藏一部鈐「曾釗之印」、「面城樓藏書印」、「屈氏望僊山房藏」等印記。山西祁縣圖亦有一部。

二七七〇　慎言集訓二卷　明敖英撰

浙江鮑士恭家藏本（總目）。〇《江蘇省第一次書目》：「《慎言集訓》一本。」〇《江蘇採輯遺書目録》：「《慎言集訓》四卷，清清江敖英著。」〇明萬曆胡文煥文會堂刻《格致叢書》本，作《新刻慎言集》二卷，北圖藏。〇明萬曆胡文煥文會堂刻《百名家書》本，書名卷數同前，似即一版。中科院圖、大連圖藏。〇明萬曆刻《寶顏堂續祕笈》本，作《寶顏堂訂正慎言集訓》二卷，北圖、復旦等藏。〇民國十一年上海文明書局石印《寶顏堂祕笈》本。〇清同治四年錢唐丁氏刻本，作《慎言集訓》二卷，收入《當歸草堂叢書》。此本題「清江敖英纂集」，版心下刻「當歸草堂」。前有嘉靖丙戌自序。後有嘉靖戊戌成都府同知餘姚陳輔跋云：「玆刻置郡齋，以與西土慎言君子共之。」又清同治四年丁申跋云：「是本則嘉靖十七年餘姚陳輔刻於成都府同知任所，迨今年正月重刊，已閱三百二十八年。」《存目叢書》據以影印。〇民國六年南昌刻本，胡氏《豫章叢書》之一。〇民國二十五年商務印書館影印《寶顏堂續祕笈》本，收入《叢書集成初編》。

二七七一　辨惑續編七卷附録二卷　明顧亮撰

浙江巡撫採進本（總目）。〇《浙江省第七次呈送書目》：「《辨惑續篇》七卷《附録》二卷，明顧亮輯，四本。」〇《浙江採集遺書總録》：「《辨惑續編》七卷《附録》二卷，刊本，明吴郡顧亮寅輯。」

按：顧亮，字寅仲。此「寅」字誤屬上讀而致衍。○上海圖書館藏明成化五年刻本，附《辨惑編》後。題「古吳東齋老朽顧亮寅仲採輯」。半葉九行，行二十字，黑口，四周雙邊。前有成化五年五月葉盛序，天順癸未顧亮《編輯大意》。後有成化五年徐傭跋。鈐有「曾藏汪閬源家」等印記。《存目叢書》據以影印。○臺灣「中央圖書館」藏明刻本，作《辯惑續編》七卷《附録》二卷四册。題「古吳東齋老朽顧亮寅仲裒輯」。半葉九行，行二十字，大黑口，四周雙邊。鈐「李文田印」、「順德李氏藏書」、「讀五千卷書室」等印記。○臺灣「中央圖書館」又藏明萬曆二年益藩木活字本，題「古吳顧亮寅仲採輯」。半葉八行，行十七字，白口，四周雙邊。前有成化五年葉盛序，天順癸未顧亮《編輯大意》。後有某氏《書辯惑續編後》，萬曆二年益藩世孫潢南道人序，萬曆二年王門吏隱新安碧井潘巒跋。卷前序文之後、《附録》末、《書辯惑續編後》末均有「益藩活字(字或作板)印行，新安潘巒校編」刊記。潘巒跋後有「書生張果、王錦、郭朝賓、王鏞同校，儒士江磐、書生王仕賢繕寫」數行。(以上二本均見該館《善本書志初稿》)鎮江博物館亦有益藩本。○北京圖書館藏清鈔本，與《辨惑編》合函。半葉九行，行二十字，無格。

擬學小記六卷續録一卷　明尤時熙撰　**二七七二**

浙江巡撫採進本(總目)。○《浙江省第六次呈送書目》：「《擬學小記》八卷，明尤時熙著，二本。」○《浙江採集遺書總録》：「《擬學小記》八卷，刊本，明户部主事洛陽尤時熙撰。」○《浙江省第八次呈送書目》：「《擬學小記》六卷，明尤時熙著，二本。」○原北平圖書館藏明刻本，作《擬學小記》

八卷《續録》一卷。卷一、卷八不題輯録人，卷四題李根，卷二卷三卷五卷六題「門人孟化鯉輯録」。半葉九行，行二十字。有劉贄序，嘉靖三十八年自序。鈐「四明盧氏抱經樓藏書印」、「延古堂李氏珍藏」印記。現存臺北「故宫博物院」。王重民《善本提要》、臺灣《中央圖書館善本書目》著録。○中國科學院圖書館藏清同治三年刻本，作《尤西川先生擬學小記》六卷《續録》一卷。卷一題「婿李根編次，門人孟化鯉校録」。卷二題「西川尤時熙著，門婿李根編次，門人孟化鯉校録」。前有《明史·尤時熙傳》，嘉靖己未自序。《續録》題「西川尤時熙著，門人孟化鯉輯」。有萬曆乙亥孟化鯉序。末有清曹肅孫跋。《存目叢書》據以影印。

心齋約言一卷　明王艮撰　二七七三

編修程晉芳家藏本（總目）。○《提要》云：「《明史·藝文志》載《心齋語録》二卷，此本改其名曰《約言》，又止一卷，亦《學海類編》之節本也。」○中國科學院圖書館藏明刻本，作《重刻心齋王先生語録》二卷，題「男衣、璧、褆、補、雍、孫之垣、之詮録，門人董燧、聶静編校，後學劉芙、聶枌、聶杆、聶校同校」。前有隆慶二年門人吉水豐□□序。半葉九行，行十八字，白口，四周單邊。○清道光十一年六安晁氏木活字印《學海類編》本。民國九年商務印書館影印晁氏木活字《學海類編》本。

一菴遺集二卷　明王棟撰　二七七四

兩江總督採進本（總目）。○《兩江第一次書目》：「《一庵遺集》，明王棟著，二本。」○臺灣「中央圖書館」藏明天啟四年王家俊刻清王真重修本，作《重鐫一庵王先生遺集》二卷。題「歷陽郝繼可汝極父校正，同里門人吴軒尚賢父仝校，孫王守安存遺，四代侄孫王家俊重梓，王元鼎補輯，五代侄孫王象晉、王象恒、王象有參閲」。半葉九行，行十九字，白口，四周雙邊。前有天啟四年提督蘇松等府學政巡按直隷監察御史邛州孫之益於澄江公署序云：「今其裔孫等裒集會語付剞劂，請予弁數言於首。」又有目録，像贊。像贊後有「己未季夏十二世孫真重梓」一行。卷内弘字缺筆，曆作歷，是避乾隆帝諱。鈐「溱湖李氏家藏」、「吴興劉氏嘉業堂藏書記」等印記（參該館《善本書志初稿》、《善本序跋集録》）。北大、南圖亦有是刻。〇南京圖書館藏清鈔本，書名、行款、卷端題名及避諱均同前本，即從前本録出。鈐「胡長泰印」等印記。《存目叢書》據以影印。

緒山會語二十五卷　明錢德洪撰　**二七七五**

江蘇周厚堉家藏本（總目）。〇《江蘇採輯遺書目録》：「《緒山會語全集》二十五卷，刑部員外郎餘姚錢德洪著，刊本。」〇《提要》云：「是編爲其子應樂所刊。」

東溪蔓語一卷　明曹煜撰　**二七七六**

浙江范懋柱家天一閣藏本（總目）。〇《浙江省第五次范懋柱家呈送書目》：「《東溪漫語》一卷，明曹煜著，一本。」〇《浙江採集遺書總録》：「《東溪漫語》一册，寫本，明曹煜撰。」

諸儒語要二十卷　明唐順之編　**二七七七**

浙江巡撫採進本（總目）。〇《浙江省第六次呈送書目》：「《諸儒語要》二十卷，明唐順之輯，五本。」〇《浙江採集遺書總録》：「《諸儒語要》二十卷，刊本，明唐順之輯。」〇《安徽省呈送書目》：

「《諸儒語要》六本。」○北京圖書館藏明萬曆三十年吴達可刻本，作《唐荆川先生編纂諸儒語要》十卷，半葉九行，行二十字，白口，四周雙邊。前有萬曆三十年男鶴徵序。又萬曆三十年吴達可序云：「故謀于凝菴公，梓是編而題其首。」版心刻工：鄒邦達刻、姜良、姜球刊、楊文、付明、付中、付吴刊。鈐有「周利坤印」、「安貞」、「秋蓀」等印記。《存目叢書》據以影印。人民大學、浙圖等亦有是刻。○北京圖書館藏明萬曆三十九年黄一騰刻本，書名卷數同前本，半葉九行，行二十字，白口，四周雙邊。

洨濱語録二十卷　明蔡靉撰　**二七七八**

直隸總督採進本（總目）。○《直隸省呈送書目》：「《洨濱語録》四本。」○北京圖書館藏明嘉靖刻本，作《洨濱蔡先生語録》二十卷，半葉九行，行十八字，白口，四周雙邊。前有嘉靖四十三年蘇祐序。又某氏序首尾殘缺，謂「是刻也實少司空李蟠峰先生意也」。末有某氏跋，殘缺不完。《存目叢書》據以影印。○四川省圖藏清道光浙江刻本，作《洨濱蔡先生語録》二十卷四册。○《國學圖書館現存目》著録清咸豐刊本二十卷二册，當在今南京圖書館。○復旦大學藏清光緒四年刻本，與《洨濱蔡先生集》十卷合刻。○清光緒五年定州王氏謙德堂刻《畿輔叢書》本。

廉矩一卷　明王文禄撰　**二七七九**

編修程晉芳家藏本（總目）。○北京圖書館藏明嘉靖三十三年鄭梓刻《明世學山》本。○明萬曆刻《百陵學山》本，北圖、上圖、吉大、杭大藏。民國二十七年商務印書館影印萬曆刻《百陵學山》本。

○清道光十一年六安晁氏木活字印《學海類編》本。民國九年商務印書館影印晁氏木活字《學海類編》本。《存目叢書》亦據此刻影印。○民國二十六年商務印書館據《百陵學山》本影印,收入《叢書集成初編》。

道林諸集無卷數　明蔣信撰　二七八〇

浙江巡撫採進本(總目)。○《浙江省第六次呈送書目》:「《道林先生諸集》不分卷,明蔣信著,二本。」○《浙江採集遺書總録》:「《道林先生諸集》二册附《侍疾録》,刊本,明貴州提學副使武陵蔣信撰。」

西田語略二十三卷續集二十九卷　明樊深撰　二七八一

内府藏本(總目)。○《武英殿第二次書目》:「《西田語略》二本。」○北京大學藏明嘉靖二十七年刻本,題「河間樊深著」。半葉九行,行二十一字,白口,四周雙邊。寫刻甚精。前有嘉靖二十七年王任用序云:「諸門弟子固請於先生以就梓,乃乞余一言引其端。」鈐有「吴琪之印」、「栢館」、「王氏世德」等印記。《存目叢書》據以影印。

識仁定性解註二卷　明何祥撰　二七八二

浙江巡撫採進本(總目)。○《浙江省第十二次呈送書目》:「《識仁定性解》,明何祥著,一本。」○《浙江採集遺書總録》:「《識仁定性解》一册,寫本,明主事内江何祥撰。」

薛方山紀述一卷　明薛應旂撰　二七八三

浙江鮑士恭家藏本(總目)。○明萬曆刻《百陵學山》本,作《紀述》一卷。北圖、上圖、吉大、杭大藏。民國二十七年商務印書館影印萬曆刻《百陵學山》本。○明刻《亦政堂鐫陳眉公普祕笈》本，作《陳眉公訂正薛方山紀述》一卷，題「武進薛應旂著，檇李沈中英、岳駿聲校」。《存目叢書》據中科院圖書館藏本影印。北圖、復旦等亦有是刻。○民國十一年上海文明書局石印《寶顏堂祕笈》本。○明崇禎二年序刻《廣快書》本，作《照心犀》一卷，北圖、復旦等藏。○明刻清順治三年宛委山堂印《説郛續》本，作《方山紀述》一卷。一九八八年上海古籍出版社影印宛委山堂《説郛續》本，收入《説郛三種》。○清道光十一年六安晁氏木活字印《學海類編》本，作《方山紀述》四卷。民國九年商務印書館影印晁氏木活字《學海類編》本。

薛子庸語十二卷　明薛應旂撰　二七八四

浙江巡撫採進本(總目)。○《浙江省第六次呈送書目》：「《薛子庸語》十二卷，明薛應旂著，四本。」○《浙江採集遺書總録》：「《薛子庸語》十二卷，刊本，明提學副使武進薛應旂著。」○《兩江第二次書目》：「《薛子庸語》，明薛應旂撰，向程音釋，二本。」○南京圖書館藏明隆慶刻本，題「門人向程釋，曾孫耳校」。半葉八行，行十七字，白口，四周單邊。前有隆慶三年十二月朔門人向程序。卷内鈐「慶善字叔美印」、「臣慶善印」、「叔美」、「張氏翼庭」、「石湖張子」、「臣進之印」、「南通馮氏景岫樓藏書」、「馮雒」、「尚史齋印」、「八千卷樓藏書之記」等印記。《存目叢書》據以影印。無錫市圖、常州市圖、江西省圖亦有是刻。○民國二十八年裔孫秉和石印本三册，上圖藏。

二谷讀書記二卷　明侯一元撰　二七八五

編修程晉芳家藏本(總目)。○清道光十一年六安晁氏木活字印《學海類編》本,題「明樂清侯一元著」。書分上中下三卷。《四庫總目》誤爲二卷。民國九年商務印書館影印晁氏木活字《學海類編》本。《存目叢書》亦據是刻影印。○民國二十八年商務印書館據《學海類編》本排印,收入《叢書集成初編》。

禮要樂則二卷　明阮鶚撰　二七八六

浙江巡撫採進本(總目)。○《浙江省第七次呈送書目》:「《禮要樂則》合一册,明阮鶚著,二本。」○《浙江採集遺書總録》:「《禮要樂則》二卷,刊本,明御史桐城阮鶚撰。」

學蔀通辨十二卷　明陳建撰　二七八七

内府藏本(總目)。○《武英殿第二次書目》:「《學蔀通辨》四本。」○《都察院副都御史黄交出書目》:「《學蔀通辨》二本。」○《河南省呈送書目》:「《學蔀通辨》二本。」○《浙江省第十一次呈送書目》:「《學蔀通辨》十二卷,明陳建著,二本。」○《浙江採集遺書總録》:「《學蔀通辨》十二卷,刊本,明東莞陳建撰。」○北京大學藏明嘉靖二十七年刻本,分前編、後編、續編、終編,各三卷。半葉十行,行二十字,白口,四周單邊。前有嘉靖二十七年自序。末有自跋云:「嘉靖癸巳甲午之歲,建竊禄南闈……今十餘年矣……迺克就梓。」知即刻於嘉靖二十七年。版心刻工:阿序、俞庭、方孝、何鯨、周欽、陳堅、夏文憲。卷内鈐「繆曰藻印」、「文子」等印記。《存目叢書》據以影印。山東曹縣圖書館亦有是刻。○明萬曆三十三年黄吉士、黄中立刻本,半葉九行,行二十字,白口,四周雙邊。北圖、四川榮縣文化館藏。○清康熙十七年敵後堂刻本，南開大學藏。○清康熙辛卯（五十年）刊本，休寧汪璲評訂（《販書偶記續編附録》）。○清雍正元年謝浦泰鈔本，福建師大藏。○清雍正刻本四册，日本静嘉堂藏。○清鈔本，上圖藏。○清同治五年福州正誼書院刻《正誼堂全書》本，作《陳清瀾先生學蔀通辯》。北圖、上圖等藏。○清光緒十八年傳經堂刻《辨學七種》本，收入《西京清麓叢書續編》，北大、上圖等藏。○民國十八年東莞陳氏刻本，收入《聚德堂叢書》，北圖、上圖等藏。○日本寬文三年（清康熙二年）刻本，北大、日本静嘉堂藏。○《國學圖書館現存目》著録「日本安政刊本」四册，丁氏八千卷樓舊藏。當在今南京圖書館。

格物圖一卷　明孫丕揚撰 二七八八

陝西巡撫採進本（總目）。○《陝西省呈送書目》：「《格物圖》一卷附《論學篇》一卷。」

論學篇一卷　明孫丕揚撰 二七八九

陝西巡撫採進本（總目）。○此與《格物圖》同進，見前條。

耿子庸言二卷　明耿定向撰 二七九〇

浙江巡撫採進本（總目）。○《浙江省第六次呈送書目》：「《耿子庸言》二卷，明耿定向著，一本。」○《浙江採集遺書總録》：「《耿子庸言》二卷，刊本，明户部尚書黄安耿定向撰。」

胡子衡齊八卷　明胡直撰 二七九一

浙江鄭大節家藏本（總目）。○《浙江省第五次鄭大節呈送書目》：「《胡子衡齊》八卷，明胡直著，四本。」○《浙江採集遺書總録》：「《胡子衡齊》八卷，續鈔堂評本，明福建按察使泰和胡直撰。」○中國科學院圖書館藏明萬曆王繼明等刻本，題「泰和胡直正甫譔，門人同邑郭子章、廖同春、蕭景訓、陳以躍、陳秉浩、吉水鄒元標、廬陵曠驥、王用中、耒陽曾鳳儀同校，永嘉王繼明校刻」。半葉十行，行二十字，白口，四周雙邊。前有豫章張位序云：「曾明府……甫宰巖邑，孜孜首此以付剞劂。」蓋諸門人同刻，而王繼明董理之也。又王世貞序，萬曆十一年孟冬建昌守德清許孚遠序。寫刻工：吉水郭學禮寫刊。卷内鈐「朱㭖之印」印記。《存目叢書》據以影印。北大、上圖、津圖、江西圖亦有是刻。○民國五年南昌刻本，收入胡氏《豫章叢書》。○民國上海古書流通處影印清鈔本，南圖、川圖等藏。

大儒學粹九卷　明魏時亮編　　**二七九二**

江西巡撫採進本（總目）。○《江西巡撫海第四次呈送書目》：「《大儒學粹》二套十本。」○北京師大藏明萬曆十六年刻本，題「後學豫章魏時亮編讀，後學安成周寀校閱」。半葉九行，行十八字，白口，四周雙邊。前有萬曆十六年十二月周寀序云：「寀與純吾按臺及監司使者讀而胥好之，僉曰閩學問淵源之鄉也，宜梓以詔多士，而輔《性理全書》之所未備，乃共捐費鋟行。」又萬曆十六年十二月盱江鄧錬序云：「撫臺山泉周公檄而録於閩。」又自引。末有耿定力跋。是本寫刻甚精。《存目叢書》據以影印。安徽省圖、重慶市圖、山西文史館、蘇州市圖亦有是刻。

三儒類要五卷　明徐用檢編　　**二七九三**

江蘇巡撫採進本（總目）。○《江蘇省第一次書目》：「《三儒類要》四本。」○《江蘇採輯遺書目録》：「《三儒類要》五卷，明參政東浙徐〔用檢〕編，刊本。」○《浙江省第六次呈送書目》：「《三儒類要》五卷，明徐用檢輯，四本。」○《浙江採集遺書總録》：「《三儒類要》五卷，刊本，明太常寺卿蘭溪徐用檢輯。」○《河南省呈送書目》：「《三儒類要》，明徐用檢編，四本。」○北京師大藏明萬曆六年至七年李充實蘇州刻本，作《三先生類要》五卷，題「後學東浙徐用檢編次」。半葉十行，行二十字，白口，左右雙邊。前有萬曆六年後學鉅鹿守軒陳世寶序云：「遂屬吴守益齋李君命工以鋟諸梓。」鈐有「朱彝尊印」、「東園遺澤」、「長白廷杰鑑賞」、「魯軒珍藏」等印記。《存目叢書》據以影印。按：別本又有萬曆七年己卯三月王錫爵序云：「今參政徐魯源先生編次《三儒類要》成，屬其同年王錫爵爲序。……是編迺與守軒陳侍御參確成書，而蘇守益齋李侯刻之。」又萬曆六年四月徐用檢敘後。蓋付梓於萬曆六年，次年刊成。故宮、華東師大、南圖等亦有是刻。○臺灣「中央圖書館」藏明萬曆十二年瀛海馬允登校刻本，正文首題「三先生類要卷之一」，次題「後學東浙徐用檢編次，門人瀛海馬允登重校」。半葉九行，行十九字，白口，四周雙邊。前有萬曆十二年甲申馬允登序，次萬曆七年王錫爵序。後有萬曆六年徐用檢敘後。卷內鈐「丁福保印」、「丁福保讀書記」等印記（見該館《善本書志初稿》）。

李見羅書二十卷　明李復陽編　　**二七九四**

江蘇巡撫採進本（總目）。○《江蘇省第一次書目》：「《李見羅書》八本。」○《提要》云：「皆其師李材講學之書……凡《大學古義》一卷、《道性善編》一卷、《論語大意》四卷、《書問》九卷、《門人記述》四卷，而以舊本序別綴於末爲一卷，復陽爲無錫知縣時所刊也。」○無錫市圖書館藏明萬曆刻本，作《見羅先生書》二十卷，半葉十行，行二十字，白口，左右雙邊。卷一第一葉版心下刻「侯臣寫，可道刻」。前有顧憲成序，門人李復陽《刻見羅先生書序》。卷内鈐「元和王同愈」、「栩緣所藏」二印。《存目叢書》據以影印。○中科院圖書館有明刻《見羅李先生書要》三十卷，李復陽編。未知異同。

心學宗四卷　明方學漸撰　**二七九五**

浙江巡撫採進本(總目)。○《浙江省第八次呈送書目》：「《心學宗》四卷，明方學漸著，二本。」○《浙江採集遺書總録》：「《心學宗》四卷，刊本，明桐城方學漸撰。」○《兩江第二次書目》：「《心學宗》，明方學漸著，二本。」○中山大學藏明萬曆四十一年刻本，殘存卷一兩册，半葉八行，行十八字，白口，四周雙邊。○景德鎮市圖書館藏清康熙繼聲堂刻本，與清方中通《續編》四卷合刻。前編題「皖桐方學漸達卿父編輯」，前有萬曆丙午章潢序，萬曆戊申顧憲成序，萬曆戊申史孟麟序，丙午臨川令門人劉胤昌序，陸典跋，萬曆丙辰自序，戊申伯子大鎮跋。續編題「五世孫中通編録」，前有梅文鼎序，方中通序，後有何廷璧跋。半葉九行，行二十字，白口，左右雙邊。續編封面刻「繼聲堂藏板」。《存目叢書》據以影印。○清桐城光氏刻《龍眠叢書》本，僅《心學宗》二卷。清華、上圖藏。○《皖人書録》著録清光緒七年方氏刻本，作《心學宗》四卷《續編》四卷。

日言一卷　明孔承倜撰　**二七九六**

衍聖公孔昭焕家藏本(總目)。○《衍聖公交出書目》：「孔子六十代孫承倜《日言》一本。」

二七九七 **性理圖說一卷　明徐中撰**

浙江巡撫採進本（總目）。

二七九八 **一書增删四卷　明俞邦時撰**

浙江巡撫採進本（總目）。○《浙江省第七次呈送書目》：「《一書增删》四卷，明俞邦時著，二本。」○《浙江採集遺書總録》：「《一書增删》四卷，刊本，明新昌俞邦時撰。」○《提要》云：「書成於隆慶丁卯，刊於萬曆癸酉，再刊於國朝康熙壬子，皆名《一書》。此本爲第三刻，乃康熙己卯呂夏音所增删，故題曰《一書增删》云。」○中山大學藏明萬曆刻本《一書》，殘存卷一卷二。半葉十行，行二十字，白口，左右雙邊。

二七九九 **性理鈔二十卷　明楊道會撰**

副都御史黃登賢家藏本（總目）。○《武英殿第一次書目》：「《性理鈔》五本。」○臺灣「中央圖書館」藏明萬曆二十四年刻本，正文首題「性理抄卷之一」，次題「晉江楊道會惟宗父抄，同安王道顯當世父校」。半葉十行，行二十一字，白口，左右雙邊。前有萬曆十六年戊子仲夏王道顯《刻性理抄序》云：「乃校而梓之郡齋，以惠學者。」後有萬曆二十四年丙申季秋朔日潮陽陳志頤《跋性理抄後》云：「直指黃公嘉惠後學，楷之剞劂。」版心偶記刻工：賓、梁、曰江、進等。按：萬曆間黃正色（萬曆五年進士）爲廣東巡按御史，此所謂直指黃公當即其人。蓋萬曆十六年王道顯嘗刻之，至二十四年黃正色又據以重刻。福建省圖藏萬曆刻本，行款版式同，未知是否同版。

二八〇〇

諸儒學案八卷　明劉元卿撰

江西巡撫採進本（總目）。○《江西巡撫海第三次呈送書目》：「《諸儒學案》八本。」○明萬曆刻本，各卷不標卷次，實有二十五卷。首都圖書館、中科院圖書館均有殘帙，兩相配合，計得二十二卷，《存目叢書》據以影印。此本半葉九行，行十八字，白口，四周單邊。寫工刻工：李三俊寫，宋允刊。首卷題「曾孫劉應舉鵬上氏重修，安成後學劉元卿編輯，雲陽後學尹廉校刻」。以下各卷校刻人不同，計有：彭繼美、彭繼芳、陳應誥、陳應誠、陳應泰、彭用章、彭友文、陳汝怀、彭相賢、彭繼志、張自新、楊時甫、甘世尹、陳嘉言、陳嘉敏、陳嘉猷、陳起鵬、鍾明粹、鍾其粹、彭相和、甘相明、王國樞、王國親、劉世棟、劉世楷、劉世樞、劉世標、劉國樫。前有自序，又萬曆二十四年丙申某氏序，未署名氏。

二八〇一

憲世編六卷　明唐鶴徵撰

浙江巡撫採進本（總目）。○《浙江省第六次呈送書目》：「《憲世編》六卷，明唐鶴徵著，六本。」○《浙江採集遺書總録》：「《憲世編》六卷，刊本，明南太常寺卿武進唐鶴徵輯。」○東北師大藏明萬曆四十二年唐氏純白齋刻本，正文六卷前編一卷。題「後學毘陵唐鶴徵輯，孫獻可閱」。半葉十行，行二十字，白口，四周單邊。版心下刻「純白齋」。有萬曆四十二年甲寅唐鶴徵序，序末刊「唐鶴徵印」、「純白齋印」二印。序後有「吴郡諸生陳元素書」一行，知係陳元素手書上板者。《存目叢書》據以影印。山西定襄文化館亦有是刻。

群書歸正集十卷　明林昺撰　**二八〇二**

副都御史黄登賢家藏本(總目)。○《都察院副都御史黄交出書目》：「《歸正集》，明林昺，一本。」○大連圖書館藏明萬曆十九年林祖述刻本，作《群書歸正集》十卷，題「四明後學林昺著，明進士從孫祖述校」。半葉十行，行二十字，白口，四周雙邊。有隆慶二年戊辰王交序，隆慶六年壬申汪鏜序，萬曆十八年重九蘇濬校梓序，萬曆十九年春仲余寅序，萬曆十八年從孫祖述跋。刻工：刘毛虫、大春、黄中致、黄致、朱观秀、斿光、陳德雲、德雲、游選、刘安、陸詩、范旺得、黄起、蔡一、陳凌雲刊。《存目叢書》據以影印。上海辭書出版社亦有是刻。

呻吟語六卷　明吕坤撰　**二八〇三**

副都御史黄登賢家藏本(總目)。○《都察院副都御史黄交出書目》：「《呻吟語》六本。」○《江蘇省第一次書目》：「《呻吟語》八本。」○《江蘇採輯遺書目録》：「《呻吟語》二卷，明刑部侍郎甯陵吕坤著，刊本。」○《浙江省第六次呈送書目》：「《呻吟語》四卷，明吕坤著，四本。」○《浙江採集遺書總録》：「《呻吟語》四卷，刊本，明贈刑部尚書寧陵吕坤撰。」○江西省圖書館藏明萬曆二十一年刻本六卷，題「寧陵吕坤叔簡父著」。半葉九行，行十九字，白口，左右雙邊。前有萬曆二十一年癸巳自序。目録後有校正名氏：「門人劉言謹校正，張庚、盧宗泰、徐元化、劉元韶、徐鳴珂、喬警韋、張文同校，男吕知畏、吕知思、孫吕聲宏、吕聲洋同録。」卷内鈐「退廬」印。《存目叢書》據以影印。人民大學有是刻初印本。北師大、太原市圖、臺灣「中央圖書館」等亦有是刻。○明萬曆刻清同治光緒間修補印《吕新吾全集》本，北圖、北大、上圖等藏。似即前刻後印本。〇明萬曆三十六年武林楊廷筠刻本四卷，題「寧陵吕坤叔簡甫著，武林楊廷筠仲堅編，箕城後學金勵季孺甫閲，吉水後學李邦華孟闇校，平湖後學馬德澧校」。半葉九行，行二十一字，白口，四周單邊。見二〇〇二年八月北京萬隆古籍文獻拍賣會圖録。〇開封市圖藏明萬曆四十四年吕知畏刻本，作《呻吟語摘》二卷。〇清乾隆五十九年刻本六卷，重慶師院、山東省圖等藏。〇清嘉慶八年雲間姚氏重刻本，知足齋藏板。日本東京大學東洋所藏。〇清道光七年中江黄世喆四硯堂刻本，四川省圖藏。〇清道光七年河南官刻《吕子遺書》本，華東師大藏。〇清道光十七年山東雅雨堂刻本，四川省圖藏。〇清同治七年江寧顧晴崖刻本，復旦藏。〇清同治七年湖南思補山房刻本，四川省圖藏。〇清同治十三年南京木犀山房刻本，四川省圖、南圖藏。〇清光緒南海羅氏成都刻本，四川省圖藏。

吕子節録四卷補遺二卷　國朝陳宏謀編　二八〇四

兩江總督採進本(總目)。〇《兩江第一次書目》：「《吕子節録》，明吕坤著，四本。」〇《提要》云：「此編亦《呻吟語》之節本，初刻於乾隆丙辰。後於戊午八月復得坤原書，知從前所據乃摘鈔之本，多所挂漏，因採録初刻所遺者，復爲《補遺》二卷。」〇山東大學藏清乾隆元年刻本四卷二册，題「明寧陵吕坤叔簡著，桂林陳弘謀評輯」。半葉九行，行十八字，無直格，白口，左右雙邊。前有乾隆元年孟冬既望陳弘謀序云：「今玩取是編而節録之，又序而刻之。」是時弘謀任雲南布政使，即刊於任所者。弘字缺末筆或作弘。又萬曆癸巳吕坤《呻吟語序》。各卷末鐫「平江馮元惇校書」一行。

全書手寫上板，皮紙初印。（參沙嘉孫《陳弘謀滇刻叢書》）〇 清乾隆五十一年重刻本，上圖藏。〇 清乾隆五十九年遼海朱氏刻本，北師大藏。〇 清嘉慶十年至道光五年張氏刻《書三味樓叢書》本，上圖藏。〇 清嘉慶二十年武隆阿刻本，北師大藏。〇 清道光九年四川榮錦堂刻本，北師大藏。〇 清道光十七年培遠堂刻《培遠堂全集》本。〇 清同治八年武林刻本，作《呻吟語節録》六卷，上圖藏。〇 清光緒二年成都刻本，四川省圖藏。〇 清光緒五年三水馮朝楨刻本，四川省圖藏。〇 清光緒五年山西大同書院刻本，作《呻吟語節録》六卷，四川省圖藏。〇 清光緒九年津河廣仁堂刻本四卷，《津河廣仁堂所刻書》之一。中科院圖、上圖等藏。〇 清光緒刻《吉林探源書舫叢書》本，作《呻吟語》四卷。遼圖、吉林市圖藏。

二八〇五　嚨言十卷　明范淶撰

江蘇巡撫採進本（總目）。〇《江蘇省第二次書目》：「《嚨言》二本。」〇《江蘇採輯遺書目録》：「《嚨言》十卷，明布政使新安范淶著，刊本。」〇 臺灣「中央圖書館」藏明萬曆四十五年刻本，題「新安范淶原易著，伯子科惟魁、仲子榭惟蕃輯，仲姪櫄惟弼、門人詹光陛孝甫校，後學汪浸汝泉、後學金應兆元符、後學程邃純仲、壻汪高科子德閲梓」。半葉九行，行二十字，白口，四周單邊。卷一第一葉版心下方有刻工：「程子美刻。」前有萬曆三十六年自序，序後有長子科識語。又萬曆四十五年丁巳沈李浮瓜之辰范淶《再題嚨言後二卷》，後有仲子榭識語。卷後有仲姪櫄《刻嚨言跋》，門弟子詹光陛跋。范櫄云：「因以付剞劂，媏氏汪汝泉、余婿金元符、友生程純仲有同好也，相與共成其志。」詹光陛云：「茲二三同志促余固請，始得付剞劂。」卷內鈐「果親王府圖書記」、「吳興劉氏嘉業堂藏書記」等印記。清華、上圖、南圖等亦有是刻。中科院藏一部有范淶兩序，版心刻工同，唯卷端校閱人作「後學朱之蕃元介父、晏文輝璧瞻父參，祝世祿無功父、趙時用景盤父訂」。疑即同版而改刻卷端校閱名氏。《存目叢書》據中科院藏本影印。

中銓六卷　明汪應蛟撰　**二八〇六**

安徽巡撫採進本（總目）。○《安徽省呈送書目》：「《中詮》三本。」○《兩江第二次書目》：「《汪子中詮》，明汪應蛟著，三本。」○中國科學院圖書館藏明萬曆四十六年敬思堂刻本，半葉十行，行二十字，白口，四周單邊。封面刻「萬曆戊午年鐫」、「敬思堂藏板」。正文首題「汪子中詮卷一」，下雙行注：「萬曆丁亥戊子集辛丑秋已刻於恒山公署。」卷六注：「萬曆丙辰丁巳集。」前有畢懋康序，萬曆四十六年戊午四月丁酉自序。卷末列校梓姓氏子姪門人近百人。《存目叢書》據以影印。上圖、南圖、浙圖等亦有是刻。○北師大藏明崇禎十四年刻本，作《汪子中詮》，半葉九行，行二十字，白口，四周單邊，有刻工。按：「詮」字《總目》作「銓」，恐誤。

王門宗旨十四卷　明周汝登編　**二八〇七**

浙江巡撫採進本（總目）。○《浙江省第十次呈送書目》：「《王門宗旨》十四卷，明周汝登輯，十二本。」○《浙江採集遺書總録》：「《王門宗旨》十四卷，刊本，明尚寶司卿嵊縣周汝登輯。」○浙江圖書館藏明余懋孳刻本，存十一卷。卷一題「古剡周汝登繼元選，會稽陶望齡周望訂，昌江陳大綬長卿閲，新安余懋孳校梓」。半葉九行，行十九字，下黑口，四周雙邊。前有萬曆三十七年周汝登序云：「仰見陳公之表章嘉惠，余君之同心鋟梓，皆服之誠而爲後學之慮也。」知即刻於萬曆三十七年。又萬曆三十八年鄒元標序，陳大綬序。卷一首葉版心下刊：「蕭山徐宇寫，朱雲刻。」《存目叢書》據以影印。上海師大藏是刻，蓋爲足本。

信古餘論八卷　明徐三重撰 **二八〇八**

江蘇巡撫採進本（總目）。○《江蘇省第一次書目》：「《徐鴻州雜著》八本。」○《江蘇採輯遺書目録》：「《徐鴻洲雜著》八種二十八卷，明刑部主事華亭徐三重著，刊本。」按：此書當即八種之一。○《直隸省呈送書目》：「《信古餘論》四本。」○北京圖書館藏清鈔本，與《庸齋日記》等六種合鈔。題「雲間鴻洲徐三重伯同父著」。半葉九行，行二十字，無格。前有太極圖。《存目叢書》據以影印。○北圖又藏清鈔單本八卷八册，半葉十行，行二十四字，無格。

庸齋日記八卷　明徐三重撰 **二八〇九**

江蘇巡撫採進本（總目）。○江蘇所呈《徐鴻洲雜著》八種内當有此書，參前條。○《兩淮商人馬裕家呈送書目》：「《庸齋日紀》八卷，明徐三重，二本。」○北京圖書館藏清鈔本，與《信古餘論》等六種合鈔。半葉九行，行二十字，無格。○北圖又藏清鈔單本，八卷三册。題「雲間鴻洲徐三重伯同父著」。半葉十行，行二十四字，無格。鈐「四明盧氏抱經樓藏書印」、「吴興劉氏嘉業堂藏書印」等印記。《存目叢書》據以影印。按：書名「記」字原書作「紀」，與兩淮目合，《總目》恐誤。

鄒南臯語義合編四卷　明鄒元標撰　二八一〇

浙江巡撫採進本(總目)。○《浙江省第十二次呈送書目》:「《鄒南臯語義合編》,明鄒元標著,四本。」○清華大學藏明萬曆四十七年龍遇奇刻本,作《南臯鄒先生會語合編》二卷《講義合編》二卷。半葉九行,行十九字,白口,左右雙邊。前有萬曆四十四年周汝登序,四十五年祁承㸁序,四十六年李邦華序,四十五年李開芳序,戴燝詩。又萬曆四十七年春仲月眷晚生龍遇奇序云:「余刻先生《願學集》並翻刻是編。」《存目叢書》據以影印。南圖、浙圖、福建省圖亦藏是刻。○濟南市圖藏明天啟三年關中書院刻本,書名卷數同前本,殘佚《會語》下卷。半葉九行,行十九字,白口,左右雙邊。

道學正宗十八卷　明趙仲全撰　趙健校補　二八一一

副都御史黃登賢家藏本(總目)。○《都察院副都御史黃交出書目》:「《道學正宗》十本。」

小心齋劄記十六卷　明顧憲成撰　二八一二

江蘇巡撫採進本(總目)。○《江蘇省第一次書目》:「《小心齋劄記》二本。」○《江蘇採輯遺書目録》:「《小心齋劄記》不分卷,明光禄寺卿無錫顧憲成著,刊本。」○《浙江省第六次呈送書目》:「《顧端文劄記》十八卷,明顧憲成著,二本。」○《浙江採集遺書總録》:「《小心齋劄記》十八卷,刊本,明光禄少卿無錫顧憲成撰。」○《提要》云:「是書於萬曆戊申同安蔡獻臣始爲刻版,其後刻於崑山。然兩本皆始於萬曆甲午,終於乙巳,止十二卷。此本乃其子與渟所刻,益以丙午至辛亥所記，增多四卷，卷數與《明史藝文志》合，當爲足本矣。」按：是書年各一卷，丙午至辛亥共六年，當爲六卷，合前十二卷共十八卷。《明史藝文志》正作十八卷。《總目》所據係江蘇呈本，《江蘇採輯遺書目録》亦作十八卷。然則《總目》作十六卷，又稱子與淳所刻增多四卷，恐均誤。○臺灣「中央圖書館」藏明萬曆三十六年無錫刻本十二卷六册，題「無錫顧憲成著」。半葉八行，行十八字，白口，四周單邊。版心上題「小心齋」，下偶有刻工：何宇。末有萬曆三十六年戊申孟之吉錫山令金浦林宰後序云：「兵憲蔡公文章事業天下斗山，……故序是編而公之剞劂。宰復以讎校之役續貂附蠅，私其千里，又滋有厚幸矣。」《四庫提要》所稱「萬曆戊申同安蔡獻臣始爲刻版」者即是刻也。○北京大學藏明萬曆顧與渟刻本，存卷十三至卷十八。半葉八行，行十八字，白口，四周單邊。○清康熙刻《顧端文公遺書》本十八卷，北圖、上圖等藏。○清光緒三年涇里宗祠刻《顧端文公遺書》本，北圖、上圖等藏。○清宣統成都國學會排印本，四川省圖藏。

顧端文公遺書三十七卷附年譜一卷　明顧憲成撰　二八一三

副都御史黄登賢家藏本（總目）。○《都察院副都御史黄交出書目》：「《顧端文遺書》六本。」○《江蘇省第一次書目》：「《顧端文遺書》六本。」○《江蘇採輯遺書目録》：「《顧端文遺書》三十八卷，明光禄寺卿無錫顧憲成著。」○清康熙刻本十二種三十七卷附《年譜》四卷。《年譜》明顧與沐撰，清顧樞輯，顧貞觀補。北圖、上圖等藏。○清光緒三年涇里宗祠刻本同前。北圖、上圖等藏。《存目叢書》據中科院圖書館藏本影印。

黽記四卷　明錢一本撰　二八一四

編修勵守謙家藏本(總目)。○《編修勵第一次至六次交出書目》:「《黽記》,明錢一本著,四本。」○《兩江第一次書目》:「《黽記》,明錢一本著,二本。」○《兩淮鹽政李續呈送書目》:「《黽記》四卷,明錢一本,二本。」○《浙江省第六次呈送書目》:「《黽記》四卷,明錢一本著,二本。」○《浙江採集遺書總録》:「《黽記》四卷,刊本,明錢一本撰。」○中國科學院圖書館藏明萬曆四十一年刻本,半葉九行,行十九字,白口,四周單邊。標題下刻「日啓新齋」四字。前有萬曆四十一年自序云:「因授之剞劂,以自識其勉强之所已至。」《存目叢書》據以影印。

聖學範圍圖無卷數　明岳元聲撰　二八一五

浙江鮑士恭家藏本(總目)。○明刻《亦政堂鐫陳眉公普祕笈》本,作《聖學範圍圖説》一卷,題「檇李石帆岳元聲著」,版心題「聖學範圍圖」。有鄒元標序,湯開遠題辭,林堯柱題辭。《存目叢書》據中科院圖書館藏本影印。北圖、復旦等亦有是刻。○民國十一年上海文明書局石印《寶顔堂祕笈》本。○明刻《廣百川學海》甲集本,北圖、北大、南圖等藏。○明刻清順治三年宛委山堂印《説郛續》本。一九八八年上海古籍出版社影印宛委山堂《説郛續》本,收入《説郛三種》。

南雍誠朂淺言一卷　明傅新德撰　二八一六

山西巡撫採進本(總目)。○《山西省呈送書目》:「《南雍誠朂淺言》。」○民國五年定襄牛氏排印《雪華館叢編》本,作《誠朂淺言》,題「定襄傅新德湯銘著」。有萬曆二十八年自序。《存目叢書》用北大本影印。北圖、南圖等亦有是本。

馮子節要十四卷　明馮從吾撰 **二八一七**

安徽巡撫採進本（總目）。〇《安徽省呈送書目》：「《馮子節要》一本。」〇《提要》云：「是編即其各地會講之語也。」按：《四庫全書·少墟集》卷一至卷十二爲《語録》，其中卷七爲《寶慶語録》，卷九卷十爲《太華書院會語》，卷十一爲《池陽語録》，卷十二爲《關中書院語録》，其内容當與《馮子節要》相近。

殘本文華大訓箴解三卷　明吴道南撰 **二八一八**

浙江巡撫採進本（總目）。〇《浙江省第六次呈送書目》：「《文華大訓箴解》存三卷，明吴道南編，一本。」〇《浙江採集遺書總録》：「《文華大訓箴解》三卷，刊本，明大學士崇仁吴道南撰。」〇南京圖書館藏明嘉靖刻本，作《文華大訓箴解》六卷一册。半葉十行，行二十字，白口，左右雙邊。前有嘉靖十九年正月廖道南《文華大訓箴解表》。卷内鈐「八千卷樓」、「嘉惠堂丁氏藏書之記」、「善本書室」等印記。《存目叢書》據以影印。按：館臣廖道南爲吴道南，又誤表上年份爲十四年，均當訂正。

荷薪義八卷　明方大鎮撰 **二八一九**

内府藏本（總目）。〇《武英殿第一次書目》：「《荷薪義》八本。」〇日本東京内閣文庫藏明刻本，作《荷薪韻》二卷《義》六卷。半葉八行，行十八字，白口，四周單邊，每半葉爲一欄。卷一卷二標題「荷薪韻」，卷三至卷八標題「荷薪義」。卷一次行題「桐城方大鎮語，門人方大騶詮」。卷二至卷八詮者依次爲門人陳伯英、子壻張秉文、門人聞一貫、門人王卜、猶子若洙、子壻何應璿、門甥吳道新。書前有自叙。卷三首葉版心下刻工「姚應魁刻」,卷四首葉版心下刻工「姚文選刻」。《存目叢書補編》據以影印。

增訂論語外篇四卷　明潘士達編　**二八二〇**

浙江巡撫採進本(總目)。○《浙江省第六次呈送書目》:「《增訂論語外篇》四卷,明潘士達輯,四本。」○《浙江採集遺書總録》:「《增訂論語外篇》四卷,刊本,明提學副使吳郡潘士達輯。」○《江蘇省第一次書目》:「《增訂論語外編》四本。」○《江蘇採輯遺書目録》:「《增訂論語外篇》二十四卷,明廣東學道西吳潘士達著,刊本。」○中山大學藏明天啟五年刻本,作《增訂論語外篇》四卷,題「南海梁子璠纂」。半葉八行,行十八字,白口,四周單邊。有天啟五年梁子璠序。刻工:佘昱、佘光、黄侯、馮吉、范曉、温日昭、馮義、王明、李文、周與行、馮惺、何俊、黄昌、馮念等。卷内鈐「面城樓藏書印」、「曾釗之印」等印記。《存目叢書》據以影印。原北平圖書館亦有是刻,現存臺北故宫博物院。王重民《善本提要》著録,據梁子璠序,知係潘士達督學粤中時命梁子璠編,當時曾付梓,題潘士達輯。至天啟五年,已閲一十餘年,梁子璠又重訂付刊,改題己名。

龍沙學録六卷　明王在晉撰　**二八二一**

江蘇巡撫採進本(總目)。○《江蘇省第一次書目》:「《龍沙學録》三本。」○《江蘇採輯遺書目録》:「《龍沙學録》六卷,明浙江觀察使王在晉著,刊本。」○中國科學院圖書館藏明萬曆刻本,題

「黎陽王在晉明初甫纂註」。半葉八行，行二十字，白口，左右雙邊。前有萬曆三十七年鄒元標序，羅大紘序。《存目叢書》據以影印。

聖學啓關臆説三卷　明龍遇奇撰　**二八二二**

浙江巡撫採進本（總目）。○《浙江省第六次呈送書目》：「《聖學啟關臆説》三卷，明龍遇奇著，二本。」○《浙江採集遺書總録》：「《聖學啟關臆説》三卷，刊本，明御史吉州龍遇奇撰。」

經書孝語無卷數　明朱鴻編　**二八二三**

浙江巡撫採進本（總目）。○《浙江省第十二次呈送書目》：「《經書孝語》，明朱鴻輯，二本。」○《浙江採集遺書總録》：「《經書孝語》二册，刊本，明仁和朱韶輯。」○《提要》云：「是書摭五經四書中言孝之語爲一帙。」又云：「附録《曾子孝實》於末。」又云：「鴻嘗刻《孝經》而以此附之。」○北京圖書館藏明萬曆刻《孝經叢書》本，作《五經孝語》一卷《四書孝語》一卷《曾子孝實》一卷，朱鴻輯。半葉九行，行十八字，白口，四周單邊。○南京圖書館藏明内府鈔《孝經總函》戊集本，三種同前本。○上海圖書館藏明鈔《孝經總函》戊集，僅《五經孝語》一卷。○北京圖書館藏明紅格鈔《孝經總類》本，三種同萬曆本。○上海圖書館藏明崇禎刻《孝經大全》，巳集《五經孝語》、《四書孝語》，午集《曾子孝實》。半葉九行，行十九字，白口，四周單邊。《五經孝語》題「明仁和朱鴻編輯，江元祚參考」。《四書孝語》題「明江元祚參考，姪弘較」。《曾子孝實》題「仁和江元祚删注，男廣較」。《存目叢書》據以影印。北大、東北師大亦有是刻。○明崇禎刻《孝經大全》本，己集《四書孝語》，庚集《五經孝語》、《曾子孝實》。中科院圖書館、山東省圖、青海醫學院藏。○日本刻《孝經大全》本，己集《四書孝語》，庚集《五經孝語》、《曾子孝實》。日本京都大學人文所藏。

證人社約言一卷　明劉宗周撰　**二八二四**

浙江巡撫採進本(總目)。○明崇禎刻清補刻印《蕺山輯著全書》本，北京大學藏。○清乾隆十七年證人堂刻《劉蕺山先生集》本，首都圖、清華、遼圖、南圖等藏。○清道光十一年六安晁氏木活字印《學海類編》本。民國九年商務印書館影印晁氏木活字《學海類編》本。《存目叢書》亦據此本影印。○民國二十五年商務印書館據《學海類編》本排印，收入《叢書集成初編》。

劉子節要十四卷　明惲日初編　**二八二五**

浙江巡撫採進本(總目)。○《浙江省第六次呈送書目》：「《劉子節要》十四卷，國朝惲日初輯，二本。」○《浙江採集遺書總録》：「《劉子節要》十四卷，刊本，明劉宗周撰，惲日初輯。」

宋先賢讀書法一卷　不著撰人名氏　**二八二六**

内府藏本(總目)。○《提要》云：「明萬曆丙午莆田訓導江震鯉序而重刊之。」

諸儒要語九卷　明王化振編　**二八二七**

浙江巡撫採進本(總目)。○《武英殿第一次書目》：「《諸儒要語》四本。」

存古約言六卷　明吕維祺撰　**二八二八**

浙江巡撫採進本(總目)。○《浙江省第十次呈送書目》：「《存古約言》六卷，國朝吕維祺著，一本。」○《浙江採集遺書總録》：「《存古約言》六卷，刊本，明尚書新安吕維祺撰。」○《山西省呈送書目》：「《存古約言》六卷。」○清華大學藏清乾隆刻本，半葉十行，行十九字，白口，左右雙邊。前有馮從善《新安刻存古約言敘》，崇禎辛未鄭三俊《金陵刻存古約言敘》，謝陞《金陵刻存古約言敘》，程紹《大梁刻存古約言敘》，梁之棟《大梁刻存古約言敘》，王維儉《山左刻存古約言敘》，順治已亥蘇弘祖《南贛刻存古約言敘》，天啓甲子吕維祺敘。《存目叢書》據以影印。南圖有乾隆刻本六卷一册，丁氏八千卷樓舊藏，未知同版否。

真儒一脈無卷數　明吴桂森編　**二八二九**

江蘇巡撫採進本（總目）。○《江蘇省第一次書目》：「《真儒一脈》四本。」○《江蘇採輯遺書目録》：「《真儒一脈》七册，明無錫吴桂森著，刊本。」○無錫市圖書館藏明天啟刻本，半葉九行，行二十一字，白口，四周單邊。首天啟六年丙寅吴桂森序，次姓氏。次《皇明從祀四先生語録》，次《東萊三先生語録》，均題「錫山後學吴桂森叔美甫輯」。鈐有「大公圖書館藏」印。《存目叢書》據以影印。

論語逸編三十一卷　明鍾韶編　**二八三〇**

浙江吴玉墀家藏本（總目）。○《浙江省第四次吴玉墀家呈送書目》：「《論語逸編》三十一卷，明鍾韶纂，四本。」○北京師大藏明萬曆刻本，題「海鹽鍾韶纂，甥鄭心材校」。半葉八行，行十六字，白口，左右雙邊。版心刻工：陳元等。前有鄭心材叙。《存目叢書》據以影印。吉林大學亦有是刻。

閑道録十六卷　明沈壽民撰　**二八三一**

浙江巡撫採進本(總目)。○《浙江省第六次呈送書目》：「《閒道録》二十卷，明沈壽民著，五本。」○《浙江採集遺書總録》：「《閑道録》二十卷，刊本，明貢生宣城沈壽民撰。」○《提要》云：「雍正戊申其孫廷璐校刊之，復取壽民詩文雜記等條補諸卷末。」○清華大學藏清雍正二年沈廷璐等刻本二十卷，卷一題「宣城沈壽民耕巖纂輯，孫廷璐編次，後學黄元幬校梓」。半葉十行，行二十字，白口，左右雙邊。各卷校梓人不同，又有：黄德鑄、胡啓淳、劉燾、劉弘振、劉敬祖、胡夢周、劉祖拼、梅兆頤、胡啓淵、江上珍、江上瑛、沈觀生、沈翰、沈翀、王世玢、王世瑛、鄭文熊、梅予摶、施榮登、陳廷概。前有孫喆序，邵熉序，雍正二年甲辰沈廷璐序。版心刻「有本堂」。有鈔配。《存目叢書》據以影印。按：館臣所據即浙江進呈沈廷璐刻本，浙江目録及清華藏本均二十卷，《總目》作十六卷恐誤。又雍正戊申當作甲辰。

印正稿六卷　明張信民撰　**二八三二**

江西巡撫採進本(總目)。○《提要》云：「雍正丙午澠池縣知縣王箴輿爲校訂而刊之。」○清華大學藏清雍正四年王箴輿刻本，作《張抱初先生印正稿》六卷，題「五池張信民孚若父著，壽安門人馮奮庸訂，男慎思、慎動、慎餘、慎修同校」。半葉九行，行二十字，白口，四周單邊。有乙巳宗人漢序。又寶應王箴輿序云：「付之剞劂，以垂教後世。」末有崇正戊辰馮奮庸跋。《存目叢書》據以影印。

○《四川省圖書館古籍目録》著録「明崇禎北京刻本清初補刊」。又著録「清刻本」。均作《印正稿》六卷一册。

衡門芹一卷　明辛全撰　**二八三三**

山西巡撫採進本(總目)。○《山西省呈送書目》:「《衡門芹》。」○《江蘇省第一次書目》:「《衡門芹》一本。」○《江蘇採輯遺書目録》:「《衡門芹》一册,明貢生絳州辛全著。」(原作宋安撫使棄疾撰,吴慰祖據《四庫存目》改,今從之。)○北京圖書館藏明晉淑健等刻本,題「河汾草莽臣辛全謹著,洪洞門人晉淑健、晉家銓、韓居貞、胡曰璉、晉家仁梓,太平門人廉有聲録」。半葉九行,行二十字,白口,四周單邊。前有党還醇序,係晉家仁手寫上板。《存目叢書》據以影印。山西省圖、陝西省圖、浙圖亦有是刻。○清光緒二十五年柏經正堂刻本,收入《西京清麓叢書外編·養蒙書十三種》,北大、北師大、上圖等藏。

經世碩畫三卷　明辛全撰　**二八三四**

山西巡撫採進本(總目)。○《山西省呈送書目》:「《經世碩畫》三卷。」○山西省圖書館藏明崇禎二年刻本,《辛福元先生著述六種》之一,作《經世石畫》三卷,題「河汾草莽臣辛全謹輯,洪洞門人韓居貞、胡曰璉、晉淑健、晉家銓、晉家仁梓,太平門人廉有聲録」。半葉九行,行二十字,白口,四周單邊。前有崇禎二年元旦胡來陞序云:「適五邑諸君子將以是書授梨棗也,遂不揣鄙陋而筆之若此。」又江西布政使李翀弁言。又洪洞門人晉家銓跋云:「遂付梓人,以公有志斯世斯道者。」《存目叢書》據以影印。臺灣「中央圖書館」、美國國會圖書館亦有是刻。

思聰録一卷　明賀時泰撰　**二八三五**

湖北巡撫採進本（總目）。○《湖北巡撫呈送第二次書目》：「《思聰録》三本。」○湖北省圖書館藏明萬曆四十六年刻本，卷端題「明楚江夏聾人賀時泰叔交甫著，南州同志朱試以功甫批評，後學李若愚知白甫批點，門人吴嘉言君揚甫、吴嘉謨績可甫全校正，男賀逢聖對揚甫編次」。半葉八行，行二十字，白口，四周單邊。前有鄭以偉序，葉秉敬序，戊午冬日信安徐可永《重刻思聰録序》，萬曆壬子朱試序，萬曆壬子吴嘉謨序。戊午即萬曆四十六年。朱序版心有刻工：□汝昇刻。卷内鈐「江夏徐氏文房」、「行可珍祕」等印記。《存目叢書》據以影印。

作師編一卷　明賀時泰編　**二八三六**

湖北巡撫採進本（總目）。○《販書偶記續編》著録明萬曆丁酉刊本。

人模樣一卷　明賀時泰撰　**二八三七**

湖北巡撫採進本（總目）。

傳習録論述參一卷　明王應昌編　王錟續　**二八三八**

安徽巡撫採進本（總目）。○《安徽省呈送書目》：「《宗譜纂要》合《傳習録》一本。」○《國學圖書館現存目》著録：《傳習録論》八卷《附集》一卷《宗譜》一卷《年譜》一卷，明古豫王應昌撰，明刊本，四册。

二八三九

留書別集二卷　明章世純撰

江蘇巡撫採進本(總目)。○《提要》云:「所著總名曰《留書》。」(見《四書留書》條)○《江蘇省第一次書目》:「《留書》二本。」○《江蘇採輯遺書目録》:「《留書》,明臨川舉人章世純著。」按:此書取學庸論孟,摘句論辨,分内集、散集,共二册。刊本。○《浙江省第六次呈送書目》:「《章子留書》二卷,明章世純著,一本。」○《安徽省呈送書目》:「《章子留書》二本。」○《江西巡撫海第一次呈送書目》:「《章子留書》二本。」○《江西巡撫海第二次呈送書目》:「《章子留書》二本。」○上海圖書館藏明崇禎刻本,與《四書留書》六卷合刻,作《章子留書内集》一卷《外集》一卷《散集》一卷。半葉九行,行二十二字,白口,四周單邊。有武林張煒如道先氏《章子留書别集序》。鈐「王培孫紀念物」朱文方印。《存目叢書》據以影印。鎮江博物館亦有是刻。○上海圖書館藏清修竹書室鈔本,作《留書》四卷,與《章子留書》六卷合鈔。當與崇禎本内容相近。

二八四〇

己未留二卷　明章世純撰

浙江巡撫採進本(總目)。○《浙江省第九次呈送書目》:「《己未留》二卷,明章世純著,二本。」○《浙江採集遺書總録》:「《己未留稿》二卷,刊本,明柳州知府臨川章世純撰。」○臺灣「中央圖書館」藏明末刻本,上卷題「汝上章世純大力父著,門人饒有政子正父評閲」。下卷題「汝上章世純大力父著,弟章登岸文若父、門人饒有政子正父仝校」。半葉九行,行十八字,白口,左右雙邊。上卷文四十七篇,篇各有名。下卷不立篇名。(詳該館《善本書志初稿》)

性理綜要二十二卷　舊本題明詹淮輯　陳仁錫訂正　**二八四一**

浙江巡撫採進本（總目）。〇《浙江省第七次呈送書目》：「《性理總要》二十二卷十六本。」〇《浙江採集遺書總録》：「《性理綜要》二十二卷，刊本，明大學士晉江李廷機撰。」〇《江蘇採輯遺書目録》：「《性理綜要》二十二卷，明新安詹淮輯，刊本。」〇北京大學藏明崇禎五年刻本，正文首題「性理標題綜要卷之一」，次題「新安詹淮纂輯，古吴陳仁錫訂正」。半葉九行，行十九字，白口，四周單邊。版心題「性理綜要」。前有永樂十三年御製《性理序》，崇禎五年陳仁錫《性理序》，華亭朱從古序，李廷機序，詹淮序。《存目叢書》據以影印。復旦、浙圖、安徽省圖等亦有是刻。〇按：永樂中胡廣等奉敕輯《性理大全書》七十卷，内府刊行。其後簡編評註之本不一而足，嘉靖四十年新安詹淮輯《性理集要》八卷，南圖藏有是年歸仁齋刻本，稱《新刊性理集要》，詹淮自爲序。萬曆中李廷機輯《性理要選》四卷，首都師大藏有萬曆十八年刻本。明末陳仁錫蓋因諸家選集之舊而編訂重刊，故仍題詹淮輯，並存詹淮、李廷機序。實則詹、李之書均不名《性理綜要》。館臣於詹、李、陳三人關係似有未明，附辨於此。

性理標題彙要二十二卷　舊本題明詹淮、陳仁錫同編　**二八四二**

江蘇巡撫採進本（總目）。〇《江蘇省第一次書目》：「《性理彙要》十本。」〇《提要》云：「檢核其文，與《性理綜要》相同。」〇四川大學藏明崇禎五年製錦堂刻本（見《四川高校善本書目》）。《復旦善本書目》著録明刻本。未知版刻異同。

家誡要言一卷　明吳麟徵撰　吳蕃昌輯　二八四三

編修程晉芳家藏本(總目)。○清道光十一年六安晁氏木活字印《學海類編》本，題「明海鹽吳麟徵磊齋著」。民國九年商務印書館影印晁氏木活字《學海類編》本。《存目叢書》亦據此本影印。○清道光咸豐間宜黄黄秩模刊《遜敏堂叢書》本。○民國二十八年商務印書館據《學海類編》本排印，收入《叢書集成初編》。

讀書劄記四卷　明喬可聘撰　二八四四

江蘇巡撫採進本(總目)。○《江蘇省第二次書目》：「《讀書劄記》二本。」○《江蘇採輯遺書目録》：「《讀書劄記》四卷，明侍御寶應喬可聘著，刊本。」○上海社科院藏清康熙七年刻本，正文首題「讀書劄記卷一」，次題「柘田逸農喬可聘聖任甫著，男薇、英、邁、萊、藎校」。半葉十一行，行二十字，黑口，四周雙邊。有戊申三月自序，佚去首葉。《存目叢書》據以影印。南圖藏是刻殘帙，存卷三卷四。

弟經一卷　明林允昌撰　二八四五

直隸總督採進本(總目)。

經史耨義二十二卷　明林允昌撰　二八四六

江蘇巡撫採進本(總目)。○《江蘇省第一次書目》：「《經史耨義》四本。」○《江蘇採輯遺書目録》：「《經史耨義》二十二卷，明林爲磐撰，刊本。」○中國科學院圖書館藏明崇禎刻本，作《素菴先生栖緑堂經史耨義》二十二卷。卷一署名漫漶。卷二題「門人陳奇禎子白纂，弟環昌爲玉輯」。

半葉九行,行二十二字,白口,四周單邊。前有黄文炤序,崇禎十七年池顯方序,門人張拱宸小引,次列同社門人何世程等九十人仝訂刻。又崇禎十三年林胤昌《耨義説》。又崇禎十五年男逢震、逢泰、逢元跋云:「計耨期二十有七,今所刻者二十二耨。……同社兄弟恐其久而散佚,亟謀諸梓,以公同志。」則是書崇禎十五年由門人集貲付刊。書有殘損,而頗罕見。《存目叢書》據以影印。著者林胤昌《總目》及進呈目改林允昌,避雍正帝諱。

消閒録十卷　明成勇編　**二八四七**

浙江范懋柱家天一閣藏本(總目)。○《浙江省第五次范懋柱家呈送書目》:「《消閒録》十卷,明成勇著,十本。」○《浙江採集遺書總録》:「《消閒録》十卷,刊本,明成勇撰。」○中國人民大學藏清康熙雍正間刻本,題「崑嵛隱士成勇寶慈著」。半葉八行,行二十字,白口,左右雙邊。前有自記。卷末有題記:「樂安成崑嵛先生《消閒録》十卷,乾隆戊申四月樂安孝廉鍾諧九颺詔贈。」下鈐「蔭堂」印。卷内又鈐「玉函山房藏書」、「恒訓閣珍藏印」等印記。《存目叢書》據以影印。

顔子繹五卷　明張星撰　**二八四八**

浙江巡撫採進本(總目)。○《浙江省第六次呈送書目》:「《顔子繹》五卷,明張星撰,二本。」○《浙江採集遺書總録》:「《顔子繹》二册,刊本,明張星撰。」○南京圖書館藏明崇禎刻本,存内篇一卷一册。首題「顔子内篇」,次題「明稽燕張星次」。半葉八行,行十八字,白口,四周單邊。版心題「顔子繹内篇」。《存目叢書》據以影印。

性理會通七十卷續編四十二卷　**明鍾人傑撰**　**二八四九**

江蘇巡撫採進本（總目）。○《江蘇省第一次書目》：「《性理會通》三十本。」○杭州大學藏明崇禎刻本，前編題「吴郡汪明際點閲，錢塘鍾人傑訂正」。續編題「蜀臨卬張行成述，錢塘鍾人傑彙輯」。半葉十行，行二十字，白口，四周單邊。前有永樂御製《性理序》，崇禎七年張延登《性理會通叙》，鍾人傑序。據張、鍾二序知爲鍾人傑輯刻。鈐有「真州吴氏有福讀書堂藏書」印。《存目叢書》據以影印。浙圖、華東師大等亦有是刻。○《販書偶記續編》著録「約康熙間光裕堂刊」本。日本《京都大學人文所漢籍目録》著録「光裕聚錦堂刊本」。未知與前刻異同。

學脈正編五卷　**明李公柱編**　**二八五〇**

浙江巡撫採進本（總目）。○《浙江省第六次呈送書目》：「《學脈正編》五卷，明李公柱輯，二本。」○《浙江採集遺書總録》：「《學脈正編》五卷，刊本，明嘉善李公柱輯。」

道學迴瀾八卷　**明王尹撰**　**二八五一**

江西巡撫採進本（總目）。○《提要》云：「末附《覺齋詩編》一卷。」

西疇日鈔二卷　**明顧樞撰**　**二八五二**

江蘇巡撫採進本（總目）。○《江蘇省第二次書目》：「《西疇日鈔》二本。」○《江蘇採輯遺書目録》：「《西疇日抄》二卷，清無錫舉人顧樞著，刊本。」○清華大學藏清康熙九年顧貞觀刻本，題「錫山顧樞庸菴父著，男貞觀編次」。半葉八行，行十八字，白口，四周單邊。有康熙九年八月沈令式序。後有康熙九年顧貞觀跋云：「兵燹之餘，散佚幾半，行橐所存遺稿付之梓人，先刻茲抄。」《存目叢書》據以影印。中國社科院歷史所亦有是刻。

求仁録十卷　明潘平格撰　**二八五三**

浙江巡撫採進本(總目)。○《浙江省第三次書目》：「《求仁録》十卷，國朝潘平格著，四本。」○《浙江採集遺書總録》：「《求仁録》十卷，刊本，國朝慈溪潘平格撰。」○清華大學藏清康熙五十六年鄭性刻本，作《潘子求仁録輯要》十卷，卷一題「四明後學毛文强孝章、鄭性義門校刻」。半葉十三行，行二十五字，黑口，四周單邊。前有康熙五十六年丁酉毛文强序，康熙丁酉鄭性序。又毛文强《潘先生傳》云：「康熙丁酉鄭義門讀《求仁録》而心契焉，慨然鐫之以行。」知爲康熙五十六年鄭性刻本。《存目叢書》據以影印。上圖、華東師大等亦有是刻。

卓菴心書四卷　明張自勳撰　**二八五四**

江西巡撫採進本(總目)。○《江西巡撫海第二次呈送書目》：「《卓菴心書》二本。」○華東師大藏清嘉慶十六年刻本四卷四册，正文首題「心書卷一」，次題「宜春張自勳卓菴氏著」。半葉九行，行二十一字，白口，四周單邊。前有康熙二十六年何棅序，嘉慶元年冬月臨海黄河清序，乙未自序，戊戌又自序。末有自跋二則。卷内鈐「愚齋圖書館藏」印。《存目叢書》據以影印。

罍菴雜述二卷　明朱朝瑛撰　**二八五五**

浙江巡撫採進本(總目)。○《浙江省第三次書目》：「《櫐菴雜述》二卷，明朱朝瑛著，二本。」

○《浙江採集遺書總録》：「《壘菴雜述》二卷，刊本，明朱朝瑛撰。」○《兩淮商人馬裕家呈送書目》：「《壘菴雜述》二卷，國朝朱朝瑛，一本。」○北京圖書館藏清康熙十一年周煒聶許齋刻本，作《壘菴雜述》二卷，半葉九行，行二十字，白口，四周單邊。前有康熙十一年張次仲序。又康熙十一年朱嘉徵序云：「家郎若木周子今時名士，請余序而梓之。」《存目叢書》據以影印。北圖又一本有清陸思勄跋。南圖亦有是刻。○南京圖書館藏清鈔本二册，鈐「璜川吴氏收藏圖書」、「汪魚亭藏閲書」印記。○清道光二十六年金山錢氏刻本，收入《指海》第二十集，有附録一卷。民國二十四年上海大東書局影印錢氏刻《指海》本。

孔子遺語一卷　不著編輯者名氏 **二八五六**

浙江范懋柱家天一閣藏本（總目）。○《浙江省第五次范懋柱家呈送書目》：「《孔子遺語》一卷，缺名編，一本。」○《浙江採集遺書總録》：「《孔子遺語》一册，天一閣寫本，不著撰人姓名。」

藤陰劄記無卷數　國朝孫承澤撰 **二八五七**

副都御史黄登賢家藏本（總目）。○《都察院副都御史黄交出書目》：「《籐陰劄記》一本。」○天津圖書館藏清雍正十一年癸丑孫琰儀徵縣署刻本一卷，正文首行題「硯山齋集」，次行題「北平孫承澤著」，又次行題「藤陰劄記」。版心題「硯山齋集」。故諸家著録或作《硯山齋集》。半葉九行，行十八字，白口，左右雙邊。寫刻。有雍正癸丑夏四月尹會一於揚州官舍識語，據此可知爲承澤子儀徵令琰所刊。末有癸丑孫琰跋云：「今藏板歲久遺缺，懼先訓之或忘，率教之不謹也，敬重刊於署齋焉。」《存目叢書》據以影印。北圖、上圖等亦有是刻。

學約續編十四卷　國朝孫承澤編　二八五八

直隸總督採進本（總目）。○《直隸省呈送書目》：「《學約續編》四本。」

考正晚年定論二卷　國朝孫承澤撰　二八五九

江蘇巡撫採進本（總目）。○《江蘇省第一次書目》：「《考正晚年定論》一本。」○臺灣「中央圖書館」藏鈔本一卷一册，正文首題「考正晚年定論卷之一」，次題「北平孫承澤著」。半葉十行，行二十四字。前有康熙十二年自序。後有錢馥跋。鈐有「松齡之印」、「莚圃收藏」等印記（參該館《善本書志初稿》）。

明辨録二卷　國朝孫承澤撰　二八六〇

副都御史黄登賢家藏本（總目）。○《都察院副都御史黄交出書目》：「《明辨録》二本。」○《湖南續到書》：「《明辨録》一本。」

紫陽通志録四卷　國朝高世泰編　二八六一

江蘇巡撫採進本（總目）。○《江蘇省第二次書目》：「《紫陽通志録》二本。」○《江蘇採輯遺書目録》：「《紫陽通志録》四卷，明學道無錫高世泰編，刊本。」

聖學入門書無卷數　國朝陳瑚撰　二八六二

江西巡撫採進本（總目）。○清順治刻本一卷一册，南圖藏兩部（見《國學圖書館現存目》）。○清咸豐四年鄢陵蘇氏刻本一卷，收入《記過齋藏書・記過齋叢書》，北圖、清華、中科院圖書館藏。○清光緒二十一年傳經堂刻本一卷，收入《西京清麓叢書續編・養正叢編》，北大、上圖等藏。○清光緒十年津河廣仁堂刻本一卷，收入《津河廣仁堂所刻書》，中科院圖書館、上圖等藏。○清光緒二十七年太倉繆氏刻本三卷，收入《東倉書庫叢刻初編》，北大、清華、上圖等藏。○民國十一年吴興劉承幹刻本三卷，收入《留餘草堂叢書》。末有民國十一年壬戌劉承幹跋云：「是本爲道光甲午歲吾浙沈鼎甫侍郎督皖學時所刻，板久佚，急重録以餉後人。」知係據道光十四年沈維鐈刻本重刊者。《存目叢書》據以影印。○民國二十五年至德周氏師古堂刻本一卷，收入《周氏師古堂所編書》，上圖、廣西圖、山東大學藏。

學言三卷　國朝白允謙撰　**二八六三**

山西巡撫採進本（總目）。○《山西省呈送書目》：「《學言》。」○山西省圖書館藏清康熙刻本，作《學言》二卷《續》一卷，題「陽城白胤謙論著」，半葉七行，行二十字，白口，四周單邊。每卷末題「男方鴻録梓」。前有康熙二年吕崇烈序云：「是當付之棗梨，公之同志，以見先生之真且大焉可也。」以是知當刻於康熙二年。《存目叢書》據以影印。津圖、厦門大學亦藏是刻。《中國叢書綜録》著録《東谷全集》本，云康熙二年刊，北圖、清華、上圖等藏，蓋亦同版。

此菴語録十卷　國朝胡統虞撰　**二八六四**

浙江巡撫採進本（總目）。○《浙江省第十二次呈送書目》：「《此菴語録》十卷，國朝胡統虞著，六本。」○中國科學院圖書館藏清順治八年刻本，作《此菴講録》十卷。正文首題「大學講録」，下題「男覲徵録」。目録題「此菴講録目録」。半葉九行，行二十字，白口，四周單邊。前有順治八年胡統虞序，胡世安序，金之俊序，宋學顯序，潘游龍序，順治七年胡統虞序，順治八年門人吴就恒《凡例》。末有順治八年門人曹木榮跋。《存目叢書》據以影印。

理學傳心纂要八卷　國朝孫奇逢撰　漆世昌補　二八六五

湖北巡撫採進本（總目）。○《湖北巡撫呈送第一次書目》：「理學宗傳傳心纂要八本。」○按：孫奇逢《理學宗傳》二十六卷，刊本，十二本，浙江鄭大節家、江西巡撫均有呈本，《總目》不載。范鄗鼎《理學備考》內有孫奇逢《理學宗傳》四卷，見史部傳記類。

歲寒居答問二卷附録一卷　國朝孫奇逢撰　二八六六

浙江范懋柱家天一閣藏本（總目）。○《浙江省第五次范懋柱家呈送書目》：「《歲寒居答問》二卷《附録》一卷，國朝孫奇逢著，一本。」○《浙江採集遺書總録》：「《歲寒居答問》二卷，天一閣寫本，國朝孫奇逢撰。」○清順治十三年刻本，作《答問》一卷，福建省圖、河南新鄉圖、山東菏澤圖藏。○清康熙河北刻本一册，作《孫中元答問》（見《四川省圖古籍目録》）。○清康熙書林周千秋刻《槐下新編雅説集》本，作《歲寒居答問》一卷，上圖藏。○清康熙刻道光光緒遞刻《孫夏峰全集》本，作《夏峰答問》一卷，北圖、北大等藏。○清光緒五年定州王氏謙德堂刻《畿輔叢書》本《孫夏峰遺書》內有《答問》二卷。上卷首題「孫子遺書卷上」，次行題「荅問」。下卷首行題「孫子遺書卷下」，次行題「荅問補遺」。《存目叢書》據以影印。○民國南海簡氏刻《南園叢書》本，作《孫鍾元先生答問》一卷，上圖、中央民大等藏。

潛室劄記二卷　國朝刁包撰 二八六七

直隸總督採進本（總目）。○《直隸省呈送書目》：「《潛室劄記》二本。」○清道光至同治間刁懷瑾順積樓刻《用六居士所著書》本，北師大、清華、復旦等藏。○清光緒五年定州王氏謙德堂刻《畿輔叢書》本，題「祁州刁包著」，前有孫男承祖序。《存目叢書》據以影印。○民國二十五年商務印書館據《畿輔叢書》本排印，收入《叢書集成初編》。

張界軒集八卷　國朝張時爲撰 二八六八

江西巡撫採進本（總目）。○《江西巡撫海第二次呈送書目》：「《張界軒集》六本。」○《提要》云：「族孫司直所刻。」

性圖一卷　國朝黃采撰 二八六九

江西巡撫採進本（總目）。○《江西巡撫海續購書目》：「《易傳撮要》、《性圖》共二本。」

學案一卷　國朝王甡撰 二八七〇

兩江總督採進本（總目）。○《江蘇省第一次書目》：「《學案》一本。」○《江蘇採輯遺書目録》：「《學案》一册，明金壇王甡定，刊本。」○《浙江省第六次呈送書目》：「《學案》一卷，明王甡著，一本。」○《浙江省第十次呈送書目》：「《學案》，明王甡輯，一本。」○《浙江採集遺書目録》：「《學案》一卷,刊本,國朝金壇王甡輯。」○約康熙間刻本(見《販書偶記續編》)。○清華大學藏乾隆金壇王氏刻《積書巖六種》本,題「良常王甡無量審定,孫男澍篛林重校」。前有方苞序云:「良常王無量先生輯《學案》。」半葉十二行,行二十二字,白口,四周單邊。鈐有「潤州蔣氏藏書」印。《存目叢書》據以影印。北圖、首都圖、安徽圖亦有是刻。

存性編二卷　國朝顔元撰　二八七一

直隸總督採進本(總目)。○《直隸省呈送書目》:「《顔元集》四本。」○《江西巡撫海第四次呈送書目》:「《存性編》一套一本。」○《浙江省第九次呈送書目》:「《四存編》四本。」○《浙江採集遺書總録》:「《四存編》四册,刊本,國朝博陵顔元撰。」○中國科學院圖書館藏清康熙刻《四存編》本,題「博陵顔元著」,半葉十一行,行二十二字,白口,左右雙邊。前有康熙二十七年戊辰門人李塨序,次校訂同人許三禮等三十五人,次受業門人王源等三十一人。《存目叢書》據以影印。上圖、人民大學、南充圖亦有是刻。○清光緒五年定州王氏謙德堂刻《畿輔叢書》本。○清光緒二十五年閻志廉鈔本,半葉十行,行二十二字,紅格,白口,版心下印「北學所見録」。中科院圖書館藏。○民國十二年四存學會排印《顔李叢書》本。○民國二十六年商務印書館據《畿輔叢書》本排印,收入《叢書集成初編》。○一九五七年北京古籍出版社排印王星賢標點《四存編》本。

存學編四卷　國朝顔元撰　二八七二

浙江巡撫採進本(總目)。○《浙江省第六次呈送書目》:「《存學編》四卷,國朝顔元著,一本。」

○《浙江省第八次呈送書目》：「《四存編》，國朝顔元著，四本。」○《浙江採集遺書總録》：「《四存編》四册，刊本，國朝博陵顔元撰。」○清康熙刻《四存編》本，人民大學、上圖、南充圖藏。○清光緒五年定州王氏謙德堂刻《畿輔叢書》本。○中國科學院圖書館藏清光緒二十五年閻志廉鈔本，題「博陵顔元著」，半葉十行，行二十二字，紅格，白口，版心下印「北學所見録」。有康熙三十五年丙子郭金城序，康熙二十八年己巳李塨序。《存目叢書》據以影印。○民國十二年四存學會排印《顔李叢書》本。○民國二十六年商務印書館據《畿輔叢書》本排印，收入《叢書集成初編》。○一九五七年北京古籍出版社排印王星賢標點《四存編》本。

二八七三

存治編一卷　國朝顔元撰

直隸總督採進本（總目）。○《直隸省呈送書目》：「《顔元集》四本。」○浙江進呈《四存編》本，參前條。○中國科學院圖書館藏清康熙刻《四存編》本，題「思古人著」，半葉十一行，行二十二字，白口，左右雙邊。前有康熙二十八年李塨序，後有康熙四十四年乙酉李塨跋。《存目叢書》據以影印。人民大學、上圖、南充圖亦有是刻。○清光緒五年定州王氏謙德堂刻《畿輔叢書》本。○中國科學院圖書館藏清光緒二十五年閻志廉鈔本，半葉十行，行二十二字，紅格，版心下刻「北學所見録」。○民國十二年四存學會排印《顔李叢書》本。○民國二十八年商務印書館據《畿輔叢書》本排印，收入《叢書集成初編》。○一九五七年北京古籍出版社排印王星賢標點《四存編》本。

存人編四卷　國朝顔元撰　**二八七四**

直隸總督採進本(總目)。○進呈本同前條。○中國科學院圖書館藏清康熙刻《四存編》本,題「博陵布衣顔元著,彝吾四卻子李明性訂」。半葉十一行,行二十二字,白口,左右雙邊。前有康熙四十四年李塨序,壬戌中秋顔元《唤迷途序》。《存目叢書》據以影印。人民大學、上圖、南充圖亦有是刻。○清光緒五年定州王氏謙德堂刻《畿輔叢書》本。○中國科學院圖書館藏清光緒二十五年閻志廉鈔本,半葉十行,行二十二字,紅格,白口,版心下印「北學所見録」。○民國十二年四存學會排印《顔李叢書》本。○民國二十八年商務印書館據《畿輔叢書》本排印,收入《叢書集成初編》。○一九五七年北京古籍出版社排印王星賢標點《四存編》本。

教民恒言一卷　國朝魏裔介撰　**二八七五**

直隸總督採進本(總目)。

致知格物解二卷　國朝魏裔介撰　**二八七六**

直隸總督採進本(總目)。○北京圖書館分館藏清康熙刻本,題「栢鄉魏裔介集」。半葉九行,行二十字,白口,四周單邊。《存目叢書》據以影印。山東師大藏康熙刻本,附《聖學知統録》後,未知異同。

周程張朱正脈無卷數　國朝魏裔介編　**二八七七**

直隸總督採進本(總目)。○《直隸省呈送書目》:「《周程張朱正脈》一本。」

論性書二卷　國朝魏裔介撰 **二八七八**

直隸總督採進本（總目）。○《直隸省呈送書目》：「《論性書》二本。」○《浙江省第十一次呈送書目》：「《論性書》二卷，國朝魏裔介著，一本。」○《浙江採集遺書總録》：「《論性書》二卷，刊本，國朝大學士柏鄉魏裔介撰。」○北京圖書館分館藏清康熙龍江書院刻《魏貞菴遺書》本，題「柏鄉魏裔介貞菴纂述，男荔彤編輯」。半葉九行，行二十字，白口，左右雙邊。版心刻「龍江書院鐫」五字。前有康熙十四年自序，康熙二十年門人俞陳琛序。《存目叢書》據以影印。

約言録二卷　國朝魏裔介撰 **二八七九**

直隸總督採進本（總目）。○《直隸省呈送書目》：「《約言録》二本。」○《浙江省第十一次呈送書目》：「《約言録》二卷，國朝魏裔介著，一本。」○《浙江採集遺書總録》：「《約言録》二卷，刊本，國朝大學士柏鄉魏裔介撰。」○北京圖書館分館藏清刻本，作《静怡齋約言録》，内篇一卷，外篇一卷。正文首葉題「栢鄉魏裔介石生著，門人猗氏陳適度、崇安盧傳仝校」。半葉九行，行二十字，白口，四周單邊。前有順治十一年甲午自序云：「存之家塾，爲子弟兔園册子爾。門人陳晉公、盧爾唱見而悦之，請付剞劂。」知係順治十一年刻本。《存目叢書》據以影印。

續近思録二十八卷　國朝鄭光羲撰 **二八八〇**

兩江總督採進本（總目）。○《兩江第一次書目》：「《續近思録》，無錫鄭若羲輯，四本。」按：吴慰祖改若爲光。

二八八一　朱子聖學考略十卷　國朝朱澤澐撰

副都御史黄登賢家藏本（總目）。○《都察院副都御史黄交出書目》：「《朱子聖學考略》，本朝朱澤澐，三本。」○人民大學藏清乾隆十七年高斌、張師載刻本，作《朱止泉先生朱子聖學考略》十卷《提要》一卷《正訛》一卷，二十四册。半葉十行，行二十二字，白口，左右雙邊。封面刻「環溪草堂藏板」。鈐「王氏子信珍藏」、「容肇祖」印。有容肇祖題記。復旦大學亦有是刻。○臺灣「中央圖書館」藏清鈔本十卷十册，正文首題「朱子聖學考畧卷第一」，次題「寶應朱澤澐止泉氏輯，男光進敬録，從子鑾、輿、輅、衡、軥仝校」。半葉十行，行二十二字，無格。前有自序，提要，朱輅識語，朱輅删訂《凡例》，目録後有丙寅朱輅識語。扉葉有光緒戊戌年二月澄齋惲毓鼎題記七行，謂是年得之琉璃廠火神廟。卷内鈐「大興惲毓鼎收藏之印」、「惲毓鼎印」等印記。（參該館《善本題跋真跡》、《善本書志初稿》）○清華大學藏鈔本，書名同前本，題「寶應朱澤澐止泉氏輯」，半葉十行，行二十二字，無格。前有自序，提要，凡例。《存目叢書》據以影印。○民國十三年朱孫茀等重校刻本，作《朱止泉先生朱子聖學考略》十卷《宗朱要法》一卷共十一册，北師大、南圖藏。

二八八二　廣祀典議一卷　國朝吴肅公撰

兩江總督採進本（總目）。○清康熙三十九年刻《昭代叢書》乙集第一帙本，上圖等藏。○清道光十三年吴江沈氏世楷堂刻《昭代叢書》乙集第一帙本，題「宣城吴肅公雨若著」。《存目叢書》據以影印。

二程學案二卷　國朝黃宗羲撰　黃百家續　**二八八三**

兩江總督採進本（總目）。○《兩江第一次書目》：「《二程學案》，餘姚黃宗羲著，一本。」按：此當是《宋元學案》零篇别行者。

讀書質疑二卷　國朝王錟撰　**二八八四**

安徽巡撫採進本（總目）。○《安徽省呈送書目》：「《讀書質疑》一本。」○《江蘇省第一次書目》：「《讀書質疑》一本。」○《江蘇採輯遺書目録》：「《讀書質疑》二卷，清柘城王錟著。」

欲從録十卷　國朝王錟撰　**二八八五**

安徽巡撫採進本（總目）。○《安徽省呈送書目》：「《欲從録》二本。」

臆言四卷　國朝朱顯祖撰　**二八八六**

浙江巡撫採進本（總目）。○《浙江省第六次呈送書目》：「《臆言》四卷，國朝朱顯祖著，二本。」○《浙江採集遺書總録》：「《臆言》四卷，刊本，國朝江都朱顯祖輯。」○清康熙三十年天瑞堂刻本二册，南圖、東北師大藏。

儒宗理要二十九卷　國朝張能鱗編　**二八八七**

内府藏本（總目）。○《武英殿第二次書目》：「《儒宗理要》八本。」○《江蘇省第一次書目》：「《儒宗理要》十本。」○《江蘇採輯遺書目録》：「《儒宗理要》十五卷，清江南學政張能鱗著。」○《浙江省第十次呈送書目》：「《儒宗理要》十五卷，國朝張能鱗輯，十本。」○《浙江採集遺書總録》：「《儒家理要》十五卷，刊本，國朝直隸張能麟輯。」○天津圖書館藏清順治十五年刻本二十九卷，題「後學西山張能麟纂輯」。半葉十行，行二十四字，白口，四周單邊。前有順治十五年吕宫序，楊廷鑑序，高世泰序，包爾庚序，順治十五年自序。凡例云：「是集始於丁酉之秋，成於戊戌之夏，編輯校讎，鳩工剞劂，凡八閲月。」戊戌即順治十五年。《存目叢書》據以影印。人民大學藏一部僅十二卷（張子六卷、二程子六卷）。《販書偶記續編》亦著録一殘本，僅六卷，且誤爲崇禎刊。

理學辨一卷　國朝王庭撰　　**二八八八**

浙江巡撫採進本（總目）。○《浙江省第九次呈送書目》：「《理學辨》，國朝王庭著，一本。」○《浙江採集遺書總録》：「《理學辨》一册，刊本，國朝布政使嘉興王庭輯。」

常語筆存一卷　國朝湯斌撰　　**二八八九**

編修程晉芳家藏本（總目）。○《提要》云：「今編入《湯子遺書》，題曰《語録》是也。此蓋初出别行之本耳。」○清乾隆四庫館鈔《四庫全書》集部《湯子遺書》内有《語録》一卷。○清道光十一年六安晁氏木活字印《學海類編》本，書名同存目。民國九年商務印書館影印晁氏木活字《學海類編》本。○民國二十五年商務印書館據《學海類編》本排印，收入《叢書集成初編》。

理學要旨無卷數　國朝耿介編　　**二八九〇**

河南巡撫採進本（總目）。○《河南省呈送書目》：「《理學要旨》，本朝耿介著，一本。」○康熙十七年嵩陽書院刻本，《敬恕堂集》之一。科圖、山東大學、河南圖。

朱子學歸二十三卷　國朝鄭端編　**二八九一**

浙江巡撫採進本（總目）。○《浙江省第八次呈送書目》：「《朱子學歸》二十三卷，國朝鄭端輯，四本。」○《浙江採集遺書總録》：「《朱子學歸》二十三卷，刊本，國朝棘津鄭端輯。」○《直隸省呈送書目》：「《朱子學歸》四本。」○清光緒五年定州王氏謙德堂刻《畿輔叢書》本，題「棗强鄭端輯」，有康熙癸亥自序。《存目叢書》據以影印。○民國二十五年商務印書館據《畿輔叢書》本排印，收入《叢書集成初編》。

溯流史學鈔二十卷　國朝張沐撰　**二八九二**

河南巡撫採進本（總目）。○《河南省呈送書目》：「《溯流史學鈔》，本朝張沐著，八本。」○清康熙三十三年侯重喜刻本，題「上蔡張沐起菴著，武進王渭允清參證，商丘侯重喜孝思校閱」。半葉九行，行二十字，黑口，四周雙邊。有康熙三十三年黄與堅、顧汧席、侯重喜、管竭忠四序，三十四年孫士傑序。末卷《遊梁書院講語》後有侯重喜跋，末署「時康熙三十三年秋八月初八日癸卯大梁教授雪園年家後學侯重喜薰手書後梓行」。清華、人民大學、復旦藏。中科院圖書館藏《張仲誠遺書》本亦即此刻。《存目叢書》用清華、中科院兩藏本配補影印。

閑道録三卷　國朝熊賜履撰　**二八九三**

湖北巡撫採進本（總目）。○《湖北巡撫呈送第一次書目》：「《閑道録》一本。」○《翰林院孔目熊交出書目》：「《閑道録》三本。」○清華大學藏清刻本，卷上題「受業門人延平李玉如、晉安李光地、姑蘇徐秉義同校」。卷中校者申涵盼、强振猷、徐乾學，卷下校者韓菼、羅麗、徐倬，均稱門人。半葉九行，行二十字，白口，左右雙邊。行門刻有圈點。版式字體均似康熙刻熊賜履《下學堂劄記》，當亦同時授梓者(參下條考證)。鈐「思深堂印」、「悔堂居士」、「貞白里人」三印。《存目叢書》據以影印。○上海圖書館藏清鈔本，作《熊敬修先生閑道録纂要》三卷，清熊賜履撰，詹龍輯。

下學堂劄記三卷　國朝熊賜履撰　二八九四

湖北巡撫採進本(總目)。○《湖北巡撫呈送第一次書目》：「《下學堂劄記》一本。」○湖北省圖書館藏清康熙刻本，題「孝昌熊賜履著」。半葉九行，行二十字，白口，左右雙邊。行間刻有圈點。前有康熙二十四年乙丑自序。末有同里七十五叟杜濬跋，謂愚齋先生著書凡數十萬言，先刻其《閑道録》及《劄記》二種。澤遜按：《望溪先生文集》卷十三《杜茶村先生墓碣》云杜濬「生於明萬曆辛亥年正月十六日，卒於康熙丁卯年六月某日，葬以康熙丙戌年二月十六日」，年七十七歲。則七十五歲爲康熙二十四年乙丑，與熊賜履自序同年，則是書與《閑道録》均刻於康熙二十四年。《存目叢書》據以影印。

性理譜五卷　國朝蕭企昭撰　二八九五

湖北巡撫採進本(總目)。○《湖北巡撫呈送第一次書目》：「《性理譜》二本。」

大儒粹語二十八卷　國朝顧棟高編　二八九六

江蘇巡撫採進本(總目)。○《江蘇省第一次書目》：「《大儒粹語》四本。」○《江蘇採輯遺書目録》：「《大儒粹語》二十八卷，清吴江顧棟南著，刊本。」○按：著者顧棟南浙本《總目》誤爲顧棟高。殿本《總目》不誤。

紫陽大旨八卷　國朝秦雲爽撰 **二八九七**

江蘇巡撫採進本(總目)。○《江蘇省第一次書目》：「《紫陽大指》四本。」○《江蘇採輯遺書目録》：「《紫陽大旨》八卷，清錢唐秦雲爽著，刊本。」○南京圖書館藏清鈔本，作《紫陽大指》八卷一册。題「錢塘秦雲爽撰」，半葉十行，行二十一字，紅格，白口，四周雙邊。前有目録，又辛酉季夏定叟(秦雲爽)凡例。鈐有「錢唐丁氏正修堂藏書」、「辛卯劫後所得」等印記。《存目叢書》據以影印。

會語支言四卷　國朝陸鳴鼇撰 **二八九八**

浙江巡撫採進本(總目)。○《浙江省第十二次呈送書目》：「《會語支言》四卷，國朝陸鳴鼇，二本。」○《浙江採集遺書總録》：「《會語支言》四卷，刊本，國朝知縣仁和陸鳴鼇撰。」

性理大中二十八卷　國朝應撝謙撰 **二八九九**

浙江孫仰曾家藏本(總目)。○《浙江省第四次孫仰曾家呈送書目》：「《性理大中》二十八卷，國朝應撝謙著，十本。」○《浙江採集遺書總録》：「《性理大中》二十八卷，刊本，國朝應撝謙撰。」○《江蘇省第一次書目》：「《性理大中》十二本。」○《江蘇採輯遺書目録》：「《性理大中》二十八卷，清錢唐布衣應撝謙著。」○清華大學藏清康熙二十五年刻本，題「錢塘應撝謙嗣寅父編集，河陽趙士麟玉峯父鑑定」。半葉九行，行二十字，白口，四周單邊。前有康熙二十五年趙士麟序，顧豹文序，康熙二十五年邵遠平序。次較閱姓氏沈佳等一百四十人。次參較姓氏：「參閱：河陽趙濾敬齋氏。較刻：男禮璧子蒼氏、禮琮以黄氏。」又《潛齋書目》共列二十八種。又康熙二十年辛酉自序，原序，凡例，引載姓氏。《存目叢書》據以影印。上圖、復旦、湖北圖亦有是刻。〇南京圖書館藏清初鈔本二十八卷十二册。丁丙《善本書室藏書志》著録「稿本」即是。丁氏云：「鈔字精整，始終不苟。」〇南圖又藏坊刻本十四册，亦丁氏舊藏(見《國學圖書館現存目》)。

憤助編二卷　國朝蔡方炳編　二九〇〇

浙江巡撫採進本(總目)。〇《浙江省第六次呈送書目》：「《憤助編》二卷，國朝蔡方炳輯，二本。」〇《浙江採集遺書總録》：「《憤助編》一册，刊本，國朝姑蘇蔡方炳撰。」〇清華大學藏清康熙刻《息關三述》本一卷，題「後學蔡方炳録」。半葉九行，行二十字，大黑口，左右雙邊。前有天啟丁卯蔡懋德原序。又康熙三十六年丁丑九月蔡方炳《刻憤助編小引》云：「慮復散軼，爰付之梓。」知刻於康熙三十六年。《存目叢書》據以影印。

體獨私鈔四卷　國朝黄百家撰　二九〇一

浙江巡撫採進本(總目)。〇《浙江省第二次書目》：「《體獨私抄》四卷，國朝黄百家著，二本。」〇《浙江採集遺書總録》：「《體獨私鈔》四卷，續鈔堂寫本，國朝監生餘姚黄百家撰。」

王劉異同五卷　國朝黄百家撰　二九〇二

浙江巡撫採進本(總目)。〇《浙江省第二次書目》：「《王劉異同》五卷，國朝黄百家著，二本。」

○《浙江採集遺書總録》：「《王劉異同》五卷，續鈔堂寫本，國朝監生餘姚黄百家撰。」

學術辨一卷　國朝陸隴其撰 二九〇三

編修程晉芳家藏本(總目)。○《提要》云：「已載入《三魚堂集》中，此曹溶《學海類編》摘録別行之本也。」○《三魚堂文集》收入《四庫全書》別集類。○清道光十一年六安晁氏木活字印《學海類編》本。民國九年商務印書館影印晁氏木活字《學海類編》本。○民國二十五年商務印書館據《學海類編》本排印，收入《叢書集成初編》。○清光緒十六年宗培等刻《陸子全書》本，清華、上圖等藏。

問學録四卷　國朝陸隴其撰 二九〇四

浙江巡撫採進本(總目)。○《浙江省第一次書目》：「《問學録》四卷，國朝陸隴其著，二本。」○《浙江採集遺書總録》：「《問學録》四卷，晚年手訂寫本，與刊本異。國朝陸隴其撰。」○《兩江第一次書目》：「《問學録》，當湖陸隴其著，一本。」○清同治五年福州正誼書院刻《正誼堂全書》本，作《陸稼書先生問學録》四卷，題「儀封張伯行孝先甫訂，受業諸子仝校」。前有康熙四十七年張伯行序。各卷末有「同治五年夏月福州正誼書局重校開雕」牌記。《存目叢書》據以影印。○民國二十五年商務印書館據《正誼堂全書》本排印，收入《叢書集成初編》。○清光緒十六年宗培等刻《陸子全書》本。余藏一部單本二册，半葉十行，行二十三字，黑口，四周雙邊。版心上刻「陸子全書」，魚尾下刻「問學録」及卷次。卷首爲康熙四十七年張伯行序，乾隆間邑後學張誠序，目次。凡四卷二百五十條。目次末有光緒十六年海昌許仁杰識語云：「足本《問學録》嚮未梓行，其編入

《正誼堂全書》者，删節本也。是本從錢塘丁君丙借録，以屬平湖張君憲和讎校。」卷内鈐「容肇祖」印，有朱墨批校，當係容肇祖手筆。○浙江另呈陸隴其《問學續録》六卷，寫本二册，見《浙江省第十一次呈送書目》、《浙江採集遺書總録》閏集。《四庫總目》未收。

信陽子卓録八卷　國朝張鵬翮撰　二九〇五

編修勵守謙家藏本（總目）。○《編修勵第一次至六次交出書目》：「《信陽子卓録》，國朝張鵬翮著，四本。」○《浙江省第六次呈送書目》：「《信陽子卓録》八卷，國朝張鵬翮著，二本。」○《浙江採集遺書總録》：「《信陽子卓録》八卷，刊本，國朝巡撫遂寧張鵬翮撰。」○北京大學藏清康熙刻本，題「及門諸子較」，半葉十行，行二十字，白口，左右雙邊。寫刻甚精。前有自序。卷八末有康熙五十五年丙申門人陸師跋。《販書偶記續編》所謂「康熙丙申及門諸子精刊」即此本也。後又有《信陽子卓録補遺》上下二卷，首有康熙五十六年丁酉門人吴筠序。末有康熙五十九年庚子同里後學李昭治跋云：「今《卓録補遺》成，又得校對授梓。」知《補遺》刻於康熙五十九年。卷内鈐「承澤堂」印。《存目叢書》據以影印。清華、人民大學、華東師大、復旦、南圖等藏本均無《補遺》二卷，四庫館臣亦未見《補遺》，獨北大此本爲完足也。

王學質疑一卷附録一卷　國朝張烈撰　二九〇六

浙江巡撫採進本（總目）。○《浙江省第一次書目》：「《王學質》一卷《附録》一卷，國朝張承烈著，一本。」○《浙江採集遺書總録》：「《王學質疑》一册，刊本，國朝大興張承烈撰。」○《江蘇省第二次書目》：「《王學質疑》一本。」○《江蘇採輯遺書目録》：「《王學質疑》五卷《附録》一卷，清右贊善大興張烈著，抄本。」○浙江圖書館藏清鈔本一册，半葉十行，行二十字，無格。有康熙二十四年陸隴其序，康熙二十年自序。卷内鈐「葉氏名澧」、「潤臣」、「仁和朱後廬校藏書籍」、「吴興劉氏嘉業堂藏書記」等印記。《存目叢書》據以影印。○清同治五年福州正誼書院刻《正誼堂全書》本五卷《附録》一卷，北圖、上圖等藏。○民國二十八年商務印書館據《正誼堂全書》本排印，收入《叢書集成初編》。○清光緒十八年傳經堂刻《辨學七種》本，收入《西京清麓叢書續編》，北大、上圖等藏。

○按：是書五篇，一卷本與五卷本同。

太極圖説遺議一卷　國朝毛奇齡撰　**二九〇七**

浙江巡撫採進本（總目）。○《浙江採集遺書總録》：「《西河合集》四百九十一卷，刊本，國朝檢討蕭山毛奇齡撰。」○清康熙書留草堂刻《西河合集》本。

教習堂條約一卷　國朝徐乾學撰　**二九〇八**

編修程晉芳家藏本（總目）。○清道光十一年六安晁氏木活字印《學海類編》本。民國九年商務印書館影印晁氏木活字《學海類編》本。《存目叢書》據中科院藏晁氏本影印。○民國二十八年商務印書館據《學海類編》本排印，收入《叢書集成初編》。

萬世玉衡録四卷　國朝蔣伊撰　**二九〇九**

江蘇巡撫採進本（總目）。○《江蘇省第一次書目》：「《萬世玉衡録》四本。」○《江蘇採輯遺書目録》：「《萬世玉衡録》四卷，清御史常熟蔣伊著，刊本。」○《浙江省第十一次呈送書目》：「《萬世玉衡録》四卷，國朝蔣伊輯，四本。」○《浙江採集遺書總録》：「《萬世玉衡録》四卷，刊本，國朝御史金壇蔣伊輯。」○北京大學藏清康熙刻本，題「臣蔣伊編輯」，半葉九行，行二十三字，白口，左右雙邊。前有康熙十二年蔣伊進書表。《存目叢書》據以影印。人民大學藏康熙刻本行款同，卷四末鐫「總督雲南貴州前巡按山東等處男蔣陳錫重刊」、「提督雲南通省學政孫男蔣洞校字」(見《人大善本書目》)，北大本無。按：蔣陳錫任雲貴總督在康熙五十五年九月至五十九年九月。蔣洞任雲南學政在康熙五十四年十一月至五十六年三月。其刻是書當在五十五年冬。南開、遼圖、河南原陽縣文化館等亦有康熙刻本。○清活字印本，南圖、廣西師大藏(見《國學圖書館現存目》、《江蘇藝文志》)。○清乾隆刻本，南圖藏(見《江蘇藝文志》)。

儒門法語無卷數　國朝彭定求編　　**二九一〇**

江蘇巡撫採進本(總目)。○《江蘇採輯遺書目録》：「《南畇文稿》十二卷《儒門法語》一卷，翰林院侍講長洲彭定求著。」○上海圖書館藏清鈔本，作《儒門法語集》一卷。題「長洲彭定求原編，蕭山湯金釗輯要，長白廣厚重訂，東海徐澤醇重刊」。有嘉慶十九年廣厚序，十九年湯金釗序，道光二十九年徐澤醇序。末有道光元年李文耀跋。《存目叢書》據以影印。○清道光十三年癸巳刻本一册，中科院圖書館藏。○清道光十五年三韓劉氏江西刻《後冶堂藏書五種》本(見施廷鏞《叢書目録》)。○清道光三十年鄢陵蘇氏刻本一卷，收入《記過齋藏書·記過齋叢書》。北圖、清華等藏。○清道光三十年四川存惺書院刻本，四川圖藏。○清同治四年刻本一册，華東師大藏。○清光緒元年江蘇學署重刻本，山東圖、南圖藏。○清光緒七年鄂垣撫署刻本，作《儒門法語輯要》一卷，湯金釗輯要，收入《長洲彭氏家集·南畇全集》。北圖、上圖等藏。○清光緒十六年浙江書局刻本，作《儒門法語輯要》一卷，湯金釗輯要。東京大學東洋所藏。○清光緒十八年揚州府學刻《四語彙編》本一卷（見《叢書廣録》）。○清光緒二十七年浙江彭泰士翻湖北刻本，四川圖藏。○民國排印本，南圖藏。

三子定論五卷　國朝王復禮撰　**二九一一**

浙江巡撫採進本（總目）。○《浙江省第五次鄭大節呈送書目》：「《三子定論》五卷，國朝王復禮輯，一本。」○《浙江採集遺書總録》：「《三子定論》一册，刊本，國朝王復禮著。」○福建省圖書館藏清康熙刻本，半葉九行，行二十字，白口，四周單邊。有康熙十九年庚申徐喈鳳序，康熙二十六年丁卯自序，書牘，凡例。末有虞嗣集跋。鈐有「福建鼇峰書院藏」印。《存目叢書》據以影印。

正修録三卷齊治録三卷　國朝于準撰　**二九一二**

浙江巡撫採進本（總目）。○《浙江省第六次呈送書目》：「《正脩録》、《齊治録》，國朝于準著，六本。」○《浙江採集遺書總録》：「《正修、齊治録》六卷，刊本，國朝石州于準撰。」○清華大學藏清康熙刻本，作《先儒正修録》三卷《先儒齊治録》三卷，題「石州于準萊公纂」。半葉十二行，行二十三字，白口，左右雙邊。寫刻甚精。有康熙四十七年自序。《存目叢書》據以影印。山西省圖、河北保定圖等亦有是刻。

續近思録十四卷　國朝張伯行編　二九一三

河南巡撫採進本(總目)。○《河南省呈送書目》:「《續近思録》,本朝張伯行著,四本。」○清康熙四十九年正誼堂刻本,華東師大、復旦藏。○清同治九年福州正誼書院刻《正誼堂全書》本,題「張伯行集解」,各卷末有「同治九年三月福州正誼書院採訪續刊」牌記。有康熙四十九年張伯行於蘇州正誼堂序。《存目叢書》據以影印。○民國二十五年商務印書館據《正誼堂全書》本排印,收入《叢書集成初編》。

學規類編二十七卷　國朝張伯行撰　二九一四

江蘇巡撫採進本(總目)。○《江蘇省第一次書目》:「《學規類編》六本。」○《江蘇採輯遺書目録》:「《學規類編》二十七卷,清福建巡撫儀封張伯行著,刊本。」○清康熙四十六年正誼堂刻本六册,南京圖書館藏。○清同治五年福州正誼書院刻《正誼堂全書》本,每卷末有「同治五年夏月福州正誼書局重校開雕」牌記。《存目叢書》據以影印。○民國二十五年商務印書館據《正誼堂全書》本排印,收入《叢書集成初編》。

性理正宗四十卷　國朝張伯行撰　二九一五

河南巡撫採進本(總目)。○《河南省呈送書目》:「《性理正宗》,本朝張伯行著,十六本。」○同治二年杜培成鈔本八卷。新鄉圖。

廣近思録十四卷　國朝張伯行撰　二九一六

副都御史黄登賢家藏本(總目)。○《都察院副都御史黄交出書目》:「《廣近思録》四本。」○清正誼堂原刻本四册，南圖藏。○清同治五年福州正誼書院刻《正誼堂全書》本，各卷末有「同治五年夏月福州正誼書局重校開雕」牌記。《存目叢書》據以影印。○清光緒二十年刻本，復旦、山東師大藏。○民國二十五年商務印書館據《正誼堂全書》本排印，收入《叢書集成初編》。

濂洛關閩書十九卷　國朝張伯行編　**二九一七**

副都御史黄登賢家藏本（總目）。○《都察院副都御史黄交出書目》：「《濂洛關閩書》五本。」○《河南省呈送書目》：「《濂洛關閩書》，本朝張伯行著，五本。」○清康熙正誼堂刻本五册，南圖、華東師大藏。○清同治五年福州正誼書院刻《正誼堂全書》本，題「張伯行集解」，有康熙四十八年張伯行序。卷末有「同治五年夏月福州正誼書局重校開雕」牌記。《存目叢書》據以影印。○民國二十六年商務印書館據《正誼堂全書》本排印，收入《叢書集成初編》。

困學録集粹八卷　國朝張伯行撰　**二九一八**

副都御史黄登賢家藏本（總目）。○《都察院副都御史黄交出書目》：「《困學録》四本。」○《兩江第一次書目》：「《困學録集粹》，儀封張伯行著，四本。」○《河南省呈送書目》：「《困學録集粹》，本朝張伯行著，四本。」○清雍正四年正誼堂精刻本，劉承幹舊藏，現藏復旦。人民大學藏是刻乾隆印本，封面刻「正誼堂藏板」。○清同治五年福州正誼書院刻《正誼堂全書》本，各卷末有「同治五年夏月福州正誼書局重校開雕」牌記。《存目叢書》據以影印。○民國二十五年商務印書館據《正誼堂全書》本排印，收入《叢書集成初編》。

理學正宗十五卷　國朝竇克勤編　**二九一九**

河南巡撫採進本（總目）。○《河南省呈送書目》：「《理學正宗》，本朝竇克勤著，六本。」○北圖分館藏清康熙刻《竇靜庵先生遺書》本，題「柘城後學竇克勤編輯，弟振起、克恭、男容端仝較」。半葉九行，行二十字，白口，四周雙邊。有清康熙二十八年耿介序。又康熙二十六年自序云：「諸子請付梓，因得公諸同好。」是康熙二十六年付刻者。封面刻「求善居藏板」。《存目叢書》據以影印。上圖亦有《遺書》本，川圖有單本。○清道光二十六年丙午尚友齋刻本六册，山東省圖藏。○清光緒刻《吉林探源書舫叢書》本，遼圖、吉林市圖藏。

大學辨業四卷聖經學規纂二卷論學二卷　國朝李塨撰　**二九二〇**

直隸總督採進本（總目）。○《直隸省呈送書目》：「《李塨集》十六本。」○人民大學藏清康熙四十年刻本，僅《大學辨業》四卷，《顏李叢書》之一。○清光緒五年定州王氏謙德堂刻《畿輔叢書》本，有康熙三十七年自序，凡例，目録，又閻若璩至孔尚任共八人題辭。《存目叢書》用中科院圖書館藏本影印。○民國十二年四存學會排印《顏李叢書》本。○民國二十八年商務印書館據《畿輔叢書》本排印，僅《聖經學規纂》二卷《論學》二卷，收入《叢書集成初編》。中華書局重印《叢書集成初編》已補入《大學辨業》四卷。

小學稽業五卷　國朝李塨撰　**二九二一**

直隸總督採進本（總目）。○清光緒五年定州王氏謙德堂刻《畿輔叢書》本，有康熙四十四年自序。

《存目叢書》用中科院圖書館藏本影印。○民國十二年四存學會排印《顔李叢書》本，北圖、上圖等藏。○民國二十六年商務印書館據《畿輔叢書》本排印，收入《叢書集成初編》。

性理纂要八卷　國朝冉覲祖撰 **二九二二**

河南巡撫採進本（總目）。○《河南省呈送書目》：「《性理纂要附訓》，本朝冉覲祖著，四本。」《性理纂要附評》，本朝冉覲祖著，四本。」○清華大學藏清康熙刻本，題「牟陽冉覲祖永光輯，襄城李來章禮山、嵩陽耿介逸菴、浚川張伯行勉齋仝訂」。半葉十行，每行二十六字，白口，四周單邊。版心下刻「寄願堂」三字。前有康熙三十二年癸酉自序。《存目叢書》據以影印。

天理主敬圖一卷　國朝冉覲祖撰 **二九二三**

河南巡撫採進本（總目）。○《河南省呈送書目》：「《天理主敬圖》，本朝冉覲祖著，一本。」

程功録五卷　國朝楊名時撰 **二九二四**

兩江總督採進本（總目）。○北京大學藏清乾隆五十九年江陰葉廷甲水心草堂刻《楊氏全書》本，半葉十行，行二十一字，白口，左右雙邊。每卷末有「江陰縣學生員葉廷甲校刻」一行。《存目叢書》據以影印。北圖、上圖等亦有是刻。

嵩陽學凡六卷　國朝景日昣撰 **二九二五**

副都御史黄登賢家藏本（總目）。○《都察院副都御史黄交出書目》：「《嵩崖學凡》，本朝景日昣編，四本。」○四川省圖書館藏清康熙刻本，正文首題「嵩厓學凡卷一」，次題「登封景日昣冬昜述，秀水陶楨翰臣、登封侯欽若維臣訂」。半葉八行，行二十字，黑口，四周雙邊。前有焦欽若跋，壬午景日昣題言。《存目叢書》據以影印。《販書偶記續編》著録「約康熙間岳生堂刊」本，當係同刻。

按：書名「厓」字《總目》誤作「陽」，當據原書改正。

續小學六卷　國朝葉鈐編　**二九二六**

浙江巡撫採進本(總目)。○《浙江省第六次呈送書目》：「《續小學》六卷，國朝葉鈐著，一本。」○《浙江採集遺書總録》：「《續小學》六卷，刊本，國朝嘉善葉鈐撰。」○南京圖書館藏清刻本，題「禾郡果山葉鈐輯註」。半葉十行，行二十字，白口，四周雙邊。前有康熙三十年辛未嚴允肇序。卷首《續小學句讀》末題「受業嚴慎成、嚴慎行校梓」。《續小學總論》末題「孫廷根校梓」。卷一末題「受業謝兆熊、單惟和校梓」。卷二末題「受業徐元復、胡槃校梓」。卷三末題「受業吴弘猷、朱衮錫校梓」。卷四末題「受業顧諏應、王希質校梓」。卷五末題「受業曹菁、謝思校梓」。卷六末題「朱源孝、楊雅臣校梓」。猶康熙間受業諸子校刻本。鈐有「光緒壬午年嘉惠堂丁氏所得」朱文長方印。《存目叢書》據以影印。

心印正説三十四卷　國朝吴台碩撰　**二九二七**

江蘇巡撫採進本(總目)。○《江蘇省第二次書目》：「《心印正説》四本。」○《江蘇採輯遺書目録》：「《心印正説》三十五卷，清嘉定吴台著，抄本。」

尊道集四卷　國朝朱搴撰　**二九二八**

湖北巡撫採進本(總目)。○《湖北巡撫呈送第一次書目》：「《尊道集》四本。」

近思續録四卷　國朝劉源淥撰　二九二九

副都御史黄登賢家藏本(總目)。○《都察院副都御史黄交出書目》：「《近思續録》六本。」○清華大學藏清鈔本十四卷，題「安丘劉源淥纂集」，半葉七行，行二十五字，無格。前有康熙三十九年門人陳舜錫小引云：「舜錫手録是書畢，不忍没先生之苦心也，因述其略。」又自注：「外有《記疑》二十卷，係先生自著，方鈔録未完。」卷三《致知上》末有題記：「庚午十二月二十七日申時抄《致知》，至辛未正月初八日未時訖，共七十章整，癸酉四月初一日戌時看訖。」卷十三末有題記：「康熙壬申正月初三日抄《異端篇》，三月二十三日壬申訖。《文集》三十三章，《或問》十章，《語類》五十三章，共九十五章。」中間各卷亦間有題記。據此可知此帙係門人陳舜錫鈔本，鈔寫於康熙二十九年至三十一年間，至三十九年校畢。卷内鈐「豐華堂書庫寶藏印」等印記。《存目叢書》據以影印。○北京圖書館藏清康熙三十二年至三十三年馬常沛鈔本十四卷十二册，半葉九行，行二十字，藍格，白口，四周雙邊。馬常沛跋。○山東博物館藏清嘉慶十二年劉耀椿鈔本十四卷。○復旦大學藏清鈔本十四卷。○清道光二十五年刻同治八年續刻本十四卷，題「安邱劉源淥編」，半葉十二行，行二十七字，黑口，四周單邊。有康熙四十年馬恒謙序，康熙四十年陳舜錫序。又同治八年六月益都知縣華鈞序略謂：其五世孫劉莊年主青州講院，攜來稿本，濟東徐桓生觀察、青州李樂亭太守、宰益都徐子信及金悛齋捐資開局刊刻，未能蕆事。華鈞乃捐資補刻完竣。自道光乙巳至是二十餘年始就，板存青州學署。此板至光緒七年又經青州知府劉景宸補刻四十餘葉重新刷印。山東省圖等藏。

冷語三卷　國朝劉源淥撰　門人馬恒謙編　**二九三〇**

副都御史黄登賢家藏本(總目)。○清光緒十七年六安涂宗瀛求我齋刻本二卷，霍山吴廷棟、竇塨補注。國圖、上圖、南圖等。○《讀書日記》本一卷，參下條。

讀書日記六卷　國朝劉源淥撰　**二九三一**

山東巡撫採進本(總目)。○《山東巡撫呈送第一次書目》：「《讀書日記》二本。」○《提要》云：「凡《記疑》五卷《冷語》一卷，皆讀書劄記之言。其《記疑》本二十四卷，《冷語》本五卷，後歸安陸師爲之刪定，更以今名。」○清華大學圖書館藏清雍正刻本六卷《補編》二卷，共四册。題「安邱劉源淥直齋甫著，歸安陸師巢雲甫定，後學馬長淑漢旬甫較」。半葉十行，行二十一字，黑口，左右雙邊。有康熙五十九年庚子陸師序，雍正十一年李燾序，雍正五年李漋叙，雍正五年男行秉跋，雍正五年姪曾孫汝飛跋等。汝飛跋後有「雍正丁未孟夏男行秉、孫燿、辰生、曾孫馮信敬刊」一行，知係雍正五年家刻本。《存目叢書》據以影印。人民大學、四川省圖等亦有是刻。○清宣統二年刻本，係裔人據雍正五年本覆刻，有宣統二年周思誠跋。山東大學藏一部殘存卷五卷六及補編二卷，鈐「渠丘曹愚盦氏藏書」朱文方印。

性理辨義二十卷　國朝王建衡撰　**二九三二**

直隸總督採進本(總目)。○《直隸省呈送書目》：「《性理辨義》三本。」

靜用堂偶編十卷　國朝涂天相撰　**二九三三**

兩江總督採進本（總目）。○《兩江第二次書目》：「《靜用堂偶編》，孝昌涂天相著，二本。」○南京圖書館藏清康熙刻本十卷，《續編》十卷，共四册。卷一題「孝昌迂叟涂天相著，受業魏亦晉、李四載編校」。半葉九行，行二十字，白口，左右雙邊。前有康熙五十七年曾元邁序，康熙六十年張伯行序，康熙五十九年夏力恕序，康熙五十九年施鍔序。曾序云：「其門人子弟苦於鈔傳之難徧，請付諸梓，而力不能盡刻，則耳其論學者……合爲上下二編。」施序云：「僅擇其最精且要者刊成十卷。」《續編》末有雍正二年當塗門人奚源跋云：「適某以事旋里，乃授某載而梓諸南，刻即竣，爰敘。」是前編刻於康熙五十九年，《續編》刻於雍正二年。卷内鈐「孔氏家藏」、「仕隱」等印記。《存目叢書》僅影印前編十卷。中科院圖書館、山西省圖亦有是刻。

廣字義三卷　國朝黄叔璥撰　**二九三四**

浙江巡撫採進本（總目）。○《浙江省第十次呈送書目》：「《廣字義》三卷，國朝黄叔璥輯，一本。」○《浙江採集遺書總録》：「《廣字義》三卷，刊本，國朝黄叔璥撰。」○清華大學藏清乾隆四年黄氏刻本二卷，題「宋陳石堂先生原編，北平後學孫承澤增删，黄叔璥續輯」。半葉十行，行二十字，黑口，左右雙邊。前有乾隆四年尹會一序，黄叔璥序，孫承澤序。後有乾隆四年李光型跋。卷下之末題「男守謙校」。《存目叢書》據以影印。北京師大、中山大學亦有是刻。

朱子晚年全論八卷　國朝李紱編 **二九三五**

江西巡撫採進本（總目）。○《江西巡撫海第三次呈送書目》：「《朱子晚年全論》四本。」○中科院圖書館藏清雍正十三年無怒軒刻本，題「後學臨川李紱編，南昌萬承蒼訂，平越王士俊校」。半葉十二行，行二十三字，白口，四周雙邊。版心下刻「無怒軒」三字，係李紱齋名。前有雍正十三年王士俊《校刻朱子晚年全論序》，雍正十年李紱序，雍正十三年受業李光墺、光型跋。《存目叢書》據以影印。福建省圖、江西省圖、復旦大學亦有是刻。○陝西省圖書館藏三省堂重刻本。○東北師大藏清末傳經堂排印本八卷四册，版心下「傳經堂印行」，與三省堂本同版。清華、人大、山東大學、陝圖等。

陸子學譜二十卷　國朝李紱撰 **二九三六**

江西巡撫採進本（總目）。○《江西巡撫海第三次呈送書目》：「《陸子學譜》八本。」○中國科學院圖書館藏清雍正十年無怒軒刻本，題「後學臨川李紱編，南昌萬承蒼訂，平越王士俊校」。半葉十二行，行二十三字，白口，四周雙邊。版心下鐫「無怒軒」三字。前有雍正十年壬子李紱於京邸無怒軒序。《存目叢書》據以影印。按：此與《朱子晚年全論》無怒軒刻本行款同，但字體不同，彼係宋體，此則軟體寫刻。北大、湖北省圖、四川省圖亦有是刻。

學舫無卷數　國朝吴雲撰 **二九三七**

山東巡撫採進本（總目）。○《山東巡撫呈送第一次書目》：「《學舫》二本。」

白鹿洞規條目二十卷　國朝王澍撰　　**二九三八**

江蘇巡撫採進本(總目)。○《江蘇省第一次書目》:「《白鹿洞規條目》二本。」○《江蘇採輯遺書目録》:「《白鹿洞規條目》二十卷,清吏科王澍著,刊本。」○《浙江省第十次呈送書目》:「《白鹿洞規條目》二十卷,國朝王澍著,二本。」○《浙江採集遺書總録》:「《白鹿洞規條目》二十卷,刊本,國朝王澍輯。」○清華大學藏清乾隆二年刻《積書巖六種》本,作《朱子白鹿洞規條目》,題「王澍類編」。半葉十二行,行二十二字,白口,四周單邊。前有王澍序,王甡序,又康熙四十二年癸未中秋王澍序。鈐有「潤州蔣氏藏書」印。《存目叢書》據以影印。北圖、首都圖、安徽省圖亦有是刻。○清嘉慶十五年華亭張氏書三味樓刻本十八卷二册,李盛鐸故物,現藏北大。又收入《書三味樓叢書》,上圖藏。書名同前本。

集程朱格物法一卷集朱子讀書法一卷　國朝王澍撰　　**二九三九**

兩江總督採進本(總目)。○清華大學藏清乾隆二年刻《積書巖六種》本,半葉十二行,行二十二字,白口,四周單邊。《存目叢書》據以影印。北圖、首都圖、安徽圖亦有是刻。

經書性理類輯精要録六卷　國朝王士陵撰　　**二九四〇**

兵部侍郎紀昀家藏本(總目)。○山東省圖書館藏清鈔本,不題撰人,無序跋。半葉十一行,行二十六字,白口,四周雙邊。宋體字精鈔,黄綾封皮,封皮有「乾隆四十三年正月翰林院侍讀□□交出家藏經書性理類輯精要録壹部計書陸本」四行長方朱記。目録首葉鈐「翰林院印」滿漢文大官印。《存目叢書》據以影印。按:封皮木記進呈者姓名被塗去,據《總目》係紀昀進呈,考乾隆四十三年紀昀官翰林院侍讀學士，木記「侍讀□□」當即「侍讀紀昀」四字。蓋書自翰林院流出時爲人塗抹，以掩耳目者也。原裝六册，後加襯重裝爲十二册。

謀道續録二卷　國朝譚旭撰　**二九四一**

江西巡撫採進本（總目）。○《江西巡撫海第四次呈送書目》：「《謀道續録》一套二本。」

讀周子劄記無卷數　國朝崔紀撰　**二九四二**

江蘇巡撫採進本（總目）。○《山西省呈送書目》：「《讀周子劄記》。」○東北師大藏清乾隆刻本，附《讀孟子劄記》後。

知非録一卷　國朝鄧鍾岳撰　**二九四三**

山東巡撫採進本（總目）。○山東博物館藏清乾隆聊城鄧氏家刻本，題「東昌鄧鍾岳悔廬」，半葉八行，每行十五字，白口，四周單邊。前有乾隆二十年長洲後學彭啟豐序。卷尾題「男汝功、汝勱、門人彭紹謙、彭紹觀仝校」。卷内鈐「六慎齋」長方朱文印。書衣有「士璋覽本珍藏」、「甲寅清明節後五日醉筆題于笙雀仙館」題識及同一手筆題籤。《存目叢書》據以影印。

餘山遺書十卷　國朝勞史撰　**二九四四**

浙江巡撫採進本（總目）。○《浙江省第三次書目》：「《餘山遺書》十卷，國朝勞史著，一本。」○《浙江採集遺書總録》：「《餘山遺書》十卷，刊本，國朝餘姚勞史撰。」○清華大學藏清乾隆二十九年須友堂刻本，作《餘山先生遺書》十卷，題「門人桑調元、沈廷芳敬編」。半葉十一行，行二十字，白口，四周單邊。前有乾隆三十年乙酉沈廷芳序。又乾隆二十九年甲申桑調元序云：「與同門友沈廷芳共編成十卷開雕，後有聞而知之者，尋斯墜緒，必能遠紹之也。」知付刊在乾隆二十九年。《存目叢書》據以影印。南圖、復旦亦有是刻。〇民國餘姚勞氏排印本二册，南大藏。

虚谷遺書三卷　國朝何國材撰 **二九四五**

江西巡撫採進本（總目）。

筆記二卷　國朝程大純撰 **二九四六**

湖北巡撫採進本（總目）。〇《湖北巡撫呈送第一次書目》：「《筆記》二本。」〇《浙江省第六次呈送書目》：「《筆記》二卷，國朝程大純著，一本。」〇《浙江採集遺書總録》：「《筆記》二卷，刊本，國朝黄岡教諭程大純撰。」〇北京圖書館分館藏清乾隆三年程光鉅刻本，題「楚孝昌程大純漢舒甫著，男光鏞、光鑑、光鉅、光銘校」。半葉十行，行十九字，白口，左右雙邊。下卷後有《示光鉅手訓附録》一卷，再後有戊午（乾隆三年）男光鉅跋云：「檢點遺編，不忍卒讀，謹並付梓，以誌永感。」《存目叢書》據以影印。南圖、河南圖、雲南大學亦有是刻。

日省編一卷　國朝馮昌臨撰 **二九四七**

浙江巡撫採進本（總目）。〇《浙江採集遺書總録》：「《日省編》一册，刊本，國朝馮昌臨撰。」

聖學輯要一卷　國朝潘繼善撰 **二九四八**

兩江總督採進本（總目）。〇《兩江第一次書目》：「《聖學輯要》，新安潘繼善著，一本。」

載道集六十卷　國朝許焞編　**二九四九**

浙江巡撫採進本（總目）。○《浙江省第六次呈送書目》：「《載道集》六十卷，國朝許焞著，二十四本。」○《浙江採集遺書總録》：「《載道集》六十卷，刊本，國朝翰林院編修海寧許焞輯。」

恥亭遺書十卷　國朝周宗濂撰　**二九五〇**

浙江巡撫採進本（總目）。○《浙江省第七次呈送書目》：「《耻亭遺書》十卷，國朝周宗濂著，八本。」○《浙江採集遺書總録》：「《耻亭遺書》十卷，寫本，國朝教諭華亭周宗濂撰。」○《提要》云：「是書於《易》、《書》、《詩》、《春秋》、《禮記》、《周禮》、《儀禮》偶有所得，皆隨筆記録。末附《日省録》一卷。」○上圖藏清嘉慶十年至道光五年張應時書三味樓刻《書三味樓叢書》内有周宗濂《日省録》一卷。

棉陽學準五卷　國朝藍鼎元撰　**二九五一**

江西巡撫採進本（總目）。○《江西巡撫六次續採書目》：「《修史試筆》、《棉陽學準》共四本。」○中國科學院圖書館藏清康熙雍正間刻《鹿洲全集》本，題「鹿洲藍鼎元著，受業諸子仝校」。半葉九行，行十七字，白口，左右雙邊。前有雍正己酉受業門人陳國華序，門人蕭嗣禋序，門人鄭敔秀序等。封面刻「閑存堂藏板」。當即刻於雍正七年。《存目叢書》據以影印。北大、上圖等亦有是刻。北師大、復旦等有單本。○清同治四年廣東緯文堂刻《鹿洲全集》本，重慶市圖、甘肅省圖藏。○清光緒五年藍謙修補刻《鹿洲全集》本，北圖、上圖等藏。

女學六卷　國朝藍鼎元編 **二九五二**

福建巡撫採進本(總目)。○《福建省呈送第六次書目》:「《女學》。」○中國科學院圖書館藏清康熙雍正間刻《鹿洲全集》本,題「漳浦藍鼎元玉霖編」。半葉九行,行十七字,白口,左右雙邊。前有康熙五十七年戊戌沈涵序,康熙五十六年車鼎晉序,康熙五十一年自序,康熙五十六年陳天璣序。是康熙末葉所刊。鈐「真州吴氏有福讀書堂藏」印。《存目叢書》據以影印。北大、上圖等亦有是刻。○清同治四年廣東緯文堂刻《鹿州全集》本,重慶市圖、甘肅省圖藏。○清同治江西翻刻本,四川圖藏。○清光緒九年津河廣仁堂刻本,收入《津河廣仁堂所刻書》,中科院圖、上圖、甘肅圖藏。○清光緒十五年彰明刻本,四川圖藏。○清光緒二十三年京師刻本,美國普林斯頓大學葛思德東方圖書館藏。○清宣統二年資州成文堂刻本,四川圖藏。○清宣統元年湖南翻刻本,題《典故烈女全傳》四卷,四川圖藏。

張子淵源録十卷　國朝張鏐編 **二九五三**

山東巡撫採進本(總目)。○《山東巡撫第二次呈進書目》:「《張子淵源録》三本。」

女教經傳通纂二卷　國朝任啟運撰 **二九五四**

江蘇巡撫採進本(總目)。○《江蘇省第一次書目》:「《女教經傳通纂》一本。」○《江蘇採輯遺書目録》:「《女教經傳通纂》二卷,清任啟運著,刊本。」○康熙六十一年刻本。《故宫普》。

躬行實踐録十五卷　國朝桑調元撰 **二九五五**

浙江巡撫採進本(總目)。○《浙江採集遺書總録》:「《躬行實踐録》十五卷,寫本,國朝桑調元撰。」

朱子爲學考三卷　國朝童能靈撰　**二九五六**

福建巡撫採進本(總目)。○《福建省呈送第一次書目》:「《冠豸山堂集》十五卷八本。」○北京圖書館藏清刻本三卷,存卷二卷三,書名《子朱子爲學次第考》,半葉十行,行二十二字,白口,左右單邊。(見《北圖古籍善本書目》)○清光緒十九年傳經堂刻本二卷,收入《西京清麓叢書續編·辨學七種》。正文首題「朱子爲學次第考卷之二」,次題「後學連城童能靈著」。半葉十行,行二十二字,白口,四周單邊。版心刻「傳經堂藏書」。有乾隆元年自序,凡例。《存目叢書》用北師大藏本影印。○福建省圖書館藏清光緒二十三年連城童氏木活字印《冠豸山堂全集》本,作《子朱子爲學次第考》三卷。

理學疑問四卷　國朝童能靈撰　**二九五七**

福建巡撫採進本(總目)。○《福建省呈送第一次書目》:「《冠豸山堂集》十五卷八本。」○福建省圖書館藏清光緒二十三年連城童氏木活字印《冠豸山堂全集》本,題「華亭黄石牧先生鑒定,連城童能靈龍儔著」。半葉十行,行二十二字,白口,四周雙邊。卷四至十五葉止,有缺佚。《存目叢書》據以影印。

讀書小記三十一卷　國朝范爾梅撰　**二九五八**

山西巡撫採進本(總目)。○《山西省呈送書目》:「《讀書小記》三十一卷。」○北京師大藏清雍正七年敬恕堂刻本，正文首題「大學札記卷之一」，次題「雪菴范爾梅手著，後學岳宏勳、范鋐金、靳璠校集」。半葉十行，行二十四字，白口，左右雙邊。寫刻。版心間刻「濠上存古學堂藏板」。《語録》、《明儒考》及文詩版心均刻「雪庵文集」。前有雍正七年徐陶璋序，雍正七年靳之隆序，雍正七年張芃序，范爾楫序，凡例。鈐有「輔仁大學圖書館藏」印。《存目叢書》據以影印。北圖、南圖、杭大等亦有是刻。按：其中《孟子札記》二卷，《叢書綜録》作四卷，當以二卷爲是。《易輪》一卷，《總目》誤作《易論》。全書三十一卷，殿本《總目》誤作三十卷。

南阿集二卷　國朝康呂賜撰 **二九五九**

陝西巡撫採進本（總目）。○《陝西省呈送書目》：「《南阿集》。」

淑艾録十四卷　國朝祝洤撰 **二九六〇**

江西巡撫採進本（總目）。○《江西巡撫海第二次呈送書目》：「《淑艾録》一本。」○四川大學藏清乾隆二十二年井辨居刻本十四卷二册，半葉十行，行二十一字，白口，左右雙邊。前有葉赫心齋養善序，乾隆九年甲子自序。目録題「海昌祝洤纂」。目録末有識語云：「此甲戌後更定本也，總三百九十五條，視原本增五之一。其增訂大略見《下學編》。人齋手校訖。」書末有乾隆二十二年丁丑自跋。封面刻「乾隆丁丑年初刻」、「井辨居定本」。戊寅孟夏沈治宏先生寄示書影。○臺灣「中央圖書館」藏清鈔本十四卷二册，題「漸江祝洤纂」。半葉十行，行二十一字，白口，四周雙邊。前有乾隆甲子自序。鈐有「虞壺莒敦書堂」、「石蓮校勘」等印記。（見該館《善本書志初稿》）○清道光二十四年吴江沈氏世楷堂刻《昭代叢書》壬集補編本一卷，題「海昌祝淦人齋纂」，有乾隆甲子自序。此一卷本與十四卷本内容同。《存目叢書》據中科院圖書館藏本影印。○民國二十五年至德周氏師古堂刻本一卷，收入《周氏師古堂所編書》。上圖、廣西圖、山東大學藏。

下學編十四卷　國朝祝淦撰 二九六一

江西巡撫採進本（總目）。○《江西巡撫海第二次呈送書目》：「《下學編》二本。」○中國科學院圖書館藏清乾隆刻本，題「漸江祝淦纂」。半葉十行，行二十一字，白口，左右雙邊。字體方扁。有乾隆十六年辛未祝淦引，乾隆丁丑（二十二年）葉赫養善序。目録後有乾隆二十一年丙子祝淦識語。《販書偶記續編》著録乾隆丁丑井辨居刻本，當即同版。《存目叢書》據以影印。○山東省圖書館藏清鈔本十四卷二册。

東莞學案無卷數　國朝吴鼎撰 二九六二

浙江巡撫採進本（總目）。○《浙江省第七次呈送書目》：「《東莞學案》，國朝吴鼎著，一本。」○《浙江採集遺書總録》：「《東莞學案》一册，寫本，國朝金匱吴鼎輯。」

逸語十卷　國朝曹庭棟撰 二九六三

江蘇巡撫採進本（總目）。○《江蘇省第一次書目》：「《逸語》三本。」○《江蘇採輯遺書目録》：「《逸語》十卷，清嘉善曹庭棟著。」○北京大學藏清乾隆十二年刻本，題「曹庭棟輯並註」。半葉九行，行十七字，白口，左右雙邊。前有例説，署「乾隆十二年三月八日嘉善曹庭棟識於慈山草廬」。

《存目叢書》據以影印。北圖、遼圖等亦有是刻。

二九六四　困勉齋私記四卷　國朝閻循觀撰

編修周永年家藏本(總目)。○中國科學院圖書館藏清乾隆三十八年樹滋堂刻《西澗草堂全集》本，題「昌樂閻循觀懷庭」，半葉十行，行二十二字，白口，左右雙邊。寫刻。前有韓夢周序。封面刻「乾隆癸巳年鐫」、「樹滋堂藏板」。《存目叢書》據以影印。北大、上圖等亦有是刻。

二九六五　思通集二卷隨意吟一卷　國朝秦望撰

江蘇巡撫採進本(總目)。○《江蘇省第二次書目》：「《思通集》一本。」○《江蘇採輯遺書目録》：「《思通集》三卷，清錫山秦望著，刊本。」

二九六六　敘天齋講義四卷　國朝竇文炳撰

陝西巡撫採進本(總目)。

二九六七　明儒講學考一卷　國朝程嗣章撰

浙江巡撫採進本(總目)。○《浙江省第十二次呈送書目》：「《明儒講學考》，國朝程嗣章著，一本。」○《浙江採集遺書總録》：「《明儒講學考》一册，刊本，國朝上元程嗣章撰。」○北京圖書館分館藏清道光四年重刻本，題「上元程嗣章南耕篹」，半葉九行，行二十字，白口，四周單邊。寫刻。版心下刻「東山草堂」。前有乾隆三十六年袁枚序，乾隆元年兄廷祚序。卷尾題「道光四年歲在甲申曾孫國儀、大均、元孫有松重梓」一行。《存目叢書》據以影印。

業儒臆説一卷　國朝陶圻撰　**二九六八**

編修程晉芳家藏本(總目)。○清道光十一年六安晁氏木活字印《學海類編》本,題「國朝秀水陶圻甸方著」。民國九年商務印書館影印晁氏木活字《學海類編》本。《存目叢書》亦據科學院藏晁氏印本影印。○民國二十八年商務印書館據《學海類編》本排印,收入《叢書集成初編》。

砭身集六卷　國朝劉鳴珂撰　**二九六九**

江蘇巡撫採進本(總目)。○《江蘇省第二次書目》:「《砭身集》二本。」○《江蘇採輯遺書目録》:「《砭身集》六卷,清蒲城諸生劉鳴珂著,刊本。」○《陝西省呈送書目》:「《砭身集》。」乾隆十七年屈筆山刻本。國圖。○光緒二十年柏森經正堂刊本。《西京目》。

愚齋反經録十六卷　國朝謝王寵撰　**二九七〇**

陝西巡撫採進本(總目)。○《陝西省呈送書目》:「《愚齋反經録》。」○中國科學院圖書館藏清刻本,各卷題「關西謝王寵愚齋輯,郇陽年姪陳倜儀、秀水後學錢受圮仝校,男旌、豐、升、旂手受,姪實正字」。半葉八行,行二十字,白口,四周雙邊。寫刻。前有自序,不著年月。《存目叢書》據以影印。

講學二卷　國朝陳祖銘編　皆其師李培講學語　**二九七一**

浙江范懋柱家天一閣藏本(總目)。○《浙江省第五次范懋柱家呈送書目》:「《講學》二卷,國朝李培著,陳祖銘編,一本。」○《浙江採集遺書總録》:「《講學》二卷,天一閣寫本,明龍南知縣秀水李培著。」○北京圖書館藏清鈔本一册,首行題「講學卷上」,次行題「嘉興李培著」,三行「溯源委」

下小注：「門人陳祖銘按源委而的脈傳。」下各篇多有「銘按」。書衣有「乾隆三十八年十一月浙江巡撫三寶送到范懋柱家藏講學壹部計書壹本」長方木記。正文首葉鈐「翰林院印」滿漢文大官印。即天一閣進呈四庫館原本也。又鈐「光熙之印」、「裕如祕笈」二印。《存目叢書》據以影印。

三立編十二卷　國朝王梓編　**二九七二**

安徽巡撫採進本(總目)。○《安徽省呈送書目》：「《三立編》六本。」

性理析疑十五卷　國朝蔡洛撰　**二九七三**

福建巡撫採進本(總目)。○《福建省呈送第六次書目》：「《性理析疑》。」

童子問一卷　國朝黃文澍撰　**二九七四**

浙江巡撫採進本(總目)。○《浙江省第十一次呈送書目》：「《石畦集》八卷，國朝黃文澍著，四本。」○《浙江採集遺書總録》：「《石畦集》八卷，刊本，國朝新豐黃文澍撰。」○《江西巡撫海第二次呈送書目》：「《石畦集》四本。」○《提要》云：「是編刊本題《石畦集童子問》，蓋其集中之一種也。」○日本京都大學人文科學研究所村本文庫藏清康熙六十年序墨耕堂刻《石畦集》本，作《石畦集童子問》一卷。

敬義録一卷　國朝黃文澍撰　**二九七五**

浙江巡撫採進本(總目)。○浙江、江西進呈《石畦集》本，參前條。○《提要》云：「亦《石畦集》中之一。」○日本京都大學人文科學研究所村本文庫藏清康熙六十年序墨耕堂刻《石畦集》本，作《石畦集敬義録》一卷。

理解體要二卷　國朝黄爲鶚撰　**二九七六**

江西巡撫採進本(總目)。○《江西巡撫海第一次呈送書目》:「《理解體要》二本。」

讀白鹿洞規大義五卷　國朝任德成撰　**二九七七**

江蘇巡撫採進本(總目)。○《江蘇省第二次書目》:「《讀朱子白鹿洞規》一本。」○《江蘇採輯遺書目録》:「《朱子白鹿洞規大義》四卷,清吴江諸生任德成著,附《綱目通論》一卷,任兆麟著,刊本。」

朱子書要無卷數　不著編輯人名氏　**二九七八**

兩江總督採進本(總目)。○《兩江第一次書目》:「《朱子要書》,宋朱子著,抄本,三本。」

四庫存目標注卷三十三

滕州　杜澤遜　撰

子部二

兵家類

二九七九　握機經三卷握機緯十五卷　明曹允儒撰

浙江巡撫採進本（總目）。〇《浙江省第十二次呈送書目》：「《握機經緯》四本。」〇《浙江採集遺書總録》：「《握機經》三卷《握機緯》十三卷又上下二卷，刊本，明曹允儒撰。」〇明末刻本，半葉九行，行二十字，白口，四周單邊。前有王世貞序云：「隆慶辛未壬申間，曹君詮次……握機經傳圖説。」後列《握機經》姓氏，末有「葉應元、唐琳、皇甫龍點挍」三行。《握機緯》首行題「孫武子卷之一」，卷一至十三均《孫武子》。次《吴子》上下二卷。此十五卷版心均題《握機緯》。《存目叢書》用中科院藏本影印,末二卷用軍科院藏本配補。首都師大、華東師大、中山大學、甘肅省圖亦有是刻。○明天啟唐琳刻《快閣藏書》本,半葉九行,行十八字,白口,四周單邊。作《古握機經》三卷《緯》五卷。北大、東北師大等藏。

握機經解一卷　國朝王曕撰　**二九八〇**

山西巡撫採進本(總目)。○《山西省呈送書目》:「《握機經解》。」

太公兵法一卷　**二九八一**

浙江范懋柱家天一閣藏本(總目)。○《浙江省第五次范懋柱家呈送書目》:「《太公兵法》一卷,缺名著,二本。」○《浙江採集遺書總録》:「《太公兵法》一册,寫本。」

孫子參同五卷　不知何人所輯　**二九八二**

江蘇巡撫採進本(總目)。○《江蘇省第一次書目》:「《孫子參同》六本。」○《江蘇採輯遺書目録》:「《孫子參同》五卷,明吴興閔于忱集評,刊本。」吴慰祖云:「原題温陵李贄撰,今據陶氏《閔板書目》改。」○中國科學院圖書館藏明萬曆四十八年閔于忱松筠館刻朱墨套印本,半葉八行,行十八字,白口,四周單邊。有王世貞序,李贄序,梅國禎序。又萬曆四十八年庚申菊月望日吴興松筠館主人(閔于忱)小引云:「集爲合璧付剞劂氏,公之字内。」王序後有「松筠主人書」一行,梅序後有「吴興蕉迷生閔振聲書」九字,是二序分別由閔于忱、閔振聲手寫上版。《存目叢書》據以影印。○舊鈔本四卷四册,上圖藏(見《中國兵書總目》)。北圖、上圖等多有是刻。

孫子彙徵四卷　國朝鄭端撰　二九八三

直隸總督採進本(總目)。○《直隸省呈送書目》:「《孫子彙徵》四本。」○故宫博物院藏清康熙鈔本八卷,半葉十行,行二十四至二十五字,白口,單邊。序末署:「江蘇巡撫協辦軍務鄭端輯著。」目録題「鄭端司直氏輯著」。書中偶有勾改,蓋當日進呈御覽之本。《存目叢書》據以影印。

十六策一卷　舊題漢諸葛亮撰　二九八四

永樂大典本(總目)。○黄裳藏明嘉靖刻本。《前塵夢影新録》云:「《諸葛武侯十六策》一卷,嘉靖刻本,白皮紙印。九行,十七字,白口,左右雙邊。板心中題一『策』字,下記頁數。卷尾一行云『都司都事河東陳大紀刊行』。後有《序武侯十六策》,序末屬『嘉靖十一年太歲壬辰夏五月哉生明古吴查應兆謹著』。序略云:『侍御曲沃李公,業承家範,忠輸王室,夙念武侯之烈,迺者直指東遼,特出厥書梓之。』是爲嘉靖中遼東刻本。寫刻精勁,浸有古意,絶無中原雕板方板甜熟之態。紙極薄而堅,且多截紙。册前有『平原中子』白文長印,『切問齋藏』白文方印。又曹溶二印,疑僞。」○空軍指揮學院圖書館藏清刻《諸葛武侯全書》本,首行題「諸葛忠武侯兵法卷第三」,次行題「武威張澍介侯編輯」,再次行題「便宜十六策」。半葉九行,行二十四字,白口,四周單邊。《存目叢書》據以影印。

將苑一卷　舊本題漢諸葛亮撰　二九八五

浙江范懋柱家天一閣藏本(總目)。○《浙江省第五次范懋柱家呈送書目》:「《將苑》一卷,舊題漢諸葛亮著,一本。」○《浙江採集遺書總録》:「《將苑》一册,寫本,不著撰人。」○空軍指揮學院圖書館藏清刻《諸葛武侯全書》本，爲其中《諸葛忠武侯兵法》卷四，實即《心書》，張澍據《中興書目》定爲《將苑》，似與館臣所見天一閣呈本不同。○清咸豐八年刻本，作《漢丞相諸葛忠武鄉侯將苑》二卷，清李定太(廷欽)纂輯(見軍事科學院圖書館《館藏古代兵書目録》)。

心書一卷　舊本題諸葛亮撰　二九八六

陝西巡撫採進本(總目)。○上海圖書館藏明正德十二年韓襲芳銅活字印本。正文首題「諸葛孔明心書」，次題「浙江慶元學教諭瓊臺韓襲芳銅板印行」。半葉七行，行十四字，黑口，雙魚尾，四周雙邊。前有正德十二年韓襲芳序云：「茲用活套書板翻印。」又曾敏序。正文首葉鈐「楊元吉」朱文方印、「曾留吴興周氏言言齋」白文長方印。○上海圖書館藏明刻本，書名卷數同前本。半葉十行，行十六字，黑口，四周雙邊。○北京圖書館藏明黄邦彦刻本一卷，正文首題「諸葛武侯心書」，次題「漢諸葛亮著，明黄　　校」，空二字。半葉八行，行十七字，白口，四周雙邊。前有弘治三年劉讓序，後有黄邦彦刻書跋。鈐有「潘茂弘印」、「伯繩祕笈」、「虚静齋」、「九峰舊廬珍藏書畫之記」、「綬珊六十以後所得書畫」等印記。《存目叢書》據以影印。○臺灣「中央圖書館」藏明嘉靖四十三年單葵刻本，書名卷數同前本。半葉八行，行十六字，黑口，四周雙邊。目録題「諸葛孔明心書目録」，目録後直接正文。前有諸葛忠武侯像贊，弘治三年劉讓序。後有嘉靖十七年寇韋跋。附《八陣合變圖説》，正德八年藍章跋之後隔二行題「嘉靖甲子孟春吉日湖廣掌印都司單葵重刊」。卷内鈐「藝風堂藏書」印。(見該館《善本書志初稿》)○明鈔百卷《説郛》本，作《武侯心書》一卷，在卷九十。北圖、上圖均有藏。○民國十六年商務印書館排印張宗祥據明鈔數本重校定《説郛》本，在卷九十一。昌彼得先生《説郛考》謂「此本僅録五十篇篇目及文二十一篇」。○明萬曆三十三年書林鄭少齋刻本，作《諸葛武侯心書》四卷，半葉八行，行十七字，白口，四周雙邊。北圖本殘存卷一卷二。北大本殘存卷一卷四，李盛鐸跋。○明天啟三年方淑如刻《武侯兵要七種》套印本，作《武侯心書》六卷，山東省圖藏。○明崇禎十一年刻《武侯全書》本，軍事科學院藏。○明崇禎十一年香谷山房刻《漢魏別解》本，中科院圖書館、山東大學、華東師大等藏。○明崇禎十五年采隱山居刻《增定漢魏六朝別解》本，作《諸葛心書》一卷，中科院圖書館藏。○明刻《廣漢魏叢書》本，北圖、津圖、上圖、遼圖等藏。○清嘉慶刻《廣漢魏叢書》本，北師大、上圖等藏。○清乾隆五十六年金谿王氏刻《增訂漢魏叢書》本，北圖、上圖等藏。○清光緒二年紅杏山房刻民國四年蜀南馬湖盧樹柟修補印《增訂漢魏叢書》本，北圖、上圖等藏。○清光緒六年三餘堂刻《增訂漢魏叢書》本，北圖、南圖等藏。○清宣統三年上海大通書局石印《增訂漢魏叢書》本，北師大、上圖等藏。○明刻清順治三年宛委山堂印《説郛》本，在弖九，作《武侯新書》。昌彼得先生《説郛考》云此係全録。澤遜按：《四庫全書》所收《説郛》本已删去末四條：北狄、南蠻、西戎、東夷。○明刻《唐宋叢書》本，作《新書》一卷，北大、上圖等藏。○清道光十一年六安晁氏木活字印《學海類編》本，作《新書》一卷。民國九年商務印書館影印晁氏木活字《學海類編》本。○民國二十八年商務印書館據《學海類編》本排印，收入《叢書集成初編》。○清光緒元年湖北崇文書局刻《子書百家》本，北圖、復旦等藏。

○民國八年上海掃葉山房石印《百子全書》本。○民國九年上海五鳳樓石印《子書四十八種》本。○清光緒二十四年杭城衛樽石印《兵書七種》本。○清光緒三十三年古香女子北京排印《鮑紅葉叢書》本,北圖、清華等藏。○臺灣「中央圖書館」藏舊鈔本,附《南北平定略》後,作《武侯心書》一卷,四十六章。(見該館《善本書志》)○華東師大藏鈔本一册。

兵要望江南歌一卷　題唐李靖撰　二九八七

浙江巡撫採進本(總目)。○《浙江省第六次呈送書目》:「《李衛公望江南歌》一卷,唐李靖著,八本。」○《浙江採集遺書總録》:「《李衛公望江南歌》一册,寫本。」○北京圖書館藏明萬曆十年保定府刻本,作《李衛公望江南》一卷三册,半葉九行,行十七字,白口,四周雙邊。卷首目録及卷尾均題《李衛公望江南集》。前有貞觀七年李靖序。後有直隸保定府知府錢塘張振先《跋重刻李衛公望江南集後》云:「以今年壬午刻保定郡中。」鈐有「鐵琴銅劍樓」印。《存目叢書》據以影印。○四川省圖書館藏明藍格鈔本,作《李衛公望江南集》一卷二册。○西南師大藏清乾隆四十六年王垂綱鈔本,作《望江南》不分卷。○北圖分館藏舊鈔本一册(見《中國兵書總目》)。○四川省圖書館藏清鈔本,作《兵要望江南》一册。○北京大學藏清鈔本,作《李衛公兵法望江南》四卷四册。李盛鐸舊藏。○北大又藏清鈔本二册不分卷,書名同上。李盛鐸舊藏。○軍事科學院藏鈔本,作《舊鈔唐李衛公望江南》四卷四册。○軍事科學院又藏鈔本,作《李衛公兵法望江南》四卷四册。○臺灣「中央圖書館」藏清道光十九年己亥鈔本,正文首題「兵要望江南詞」,次題「唐開府儀同三司衛公三原李靖著，明督撫浙江都御史晉江蘇茂相校」。半葉八行，行二十一字。前有貞觀七年李靖序，明天啟二年蘇茂相序，後有後梁貞明三年劉剸跋。扉葉有題記：「是册陳雨峯□□抄送，時道光己亥初秋小□記。」鈐有「紅犀吟館」、「雲間姜筱湄藏」等印記。（見該館《善本書志初稿》）○日本慶安四年（清順治八年）刻本，作《白猿奇書兵法雜占彖詞望江南》一卷一册，李盛鐸舊藏，現藏北大。○臺灣「中央研究院」史語所藏鈔本，作《白猿奇書兵法雜占彖詞》一册。

二九八八　武經體註大全會解七卷　國朝夏振翼撰

内府藏本（總目）。○《武英殿第二次書目》：「《武經體註》六本。」○四川省圖書館藏清康熙三畏堂、光裕堂刻本七種六册（見該館《古籍目録》）。○山東師大藏清康熙坊刻本，作《武經三子體注》四册。○軍事科學院藏清康熙刻本，作《武經備旨彙解説約》四卷，夏振翼輯，沈士衡增訂。僅《孫子》、《吴子》、《司馬法》三種。○軍事科學院藏清康熙庚子（五十九年）三多齋刻《增補武經三子體注》一册，僅《孫子體解》、《司馬法體解》二種，卷首題名《寧致堂增訂武經體注》。

二九八九　將鑑論斷十卷　舊本題宋戴少望撰

兩淮鹽政採進本（總目）。○《兩淮鹽政李續呈送書目》：「《將鑑論斷》十卷，宋戴少望，四本。」○明刻本，半葉十行，行二十字，黑口，四周雙邊。北圖藏本殘存卷一至卷四。安徽省圖亦藏殘本。二本可補足。○復旦大學藏明萬曆間朝鮮刻本十册（見《中國兵書總目》）。○北京圖書館藏明鈔本十卷四册，半葉十行，行二十字，無格。前有紹興辛酉戴少望序，目録後有成化十二年歲次丙申六月哉生明四川廣安州儒學學正武昌王鉞刻書識語,云爲廣安守許侯所刻。知此本源於成化十二年廣安刻本。卷内鈐「錢學泗印」、「傳素」、「鐵琴銅劍樓」等印記。《存目叢書》據以影印。○臺灣「中央圖書館」藏鈔本十卷四册,半葉十行,行二十字,有戴少望、王鉞序同前本。鈐「茝圃收藏」印(見該館《善本書志初稿》)。

江東十鑑一卷　宋李舜臣撰　**二九九〇**

兩淮鹽政採進本(總目)。○《兩淮鹽政李續呈送書目》:「《江東十鑑》一卷,宋李舜臣,一本。」○北京圖書館藏清彭氏知聖道齋鈔本,題「宋李舜臣進」。半葉十行,行二十三字,白口,四周雙邊。版心下印「知聖道齋鈔校書籍」二行。前有嘉慶丁巳彭元瑞(芸楣)手跋。卷内鈐「北平謝氏藏書印」、「東武鎦氏味經書屋藏書印」、「文正曾孫」、「嘉蔭簃藏書印」等印記。《存目叢書》據以影印。○北京師大藏清杜甲補堂鈔《杜藕山房叢書》本。

美芹十論一卷　舊本題宋辛棄疾撰　**二九九一**

浙江鮑士恭家藏本(總目)。○《浙江省第四次鮑士恭呈送書目》:「《美芹十論》一卷,宋辛棄疾著,六本。」○《浙江採集遺書總録》:「《美芹十論》一册,寫本,宋辛棄疾撰。」○臺灣中研院史語所藏舊鈔本,題「歷城辛棄疾」,半葉九行,行二十字,無格。首葉鈐「翰林院印」滿漢文大官印,當即鮑士恭呈本。又鈐「東方文化事業總委員會所藏圖書」、「史語所收藏珍本圖書記」、「傅斯年圖書館」等印記。蔡琳堂先生嘗以書影相貽。○遼寧圖書館藏清光緒三十四年上虞羅氏唐風樓鈔本,題「歷城辛棄疾」。半葉十三行，行二十四字，白口，緑格，四周雙邊。前有羅振玉跋：「《美芹十論》，唐風樓迻録浙江鮑氏舊鈔本。此書見《四庫存目》兵家類，舊題辛棄疾撰。提要謂《江西通志》載臨川黄兑字悦道，紹興進士，官至朝議大夫，嘗獻《美芹十策》、《進取四論》，此或兑書，後人僞題棄疾云云。此本據黄陂陳士可參事毅所藏舊鈔本迻録。原本書首有翰林院印，殆即鮑氏進呈原書。其中譌字甚多，無他本可校，姑仍其舊，不敢肊改也。光緒戊申正月十一日上虞羅振玉記。」後鈐「臣玉之印」、「叔言」二小印。正文後又有羅氏跋：「此書《宋志》所未載。丙午夏黄陂陳士可毅得于廠肆，上有翰林院印，乃吾浙鮑氏所進書，《四庫》未收，發交翰林院者(見浙江採進書書目)。辛稼軒著作除《長短句》外，傳世甚少。此數百年前傳寫孤本，爰付胥迻寫。其中譌字甚多，惜無他本可校改，姑仍其舊。九月望二日刪存題記。」卷内又鈐「東北圖書館所藏善本」印。《存目叢書》據以影印。○日本静嘉堂文庫藏寫本一册。

二九九二　江東十考一卷　宋李道傳撰

永樂大典本(總目)。

二九九三　南北十論一卷　題許學士撰

永樂大典本(總目)。

二九九四　百將傳一百卷　宋張預撰　翟安道註

浙江范懋柱家天一閣藏本(總目)。○北京圖書館藏宋刻本，作《張氏集註百將傳》一百卷，殘存卷五十四至卷五十八、卷六十四至卷六十八共十卷二册。半葉十四行,行二十四字,黑口,左右雙邊。有清王昶嘉慶丁巳小寒日跋:「宋槧張預輯《百將傳》殘本二册,每半葉十四行,行二十四字。卷五十四之五十八一册,六十四之六十八一册,計僅十卷。玩其楮墨簇新,古香古色,雖散佚殘編,實不啻片羽吉光之可寶。後有藏者宜拱璧珍之。」又鄧邦述跋:「《百將傳》二册,如新印行者,極可寶。此種書在宋時只是坊刻,然已精美若是。又歷數百年而初無黕敝之色,殆真有護持之者耶。蘭泉司寇書殊工,其印記乃未工耳。又有傳是樓一章,愈足爲藏家增重也。戊午二月正闇學人記。」又:「書中頗有丹黄,未知出自誰手,古人往往校讀精審而不署一字,其不好名之心非今人所及也。」下鈐「正闇」印。卷内又鈐「徐氏傳是樓藏書」、「青浦王昶字曰德甫」、「一字述菴别號蘭泉」、「陳氏審定」、「群碧樓印」、「群碧廔」等印記。《存目叢書》據以影印。○南京圖書館藏宋刻本,作《張氏集註百將傳》一百卷,殘存卷五十九至卷六十三、卷八十九至卷九十一共八卷二册,半葉十四行,行二十四字,黑口,或白口,左右雙邊。鈐有「唐寅私印」、「白虎」、「項子京家珍藏」、「墨林山人」、「崑山項氏延曦樓藏書畫印」、「汝川孚庵」、「陳文東印」、「包山真逸」及八千卷樓丁氏各印。有丁丙跋。《善本書室藏書志》、《藏園群書經眼録》著録。○上海圖書館藏元刻本,作《十七史百將傳》十卷,半葉十六行,行三十一字,黑口,四周雙邊。天一閣亦有是刻,存卷九至卷十共一册。○傅增湘藏元明間刻本,書名卷數、行款版式同前本。鈐有「抱竹居藏書記」、「義州李放鑑藏」、「李放嗣守」等印。有李放題記三則(見《藏園群書經眼録》、《藏園訂補郘亭知見傳本書目》)。

〇北京圖書館藏明刻本，作《十七史百將傳》十卷十册，半葉十行，行二十二字，黑口，四周雙邊。〇明景泰刻本，作《十七史百將傳》十卷，半葉十行，行二十字，黑口，四周雙邊。首張預進書序。卷末有景泰五年慶遠府儒學訓導陳演序（見《藏園群書經眼録》、《藏園訂補郘亭知見傳本書目》）。按：軍事科學院圖書館《館藏古代兵書目録》著録明景泰五年刻本《十七史百將傳》十卷四册。〇北京大學藏明嘉靖三十二年翁氏刻《武學經傳三種》本，作《十七史百將傳》十卷。〇南京圖書館藏明刻本，作《十七史百將傳》十卷，半葉十行，行二十二字，白口，左右雙邊。〇上海圖書館藏明刻本，作《十七史百將傳》十卷，半葉十行，行二十字，白口，四周雙邊。有曹元忠跋。〇無錫市圖書館藏明刻本，作《十七史百將傳》十卷，附明何喬新《續編》四卷。半葉十行，行二十字，白口，四周雙邊。〇明萬曆十七年金陵周曰校刻本，作《新刊官版批評正百將傳》十卷，附何喬新《續百將傳》四卷，均明趙光裕評。半葉十行，行二十字，白口，四周單邊。南京大學藏。北大、浙圖有殘本。〇明萬曆仁壽堂刻本，書名卷數及撰評者同前。曲阜文管會、公安部群衆出版社藏。河北大學有殘本。按：以上二本見《中國古籍善本書目》。《北京圖書館古籍善本書目》又著録「明周曰校仁壽堂刻本十四册，十行二十字，白口，四周單邊」，書名卷數及撰評者均同前二本。考杜信孚《明代版刻綜録》第三卷著録《新刻校正古本大字音釋三國志通俗演義》十二卷二百四十則，明萬曆十九年金陵書林周曰校萬卷樓刊本，修髯子引後有「萬曆辛卯季冬吉望刻于萬卷樓」牌記，書口下方有「仁壽堂」三字。又北大、南圖等藏《新編簪纓必用翰苑新書前集》十二卷《後集》七卷《續集》八卷

《别集》二卷，明萬曆十九年金陵書林唐廷臣、周曰校刻本，版心下亦刻「仁壽堂刊」四字。然則此《百將傳》周曰校刻本與仁壽堂刻本恐係同版。未見原帙，書此備考。〇明余元長萃慶堂刻本，作《新刊官版批評正百將傳》十卷《續百將傳》四卷，撰評者同前二本。半葉十行，行二十字，白口，四周單邊。《正傳》題「東光張預公立甫集，東浙趙光裕克榮甫評，潭陽余元長仁公甫訂」，封面刻「萃慶堂余仁公重訂梓」。《續傳》題「盱江何喬新編集，東浙趙光裕批評，潭陽余元長訂刊」，封面刻「余仁公重訂梓」。前有萬曆十七年己丑孟秋趙光裕序云：「坊間周氏請刊本以廣其傳。」是爲周曰校刻本作。此則余元長重刻周氏本，故書名及行款版式並同。沈津《書城挹翠録》著録美國國會圖書館本版式封面如右。浙圖亦有是刻。北大有殘本，僅《續傳》。〇北京大學藏明書林翻刻周曰校刻本，作《新刊京板批評正百將傳》十卷五册，有鈔配。〇南開大學藏明天啟四年武林起秀堂刻本，作《新刻批評百將傳正集》十卷，附何喬新《續集》四卷。〇軍事科學院圖書館藏鈔本，作《十七史百將傳》十卷四册。

二九九五　八陣合變圖説無卷數　明龍正撰

兩淮鹽政採進本(總目)。〇《兩淮鹽政李呈送書目》：「《八陣合變圖説》一卷，明龍正，一本。」

〇明正德十一年藍章、高朝用刻本，半葉八行，行十六字，白口，四周雙邊。中科院圖書館、中國社科院歷史所、貴州圖等藏。北圖有重修本。臺灣「中央圖書館」有藍印本。此本有正德十一年丙子維揚徐昂序，正德八年癸酉湖廣按察使高密李昆序。後有正德八年癸酉東萊藍章跋。藍跋云：

「三復考訂，命武都人龍正圖之，而注其左，付郡守楊秉衡刻梓。」李序云：「漢中守楊君秉衡以狀抵予曰：頃者巡撫大都憲藍公命士人龍正演註《八陣合變圖説》成，既自跋之矣，付走將刻之梓，亦盛舉也，乞爲序之。」知是書係藍章、龍正合撰，正德八年楊秉衡刻於漢中。徐序云：「惜其刊於漢中者傳布未廣，今公以少司寇兼都憲清理兩淮等處鹽法，……爰命兩淮運司同知高君朝用翻刊原本。」知是本爲正德十一年藍章命高朝用翻刻於揚州者。○北京圖書館藏明黄邦彦刻本，附《諸葛孔明心書》後。半葉八行，行十七字，白口，四周雙邊。前有徐昂序，後有藍章跋。知係據正德十一年刻本重刊者。《心書》後有黄邦彦刻書跋。《存目叢書》據以影印。○臺灣「中央圖書館」藏明嘉靖四十三年覃葵刻本，附《諸葛孔明心書》後。半葉八行，行十六字，黑口，四周雙邊。有徐昂、李昆序，藍章跋，皆同揚州本。前又有正德四年己巳劉整《八陣圖記》。藍跋後隔二行題「嘉靖甲子孟春吉日湖廣掌印都司覃葵重刊」。（見該館《善本書志初稿》）○清嘉慶十年虞山張氏照曠閣刻《學津討原》本。民國十一年商務印書館影印張氏刻《學津討原》本。○民國二十八年商務印書館據《學津討原》本排印，收入《叢書集成初編》。

北邊事蹟一卷　明王瓊撰　二九九六

户部尚書王際華家藏本（總目）。○明嘉靖吴郡袁氏嘉趣堂刻《金聲玉振集》本，作《北虜事蹟》一卷，《存目叢書》據中科院本影印。○原北平圖書館藏明鄭曉家淡泉書屋藍格鈔本，《北虜事蹟》一卷《西番事蹟》一卷共一册。半葉九行，行十七至十九字不等。版心上印「獨寤園稿」，下印「淡泉書屋」。有朱彝尊、朱昆田藏印。又有桂生手跋。現存臺北「故宫博物院」。(詳《中央圖書館善本題跋真跡》、王重民《善本提要》、傅增湘《藏園訂補郘亭知見傳本書目》)○臺灣「中央圖書館」藏明鈔本,作《北虜事蹟》一卷一册,鈐有「沈曾植」等印。○臺灣「中央圖書館」藏明萬曆間刻《名臣寧攘編》本,半葉九行,行十九字,白口,四周單邊。○上海圖書館藏清光緒沈善登輯《豫恕堂叢書·獨寤園叢鈔四種》寫樣本。

西番事蹟一卷　明王瓊撰　二九九七

户部尚書王際華家藏本(總目)。○明嘉靖吴郡袁氏嘉趣堂刻《金聲玉振集》本,題「總制尚書王瓊撰」,前有嘉靖庚寅王九思序。《存目叢書》據中科院藏本影印。○原北平圖書館藏明鄭曉家淡泉書屋藍格鈔本。參前條。○臺灣「中央圖書館」藏明萬曆刻《名臣寧攘編》本,存十葉,不全。○上海圖書館藏《豫恕堂叢書·獨寤園叢鈔四種》本。參前條。○臺灣中研院史語所藏舊鈔本一卷一册。

海寇議一卷　明萬表撰　二九九八

户部尚書王際華家藏本(總目)。○明嘉靖吴郡袁氏嘉趣堂刻《金聲玉振集》本,題《海寇議前》,次行題「范表著」。《四庫提要》云係萬表之誤。又有《海寇後編》一卷,不題撰人。末有袁褧跋。《四庫提要》又云:「袁褧採入《金聲玉振集》者所録僅一卷,疑已佚其後議。」實則前後俱在,疑王際華所呈《金聲玉振集》佚去後編。《存目叢書》用中科院圖書館藏本影印,前後俱全。○明萬曆萬邦孚刻萬表《玩鹿亭稿》卷五有《海寇議》一篇，即前編，標題下注「嘉靖壬子歲作」。見《存目叢書》集部。○清嘉慶十三年虞山張海鵬刻本一卷，收入《借月山房彙鈔》第十一集，中科院圖、浙圖藏。又收入《澤古齋重鈔》第七集，北圖、南圖、中科院圖、河南圖藏。民國九年上海博古齋影印張海鵬刻《借月山房彙鈔》本。

塞語一卷　明尹耕撰　**二九九九**

浙江范懋柱家天一閣藏本（總目）。○《浙江省第五次范懋柱家呈送書目》：「《塞語》一卷，明尹畊著，一本。」○《浙江採集遺書總録》：「《塞語》一册，刊本，明尹畊撰。」○首都圖書館藏明嘉靖刻本，題「朔野山人尹耕著」。半葉九行，行十九字，白口，四周單邊。前有劉應節序，嘉靖三十年正月趙時春序，嘉靖二十九年郝銘序，末有張瓚跋。《存目叢書》據以影印。○日本京都大學人文科學研究所内藤文庫藏明隆慶六年成都高氏刻本一册。○清光緒五年定州王氏謙德堂刻《畿輔叢書》本。○清光緒八年劉錫之重刻本，與尹耕《鄉約》合一册，北師大藏。日本東京大學東洋所大木文庫藏兩部。○民國二十五年商務印書館據《畿輔叢書》本排印，收入《叢書集成續編》。

備倭記二卷　明卜大同撰　**三〇〇〇**

編修程晉芳家藏本（總目）。○《提要》云：「其書本名《備倭圖記》，原本卷首尚有海圖，此本佚之，遂並書名删去圖字。」然浙江鮑士恭家藏本尚題《備倭圖記》也。○明刻《亦政堂鐫陳眉公普祕笈》本，作《陳眉公訂正備倭圖記》一卷。北圖、中科院圖、復旦等藏。○民國十一年上海文明書局石印《寶顏堂祕笈》本，同前本。○清道光十一年六安晁氏木活字印《學海類編》本，作《備倭記》二卷，題「明秀水卜大同吉夫輯」，前有自序。民國九年商務印書館影印晁氏木活字《學海類編》本。《存目叢書》亦據中科院圖書館藏晁氏本影印。

兩浙兵制四卷　明侯繼國撰　三〇〇一

浙江巡撫採進本（總目）。○《浙江省第六次呈送書目》：「《全浙兵制》四卷，明侯繼國輯，六本。」○《浙江採集遺書總録》：「《全浙兵制》三册，刊本，明總兵金山侯繼高輯。」○日本尊經閣藏明刻本，作《全浙兵制》三卷（見《中國兵書總目》）。○天津圖書館藏舊鈔本，作《全浙兵制》三卷，卷端不題撰人。半葉九行，行十六至十八字不等，無格。不避清諱，避明帝及明朝提行，猶明本舊式。鈐有「八千卷樓」、「八千卷樓所藏」、「善本書室」、「嘉惠堂丁氏藏書之記」、「四庫坿存」等印記。《全浙兵制目録》後又有《日本風土記目録》五卷，惜有目無書。是書撰人，書中《全浙海圖總説》、《造修福船略記》等篇中均自稱侯繼高，與《明史藝文志》合。唯《造修福船略記》末有印文曰「龍虎將軍侯繼國」，與《四庫總目》合。未知其故，書此備考。《存目叢書》據此影印。

將將紀二十四卷　明李材撰　三〇〇二

内府藏本（總目）。○《武英殿第一次書目》：「《將將集》二十四本。」○明萬曆二十四年徐即登、張鼎思等刻本，作《將將紀》二十四卷，卷一題「豫章李材孟誠甫著，門人徐即登獻和、海陵陳應芳元振梓」。各卷李材、徐即登同，另一刻梓人不同，計有：長洲張鼎思睿甫、毘陵吴之鵬汝南、檇李王建中銘新、烏程錢拱宸恭卿、富春馬邦良君遂、新喻張喬松爾操。卷八起各卷末題「門人盧弘進、男李頴校」。半葉九行，行十八字，白口，四周雙邊。版心下記刻工：刘主、王石、刘义、熊久、張元、張祐、黄啓、楊濵、刘聘、余宗、刘安、危高、刘長、熊四、范栢、郭良、林宗堯、黄二、刘顯、陳奇源、李文鄉、余明、楊五、王尚、鄭閩、陳奇、王易、王三、危安、葉三、楊泗、楊沂、李六、李尚吉、李九、余八、楊元、江二、張照、江甫、張隆、江文、江旭、楊一、唐龙、邹景、楊淮、荣、基、山、昊、细、科等。有萬曆十五年丁亥自序，萬曆二十四年丙申張鼎思序，萬曆十六年戊子盧弘進序，萬曆二十二年傅來譽跋。《存目叢書》用中科院圖書館藏本影印，原缺前三卷，用北京大學藏本配補。北大本鈐「方功惠藏書印」印記。北圖、南圖亦有是刻。

運籌綱目八卷決勝綱目十卷　明葉夢熊撰　**三〇〇三**

浙江巡撫採進本（總目）。〇《浙江省第六次呈送書目》：「《運籌綱目》、《決勝綱目》，明葉夢熊著，六本。」〇《浙江採集遺書總録》：「《運籌綱目》十卷《決勝綱目》十卷，刊本，明右副都御史陝西巡撫歸善葉夢熊撰。」〇北京圖書館分館藏明余泗泉萃慶堂刻本，兩書均十卷。題「總督三邊都御史兼兵部侍郎葉夢熊著」。半葉八行，行十九字，白口，四周單邊。前有馮琦《刻兵家運籌決勝綱目序》。封面刻「前集兵家運籌，後集決勝綱目」二行大字，二行之間刻「萃慶堂余泗泉梓」一行。《存目叢書》據以影印。北大藏明刻本僅《決勝綱目》十卷，行款版式同，當是一刻。《兵書總目》謂軍事科學院、日本尊經閣亦有是刻。〇上海辭書出版社藏舊鈔本，僅《運籌綱目》八卷（見《兵書總目》）。

軍權四卷　明何良臣撰　**三〇〇四**

浙江巡撫採進本(總目)。○《浙江省第六次呈送書目》：「《軍權》四卷，明何良臣著，二本。」○《浙江採集遺書總録》：「《軍權》四卷，刊本，明江左何良臣撰。」

倭情考略一卷　明郭光復撰　**三〇〇五**

兩淮鹽政採進本(總目)。○《兩淮鹽政李續呈送書目》：「《倭情考略》一卷，明郭光復，一本。」○民國二十四年排印《乙亥叢編》本，題「方城郭光復纂集，東皋郭師古校正」。前有萬曆二十五年丁酉夏四月郭光復於維揚公署序云：「因彙集成帙而授之刻，曰《倭情考略》。」又揚州府推官龍溪徐鑾序。末有民國二十四年春王大隆跋云：「上海王君培孫得明刻本，影寫以貽趙君學南，亟爲校印以行。」知是本據影明鈔本排印。王培孫所得明刻本不知現歸何處。○首都圖書館藏鈔本，纂校人同前本，半葉九行，行十八字，無格。遇明帝及明朝提行，不避清諱，蓋淵源明刻。《存目叢書》據以影印。○臺灣「中央圖書館」藏藍格鈔本一卷二册，纂校人同前。半葉九行，行二十字，白口，左右雙邊。有自序，徐鑾序。序後有唐順之、戚繼光、太守齊恩、同知朱衷、義民曹鼎、將軍丘陞、副使劉景昭、指揮王完伯等八人畫像及事蹟像贊。該館又藏一鈔本二册，行款同，無像及贊。(見該館《善本書志初稿》地理類)

長子心鈐無卷數　舊本題明戚繼光撰　**三〇〇六**

兩江總督採進本(總目)。○《兩江第二次書目》：「《長子心鈐》，舊題明戚繼光著，抄本，二本。」

○《提要》云：「以繼光《練兵實紀》校之，皆一一具載也。」

三〇〇七

莅戎要略一卷　舊本題明戚繼光撰

編修程晉芳家藏本（總目）。○《提要》云：「即《練兵實紀》中之條約也。」○清道光十一年六安晁氏木活字印《學海類編》本。○清道光咸豐間宜黄黄秩模校刊《遜敏堂叢書》本，北圖、上圖等藏。○民國二十六年商務印書館據《學海類編》本排印，收入《叢書集成初編》。

三〇〇八

武備新書十四卷　舊本題明戚繼光撰

江蘇巡撫採進本（總目）。○《江蘇省第一次書目》：「《武備新書》四本。」○《江蘇採輯遺書目録》：「《武備新書》十四卷，舊題明戚繼光著，刊本。」○《提要》云：「與繼光《紀效新書》大同小異。……首有四明謝三賓訂正字，當即三賓所損益，改此名也。」

三〇〇九

古今將略四卷　明馮孜撰

浙江巡撫採進本（總目）。○《江蘇省第一次書目》：「《古今將略》四本。」○明萬曆十八年貴州刻本，半葉十行，行二十字，白口，四周單邊。有刻工：世、其等。遼圖、中山大學藏。王清原女士函告：遼圖本每卷題：「檇李馮孜輯，温陵蔡貴易校，衡陽伍讓閲。」前有萬曆庚寅葉夢熊《刻古今將略序》，萬曆庚寅陳效序，萬曆庚寅貴州按察使馮孜《刻古今將略引》。後有萬曆庚寅謝文炳、陸從平、姜奇方三跋。據序跋知係馮孜輯無疑。○中國科學院圖書館藏明遺經堂刻本，題「明檇李馮時寧以「一甫輯」。半葉八行，行十八字，白口，左右雙邊。前有李維楨序。封面刻「古今百將傳」、「遺經堂梓行」。《存目叢書》據以影印。清華、河南圖、貴州圖等亦有是刻。《提要》云：「孜六世孫浩有此書跋，稱孜生三子，次曰時寧，孜殁時僅六歲。及年漸長，忽有志習武，乃妄竊父書，鑿改己名，且求父之同年李維楨爲序。」

嶺西水陸兵紀二卷　明盛萬年撰 **三〇一〇**

浙江巡撫採進本(總目)。○《浙江省第二次書目》：「《嶺西水陸兵記》二卷，明盛萬年著，一本。」○《浙江採集遺書總録》：「《嶺西水陸兵記》二卷，刊本，明秀水盛萬年撰。」○北京圖書館藏清雍正九年盛熙祚寶綸堂刻本，作《嶺西水陸兵紀》二卷，半葉十行，行二十字，白口，左右雙邊。前有萬曆三十七年喻政序，後有「大清雍正九年署高州府吴川縣事來孫熙祚敬挍」一行。又清順治十七年譚瑄跋。封面鈐「寶綸堂藏板」印記。後附《拙政編》一卷，亦盛萬年撰，前有天啓三年自序，後有天啟六年丙寅朱大啓跋。《存目叢書》據以影印。上圖、山東圖、南大等亦有是刻。

劍草一卷　明熊明遇撰 **三〇一一**

兩淮鹽政採進本(總目)。○《兩淮鹽政李續呈送書目》：「《劍草》一卷，明熊明遇，一本。」

嶺南客對一卷　舊本題粵西舜山子撰 **三〇一二**

浙江范懋柱家天一閣藏本(總目)。○《浙江省第五次范懋柱家呈送書目》：「《嶺南客對》一卷，舊題舜山子撰，一本。」○《浙江採集遺書總録》：「《嶺南客對》一卷，寫本，題粵西舜山子撰。」

三〇一三　左氏兵略三十二卷　明陳禹謨撰

浙江巡撫採進本(總目)。○《浙江省第六次呈送書目》：「《左氏兵略》三十二卷，明陳禹謨輯，十六本。」○《浙江採集遺書總録》：「《左氏兵法略》三十二卷，刊本，明按察司僉事常熟陳禹謨輯。」○中國科學院圖書館藏明萬曆吴用先、彭端吾等四川刻本，作《左氏兵略》三十二卷。各卷題「巡撫四川等處地方都察院右僉都御史吴、巡按四川監察御史彭發刊，海虞陳禹謨錫玄甫輯，宛陵徐騰芳雲卿校」。半葉九行，行二十字，白口，四周雙邊。有吴用先序，彭端吾序，陳禹謨題辭，陳以敬跋，楊時偉跋。末有《同刊兵略人氏》，列敘州府知府李謙等十八人銜名。版心刻工：李仲、爵、定、仰、台、春、瑞、月、琴、受、性、明、宣、廣等。《存目叢書》據以影印。遼圖、南圖等亦有是刻。○貴州圖書館藏明天啟刻本，半葉九行，行二十字，白口，四周雙邊，有刻工。臺灣大學有天啟三年左光斗刻本，疑係同刻。○日本東京静嘉堂文庫藏寫本三十二卷十六册。

三〇一四　類輯練兵諸書十八卷　明董承詔編

浙江巡撫採進本(總目)。○《浙江省第六次呈送書目》：「《類緝練兵諸書》十八卷，明戚繼光著，董承詔編，六本。」○《浙江採集遺書總録》：「《類輯練兵諸書》十八卷，刊本，明少保登州戚繼光撰，毘陵董承詔彙輯。」○明天啟刻本，作《類輯練兵諸書》十八卷，題「東牟戚繼光元敬父著」。半葉九行，行二十二字，白口，無魚尾，四周單邊。前有董承詔、吴淳夫序，汪道昆《明特進光禄大夫少保兼太子太保中軍都督府左都督孟諸戚公誌》。美國哥倫比亞大學東亞圖書館藏(見沈津《書城挹翠録》)。《北京大學圖書館藏古籍善本書目》著録明天啟刻本，書名卷數同，汪道昆《戚公誌》外又有董承詔《戚大將軍孟諸公小傳》。李盛鐸舊藏。似與前本同版。○山東省圖書館藏明刻本，正文首題「重訂批點練兵諸書卷一」，次題「東牟戚繼光元敬父著」。卷二以下則題「重訂批點類輯練兵諸書」。半葉八行，行二十一字，白口，無魚尾，四周單邊。前有天啟二年孟秋日職方氏晉陵董承詔序，次温陵吴淳夫斯凝序。目録末題「晉陵陳士緽慎卿甫重訂批點」。次《戚大將軍孟諸公小傳》，標題次行署「南蘭陵董承詔綸宰父譔」。次汪道昆《戚公誌》同前本。正文末有《後序》，末署「晉陵何言選默甫識」，並有二墨印：「奠默」、「何言之印」。董序首葉鈐「璜川吴氏收藏圖書」朱文方印，卷内又鈐「山東省立圖書館點收海源閣書籍之章」藍印。北圖、即墨縣圖、杭州大學亦有是刻。北京大學藏是刻已被改版，董、吴二序撤出，《後序》改刻標題爲《序》且移冠卷首，《小傳》署名「董承詔綸宰」五字挖改爲「何言膽夫」四字。目録末陳士緽批點一行十二字挖改爲「長男浣字閔孝同參訂」九字，字體軟，與原版長方字體不同。《存目叢書》即據北大藏本影印。○社科院歷史所藏明末清初鈔本六册，書名卷數撰人同前本。半葉八行，行十九字至二十一字，無格。竹紙。有明末清初李元鼎硃批。鈐「李元鼎印」、「西崖」二印(詳《明清稀見史籍敘録》)。

火器圖一卷　明顧斌撰　**三〇一五**

浙江巡撫採進本(總目)。○《浙江省第六次呈送書目》：「《火器圖》一卷，明顧斌輯，三本。」○《浙江採集遺書總録》：「《火器圖》三册，寫本，明信陽令温陵顧斌輯。」

兵機類纂三十二卷　明張龍翼撰　三〇一六

江蘇巡撫採進本(總目)。○《江蘇省第一次書目》：「《兵機彙纂》四本。」○《江蘇採輯遺書目録》：「《兵機類纂》三十二卷，明雲間張龍翼著，刊本。」○軍事科學院圖書館藏明崇禎十六年刻本六册，正文首題「兵機類纂卷之一」，次題「瑞屏大宗伯鑒定，雲間張龍翼羽明父輯，同郡吴志葵聖階父較，長洲朱正明伯亮父閱」。半葉十行，行二十五字，白口，四周單邊，無直格。前有崇禎十六年九月錢謙益《兵機彙纂序》，崇禎十六年吴偉業序。首尾完好。《存目叢書》據以影印。○首都圖書館藏明刻本，作《戡定玄機》三十二卷，殘存卷一至卷八、卷十五至三十二共二十四卷。半葉十行，行二十五字，白口，四周單邊。按《提要》云「第三十一卷專言陣勢」，今驗是書卷三十一正爲《陣勢》，知係同書異名。

廣名將譜十七卷　題黄道周註斷　三〇一七

浙江巡撫採進本(總目)。○《浙江省第十二次呈送書目》：「《廣名將譜》十七卷，明黄道周輯，五本。」○《浙江採集遺書總録》：「《廣名將譜》十七卷，刊本，明漳浦黄道周輯。」○清華大學藏明崇禎十六年本立堂刻本二十卷，正文首題「新鐫繡像旁批詳註總斷廣百將傳卷一」，次題「古閩黄道周石齋註斷，長洲陳元素孝平原本，後學周亮輔猷菴增補」。半葉九行，行二十字，白口，四周單邊。前有天啟三年癸亥陳元素序，崇禎十六年癸未黄道周序。正文前有圖二十幅。卷内鈐「劉半農藏書」印。《存目叢書》據以影印。北師大、上圖、津圖等亦有是刻。○人民大學藏清初刻本，作《新鎸旁批詳註總斷廣名將譜》二十卷，明黄道周註斷。半葉九行，行二十字，白口，四周單邊。封面刻「崇善堂藏板」。（見該校《善本書目》）○北京大學藏清鈔本二十卷八册，李盛鐸舊藏，書名同人大本。○清道光二十九年番禺潘仕成海山仙館刻本，《海山仙館叢書》之一，作《廣名將傳》二十卷，黄道周註斷。○民國二十六年商務印書館據《海山仙館叢書》本排印，收入《叢書集成初編》。

○按：《提要》云「不著撰人名氏，卷首題黄道周註斷，前有崇禎癸未道周序」，是館臣所見刻本與人民大學本相近，故名《廣名將譜》，唯殘存十七卷，爲不完之本耳。據清華本可知係陳元素原本，周亮輔增補。考陳元素輯有《註釋評點古今名將傳》十七卷，明天啟三年陳氏自序刻本，上圖、津圖、浙圖等有藏，當即周亮輔增補所據之原本。

左略一卷　明曾益撰　**三〇一八**

浙江汪啟淑家藏本（總目）。○《浙江省第四次汪啟淑家呈送書目》：「《左略》一卷，明曾益著，一本。」○《浙江採集遺書總録》：「《左略》一卷，刊本，明會稽曾益輯。」○中山大學藏明天啟元年刻本，題「周左丘明著，明曾益輯」。半葉九行，行二十字，白口，四周單邊。前有天啟元年友弟陶崇道序云：「遂爲序而梓之。」原書五十六條，此本至《審間》止，殘存三十八條。《存目叢書》據以影印。

談兵髓七卷　題西浙囂囂生撰　**三〇一九**

安徽巡撫採進本（總目）。○《安徽省呈送書目》：「《談兵髓》四本。」

殘本金湯十二籌八卷　明李盤撰　三〇二〇

江蘇周厚堉家藏本(總目)。○《江蘇省第一次書目》:「《金湯借箸》四本。」○《江蘇採輯遺書目録》:「《金湯借箸》八卷,明淮南李盤著。」○原北平圖書館藏明崇禎十五年刻本,作《金湯借箸》十三卷五册,題「京口周鑑臺公甫輯著,淮南李長科小有甫較訂,同郡王孟申元嶽甫參閲」。半葉九行,行十九字。有崇禎十一年范景文序,崇禎十五年史可法序,崇禎十一年周鑑自序,周之茂跋。現存臺北「故宫博物院」。王重民《善本提要》、臺灣《中央圖書館善本書目》著録。○北京圖書館藏明崇禎刻本,作《金湯借箸十二籌》十二卷十册,題李盤、周鑑、韓霖撰。半葉八行,行十九字,白口,四周單邊,無直格。○清華大學藏鈔本,作《金湯借箸》十三卷,題「京口周鑑臺公甫輯著,淮南李長科小有甫較訂,同郡王孟申元嶽甫參閲,吴縣吴壽格曼卿甫手鈔」。半葉十行,行二十三字,無格。有周鑑自序,周之茂跋。鈐有「壽格」等印記。是吴壽格手鈔本。《存目叢書》據以影印。○清咸豐三年麟桂銅活字排印《水陸攻守戰略祕書七種》本,作《李盤金湯十二籌》十二卷《圖式》一卷。半葉八行,行十九字,白口,四周雙邊。北圖、清華、甘肅省圖藏。○清咸豐五年淮南李氏刻本,作《金湯借箸十二籌》十二卷八册(見《北師大古籍書目》)。○清光緒北京琉璃廠刻淮南李氏本,作《金湯借箸》十二卷十册(見《四川省圖古籍目録》)。○清刻本十二卷十一册。又清刻本十册,有圖。(均見軍科院圖書館《館藏古代兵書目録》)。○大連圖書館藏清初鈔本,作《金湯借箸十二籌》十二卷十册。○中山大學藏清鈔本,書名卷册同前,半葉八行,行二十一字,黑欄,白口,四周雙邊,無直格。又藏清鈔本六册,書名卷數同前,半葉八行,行十八字,無格。○遼寧博物館藏清鈔《帷幄全書》本,作《金湯十二籌》十二卷。○南開大學藏清鈔《水陸戰守攻略方術祕書七種》本。○臺灣「中央圖書館」藏舊鈔本,作《金湯借箸十二籌》十二卷十六册。題「淮南李盤小有原名長科、京口周鑑臺公、古絳韓霖雨公、後學熊應雄運英」。半葉八行,行十八字,藍格,白口,四周雙邊。鈐「昌甫」印。○臺灣「中央圖書館」又藏舊鈔本,書名卷數同,十二册。題「淮南李盤小有原名長科、京口周鑑臺公、古絳韓霖雨公」。有李清序,李盤序。盤序云:「韓子雨公有《守圉全書》,予爲删其繁,增其缺。周子臺公重加參訂。」半葉八行,行十八字。○南京圖書館藏鈔本,書名卷數同前本,十二册,丁氏八千卷樓故物。○軍事科學院藏鈔本十二卷十二册,有圖。又鈔本十二卷十册。

左氏兵法測要二十卷　明宋徵璧撰　三〇二

江蘇周厚堉家藏本(總目)。○《江蘇省第一次書目》:「《左氏兵法測要》十二本。」○《江蘇採輯遺書目録》:「《左氏兵法測要》二十卷,清華亭宋徵璧著,刊本。」○北京大學藏明崇禎劍閒齋刻本,題「陳眉公先生鑒定,華亭宋徵璧尚木臆論,同邑徐孚遠闇公評閲」。半葉八行,行二十字,白口,四周單邊。版心刻「劍閒齋」三字,封面刻「雲間平露堂梓行」。故《北大古籍善本書目》著録爲「明崇禎雲間平露堂刻本」。有方岳貢叙,丁丑(崇禎十年)仲冬周立勳序,徐孚遠序,陳子龍序,彭賓序,李雯序,蔡樅序,兄存標序,從弟徵輿序。《存目叢書》據以影印。上圖、浙圖、福建省圖等亦有是刻。

兵鏡十一卷　國朝鄧廷羅撰　三〇二二

兩江總督採進本(總目)。○《兩江第一次書目》:「《兵鏡》,鳳陽鄧廷羅纂,八本。」○故宮博物院藏清康熙刻本三種十六卷,包括《兵鏡備考》十三卷、《兵鏡或問》二卷、《孫子集注》一卷,分別題「濠梁鄧廷羅偶樵氏纂輯」、「濠梁鄧廷羅偶樵氏著」、「濠梁鄧廷羅偶樵氏集註」。半葉九行,行二十字,白口,四周雙邊。有陳廷敬、余國柱、李天馥、沈荃、周于漆、楊雍建各序。又參訂姓氏,列沈荃、李天馥等十七人。又自序。封面刻「本衙藏板」。卷内玄字缺末筆,是康熙刻本。《存目叢書》據以影印。北大、北師大、上圖亦有是刻。○清同治間重慶桐石山房重刻本,四川省圖、上圖、山東省圖等藏。○清末鹿堂刻本,湖北省圖、蘇州市圖、軍科院藏(見《兵書總目》)。○清停雲閣刻本,蘇州圖藏(同上)。○北師大藏清張鵬飛重刻本三種十六卷十册(見《北師大古籍書目》)。○軍事科學院藏清康熙五十一年壬辰刻《兵法全書》十六册,又康熙刻《兵法全書》十三卷十二册,均包括《孫子集注》、《兵鏡備考》、《兵鏡或問》三種。

武備志略五卷　國朝傅禹撰　三〇二三

内府藏本(總目)。○《武英殿第二次書目》:「《武備志略》十本。」○《江蘇省第一次書目》:「《武備志略》五本。」○北京大學藏清康熙刻本,題「義烏傅禹重輯,宣城梅清同校」。半葉九行,行二十字,白口,四周雙邊。有康熙十三年甲寅李文敏序,康熙十五年丙辰施閏章序,康熙十四年乙卯唐賡堯序,康熙十二年癸丑梅祿序。李盛鐸故物。《存目叢書》據以影印。北圖、軍事科學院亦有是刻。○山東省圖藏清嘉慶鈔《武書四種》本。○清刻本四卷,山西省圖藏(見《兵書總目》)。

歷代車戰敘略一卷　國朝張泰交撰　三〇二四

兩江總督採進本(總目)。○清道光十一年六安晁氏木活字印《學海類編》本。民國九年商務印書館影印晁氏木活字《學海類編》本。

練閱火器陣紀一卷　國朝薛熙撰　三〇二五

兩江總督採進本(總目)。○清道光十三年吳江沈氏世楷堂刻《昭代叢書》丙集第七帙本,題「常熟薛熙孝穆著」。《存目叢書》據山西大學藏本影印。

四庫存目標注卷三十四

滕州　杜澤遜　撰

子部三

法家類

三〇二六　管子榷二十四卷　明朱長春撰

内府藏本(總目)。○《武英殿第一次書目》:「《管子榷》五本。」○《浙江續購書》:「《管子榷》六本。」○《浙江採集遺書總録》:「《管子榷》二十四卷,刊本,明朱長春輯。」○中國科學院圖書館藏明萬曆四十年張維樞刻本,題「唐司空房玄齡註,明道民朱長春榷」。半葉九行,行十九字,白口,左右雙邊。前有朱長春序。又萬曆四十年上冬吴興太守閩張維樞序云:「余過山中問奇,得是篇而憙之,亟請以公諸鋟,既成,先生屬余序。」又朱長春舊序,萬曆十年趙用賢《管子書序》，劉向序，宋楊忱序。版心記字數及刻工，刻工：諸、育、杜、周、郭等皆單字。《存目叢書》據以影印。北圖、上圖、南圖等亦有是刻。

詮敘管子成書十五卷　明梅士享編　三〇二七

内府藏本(總目)。○《武英殿第二次書目》：「《詮敘管子成書》六本。」○《江蘇省第一次書目》：「《詮敘管子成書》八本。」○《江蘇採輯遺書目録》：「《詮敘管子成書》十五卷，明宣城梅士亨編，刊本。」○《浙江續購書》：「《詮敘管子成書》四本。」○《浙江採集遺書總録》：「《詮敘管子成書》十五卷，刊本，明梅士亨輯。」按：亨均當作享。○清華大學藏明天啓五年賈毓祥姑蘇官署刻本，題「唐齊州房玄齡註，明宣城梅士享詮敘」。半葉九行，行十九字，白口，四周單邊。前有天啓五年乙丑梅士享序。天啓五年梅士享《凡例》云：「……此直指賈公惠鐫意也。」《凡例》前列閲較名銜：「巡按直隸監察御史膠東一榮賈毓祥閲，寧國府知府渤海直卿王公弼、通判盧臺文蕚李日韡、推官安成道升鄧啟隆、宣城縣知縣澶淵用齊王璣仝較。」末有天啓五年賈毓祥於姑蘇署内序云：「予偶見其勤渠，聊命劂人，以布於通都大邑。」《存目叢書》據以影印。北圖、北大、上圖等亦有是刻。

韓子迂評二十卷　舊本題明門無子評　三〇二八

内府藏本(總目)。○《武英殿第二次書目》：「《韓子迂評》五本。」○明萬曆六年自刻本，北大、津圖、南圖、浙圖等藏。北圖藏一部有吳廣霖校注並跋。○清華大學藏萬曆六年自刻十一年重修本，題「何犿校」。半葉八行，行十八字，白口，四周雙邊，眉欄鐫評。版心下記寫工刻工：吳興周玲刻、吴興康阜寫、余唐、王雲、周令、邦明、宋美、吴興周邦明刻、余京、王云、宋泉、吴興王堂刊、俞京、張彩。版心上刻「陳氏山弢」，中刻「韓子迂評」及卷幾。前有萬曆六年十二月朔陳深序云：「今門無子乃得何氏善本，爲之訂其譌謬而品題其當否，表其文詞，梓而出之。」又云：「門無子吴郡人，姓俞氏，巖居嗜古，篤行君子也。年七十，修身剡文，不窺市，不醜窮，不慁貴人。」又萬曆六年門無子《刻韓子迂評序》，元至元三年何犿上表。何序後有牌記七行九十九字，内云：「迨得何氏本讀之，暢然無碍，神骨俱輕，兹刻與同志共之，覽者當助余一快。」署「萬曆己卯三月戊午門無子記」，是萬曆七年三月始刊成。又萬曆十一年十月《重校韓子迂評引》云：「比閲吴郡趙先生本，則篇章俱在，不亡也，欲易之則工鉅，守殘則不全，……文從趙本，目則仍何氏。」又《重校韓子迂評凡例》。《存目叢書》據以影印。上圖、湖南圖、中山大學等亦有是刻。〇明刻硃墨套印本，作《韓子迂評》二十卷。首卷首行題「韓子卷一」，半葉九行，行二十字，白口，四周單邊。眉評、内文處註文、圈點均硃色。前有萬曆六年陳深《韓子迂評序》，末有門無子《韓子迂評序》。臺灣「中央圖書館」《善本書志初稿》云：「此書非門無子所評《韓子迂評》，殆爲吴興凌氏集評，另就《迂評》本重刻之也，故有陳氏及門無子序。」人民大學有三部，北師大、南開亦有藏。

刑統賦二卷　宋傅霖撰　**三〇二九**

兩淮鹽政採進本（總目）。〇《兩江第一次書目》：「《刑統賦》，元傅霖著，抄本，二本。」〇首都圖書館藏元建安余氏勤有堂刻本一卷，題「左宣德郎律學博士傅霖撰，東原郄□韻釋」。半葉十二行，行二十四字，黑口，四周雙邊。前有元延祐三年趙孟頫序。末有「建安余氏勤有堂刊」雙行篆文牌記。鈐有「周良金印」、「毘陵周氏九松迂叟藏書記」印記，是明嘉靖間周良金藏書。《存目叢書》據以影印。○北京圖書館藏明刻本一卷，宋傅霖撰，元郄□韻釋。半葉十一行，行二十二字，黑口，四周雙邊。○明萬曆胡文煥文會堂刻《格致叢書》本，作《新刻刑統賦》一卷，宋傅霖撰。大連圖書館藏。○北京圖書館藏清初鈔本，作《刑統賦解》二卷，宋傅霖撰，元郄□韻釋，元王亮增註。半葉八行，行十六字，無格。清查慎行、查岐昌、黄丕烈跋。○北京圖書館藏清道光二年黄氏士禮居鈔本，作《刑統賦解》二卷，撰釋註人同前本，又《刑統賦》一卷，宋傅霖撰。黄丕烈校並跋。○北京圖書館藏清鈔本，作《刑統賦解》二卷，撰釋註人同前兩本，半葉九行，行二十五字，紅格，白口，四周雙邊。○日本東京大學東洋文化研究所大木文庫藏鈔本二册，作《刑統賦解》二卷。○清光緒三十四年繆荃孫刻本，作《刑統賦》一卷，宋傅霖撰，《藕香零拾》之一。○中科院圖書館藏鈔本一册，作《刑統賦解》二卷，宋傅霖撰，元郄□韻釋，元王亮增注。沈家本手校。○清宣統三年沈家本刻本，作《刑統賦解》二卷，撰釋註人同前本，《枕碧樓叢書》之一。○北京圖書館藏清初鈔本，作《粗解刑統賦》一卷，宋傅霖撰，元孟奎解。半葉十一行，行二十一字，黑口，四周雙邊。○清宣統三年沈家本刻本，作《粗解刑統賦》一卷，撰解人同前本。○臺灣「中央圖書館」藏鈔本，作《粗解刑統賦》一卷，題「律學博士傅霖撰，鄒人孟奎解」。有元至正庚辰孟奎序，至正壬辰沈維時跋。鈐「莚圃收藏」印(見該館《善本書志初稿》)。○北京圖書館藏清鈔本，作《刑統賦疏》一卷，宋傅霖撰，元沈仲緯疏。半葉十行，行二十一字，無格。○中科院圖書館藏鈔本，作《刑統賦疏》一卷，宋傅霖撰，元沈仲緯疏。沈家本手校。○清宣統三年沈家本刻本，作《刑統賦疏》一卷，撰疏人同前本，《枕碧樓叢書》之一。○臺灣「中央圖書館」藏鈔本，書名卷數及撰疏人同前兩本。有元後至元五年十二月二十日洛陽令俞淖序，至元元年楊維楨《沈氏刑統疏序》。鈐「莚圃收藏」印記（見該館《善本書志初稿》）。

刑法叙略一卷　舊本題宋劉筠撰　三〇三〇

編修程晉芳家藏本（總目）。○清道光十一年六安晁氏木活字印《學海類編》本。民國九年商務印書館影印晁氏木活字《學海類編》本。○民國二十八年商務印書館據《學海類編》本排印，收入《叢書集成初編》。○北京圖書館藏清鈔《雜鈔二十種》本。

洗寃録二卷　宋宋慈撰　三〇三一

永樂大典本（總目）。○北京大學藏元刻本，作《宋提刑洗寃集録》五卷一册，題「朝散大夫新除直祕閣湖南提刑充大使行府參議官宋慈惠父編」。半葉十六行，行二十七字，黑口，四周雙邊。前有宋淳祐丁未宋慈《洗寃集録序》。卷内鈐「李氏玉陔」、「明墀之印」、「木犀軒藏書」、「李盛鐸印」、「木齋審定善本」等印記。《存目叢書》據以影印。○清嘉慶十二年孫星衍影刻元刊本，即從前本出，收入《岱南閣叢書》。民國十三年上海博古齋影印《岱南閣叢書》本。○民國二十六年商務印書館據《岱南閣叢書》本排印，收入《叢書集成初編》。○清嘉慶十七年全椒吴氏刻《宋元檢驗三録》本，作《宋提刑洗寃録》五卷。半葉九行，行十八字，白口，左右雙邊。○清光緒十七年蘇州振新書社據岱南閣本重刻本,附《故唐律疏議》後。北師大藏。○清華大學藏明萬曆三十七年刻本,作《洗寃録》二卷。半葉九行,行二十字,白口,四周單邊。○北京圖書館藏明萬曆胡文煥文會堂刻《格致叢書》零本,作《新刻洗寃録》一卷《體式》一卷共二册,半葉十行,行二十字,白口,左右雙邊。清黄丕烈校並跋。○北京圖書館藏明萬曆十二年金陵書坊王慎吾刻《官常政要》本,作《洗寃録》一卷。半葉十二行,行二十二字,白口,四周雙邊。○明崇禎金陵書坊唐錦池、唐惠疇刻增修《重刻合併官常政要全書》本,作《洗寃録》一卷。浙圖、山東大學藏。○清初刻本,作《律例館校正洗寃録》四卷,附檢骨圖。宋宋慈撰,清律例館輯。四川省圖、江西省圖藏。○一九五八年法律出版社排印本,作《洗寃集録》五卷。○一九八零年群衆出版社排印楊奉琨校譯本。

無寃録二卷　不著撰人名氏　**三〇三二**

浙江巡撫採進本(總目)。○《浙江省第十二次呈送書目》:「《無寃録》二本。」○《浙江採集遺書總録》:「《無寃録》二卷,刊本,不著撰人名氏。」○《提要》云:「《永樂大典》載此書,題元王與撰。」○明萬曆三年陳氏積善堂刻本三卷,存卷中卷下,半葉十三行,行三十字,白口,四周單邊。公安部群衆出版社藏。雷夢水《古書經眼録》著録此本云書後有牌記「萬曆乙亥歲陳氏積善堂重刊」兩行,兩節樓印本。○北京圖書館藏明萬曆十二年金陵書坊王慎吾刻《官常政要》本一卷,半葉十二行,行二十二字,白口,四周雙邊(見《北圖古籍善本書目》)。南京圖書館有明金陵書坊王慎吾刻本單本兩部,其一有丁丙跋。與《官常政要》本當係同版。《存目叢書》據南圖藏本影印,其行款、書口同，唯邊欄作四周單邊，或上下雙邊左右單邊。蓋北圖《官常政要》八種版式未盡一致，其《書目》但從首一二種記之耳。○明崇禎金陵書坊唐錦池、唐惠疇刻增修《重刻合併官常政要全書》本一卷，浙圖、山東大學藏。○北京圖書館藏明萬曆胡文煥文會堂刻《格致叢書》單本，作《新刻無冤録》一卷。半葉十行，行二十字，白口，左右雙邊。清顧廣圻校並跋。○北京圖書館藏明刻本，作《新刊無冤録》二卷二册，半葉十一行，行二十字，黑口，四周雙邊。○清嘉慶十七年全椒吴氏刻《宋元檢驗三録》本二卷，半葉九行，行十八字，白口，左右雙邊。○清咸豐仁和韓氏刻《玉雨堂叢書》第一集本一卷。中科院圖書館、南圖、吉大藏。○日本明和五年（清乾隆三十三年）京都崇文堂刻本，作《新註無冤録》二卷，元王與編，明崔致雲等音註。上海中醫藥大學藏。○日本刻本，同上。中科院圖書館、南大藏。按：崔致雲，沈家本謂爲朝鮮人。沈刻實源於此本而删其音註。○清宣統元年沈家本刻本二卷，《枕碧樓叢書》之一。○臺灣「中央圖書館」藏清鈔本二卷二册，每册封面題「沈寄簃校定無冤録」。有宣統元年沈家本、元至大元年王與、明洪武十七年羊角山叟《無冤録序》三篇。該館《善本書志初稿》云：「吴刻本二卷迺此書上卷之一卷割分二卷，非完璧也。」沈家本序云：崇禎刻《官常政要》本僅有上卷，此本上下卷内容與《四庫提要》合，係王佑鈔自日本上野圖書館者，有朝鮮人崔致雲等注釋及序。○民國四年湖南官書局排印本，作《無冤録輯注》二卷，元王與撰，民國王佑輯注。湖北省圖藏。

政刑類要一卷　元彭天錫撰　　**三〇三三**

永樂大典本（總目）。

名公書判清明集十七卷　不著撰人名氏　**三〇三四**

永樂大典本（總目）。〇宋刻本，殘存户婚門二十二類。半葉九行，行十六字，黑口，四周雙邊。馬玉堂、郁松年、陸心源遞藏，現藏日本静嘉堂文庫。民國二十四年商務印書館據以影印，收入《續古逸叢書》。〇上海圖書館藏明隆慶三年盛時選刻藍印本十四卷，半葉九行，行二十四字，白口，四周雙邊。前有隆慶三年己巳八月朔日張四維《刻清明集叙》云：「曩余校録《永樂大典》，於《清》字編見有《清明集》二卷者，命吏録一帙藏之。迨後校《判》字編，則見所謂《清明集》者篇帙穰浩，不止前所録，而前所録者亦在其中。……不著作者姓氏。……因併録置篋中。侍御盛君以仁將出按遼左，……擕入遼，爲之校訂詮次，以鑱於梓。」前輩黄永年先生謂此係《永樂大典》輯佚書之始，信然。卷内鈐「曾留吴興周氏言言齋」、「越然」、「吴興」、「周越然」等印記。《存目叢書》據以影印。北圖有是刻藍印本，殘存卷一至卷十。

唐律文明法會要録一卷　不著撰人名氏　**三〇三五**

永樂大典本（總目）。

祥刑要覽二卷　明吴訥撰　**三〇三六**

浙江巡撫採進本（總目）。〇《浙江省第十次呈送書目》：「《祥刑要覽》二卷，明吴訥輯，一本。」〇《浙江採集遺書總録》：「《祥刑要覽》二卷，寫本，明副都御史常熟吴訥輯。」〇北京圖書館藏明成化二十二年林符刻本，半葉十行，行十八字，黑口，四周雙邊。《藏園群書經眼録》著録是刻，鈐

「季振宜字詵兮號滄葦」等印記，未知是否同帙。○中山大學藏明嘉靖刻本三卷，題「海虞吴訥編，四明張謙增輯」。半葉十行，行二十字，細黑口，四周單邊。《存目叢書》據以影印。臺灣「中央圖書館」藏明刻本，與此同版。鈐「劉承幹字貞一號翰怡」、「吴興劉氏嘉業堂藏書印」等印記。有甲寅四月既望莫棠題記，謂柳蓉村得天一閣書二十許種，此蓋其一。○清道光十四年粤東撫署刻本四卷，北師大、南圖、華東師大等藏。○日本天保五年序巖邑藩刻本二卷，存卷上。日本東京大學東洋文化研究所大木文庫藏。

王恭毅駁稿二卷　明王槩撰 三〇三七

兩江總督採進本（總目）。○《兩江第二次書目》：「《王恭毅駁稿》二本。」○上海圖書館藏明弘治五年高銓刻本，作《王恭毅公駁稿》二卷，半葉十行，行十九字，大黑口，四周雙邊。前有弘治五年男王臣序。又弘治五年浙江等處提刑按察司副使江都高銓序云：「捐俸壽梓。」有缺葉。鈐「楊元吉」等印。《存目叢書》據以影印。

法家裒集無卷數　不著撰人名氏 三〇三八

浙江范懋柱家天一閣藏本（總目）。○《浙江省第五次范懋柱家呈送書目》：「《法家裒集》不分卷，明潘智輯，陳永補，一本。」○《浙江採集遺書總録》：「《法家裒集》一册，寫本，明蘇祐輯。」○南京圖書館藏明嘉靖三十年唐堯臣刻本一卷，半葉十行，行二十字，白口，左右雙邊。前有嘉靖二十七年戊申蘇祐題辭云：「從史陳永以是集見曰：内臺司籍潘智手録也。因命補綴什之一。」知係潘智輯録，陳永補輯。或著録爲蘇祐輯，未妥。後有嘉靖二十八年己酉莆田黄洪毗跋。又嘉靖三十年辛亥南昌唐堯臣《刻法家裒集》跋云：「敬用梓之，期與高明之士共焉。」卷内鈐「觀古堂」、「葉德輝煥彬甫藏閲書」等印記。《存目叢書》據以影印。〇明萬曆十二年金陵書坊王慎吾刻《官常政要》本，半葉十二行，行二十二字，白口，四周雙邊。作《新刻法家裒集》二卷。北京圖書館藏。〇明崇禎金陵書坊唐錦池、唐惠疇刻增修《重刻合併官常政要全書》本，作《新刻法家裒集》二卷。浙圖、山東大學藏。〇明萬曆胡文煥文會堂刻《格致叢書》本，作《新刻法家裒集》一卷。大連圖書館藏。

三〇三九　折獄卮言一卷　國朝陳士鑛撰

編修程晉芳家藏本（總目）。〇清道光十一年六安晁氏木活字印《學海類編》本，題「清浙西陳士鑛宿峰著」。民國九年商務印書館影印晁氏木活字《學海類編》本。《存目叢書》亦用此本影印。〇清道光二十八年宜黄黄秩模排印本，收入《遜敏堂叢書》。〇民國二十六年商務印書館據《學海類編》本排印，收入《叢書集成初編》。

三〇四〇　巡城條約一卷　國朝魏裔介撰

直隸總督採進本（總目）。

三〇四一　風憲禁約一卷　國朝魏裔介撰

直隸總督採進本（總目）。

讀律佩觿八卷　國朝王明德撰　三〇四二

江蘇周厚堉家藏本(總目)。〇《江蘇省第一次書目》:「《讀律佩觿》八本。」〇《江蘇採輯遺書目録》:「《讀律佩觿》八卷,清王明德著。」〇清康熙王氏冷然閣刻本,正文題「奉差督理通惠河道刑部陝西清吏司郎中王明德私輯,次男心湛較字」。半葉九行,行二十字,白口,四周單邊。前有康熙十三年自序,後有康熙十五年自跋。總目後列參訂姓氏詹惟聖等三十八人。封面刻「冷然閣重梓」。《存目叢書》用人民大學、中科院圖書館藏本配合影印。四川省圖、日本東京大學東洋文化研究所大木文庫亦有是刻。〇舊鈔本四册,復旦大學藏。〇清鈔本四册,日本東京大學大木文庫藏。

續刑法叙略一卷　國朝譚瑄撰　三〇四三

編修程晉芳家藏本(總目)。〇清道光十一年六安晁氏木活字印《學海類編》本,題「清嘉興譚瑄左羽著」。民國九年商務印書館影印晁氏木活字《學海類編》本。《存目叢書》亦用是本影印。〇民國二十四年嘉興譚氏承啟堂刻《嘉興譚氏遺書》本。〇民國二十八年商務印書館據《學海類編》本排印,收入《叢書集成初編》。

疑獄箋四卷　國朝陳芳生撰　三〇四四

浙江巡撫採進本(總目)。〇《浙江省第六次呈送書目》:「《疑獄箋》四卷,國朝陳芳生輯,四本。」〇《浙江採集遺書總録》:「《疑獄箋》四卷,刊本,國朝仁和陳芳生撰。」〇北京大學藏清康熙刻本,題「高郵王鼎臣訂,仁和陳芳生著」。半葉九行,行二十字,白口,左右雙邊。前有康熙三十年辛未六月二十四日陳芳生序。《存目叢書》據以影印。南圖亦有是刻。○雷夢水《古書經眼録》著録：「以硃墨格寫稿本。首有康熙辛未六月二十四日自序。又康熙三十年閏七月初六日高郵王鼎臣序。」

四庫存目標注卷三十五

滕州　杜澤遜　撰

子部四

農家類

三〇四五　耒耜經一卷　唐陸龜蒙撰

内府藏本（總目）。○《提要》云：「舊載《笠澤叢書》中。」○明嘉靖祇洹館刻《小十三經》本，半葉十行，行十八字，白口，左右雙邊。北圖、上圖藏。○明萬曆二十五年荆山書林刻《夷門廣牘》本，北圖、北大、復旦等藏。民國二十九年商務印書館影印荆山書林刻《夷門廣牘》本。○明刻《居家必備》本，北圖、北大、山東大學藏。○明刻《山林經濟籍九種》本，日本東京大學東洋文化研究所藏。○明崇禎毛氏汲古閣刻《津逮祕書》第四集本，北圖、上圖等藏。民國十一年上海博古齋影印汲古閣刻《津逮祕書》本。○明刻重輯《百川學海》癸集本,上圖、遼圖、吉大、福建師大藏。○明刻清順治三年兩浙督學李際期宛委山堂印《説郛》本。一九八八年上海古籍出版社《説郛三種》影印宛委山堂本。○清據《説郛》、《説郛續》重編印《五朝小説》本。上圖、南圖、山東大學藏。○民國十五年上海掃葉山房石印《五朝小説大觀》本。上圖、遼圖等藏。○清乾隆五十七年挹秀軒刻《唐人説薈》本,北圖、上圖等藏。○清道光二十三年序刻《唐人説薈》本,上圖、川大等藏。○清宣統三年上海天寶書局石印《唐人説薈》本,津圖、河南圖等藏。○民國十一年掃葉山房石印《唐人説薈》本,北圖、華東師大等藏。○清嘉慶十年張海鵬刻《學津討原》本,北圖、上圖等藏。民國十一年商務印書館影印張氏刻《學津討原》本。○清嘉慶十一年序刻《唐代叢書》本,北圖、上圖等藏。○清鈔本,與《齊民要術》合鈔,中山大學藏。

耕織圖詩無卷數　宋樓璹撰　**三〇四六**

浙江巡撫採進本(總目)。○《浙江省第十二次呈送書目》:「《耕織圖詩》一卷,宋樓璹著,一本。」○《浙江採集遺書總録》:「《耕織圖詩》一卷,知不足齋寫本,宋於潛令鄞縣樓璹撰。」○《江蘇採輯遺書目録》:「《耕織圖詩》一卷,宋於潛令樓璹著。」○《提要》云:「璹原書凡耕圖二十一、織圖二十四,各系以詩,今内府所藏畫本尚在,業經御題勒石。此本僅存詩三十五首,不載其圖,蓋非原本矣。」○美國弗利爾美術館藏元程棨摹本。○明天順摹刻本。○日本延寶四年狩野永納翻刻明天順本。以上三本有圖。(均見李致忠《影印清刻墨印彩繪本〈耕織圖詩〉跋》)○河南省圖藏明末毛氏汲古閣影宋鈔本，作《於潛令樓公進耕織二圖詩》一卷，與陳旉《農書》、秦觀《蠶書》合鈔。○北京圖書館藏清初錢氏述古堂鈔本，書名卷數同前，亦三書合鈔。半葉十行，行十九字，白口，左右雙邊。○上海圖書館藏清陳氏稽瑞樓鈔本，書名卷數同前，亦三種合鈔。○清乾隆四十六年鮑氏知不足齋刻本，《知不足齋叢書》第九集之一。書名卷數同前本。末刻「乾隆辛丑正月十九日壬辰寫竟，計一萬捌仟柒百零五字，仁和方溥記」小字二行。《存目叢書》據以影印。○清乾隆五十九年石門馬氏大酉山房刻《龍威祕書》第二集《四庫論録》本。○清同治七年序刻《藝苑捃華》本，北圖、上圖等藏。○民國二十八年商務印書館據《知不足齋叢書》本排印，收入《叢書集成初編》。

經世民事録十二卷　明桂萼編　**三〇四七**

浙江范懋柱家天一閣藏本（總目）。○《浙江省第五次范懋柱家呈送書目》：「《民事録》十二卷，明桂萼著，一本。」○《浙江採集遺書總録》：「《民事録》十卷，刊本，明尚書桂萼撰。」○明萬曆胡文煥刻《格致叢書》本，題桂見山著，胡文煥校。有嘉靖戊子鄱陽胡韶序。全書分上下兩卷，可能經胡文煥删節。見山是桂萼別號。（見王毓瑚《中國農學書録》）

野菜譜一卷　舊本題高郵王磐鴻漸撰　**三〇四八**

兩江總督採進本（總目）。○《兩江總督高第三次進到書目》：「《野菜譜》一本。」○上海圖書館藏明嘉靖刻本，作《野菜譜》一卷，版心白口，單魚尾，左右雙邊。○北京圖書館藏明刻本，正文首題「野菜譜」，次題「高郵王磐鴻漸甫著，郡人王應元一之甫校」。白口，左右雙邊。前有嘉靖三年自序，後有李宮跋。卷内鈐「仁龢朱氏珍藏」、「趙元方氏」、「無悔藏書」、「趙鈁珍藏」、「一廛十駕」、「元方審定」等印。《存目叢書》據以影印。〇南京圖書館藏明刻本一册，書名、卷端著校人、序跋、版式同前本，似即一刻。有丁丙跋。《善本書室藏書志》著録。〇北京圖書館藏明嘉靖三十年張守中刻本，作《王西樓先生野菜譜》一卷。〇上海圖書館藏明刻本，作《王西樓野菜譜》一卷。〇明刻本，作《重訂高郵王西樓先生野菜譜》一卷。白口，四周單邊。北圖、華南師大藏。〇原北平圖書館藏明萬曆十四年仁和張氏谿雲閣刻本，作《王西樓先生野菜譜》一卷，題「高郵王磐鴻漸甫著，壻張綖世文甫批，仁和張敷漸道升甫校」。版心下刻「谿雲閣梓」。有沈朝焕序，張元春序，存白山人序，嘉靖六年張綖跋，萬曆十四年張敷漸跋。共兩部。現存臺北「故宫博物院」。王重民《善本提要》、臺灣《中央圖書館善本書目》著録。〇北京圖書館藏明刻清康熙三十三年王英重修《高郵王西樓先生全集》本，作《重訂高郵王西樓先生野菜譜》一卷。〇明萬曆新安汪氏刻《山居雜志》本，北圖、北大。〇明刻清順治三年宛委山堂印《説郛》本。〇《古今圖書集成·草木典》本。

農説一卷　明馬一龍撰　三〇四九

浙江鮑士恭家藏本（總目）。〇明刻《亦政堂鐫陳眉公普祕笈》本，作《陳眉公訂正農説》一卷，題「溧陽孟河馬一龍輯，檇李九疑李日華、白石陳天保校」。半葉八行，行十八字，白口，四周單邊。前有自序。《存目叢書》據中科院圖書館藏本影印。〇民國十一年上海文明書局石印《寶顔堂祕笈》本。〇明刻《廣百川學海》本，北圖、北大、南圖等藏。〇明刻清順治三年宛委山堂印《説郛續》本。〇清道光十三年王氏棠陰館刻《廿二子全書》本，清華、上圖、山東大學等藏。○民國二十五年商務印書館據《亦政堂鐫陳眉公普祕笈》本排印，收入《叢書集成初編》。

三〇五〇

別本農政全書四十六卷　明徐光啓撰　陳子龍删補

山東巡撫採進本（總目）。○《安徽省呈送書目》：「《農政全書》十二本。」○《江西巡撫海第四次呈送書目》：「《農政全書》二套十二本。」○《提要》云：「初光啓作《農政全書》，凡六十卷。光啓没後，子龍得本於其孫爾爵，與張國維、方岳貢共刊之。既而病其稍冗，乃重定此本。子龍所作凡例有曰：……大約删者十之三，增者十之二。……今原書有刊版，而此本乃出傳鈔。」王毓瑚《中國農學書録》云：「《提要》以爲這個四十六卷本才是陳子龍所删定，凡例也是爲這個删定本寫的。其實細讀凡例全文就能看出來，與六十卷本的結構完全相符。除了陳氏所整理刊行的本子之外，根本没有徐氏本人寫定的一種什麽『原本』。《四庫全書》編者的想法和處理是錯誤的。」澤遜按：《農政全書》傳世者爲明崇禎間張國維、方岳貢、陳子龍同刻六十卷本，題「特進光禄大夫太子太保禮部尚書兼文淵閣大學士贈少保謚文定上海徐光啓纂輯，欽差總理糧儲提督軍務兼巡撫應天等處地方都察院右僉都御史東陽張國維鑒定，直隸松江府知府穀城方岳貢同鑒」。半葉九行，行二十字，白口，四周單邊。版心下刻「平露堂」，乃陳子龍堂號。有張國維、方岳貢、張溥序，陳子龍凡例。《提要》所引「删者十之三，增者十之二」云云，即在是本凡例第二十三條。李詳《媿生叢録》引陳子龍《自定年譜》：「崇禎十二年己卯，讀書南園，編《農政全書》。故相徐文定公，負經世之學，首欲明農，裒古今田里溝洫之制，黍稷桑麻之宜，至於蔬果魚牧之利，以荒政終焉，有草稿數十卷，藏於家。予從其孫得之，慨然以富國化民之本在是，遂删其繁蕪，補其闕略，粲然備矣。大中丞張公、郡伯方公爲梓之。」(轉引自胡玉縉《四庫全書總目提要補正》)然則是本之刻蓋在崇禎十二年，張公、方公即張國維、方岳貢，而版心刻陳子龍「平露堂」者，當以編校刊刻事宜皆陳氏董理之也。就凡例及《年譜》觀之，是書初刻六十卷本即陳子龍删補之本，館臣所見紀昀家藏本蓋佚去凡例，故不知陳氏删補始末。至山東進呈四十六卷鈔本與六十卷本之關係，則不得而知矣。

沈氏農書一卷　張履祥所刊稱漣川沈氏撰　三〇五一

編修程晉芳家藏本(總目)。〇《提要》云：「近時朱坤已刻入《楊園全書》中，而曹溶《學海類編》亦備載之。」〇清康熙刻《楊園張先生全集》本，作《補農書》二卷，上卷爲沈氏《農書》，下卷爲張履祥補。北圖、上圖、山東大學等藏。〇清同治九年山東尚志堂刻《張楊園先生集》本，同前。北圖、上圖等藏。〇清同治十年江蘇書局刻《重訂楊園先生全集》本，同前。北圖、南圖、上圖等藏。〇清道光十一年六安晁氏木活字印《學海類編》本，作《沈氏農書》一卷。民國九年商務印書館影印晁氏木活字《學海類編》本。〇民國二十五年商務印書館據《學海類編》本排印，收入《叢書集成初編》。〇清道光二十四年吳江沈氏世楷堂刻《昭代叢書》癸集萃編本，作《補農書》一卷，明沈□撰，張履祥補。〇一九五六年中華書局排印本，與陳旉《農書》、王禎《農書》合訂。〇一九五九年農業出版社排印陳恒力點校本。

梭山農譜三卷　國朝劉應棠撰　　**三〇五二**

江西巡撫採進本(總目)。〇《江西巡撫六次續採書目》:「《梭山農譜》、《蠶桑成法》共二本。」〇湖北省圖藏清刻本。〇清同治九年新建吴氏皖城刻本,《半畝園叢書》之一。題「新吴劉應棠又許」,有康熙丁巳帥承發序。《存目叢書》用中科院藏本影印。〇一九六零年農業出版社排印王毓瑚校注本,係據《半畝園叢書》本校注。

豳風廣義三卷　國朝楊屾撰　　**三〇五三**

江西巡撫採進本(總目)。〇《江西巡撫六次續採書目》:「《豳風廣義》三本。」〇北京師大藏清乾隆五年庚申寧一堂刻本,題「茂陵楊屾雙山氏編輯,男生洲子瀛氏參閱,門人巨兆文鳴岐氏、史德溥子厚氏全較」。半葉九行,行二十字,白口,四周雙邊。前有乾隆七年帥念祖序,乾隆五年弟劉芳序,乾隆六年自序。末有門人巨兆文跋。封面刻「乾隆庚申歲鐫」、「寧一堂藏板」。《存目叢書》據以影印。北大、人民大學、山東省圖、四川省圖等藏。按:諸家著録或作乾隆六年、乾隆七年刊,皆係同版。〇清光緒八年宫本昂刻本,北師大、人民大學藏。〇清光緒十六年陝西刻本,華東師大藏。

四庫存目標注卷三十六

滕州　杜澤遜　撰

子部五

醫家類

三〇五四　素問運氣圖括定局立成一卷　明熊宗立撰

兩淮鹽政採進本（總目）。○《兩淮鹽政李續呈送書目》：「《運氣立成》一卷，元熊宗立，一本。」○北京大學藏明熊氏種德堂刻本，目録首題「新增素問運氣圖括定局立成目録」，正文首題「素問運氣圖括定局立成」，次行均題「鼇峯熊宗立纂述」。半葉十一行，行二十一字，大黑口，四周雙邊。鈐「古潭州袁卧雪廬收藏」、「惠震之書」、「樸學齋」等印記。《存目叢書》據以影印。按：熊宗立刻本包括《新刊補註釋文黄帝内經素問》十二卷《新刊黄帝内經靈樞》十二卷《黄帝内經素問遺篇》一卷

《新刊素問入式運氣論奥》三卷《素問運氣圖括定局立成》一卷《黄帝内經素問靈樞運氣音釋補遺》一卷，凡六種。行款不一，《素問》半葉十三行，行二十三字，《遺篇》十四行二十四字，《論奥》十四行二十三字，《補遺》十一行二十一字。均黑口，四周雙邊。諸家著録罕有全者。臺灣「中央圖書館」有《素問》十二卷熊氏刻本，目録後有牌記：「是書乃醫家至切至要之文，惜乎舊本昏蒙訛舛，漏略不一，讀者憾焉。本堂今將家藏善本，詳明句讀，三復訂正，增入運氣捷要圖局及經註音釋補遺，重新綉梓，以廣其傳，視諸他本，玉石不侔，衛生君子藻鑒。成化十年歲舍甲午鼇峯熊氏種德堂識。」目録標題後題「隋全元起訓解，唐王冰次註，宋林億等奉勅校正，孫兆改誤，劉温舒運氣圖式，鼇峯熊宗立句讀重刊」。據此牌記，知各書係一時所刊，時在成化十年。故北大所藏《素問運氣圖括定局立成》一卷當著録爲明成化熊宗立種德堂刻本。臺灣「中央圖書館」亦有此卷，與《論奥》、《遺篇》、《補遺》合二册。○浙江圖書館藏明嘉靖四年山東布政使司刻本，六種合刻，與熊宗立本書名卷數均同。各種行款不一，均白口，四周單邊。王重民嘗見美國國會圖書館藏《新增素問運氣圖括定局立成》一卷一册，題「歷城縣儒學教諭田經校正」，半葉十一行，行二十一字。（見《善本提要》）當即是刻零種。○中醫科學院藏明鈔本，六種合鈔同前兩本。○北京圖書館藏明刻本，與《新刊補註釋文黄帝内經素問》十二卷等四種合八册，書名《運氣圖括定局立成》。半葉十三行，行二十三字，白口，四周單邊。○明書林詹林所刻本，與《京本校正註釋音文黄帝内經素問》十二卷等五種合刻，書名《素問運氣圖括定局立成》。半葉十二行，行二十五字，白口，四周單邊。北京大學、上海中醫學院藏。○北京圖書館藏明刻本，作《新增素問運氣圖括定局立成》一卷一册，半葉十一行，行二十一字，白口，四周單邊。疑即山東布政使司刻本之零種。○蘇州市圖書館藏明刻本，作《素問運氣圖括定局立成》一卷。○四川圖書館藏清鈔本，作《新增素問運氣圖括定局立成》一卷。

三〇五五　素問鈔補正十二卷　明丁瓚編

浙江巡撫採進本（總目）。○《浙江省第九次呈送書目》：「《素問抄補正》十二卷，明滑壽著，二本。」○《浙江採集遺書總録》：「《素問抄補正》十二卷附《診家樞要》一卷，刊本，明餘姚滑壽撰。」○《兩淮鹽政李續呈送書目》：「《補正滑壽素問鈔》、《診家樞要》，明丁瓚，四本。」○上海圖書館藏明嘉靖八年自刻本，作《素問鈔補正》十二卷《滑氏診家樞要》一卷。題「唐太僕啟玄子王冰註，元許昌滑壽伯仁鈔并註，後學温守京口點白子丁瓚補正，永嘉醫生王宮輯録」。半葉十行，行二十二字，大黑口，四周雙邊。前有嘉靖八年己丑十月温州守丁瓚序云：「捐俸鋟梓以傳。」鈐有「葑溪劉大生源泉藏書記」印。《存目叢書》據以影印。天一閣文管所亦有是刻。○上海中醫學院藏明刻本，書名卷數同前本。半葉十行，行二十二字，白口，四周單邊。

三〇五六　續素問鈔九卷　明汪機撰

兩淮鹽政採進本（總目）。○北京大學藏明嘉靖刻《汪石山醫書七種》本，作《讀素問鈔》九卷《補遺》一卷，題「許昌滑壽伯仁編輯，祁門汪機省之續註」。半葉九行，行十八字，白口，四周單邊。前有正德十四年己卯三月朔旦祁門汪機省之《重集素問鈔序》。卷上之二末有牌記四行：「予近造師魯族兄獨善園，獲讀祁門汪石山補註滑伯仁氏《讀素問鈔》凡九卷，甚有便於醫者，因命工刊刻經度一卷，俾合其全，以公于天下。觀者諗之。嘉靖乙酉冬十月朔旦休寧率口程玘綱謹識。」乙酉爲嘉靖四年。卷三上之三末有牌記六行，知此卷爲嘉靖三年甲申新溪戴殷刻。卷上之四下之末有牌記，知此卷爲嘉靖五年丙戌吴模刻。卷下之二末有「率口程珂伯玉助刊」八字。卷下之三末有牌記，知此卷係嘉靖五年程從遷刻。卷下之四末有識語，知此卷係嘉靖四年乙酉程文杰刻。《存目叢書》據以影印。清華、中科院圖、四川省圖亦有是刻。世傳明嘉靖元年至崇禎六年樸墅刻《石山醫案八種》内收有此書，首都圖、湖北省圖、華東師大等藏，當係同版。○民國上海二酉書莊石印《石山醫案》本，首都圖、上圖、南圖等藏。

素問註證發微九卷　明馬蒔撰　三〇五七

浙江巡撫採進本(總目)。○《浙江省第十二次呈送書目》：「《素問註證》九卷，明馬蒔著，八本。」○《浙江採集遺書總録》：「《素問註》九卷，刊本，明太醫院正文會稽馬蒔撰。」○上海圖書館藏明萬曆十四年王元敬刻本，作《黄帝内經素問註證發微》九卷《補遺》一卷《黄帝内經靈樞註證發微》九卷。《素問》題「大明太醫院正文會稽庠生玄臺子馬蒔仲化註證」，半葉十行，行二十二字，白口，四周雙邊。前有萬曆十四年十月南京兵部右侍郎王元敬序云：「迺命工鋟梓，以廣其傳。」次萬曆十四年秋日華亭林下人馮時可序。序後列校正人，華亭張重華等十一人。《靈樞》卷一題「大明太醫院正文會稽庠生玄臺子馬蒔仲化註證，庠生孫又玄子馬存順校正」。卷内鈐「歸安沈均瑲校藏金石祕籍印」、「沈均瑲印」、「王培孫紀念物」等印記。《存目叢書》據以影印。遼圖、南圖、湖南圖亦有是刻。按：《靈樞》實爲萬曆十六年刻。參下文。○日本寬永五年（明崇禎元年）覆刻明萬曆十四年至十六年刻本。《素問》原封面刻「刻馬玄臺先生内經素問註證發微」大字二行，二行之間刻「萬曆丙戌仲春寶命堂記」小字一行，眉上有刻書告白十四行，末云：「通等先梓《素問》，四方君子須認寶命堂原板爲記。門人石通謹識。」《靈樞》原封面刻「刻馬玄臺先生内經靈樞註證發微」大字二行，二行之間刻「萬曆戊子孟春寶命堂梓」小字一行，眉上有刻書告白十四行，末云：「昔兵部古林王公命工先梓《素問》。今禮部康洲羅公命梓《靈樞》，以全《内經》一書。四方君子認寶命堂原板爲記。柳宗模識。」可知《素問》係萬曆十四丙戌王元敬命刻，《靈樞》則係萬曆十六年戊子羅萬化命梓，皆寶命堂開板。《靈樞》末有「寬永戊辰仲冬書舍道伴梓行」大字二行，爲日本覆刻牌記。北大張玉範女士寄示書影，因知其詳。上圖藏萬曆原刊本似佚去原封面，故但據王元敬序定爲萬曆十四年刻，實未確也。○臺北「故宫」藏日本寬永猪子梅壽活字翻印明萬曆間山陰王氏本，書名卷數同前二本。《素問》印於寬永五年戊辰，《靈樞》印於寬永二年乙丑。○清嘉慶十年古歙鮑氏慎餘堂刻本，北圖、中科院圖等藏。（見《中醫圖書聯合目録》，下同）○清嘉慶十年刻本，大文堂藏板。上圖、陝西省圖等藏。○芸生堂刻本，安徽省圖、北京中醫學校藏。○清同治光緒間潤州包氏守硯堂刻本，中醫科學院藏。○清善成堂刻本，江西省圖、湖北省圖藏。○清光緒五年刻本，山東圖、浙圖藏。○清光緒十四年揚州邱氏文富堂刻本，北大、中國醫科院藏。○經緯堂刻本，上海中醫學院藏。○清宣統二年錦章書局石印本,遼圖、甘肅圖藏。

素問懸解十三卷　國朝黄元御撰　**三○五八**

編修周永年家藏本(總目)。○北圖分館藏清同治十一年陽湖馮承熙刻本,《黄氏遺書三種》之一。題「昌邑黄元御解」,半葉十一行,行二十三字,白口,左右雙邊。有乾隆二十年自序。又同治十一年四月馮承熙叙云:「《難經懸解》既已梓而行之,今將刻《素問懸解》,因書以冠篇首。」有牌記:「同治十一年壬申四月陽湖馮氏栞。」鈐「安城任亮儕氏藏書」白文長方印。《存目叢書》據以影印。中醫科學院等亦有是刻。

靈樞懸解九卷　國朝黄元御撰　**三○五九**

編修周永年家藏本(總目)。○北圖分館藏清同治光緒間陽湖馮氏刻《黄氏遺書三種》本,行款版式同前條,《存目叢書》據以影印。

圖註難經八卷　明張世賢撰　**三○六○**

浙江巡撫採進本(總目)。○《兩淮鹽政李呈送書目》:「《難經脈訣附方》共十三卷,明張世賢注,八本。」○上海圖書館藏明正德五年吕邦佑刻本,作《圖註八十一難經》八卷。半葉十一行,行二十字,白口,四周單邊。清戈襄跋。○北京圖書館藏明沈氏碧梧亭刻本,作《圖註八十一難經》八卷,題「盧國秦越人述,四明静齋張世賢圖註」。半葉十行,行十八字,白口,左右雙邊。前有正德庚午徐昂序,序後有「吴門沈氏碧梧亭校梓」一行。《存目叢書》據以影印。上圖、南圖、上海中醫學院、開封市圖亦有是刻。按：余藏《四庫全書附存目録》民國間佚名手批云：「嘉靖三十二年吴門沈氏碧梧亭刊本。」録此備參。○南京圖書館藏明刻本，書名卷數同前本。半葉十行，行十八字，白口，四周單邊。○明刻本，作《圖註八十一難經辨真》四卷，内容同。半葉九行，行二十字，白口，四周單邊。北圖、北大、中醫科學院等藏。○明刻本，書名卷數同前本，與《圖註脈訣辨真》四卷附方一卷合刻。中國醫科院、故宫藏。○明馮翥刻《圖註脈訣難經》本，書名卷數同前兩本。北大藏。○明隆慶元年四仁堂刻本，作《新刊八十一難經》四卷，明熊宗立解，張世賢圖註。半葉八行，行十七字，黑口，四周單邊。華東師大藏。○明萬曆元年熊冲宇刻本，作《新刊太醫院校正圖註指南八十一難經》四卷，明熊宗立、張世賢圖註。半葉十一行，行二十八字，白口，四周雙邊。北圖、西安市蓮湖區文化館藏。○明萬曆三十四年存德堂陳輝吾刻本，作《鋟圖註八十一難經》四卷，明熊宗立解，張世賢補正。與《鐫圖註王叔和脈訣琮璜》五卷合刻。半葉十一行，行二十五字，四周雙邊。上海中醫學院藏。○清康熙三十二年鼎翰樓刻《圖註難經脈訣》本，湖南圖、湖北圖藏。（見《中醫圖書聯合目録》。下同。）○清康熙三十九年光碧堂刻《圖註難經脈訣》本，山東圖藏。○清康熙刻《脈學合璧》本，中華醫學會上海分會藏。○清乾隆十六年酉山堂刻《王叔和圖註難經脈訣》本，中醫科學院、南京第一醫學院藏。又有是刻乾隆三十四年己丑印本，山東圖、南通圖藏。○清乾隆三十三年刻《圖註難經脈訣》本，福建圖藏。○清乾隆四十五年武林萬卷堂刻《圖註難經脈訣》本，浙圖、上海中醫學院圖藏。○清嘉慶六年文星堂刻《圖註難經脈訣》本，首都圖藏。○清道光三年崇順堂刻

《圖註難經脈訣》本,中醫科學院、陝西圖、湖北圖藏。○清道光三年藜照書屋刻《圖註難經脈訣》本,重慶圖藏。○清咸豐七年經綸堂刻《圖註難經脈訣》本,中國醫科院、中醫科學院藏。○清同治五年全茂堂刻《圖註難經脈訣》本,四川圖、山東醫學院藏。○清光緒八年京都文蔚堂刻《圖註難經脈訣》本,故宫、湖南圖藏。○清光緒十五年京都泰山堂刻《圖註難經脈訣》本,津圖、青島圖藏。○清光緒十六年同文堂刻《圖註難經脈訣》本,故宫、陝西圖藏。○清光緒十八年寶慶務本書局刻《圖註難經脈訣》本,山東圖藏。○清光緒二十年維新書局刻《圖註難經脈訣》本,山東醫學院藏。○清光緒二十三年湖南經綸元記刻本,陝西圖、重慶圖藏。○清光緒三十年成文堂刻《圖註難經脈訣》本,山東醫學院藏。○清宣統元年集成圖書公司鉛印《圖註難經脈訣》本,山東圖藏。另有清書業堂、金閶桐石山房、懷德堂、兩儀堂、宏道堂、善成堂、掃葉山房、江左書林等刻本以及石印本、鉛印本多種,不俱録。

難經經釋二卷　國朝徐大椿撰　**三〇六一**

江蘇巡撫採進本(總目)。○北圖分館藏清雍正五年刻本,題「盧國秦越人扁鵲著,吴江後學徐大椿靈胎釋」。半葉九行,行二十二字,白口,左右雙邊。寫刻。前有自序,後有自跋。《存目叢書》據以影印。北大、上圖等亦有是刻。又收入《徐氏醫書六種》,北圖、北大等藏。○清同治三年善成堂刻《徐氏醫書八種》本,重慶圖藏。此刻又收入善成堂刻《徐靈胎全書十二種》,上圖、湖南圖藏。○清同治三年翻刻雍正五年本,《徐靈胎全書十二種》之一,川圖、浙醫大藏。○清同治三年經綸屋刻

《徐氏醫書八種》本，中國醫科院藏。○清同治十二年崇文書局刻《徐氏醫書八種》本，中國醫科院、北大、山東圖等藏。○清光緒四年掃葉山房刻《徐氏醫書八種》本，北圖、中醫科學院等藏。○清光緒四年至十五年吴縣朱氏校經山房刻《徐氏醫書八種》本，北圖藏。○清光緒十七年至十八年湖北官書處刻《徐氏醫書八種》本，中科院圖藏。○清光緒十五年至二十三年江左書林補刻《徐氏醫書八種》本，北京中醫學院藏。○清光緒十九年圖書集成印書局鉛印《徐氏醫書八種》本，山東圖藏。○日本寬政十二年（清嘉慶五年）丹波氏聿修堂翻刻本，中醫科學院藏。另有石印、鉛印本多種，不俱録。

難經懸解二卷　國朝黄元御撰　**三○六二**

編修周永年家藏本（總目）。○北圖分館藏清同治十一年陽湖馮承熙刻本，《黄氏遺書三種》之一。題「昌邑黄元御坤載解」。半葉十一行，行二十三字，白口，左右雙邊。前有同治十一年馮承熙叙，乾隆二十一年自序。有「同治十一年壬申三月陽湖馮氏栞」牌記。《存目叢書》據以影印。中醫科學院等亦有是刻。

傷寒懸解十五卷　國朝黄元御撰　**三○六三**

編修周永年家藏本（總目）。○清乾隆刻《黄氏醫書八種》本，北京醫學院、南京中醫學院藏。○清道光十二年張琦宛鄰書屋刻《黄氏醫書八種》本，遼圖、山東圖、福建圖藏。○清咸豐五年湖南刻《黄氏醫書八種》本，揚州圖藏。○清咸豐十年長沙燮和精舍刻《黄氏醫書八種》本，首都圖、山東圖等藏。○清咸豐十年青雲堂刻《黄氏醫書八種》本，北京中醫學院、湖南圖藏。○清同治元年湘鄉左氏刻《黄氏醫書八種》本，浙圖、重慶圖藏。○清同治元年徐樹銘福州刻《黄氏醫書八種》本，中國醫科院、浙圖藏。○清同治五年刻《黄氏醫書八種》本，首都圖、浙醫大藏。○中科院圖書館藏清同治七年成都刻《黄氏醫書八種》本十四卷首一卷末一卷，題「昌邑黄元御坤載著」，半葉九行，行二十三字，白口，左右雙邊。有同治元年歐陽兆熊序，同治五年丙寅長沙黄濟序。後有道光十二年陽湖張琦後序。《存目叢書》據以影印。北圖、山東圖等亦有是刻。○清光緒二十年圖書集成局排印《黄氏醫書八種》本，中醫科學院、津圖藏。○清光緒二十六年源記書莊石印《黄氏醫書八種》本，浙圖藏。○清宣統元年益元書局刻《黄氏醫書八種》本，山東圖藏。○清宣統元年漢文書局刻《黄氏醫書八種》本，湖北圖藏。○清宣統元年上海江左書林石印《黄氏醫書八種》本，首都圖、山東圖等藏。○七曲會刻《黄氏醫書八種》本，廣東中山圖藏。○民國四年廣益書局石印《黄氏醫書八種》本，中醫科學院等藏。○民國錦章書局石印《黄氏醫書八種》本，中醫科學院、首都圖等藏。○民國三年至九年上海鑄記書局石印《黄氏醫書八種》本，首都圖、山東圖等藏。○一九五五年錦章書局石印《黄氏醫書八種》本，天津醫大藏。(見《中醫圖書聯合目録》)

傷寒説意十一卷　國朝黄元御撰　三〇六四

編修周永年家藏本(總目)。○《黄氏醫書八種》本十卷首一卷，刊本甚多，參前條。《存目叢書》用同治七年成都刻本影印。

金匱懸解二十二卷　國朝黄元御撰　三〇六五

編修周永年家藏本(總目)。○《黄氏醫書八種》本,刊本甚多,參前兩條。《存目叢書》用同治七年成都刻本影印。

長沙藥解四卷　國朝黄元御撰　三〇六六

編修周永年家藏本(總目)。○《黄氏醫書八種》本,刊本甚多,參前三條。《存目叢書》用同治七年成都刻本影印。

圖註脈訣四卷附方一卷　明張世賢撰　三〇六七

浙江巡撫採進本(總目)。○《兩淮鹽政李呈送書目》:「《難經脈訣附方》共十三卷,明張世賢註,八本。」○明沈氏碧梧亭刻本,作《圖註王叔和脈訣》四卷附方一卷,半葉十行,行十八字,白口,左右雙邊。北圖、南圖、開封圖藏。○明萬曆三十四年存德堂陳耀吾刻本,作《鋟圖註王叔和脈訣琮璜》五卷,與《鋟圖註八十一難經》四卷合刻。半葉十一行,行二十五字,四周雙邊。上海中醫學院藏。○明刻本,作《圖註脈訣辨真》四卷附方一卷,與《圖註八十一難經辨真》四卷合刻。中國醫科院、故宫藏。○明馮翥刻《圖註脈訣難經》本,書名卷數同前本。北大藏。○中科院圖書館藏明刻本,作《圖註脈訣辨真》四卷附方一卷,題「西晉王叔和譔,四明張世賢註」。附方題「四明静齋張世賢編次」。半葉九行,行二十字,白口,四周單邊。《存目叢書》據以影印。北圖亦有是刻。○明刻本,書名卷數同前,半葉九行,行二十字,白口,四周單邊。清蔣寶素批校。上海中醫學院藏。○明刻本,書名卷數及行款版式同前本,上海中醫學院藏。○明刻本,書名卷數同前。半葉九行,行字不等,白口,四周單邊。安徽省圖藏。○《圖註難經脈訣》本,刊本甚多,參前文《圖註難經》條。

杜天師了證歌一卷　舊本題唐杜光庭撰　三〇六八

浙江巡撫採進本(總目)。

瘡瘍經驗全書十三卷　舊本題宋竇漢卿撰　三〇六九

浙江巡撫採進本(總目)。○《浙江省第六次呈送書目》:「《瘡瘍經驗全書》十三卷,舊題宋竇漢卿輯,五本。」○《浙江採集遺書總録》:「《瘡瘍經驗全書》十三卷,明隆慶間刊本,宋合肥竇漢卿輯,明裔孫夢麟增訂。」○上海圖書館藏明隆慶三年三衢大西堂刻本,作《重校宋竇太師瘡瘍經驗全書》十二卷,各卷題「宋燕山竇漢卿輯著,明三衢大西堂繡梓」。半葉九行,行二十二字,白口,四周單邊。有刻工:吴祥、張言。版心題「五桂堂精選」。前有隆慶三年申時行序云:「裔孫楠續授太醫院醫士,其子夢麟術業益工,聲稱籍甚,乃緝遺書,重增經驗諸方,梓以行世。」《存目叢書》據以影印。浙圖亦有是刻。○南開大學藏清康熙五十六年浩然閣刻本六卷六册。

大本瓊瑤發明神書二卷　舊本題賜太師劉真人撰　三〇七〇

浙江鄭大節家藏本(總目)。○《浙江省第五次鄭大節呈送書目》:「《瓊瑤發明神書》二卷,宋劉真人集。」○《浙江採集遺書總録》:「《瓊瑤發明神書》二卷,二老閣藏刊本,宋賜太師劉真人集。」○天一閣文管所藏明刻本分上中下三卷,題「賜太師劉真人集」。半葉八行,行十六字,白口,左右雙邊。前有崇寧初元年閏月六日四明序。字體版式是嘉靖風氣。《存目叢書》據以影印。○紅格精鈔本四册，惠民地區胡集鎮某氏藏，一九九四年該鎮黨委書記孫思國嘗攜至山東省圖書館鑒别，徐明兆、周玉山兩君寓目，有缺葉。

崔真人脈訣一卷　舊本題紫虚真人撰，東垣老人李杲校評。考紫虚真人爲宋道士崔嘉彦。三〇七一江蘇巡撫採進本（總目）。○明嘉靖八年遼藩朱寵瀼梅南書屋刻《東垣十書》本，作《脈訣》一卷。半葉十一行，行二十字，白口，左右雙邊。北圖、北大、中醫科學院、上圖藏。○明嘉靖十七年詹氏進賢書堂刻《新刊東垣十書》本，作《脈訣》一卷。黑龍江省圖藏。○臺灣「中央圖書館」藏明萬曆十一年金陵周氏仁壽堂刻《新刊東垣十書》本，首題「新刊東垣十書首卷」，次題「元紫虚真人撰句，元東垣老人李杲校批，明書林周氏希旦刊傳」。半葉十三行，行二十四字，白口，四周雙邊。《脈訣》正文末有「萬曆癸未孟夏金陵仁壽堂周敬素刊行」二行。全書封面刻「大業堂梓」。（見該館《善本書志初稿》）中醫科學院、遼圖有萬曆十一年周曰校刻《新刊東垣十書》（見《中國古籍善本書目》），似即一刻。○明書林楊懋卿刻《東垣十書》本，作《脈訣》一卷，半葉九行，行二十字，白口，四周單邊。北大、中科院圖藏。○明吴門書林德馨堂刻《東垣十書》本，作《脈訣》一卷，半葉九行，行二十字，白口，四周單邊。中醫科學院、南圖、陝西圖等藏。○明敦化堂刻《東垣十書》本，作《脈訣》一卷，中國醫科院、天津衛生職工醫學院、天津中醫學院一附院、齊齊哈爾圖書館藏。○明鈔本，作《紫虚崔真人脈訣祕旨》，中醫科學院藏。○明朝鮮重刻嘉靖八年遼藩朱寵瀼梅南書屋刻《東垣十書》本。北大、北京中醫學院藏。○清初刻《東垣十書》本，中醫科學院、山東省圖等藏。○日本萬治元年(清順治十五年)京師山本長兵衛、武邨市兵衛刻《東垣十書》本，半葉六行，行十字，白口，四周雙邊(此刻《脈訣》以外各書半葉九行，行二十字)。臺灣「中央圖書館」、北京中醫科學院藏。○日本翻刻明嘉靖八年遼藩刻《東垣十書》本，中醫科學院、北大、上圖、大連圖藏。○清光緒三十四年成都肇經堂刻《東垣十書》本，中醫科學院藏。○清文奎堂刻《東垣十書》本，中醫科學院藏。○清廣州林記書莊刻《東垣十書》本，上海第二醫學院藏。○萃華堂刻《東垣十書》本，故宮、山東圖藏。另有石印本《東垣十書》，不俱録。○明萬曆二十九年吴勉學刻《古今醫統正脈全書》本，作《脈訣》一卷，半葉十行，行二十字，白口，四周單邊，有刻工。中科院圖、中醫科學院、上圖藏。清初蘊古堂重修本。北大藏。○清江陰朱文震刻《古今醫統正脈全書》本，故宮、重慶圖藏。○清德堂精鈔《壽養叢書選鈔三種》本，書口有「清德堂」字樣。中醫科學院藏。

東垣十書二十卷　不著編輯者名氏　三〇七二

江蘇巡撫採進本(總目)。○《江蘇省第一次書目》：「《東垣十書》八本。」○《江蘇採輯遺書目録》：「《東垣十書》十種，元東垣李杲著，刊本。」○明嘉靖八年遼藩朱寵瀼梅南書屋刻本，北圖、北大、中醫科學院、上圖藏。○南圖藏明刻本，佚去《脈訣》、《蘭室秘藏》、《此事難知集》三種。清丁丙跋。○黑龍江省圖書館藏明嘉靖十七年詹氏進賢書堂刻本。○明萬曆十一年金陵周氏仁壽堂刻本，臺灣「中央圖書館」藏。《中國古籍善本書目》著録明萬曆十一年周曰校刻本(中醫科學院、遼圖藏）似即一版。○明書林楊懋卿刻本，北大、中科院圖藏。○明吳門書林德馨堂刻本，中醫科學院、南圖、陝西圖等藏。○明敦化堂刻本，中國醫科院、天津衛生職工醫學院、天津中醫學院一附院、齊齊哈爾圖書館藏。按：此本於十種外附有元王好古《醫壘元戎》一卷《癍論萃英》一卷。○明隆慶二年曹灼刻本，半葉十二行，行二十字，白口，左右雙邊，有刻工。中國科學院上海圖書館藏。按：子目與《四庫提要》不同，開列如次：金張元素《潔古家珍》一卷、金張璧《雲岐子脈》一卷、金張璧《雲岐子保命集》二卷、金李杲《脾胃論》一卷、金張璧《醫學發明》一卷、某氏《活法機要》一卷、元王好古《醫壘元戎》一卷《此事難知》一卷《陰證略例》一卷《海藏癍論萃英》一卷、金李杲《蘭室祕藏》一卷、某氏《田氏保嬰集》一卷。○明朝鮮重刻嘉靖八年遼藩刻本，北大、北京中醫學院藏。○清初刻本，中醫科學院、山東省圖等藏。○日本萬治元年（清順治十五年）京師山本長兵衛、武邨市兵衛刻本，臺灣「中央圖書館」、北京中醫科學院藏。○日本翻刻明嘉靖八年遼藩刻本，中醫科學院、北大、上圖、大連圖藏。○清光緒三十四年成都肇經堂刻本，中醫科學院藏。○清文奎堂刻本，中醫科學院藏。○清廣州林記書莊刻本，上海第二醫學院藏。○萃華堂刻本，故宮、山東圖藏。另有石印本，不俱録。善本行款參見前文《崔真人脈訣》條。

珍珠囊指掌補遺藥性賦四卷　舊本題金李杲撰　　**三〇七三**

侍郎金簡購進本（總目）。○中科院圖書館藏明金陵書林唐富春刻本，作《新刻官板補遺珍珠囊藥性賦》三卷，半葉十行，行二十字，白口，四周單邊。○明天啟二年壬戌古吳汪復初刻本，與《明醫指掌》十卷等三種合刻,書名卷數同存目。首葉作金陵唐鯉飛梓行,《明醫指掌》之首附有《診家樞要》。中醫科學院藏。又一部同版,扉頁改題雲林五雲堂刊,亦中醫科學院藏。(見《中醫圖書聯合目録》。下同。)○明三槐堂刻本,中國醫學科學院藏。○明刻本,上圖、南圖藏。○清初杏園刻本,中國醫科院藏。○清康熙三十三年文武堂刻本,江西圖藏。○康熙刻本,北京中醫學校、中華醫學會上海分會藏。未知與前本異同。○清乾隆五十年金閶傳萬堂刻本,重慶圖藏。○清嘉慶十九年刻本,北圖藏。○清道光三年金閶緑蔭堂刻本,山東圖藏。○清道光十八年刻本,山東圖藏。○清道光二十二年麗澤堂刻本,上圖藏。○清群玉山房刻本,上海中醫文獻研究館藏。○清善成堂刻本,廣東中山圖藏。○清光緒十二年江左書林刻本,山東圖藏。○清光緒十三年刻本,山東圖藏。○清光緒二十三年李光明莊刻本,題「東垣李杲編輯,金陵鳳笙濮禮儀重校」,版心下刻「李光明莊」。山東圖藏。《存目叢書》據以影印。重慶圖亦有是刻。○清光緒三十二年蘇州掃葉山房刻本,北京中醫學校藏。○民國二十三年商務印書館排印本。另有石印、鉛印本多種,不俱録。

三〇七四　傷寒心鏡一卷　舊本題鎮陽常德編

通行本(總目)。○《提要》云:「一名《張子和心鏡别集》。」○北京圖書館藏明洪武六年陳氏書堂刻本,作《别集張子和心鏡》一卷,附《新刊劉河間傷寒直格》後。○明萬曆二十九年吴勉學刻《古今醫統正脈全書》本,作《張子和心鏡别集》,題「鎮陽常德編,新安吴勉學校」。半葉十行,行二十字,白口,四周雙邊。《存目叢書》據中科院圖書館藏本影印。上圖亦有是刻。○清江陰朱文震刻《古今醫統正脈全書》本，故宮、重慶圖藏。○明萬曆三十七年書林張斐刻本，作《心鏡》一卷，附《新刊河間劉守真傷寒直格》後。上圖藏。○明萬曆懷德堂刻《劉河間傷寒三六書》本，作《張子和心鏡别集》。中華醫學會上海分會藏。○清光緒三十三年京師醫局刻民國十二年補刻《醫統正脈》單行本，上圖藏。○宣統元年上海千頃堂書局石印《河間六書》單行本。中醫科學院藏。

三〇七五　傷寒心要一卷　舊本題都梁鎦洪編

通行本(總目)。○北京圖書館藏明洪武六年陳氏書堂刻本，作《傷寒心要論》一卷，係《新刊河間劉守真傷寒直格》之續集。○上海圖書館藏明萬曆三十七年書林張斐刻本，亦《新刊河間劉守真傷寒直格》之續集。○中科院圖書館藏明萬曆二十九年吴勉學刻《古今醫統正脈全書》本，作《河間傷寒心要》一卷，題「都梁鎦洪編，新安吴勉學校」。半葉十行，行二十字，白口，四周雙邊。《存目叢書》據以影印。上圖亦有是刻。○清江陰朱文震刻《古今醫統正脈全書》本，故宮、重慶圖藏。○明萬曆懷德堂刻《劉河間傷寒三六書》本，中華醫學會上海分會藏。○清光緒三十三年京師醫局刻民國十二年補刻《醫統正脈》單行本，上圖藏。○清宣統元年上海千頃堂書局石印《河間六書》單行本，中醫科學院藏。○民國二十八年商務印書館據《古今醫統正脈全書》本排印，收入《叢書集成初編》。

三〇七六　流注指微賦一卷　元何若愚撰

永樂大典本(總目)。

如宜方二卷　元艾元英撰　**三〇七七**

浙江巡撫採進本（總目）。〇《浙江省第九次呈送書目》：「《如宜方》二卷，元艾元英輯，四本。」〇《浙江採集遺書總録》：「《如宜方》二卷，天一閣藏元刊本，元東平艾元英輯。」〇北京圖書館藏明初刻本，卷一第二十三葉以前佚去，卷二題「東平艾元英編輯，三山張士寧校正」。半葉八行，行二十字，黑口，花魚尾，四周雙邊。《存目叢書》據以影印。按《提要》云：「此本爲三山張士寧所刊，前有二序，一爲至正乙未林興祖作，一爲至治癸亥吴德昭作。……相其板式，猶元代閩中所刊。」北圖此本佚去序文及正文前二十二葉，惟卷二仍題「三山張士寧校正」，字體版式亦確係閩中風格，蓋即《提要》所謂元代閩中張士寧刊本也。〇《藏園群書經眼録》：「《如宜方》二卷，元艾元英撰，存殘本一卷。明刊本，九行二十字。海源閣遺籍。庚午。」

泰定養生主論十六卷　舊本題元洞虚子王中陽撰　**三〇七八**

兩淮鹽政採進本（總目）。〇《兩淮鹽政李續呈送書目》：「《泰定養生主論》十六卷，元王珪，四本。」〇北京圖書館藏明正德六年冒鸞刻本，題「逸人洞虚子撰」。半葉十行，行二十字，白口，左右雙邊。前有正德四年徐繁《重刻泰定養生主論序》，至元後戊寅段天祐序，逸人洞虚子王中陽自序。後有正德六年六月十日東皋冒鸞書後云：「適予秖慶聖旦趨朝，過建陽，即以俸餘授孫令佐，曰爲我刻之。佐固有爲者，則請付諸義民劉洪期，再閱月而迄工。」又正德六年六月建安楊易跋。卷内鈐「姜問岐印」、「秋農」、「三世醫盧」、「孟河丁氏藏書」等印記。《存目叢書》據以影印。〇明刻本，半葉十行，行二十字，白口，左右雙邊。浙江醫科大學藏。天一閣文管所本僅存卷一至卷十三。〇日本天保五年(清道光十四年)小島質影鈔明正德六年刊本十六卷四册，臺灣「故宫博物院」藏。〇清乾隆鈔本，上海第二醫學院藏。〇鈔本，中醫科學院藏。

類編南北經驗醫方大成十卷　舊本題元文江孫允賢撰　三〇七九

兩淮鹽政採進本(總目)。〇《兩淮鹽政李續呈送書目》：「《醫方大成》十卷，元孫允賢，二本。」〇《提要》云：「本名《醫方集成》。此本爲錢曾也是園所藏，猶元時舊刻。目録末題『至正癸未菊節進德書堂刊行』。前有題識曰『《醫方集成》一書，四方尚之久矣。本堂今得名醫選取奇方，增入孫氏方中，俾得貫通，名曰《醫方大成》』云云。」〇南京圖書館藏明初刻本，作《新編南北經驗醫方大成》十卷，半葉十四行，行二十四字，黑口，左右雙邊或四周單邊。鈐「森氏開萬册府之記」印，末有明治丙子古稀老人枳園跋。《善本書室藏書志》著録此帙，首有木記。核其文知即《四庫提要》所引之識語。考《愛日精廬藏書志》著録元刊本亦有此識語。唯丁氏、張氏均不言有至正癸未進德書堂刊記，頗疑皆至正癸未進德書堂刊本，而丁氏、張氏本佚其刊記，四庫館臣所見兩淮進呈錢遵王舊藏本猶存之，藉此知爲至正癸未進德書堂刊也。〇北京圖書館藏明成化十七年書林劉氏溥濟藥室刻本，作《新編醫方大成》十卷。半葉十四行，行二十四字，黑口，四周單邊。〇中醫研究院藏日本寬永三年(明天啟六年)刻本，作《南北經驗醫方大成》不分卷。末有識語：「于時寬永三年丙寅臘月吉日開板之。」此據宗文書堂本重刻，前有識語，標題下題「宗文書堂新刊」。欄外增刻和訓甚多。

《存目叢書》據以影印。○中國醫科院藏日本寬永六年(明崇禎二年)丸屋市兵衛翻刻本,序文題《南北經驗大成》。○日本寬永九年刻本,作《醫方大成論》不分卷。○日本正保四年(清順治四年)刻本,作《南北經驗醫方大成鈔》十卷,元孫允賢撰,日本埜釋玄幽輯。北大、南圖、白求恩醫科大學藏。○日本慶安二年(清順治六年)林甚右衛門刻本,作《南北經驗醫方大成鈔》,撰輯者同前。上圖、上海中醫藥大學藏。○中醫科學院藏日本延寶七年(清康熙十八年)村上勘兵衛據宗文書堂本重刻本,作《醫方大成論》。○北京大學藏日本天和二年(清康熙二十一年)刻本,作《醫方大成論》不分卷一册。○中醫科學院藏日本出雲寺和泉掾板,作《南北經驗醫方大成》。○中醫科學院藏日本倣宗文書堂本刻本,板歸浙湖許恒遠堂後印本。書名同前。○中國醫科院藏日本元禄十五年(清康熙四十一年)京都書坊小紅屋喜兵衛刻本,作《醫方大成論和語鈔》八卷。○沈陽醫學院藏日本正德三年(清康熙五十二年)據宗文書堂本重刻本,書名卷數同前本。以上二本皆元孫允賢撰,日本岡本一抱子(岡本爲竹)註。

傷寒醫鑒一卷　元馬宗素撰　**三〇八〇**

通行本(總目)。○北京圖書館藏明洪武六年陳氏書堂刻本,係《新刊河間劉守真傷寒直格》之續集。○上海圖書館藏明萬曆三十七年書林張斐刻本,亦係《新刊河間劉守真傷寒直格》之續集。○明萬曆懷德堂刻《劉河間傷寒三六書》本,中華醫學會上海分會藏。○明萬曆二十九年吴勉學刻《古今醫統正脈全書》本,作《劉河間傷寒醫鑒》一卷,題「平陽馬宗素撰,新安吴勉學校」。半葉十行，行二十字，白口，四周雙邊或左右雙邊。《存目叢書》用中科院圖書館藏本影印。上圖亦有是刻。○清江陰朱文震刻《古今醫統正脈全書》本，故宮、重慶市圖藏。○清光緒三十三年京師醫局刻民國十二年補刻《醫統正脈》單行本，上圖藏。○清宣統元年上海千頃堂書局石印《河間六書》單行本，中醫科學院藏。

雜病治例一卷　明劉純撰　**三〇八一**

浙江范懋柱家天一閣藏本（總目）。○《提要》云：「成化己亥上元縣知縣長安蕭謙觀政户部時，奉命賞軍甘州，始從純後人得其本，爲鋟版以傳。」○遼寧中醫學院藏明成化十五年蕭謙刻本，題「吴陵劉純宗厚編輯，長安蕭謙子豫校正」。半葉十一行，行十八字，黑口，四周雙邊。前有成化己亥蕭謙序。通篇有日本人批注。《存目叢書》據以影印。

傷寒治例一卷　明劉純撰　**三〇八二**

通行本（總目）。○《提要》云：「亦成化己亥蕭謙所刻也。」○北京圖書館藏明刻本，題「吴陵劉純宗厚編集，長安蕭謙子豫校正」。半葉十一行，黑口，四周雙邊。前有成化己亥蕭謙序云：「予得而刻之，益有以廣傳翁之德惠。」是本字體版式一如前書，亦成化十五年蕭謙刻本無疑。《存目叢書》據以影印。天一閣文管所有明刻本，未知是否同版。

醫方選要十卷　明周文采編　**三〇八三**

兩淮鹽政採進本（總目）。○《兩淮鹽政李續呈送書目》：「《醫選要》十卷，明周文采，十本。」○《提要》云：「嘉靖二十三年通政使顧可學奏進，詔禮部重録付梓，仍行兩京各省翻刻。」〇明嘉靖刻本，半葉十行，行二十一字，黑口，四周雙邊。有刻工。南圖、廣東社科院藏。〇明嘉靖刻本，行款版式同前。中科院上海圖書館藏。上海圖書館有三部，行款版式同，但不同版。〇明嘉靖刻本，款版式同前。浙江中醫藥研究所藏。〇明嘉靖刻本，行款版式同前，浙圖藏。〇明嘉靖刻本，行款版式同前。北圖有兩部，版不同。《存目叢書》用其中一部影印。〇明隆慶四年金陵書坊東塘胡氏刻本，作《重刊醫方選要》十卷附《外科集驗方》二卷。半葉十二行，行二十三字，白口，四周雙邊。有刻工。大連圖藏。〇日本翻刻明嘉靖本，中國醫科院藏。

袖珍小兒方十卷　明徐用宣撰　三〇八四

浙江范懋柱家天一閣藏本(總目)。〇《浙江省第五次范懋柱家呈送書目》：「《袖珍小兒方》十卷，明徐用宣著，二本。」〇《浙江採集遺書總録》：「《袖珍小兒方》十卷，刊本，明衢州徐用宣輯。」〇中科院上海圖書館藏明弘治刻本，作《新刊袖珍小兒經驗良方》十卷，存卷三、卷四、卷六至卷十。半葉十行，行二十二字，黑口，四周雙邊。〇安徽省圖書館藏明嘉靖十一年陳琦刻本，作《袖珍小兒方》十卷。半葉十行，行字不等，黑口，四周雙邊。〇上海圖書館藏明刻本，作《袖珍小兒方》六卷。半葉十行，行十九字，大黑口，四周雙邊。無序跋。《存目叢書》據以影印。〇美國普林斯頓大學葛思德東方圖書館藏明嘉靖間錢宏刻本，作《袖珍小兒方》十卷，存卷一至卷六，四册。題「古杭錢宏重刊」。半葉十行，行二十四字，白口，四周單邊。前有永樂三年自序。卷内鈐「翰林院印」滿漢文大官印。（見沈津《書城挹翠録》）按《四庫提要》云：「是書作於永樂中，嘉靖十一年贛撫錢宏重刊。」知普林斯頓大學所藏即四庫館臣所見嘉靖十一年贛撫錢宏刻本，唯佚去後四卷爲憾。日本東京内閣文庫有嘉靖十一年贛州府刻本十卷，亦即是刻。

安老懷幼書四卷　明劉宇編　**三〇八五**

浙江朱彝尊家曝書亭藏本（總目）。〇《浙江省第五次曝書亭呈送書目》：「《安老書》、《懷幼書》，明劉宇輯，四本。」〇《浙江採集遺書總録》：「《安老書》三卷《懷幼書》一卷，刊本，明監察御史劉宇輯。」〇上海圖書館藏明弘治十一年自刻本，半葉九行，行十九字，大黑口，四周雙邊。前有弘治十一年兩序，均殘。後有弘治十一年王鴻儒跋，亦殘。卷内鈐「孟河丁氏藏書」、「三世醫廬」等印記。《存目叢書》據以影印。天一閣有是刻藍印本。中醫科學院亦有是刻。〇日本傳鈔明弘治刻本，北大藏。

醫學管見一卷　明何瑭撰　**三〇八六**

通行本（總目）。

保嬰撮要八卷　明薛鎧撰　**三〇八七**

浙江巡撫採進本（總目）。〇《浙江省第十二次呈送書目》：「《保嬰撮要》八卷，明薛鎧著，八本。」〇《浙江採集遺書總録》：「《保嬰撮要》八卷，刊本，明太醫院院使蘇州薛鎧輯。」〇北京圖書館藏明嘉靖三十四年林懋舉刻本十卷,半葉八行,行十七字,白口,四周單邊。有刻工。○北京圖書館藏明刻本二十卷,半葉八行,行十七字,白口,左右雙邊。○上海圖書館藏明刻本二十卷,行款版式同前本。○上海中醫學院藏明萬曆三十年刻本,作《保嬰全書》二十卷,半葉八行,行十七字,四周單邊。似即一書。○北京市文物局藏明萬曆刻本,書名卷數同前本,半葉八行,行十七字,白口,四周單邊。○明萬曆刻《薛氏醫按》本二十卷,半葉十行,行二十字,白口,左右雙邊。北大、南圖、浙圖等藏。○明陳長卿刻《薛氏醫按》本二十卷,半葉十行,行二十字,白口,四周單邊。中科院圖、復旦等藏。○明崇禎元年朱明刻《薛氏醫書》本二十卷,半葉九行,行十九字,白口,四周單邊。南圖、上海中醫學院等藏。○清乾隆四庫館鈔《四庫全書·薛氏醫按》本二十卷。○清乾隆嘉慶間刻《薛氏醫按》本二十卷,上圖藏。○清聚錦堂刻《薛氏醫按》本二十卷,中醫科學院藏。○清嘉慶十四年書業堂刻《薛氏醫按》本二十卷,中醫科學院、山東大學藏。○清東溪堂刻《薛氏醫按》本二十卷,上圖藏。○清光華堂刻《薛氏醫按》本二十卷,故宫、陝西圖藏。○清裕元堂刻《薛氏醫按》本二十卷,重慶圖藏。○清光緒二十二年大成書局刻《薛氏醫按》本二十卷,浙醫大藏。○兩儀堂刻《薛氏醫按》本,首都圖、沈陽醫學院藏。○日本承應二年(清順治十年)武邨市兵衛刻本二十卷,浙圖藏。

神應經一卷　明陳會撰　劉瑾補輯　　**三〇八八**

浙江朱彝尊家曝書亭藏本(總目)。○《浙江省第五次鄭大節呈送書目》:「《神應經》一卷,明陳會著,劉瑾補輯,一本。」○《浙江採集遺書總録》:「《神應經》一册,二老閣藏刊本,明陳會撰。」按:

《總目》作曝書亭藏本，疑誤。○南京圖書館藏明洪熙元年刻本，半葉十二行，行二十三字，黑口，四周雙邊。前有洪熙乙巳四月二十一日序。卷内鈐「休寧汪季青家藏書籍」等印記。《善本書室藏書志》著録。○日本正保二年（清順治二年）田原仁左衛門翻刊明成化十年本，中醫科學院、上圖、大連、臺北「故宫」藏。○中醫科學院藏日本昭和四十九年東京都盛文堂翻刻正保二年本，題「宏綱先生陳會善同撰，醫士臣劉瑾永懷重校」。半葉十二行，行二十三字，黑口，四周雙邊。前有成化十年韓繼禧重刻序，洪熙乙巳序。末有「正保二年五月吉日二條鶴屋町田原仁左衛門開板」一行。《存目叢書》據以影印。

醫開七卷　明王世相撰　三〇八九

浙江范懋柱家天一閣藏本（總目）。○《浙江省第五次范懋柱家呈送書目》：「《醫開》七卷，明王世相著，二本。」○《浙江採集遺書總録》：「《醫開》七卷，刊本，明魏人王世相撰。」

醫史十卷　明李濂撰　三〇九〇

浙江范懋柱家天一閣藏本（總目）。○《浙江省第五次范懋柱家呈送書目》：「《醫史》十卷，明李濂著，二本。」○《浙江採集遺書總録》：「《醫史》十卷，刊本，明山西僉事浚儀李濂輯。」○上海圖書館藏明刻本，題「浚儀李濂輯」。半葉十行，行二十字，白口，四周單邊。前有凡例、目録。鈐「燕山鎦氏鑑藏書畫印」、「杉龕藏書」、「楊元吉」、「易三經眼」、「易山珍藏」等印記。《存目叢書》據以影印。○臺灣「中央圖書館」藏明姚咨鈔本五卷一册，題「浚儀李濂輯」。半葉十行，行二十字，無格。前有嘉靖二十六年丁未三月甲子夷門老人李濂川父序。卷内鈐「潛坤」、「重光」、「韓繩大印」、「价藩」、「松江讀有用書齋金山守山閣兩後人韓德均錢潤文夫婦之印」、「張珩私印」、「吳興張氏韞輝齋曾藏」、「葱玉張氏」、「韞輝齋圖書印」、「張氏藏書」、「希逸」等印記。前有韓應陛題記：「咸豐八年六月朔得之蘇州黄氏滂喜囷。」末鈐「應陛」印。又：「自書目至四卷甄權傳止爲錫山姚舜咨手鈔，餘當亦姚属人寫者，姚亦嘉靖時人。應陛。」（見該館《善本書志初稿》、《善本題跋真跡》）〇中醫科學院藏日本皮紙鈔本，尾台榕堂評點，實事求是書樓藏。〇鈔本，北圖、中科院圖、中醫研究院、中國醫科院、沈陽醫學院、中華醫學會上海分會均有收藏。

藥鏡四卷　明蔣儀撰　**三〇九一**

浙江巡撫採進本（總目）。〇《浙江省第十二次呈送書目》：「《藥鏡》四卷，明蔣儀輯，二本。」〇《浙江採集遺書總録》：「《藥鏡》四卷，刊本，明嘉善蔣儀輯。」〇中醫科學院藏明崇禎十四年蔣儀刻《醫藥鏡》本，卷一題「嘉善蔣儀纂定，常醴參訂」。半葉九行，行二十字，白口，四周單邊。鈐「周象賢字宗美」等印記。《存目叢書》據以影印。上圖、上海中醫學院亦有是刻。

醫學正傳八卷　明虞摶撰　**三〇九二**

浙江范懋柱家天一閣藏本（總目）。〇《浙江省第五次范懋柱家呈送書目》：「《醫學正傳》八卷，明虞摶著，八本。」〇《浙江採集遺書總録》：「《醫學正傳》八卷，刊本，明虞摶撰。」〇《武英殿第二次書目》：「《醫學正傳》十二本。」〇明嘉靖刻本，作《新編醫學正傳》八卷，半葉十二行，行二十四字，白口，四周單邊。中國醫科院、杭州市圖藏。○明萬曆五年金陵三山書舍松亭吴江刻本，作《京本校正大字醫學正傳》八卷，半葉十三行，行二十四字，白口，四周雙邊。中醫科學院、中華醫學會上海分會藏。○浙江圖書館藏明萬曆六年邊有猷刻本，正文首題「新編醫學正傳卷一」，次題「花溪恒德老人虞摶天民編集，姪孫虞守愚惟明校正」。半葉九行，行二十字，白口，四周雙邊。版心刻工：虎、子、士、斗、倉、煖、几、貞、小等。前有萬曆六年顧爾行《刻醫學正傳序》，謂長垣令邊君重梓。末有萬曆六年邊有猷刻書跋。卷内鈐「古執金吾」、「梁氏伯鼎」、「鎮麓山人」、「伯鼎賞心」、「司隸校尉章」、「朱別宥收藏記」等印記。《存目叢書》據以影印。中科院上海圖書館、遼寧中國醫科大亦有是刻。○明萬曆浙江布政司刻《合刻二種醫書》本，明虞摶撰，王溥增補。半葉九行，行二十字，白口，四周雙邊。北大、上圖等藏。○明崇禎刻本，作《王氏增補醫學正傳》八卷，明虞摶撰，王溥增補。半葉九行，行二十字，白口，四周雙邊。北圖藏。○日本慶長九年（明萬曆三十二年）活字印本，作《新編醫學正傳》八卷，復旦大學藏。○日本元和八年（明天啟二年）平樂寺刻本，中醫科學院、南圖、白求恩醫科大學藏。○日本寬永十一年（明崇禎七年）邨上平樂寺刻本，上海中醫藥大學、白求恩醫科大學藏。○日本寬永十一年刻本，作《新刊京板校正大字醫學正傳》八卷，存卷一至卷三、卷六至卷八。羅振玉跋。遼圖藏。○日本慶安元年（清順治五年）刻本，作《新編醫學正傳》八卷，上圖、白求恩醫科大學均存卷一。○日本明曆三年（清順治十四年）翻刻明萬曆五年金陵三山書舍本，作《京板校正大字醫學正傳》八卷，復旦大學藏。○日本萬治二年（清順治十六年）吉野屋權兵衛依潭城書林劉希言覆金陵三山街書肆松亭吴江繡梓本重刻本,作《新刊京板校正大字醫學正傳》八卷,中科院圖、中醫科學院、浙圖、北大藏。○會文堂書局石印本,中醫科學院等藏。

衛生集四卷　明周宏撰　**三〇九三**

兩淮鹽政採進本(總目)。○《兩淮鹽政李續呈送書目》:「《衛生集》四卷,明周宏,四本。」○北京圖書館藏明嘉靖刻本八册,半葉十行,行二十字,黑口,四周雙邊。

萬氏家鈔濟世良方六卷　明萬表編　其孫邦孚增輯　**三〇九四**

浙江巡撫採進本(總目)。○《浙江省第八次呈送書目》:「《萬氏家抄濟世良方》六卷,萬邦孚增輯,六本。」○《浙江採集遺書總録》:「《萬氏家抄濟世良方》六卷,刊本,明鄞縣萬表編,孫邦孚增輯。」○上海圖書館藏明嘉靖刻本五卷,未經萬邦孚增輯。半葉十一行,行二十二字,白口,左右雙邊。○明萬曆三十年萬邦孚刻本六卷,半葉十行,行二十三字,白口,四周單邊。中國醫科院、中醫科學院、吉林省圖、哈醫大藏。○北京大學藏明萬曆三十七年沈儆炌刻本,題「四明萬表選集,孫邦孚增訂重梓」。半葉十行,行二十三字,白口,四周單邊。前有洪啟睿序,萬曆三十年朱道相《刻萬氏家抄濟世良方序》,萬曆三十六年(著雍涒灘)沈儆炌《重刻萬氏良方跋》。目録後有萬邦孚識語。李盛鐸舊藏。《存目叢書》據以影印。北圖有是刻。○明萬曆四十四年刻本,半葉十行,行二十三字,白口,四周單邊。上圖藏。○明杭城書林翁倚山刻本,作《重刻萬氏家傳濟世良方》五卷。中科院上海圖書館藏。○美國國會圖書館藏明萬曆刻本七卷十册,題「提督漕運鎮守淮安地方總兵官都督四明萬表選集，分守廣東廣州等處地方督理海防參將男達甫校訂，鎮守福建并浙江金温地方總兵官都督孫邦孚增補。」半葉十行，行二十三字。前有萬曆三十七年沈敬炌序，萬曆二十九年洪啓睿序，萬曆三十年朱道相序。後有某氏跋，殘。（詳王重民《善本提要》）〇日本寬永十年（明崇禎六年）刻本七卷，南圖藏。〇鈔本，北圖藏。

三〇九五 攝生衆妙方十一卷　明張時徹編

兩淮鹽政採進本（總目）。〇《兩淮鹽政李續呈送書目》：「《攝生衆妙方》、《良方》，明張時徹，七本。」〇明嘉靖二十九年自刻本，半葉十行，行二十字，白口，四周雙邊。北圖、中醫科學院藏。（見《中國古籍善本書目》）〇明刻本，卷九至十一配清鈔本。半葉十行，行二十字，白口，四周雙邊，有刻工。上圖藏。〇北京大學藏明隆慶三年衡王府刻本，題「四明芝園主人集，益都堯岡山人校」。半葉十行，行二十字，白口，四周雙邊。前有衡王樂善子《重刊攝生衆妙方序》云：「近得《攝生衆妙方》一書，論有根據，方有證驗，是精於醫者也，芝園張氏已論之詳矣。予因將素所服食，及本府合以施濟者，併附列於各門之後，命良醫正馬崇儒校正，奉祀正李用中重梓，以普於四方。」後有隆慶三年馬崇儒《重刊攝生衆妙方後》云：「近得《攝生衆妙方》，國主喜其方論詳驗，命儒同奉祀正李用中校正重梓，以素所服食，及本府合以施濟者，附於各門之後。」末署：「青藩迪公郎良醫正馬崇儒謹跋。」按：衡王府在山東青州府，治所爲益都，則卷端「益都堯岡山人校」，堯岡山人疑即馬崇儒。《存目叢書》據以影印。中醫科學院、津圖、南圖、上圖、浙圖等亦有是刻。〇明萬曆三十八年張一棟刻本，半葉九行，行二十字，白口，左右雙邊。中科院圖書館、上圖、山東圖、南圖等藏。又有清康熙修版印本。○清冠悔堂鈔本，據隆慶三年衡府刻本鈔。中國醫科院藏。

急救良方二卷　明張時徹編　三〇九六

兩淮鹽政採進本（總目）。○《兩淮鹽政李續呈送書目》：「《攝生衆妙方》、《良方》，明張時徹，七本。」○明嘉靖二十九年自刻本，半葉十行，行二十字，白口，四周雙邊。北圖、中醫科學院等藏。（見《中國古籍善本書目》）○中國科學院圖書館藏明隆慶三年衡王府刻本，題「四明芝園主人集，益都堯岡山人校」。半葉十行，行二十字，白口，四周雙邊。前有嘉靖二十九年自序云：「曩得急救方一本，每攜以自隨，或以自治，或以治人，率多徵應。間有新得，輒從其類附益之，其謟舛無驗者則删黜之。遂付梓人刻焉。」按：此係嘉靖二十九年自刻本序，隆慶三年衡王府重刻之，附張氏《攝生衆妙方》以行，行款版式字體及卷端校正人均與衡府刻《攝生衆妙方》相同。又有單行零本，以其僅有自序，故諸家往往誤爲嘉靖二十九年初刻本。中科院此本《存目叢書》據以影印，即誤爲自刻本，實沿《中國科學院圖書館中文古籍善本書目》及《中國古籍善本書目》之譌。嘗見山東省圖藏衡府刻單行本，該館卡片目録及《中國古籍善本書目》亦誤爲嘉靖二十九年自刻本。北大、中醫科學院、津圖、南圖、上圖、浙圖等館藏是刻皆與《攝生衆妙方》合函。嘗函請李國慶先生取津圖本與《存目叢書》影印中科院本相校，知係同版無疑。凡叢書或附刻之本，一旦離群單行，版本最易誤定，此即其例。遇有此種零本，須從行款、版式、字體及卷端校正人尋繹綫索，若有刻工、諱字則審定更易。不可但據序文遽下斷語也。○明萬曆三十八年張一棟刻本，半葉九行，行二十字，白口，左右雙邊。北圖、北大、上圖等藏。此與《攝生衆妙方》同時刻，而多自單行。又有康熙修版印本。

靈祕十八方加減一卷　舊本題德府良醫所良醫濟南胡嗣廉校編 三〇九七

浙江巡撫採進本（總目）。○《浙江省第九次呈送書目》：「《靈祕十八方加減》一本。」○《浙江採集遺書總録》：「《靈祕十八方加減》一册，天一閣藏刊本，缺名。」○北京大學藏明嘉靖二十年朝鮮安玹刻《新刊京本活人心法》本，作《加減靈祕十八方》。啟功郎李秀貞寫付刻。○北京市文物局藏明刻《活人心》本。○湯溪范氏棲芬室藏日本寫《活人心法》本。○清乾隆五十九年敬修堂刻《六醴齋醫書十種》本，作《加減靈祕十八方》一卷。書口作「於然室」。中醫科學院、山東圖、上圖等藏。○清光緒十七年廣州藏修堂刻《六醴齋醫書十種》本，中醫科學院、北圖、中科院圖等藏。○清光緒十七年廣州儒雅堂重刻《六醴齋醫書十種》本，中醫科學院、中科院圖、首都圖等藏。○民國十四年千頃堂書局石印《六醴齋醫書十種》本，中醫科學院、山東醫科大等藏。

心印紺珠經二卷　明李湯卿撰 三〇九八

兩淮鹽政採進本（總目）。○《兩淮鹽政李續呈送書目》：「《心印紺珠經》二卷，明李湯卿，一本。」○浙江圖書館藏明嘉靖二十一年邢址刻本，半葉十行，行二十字，白口，四周單邊。前有某氏序僅存前二葉。又邢址《刊心印紺珠經序》，末署「明嘉靖歲壬寅閏五月望當塗陽川邢址書於郡齋之碧玉堂」。據此序知係邢址官閩邵武時刻梓郡齋者。版心刻工：罗洋、郑何、郑佐、鄧福、吴安、張元、葉三、余乃祐、吴甲郎、余暹等。《存目叢書》據以影印。中醫科學院、北京市文物局、上圖亦有是刻。○明嘉靖二十六年嘉興府知府趙瀛刻本,半葉十行,行二十字,白口,四周單邊。福建省圖本有清林正青跋。北圖本有清陳鱣跋。北圖又一本有清貝墉跋。北大、上圖等亦有是刻。○明刻本,行款版式同前刻。上圖藏。○明刻本,行款版式同前二刻。遼寧中醫學院藏。○明崇禎六年刻本,作《紺珠經》二卷,半葉十行,行十九字,白口,左右雙邊。華東師大藏。○鈔本,湖南圖藏。

運氣易覽三卷　明汪機撰　**三〇九九**

兩淮鹽政採進本(總目)。○中國科學院圖書館藏明嘉靖十二年程鐈刻本,《汪石山醫書七種》之一。題「新安祁門朴墅汪機省之編輯,同邑石墅門生陳桷惟宜較正,同邑仁菴門生程鐈廷彝訂梓」。半葉十二行,行二十三字,白口,四周單邊。前有嘉靖七年自序。後有嘉靖十二年癸巳程鐈跋云:「鐈遂受而刻之。」《存目叢書》據以影印。北大、清華、川圖亦有是刻。○明嘉靖刻崇禎祁門朴墅增刻印《石山醫案八種》本,首都圖書館、中醫科學院、湖北省圖等藏。此與前本當出一版。○上海石竹山房石印《汪石山醫書八種》本,中醫科學院、上圖等藏。

痘證理辨一卷附方一卷　明汪機撰　**三一〇〇**

兩淮鹽政採進本(總目)。○《浙江省第六次呈送書目》:「《痘治附辨》一卷一本,《痘治附方》一卷一本。」○《浙江採集遺書總録》:「《痘治附辨》一卷,刊本,明祁門汪機撰。《痘治附方》一卷,刊本，明祁門汪機撰。」○中國科學院圖書館藏明嘉靖十年刻補修本，《汪石山醫書七種》之一。作《痘治理辨》一卷《痘圖》一卷《附方》一卷。題「新安祁門朴里汪機省之編輯刊」。半葉十一行，行二十二字，白口，四周單邊。版心下或刻「時利重刻」，則係補刻之板，時利乃刻工名。補刻之葉版心略寬。有嘉靖十年辛卯自序云：「書成，因名之曰《痘治理辨》，刊梨廣布。」又嘉靖十三年邑人胡希紹題辭。《存目叢書》據以影印。北大、清華、川圖亦有是刻。○明嘉靖刻崇禎祁門朴墅增刻印《石山醫案八種》本，首都圖書館、中醫科學院、湖北省圖等藏。此與前本當係同版。○上海石竹山房石印《汪石山醫書八種》本，中醫科學院、上圖等藏。

養生類要二卷　明吴正倫撰　　三一〇一

兩淮鹽政採進本（總目）。○《兩淮鹽政李續呈送書目》：「《養生類要》二卷，明吴正倫，二本。」○北京圖書館藏明嘉靖刻本，僅《養生類要前集》一卷。半葉十行，行二十字，白口，左右雙邊。（《北圖古籍善本書目》作「萬曆刻本」。此從《中國古籍善本書目》）○上海圖書館藏明萬曆十六年新安吴氏木石山房重刻本，作《養生類要前集》一卷《後集》一卷。《前集》題「族祖左竹山人吴敖校正，新安木石山人吴正倫輯」。《後集》題「新安木石山人吴正倫輯」。半葉十行，行二十字，白口，左右雙邊。前有嘉靖四十三年張鯉序，吴敖序，鄭若庸撰吴正倫傳，嘉靖四十三年方元焕序。末有嘉靖四十三年吴敖跋，據吴跋知原刻於嘉靖四十三年。吴跋後有「萬曆戊子冬十一月木石山房重刊」一行。吴序後有刻工：「吴郡章松刻。」《存目叢書》據以影印。中醫科學院亦有是刻。

志齋醫論二卷　明高士撰　**三一〇二**

浙江范懋柱家天一閣藏本（總目）。○《浙江省第五次范懋柱家呈送書目》：「《志齋醫論》二卷，明高士著，二本。」○《浙江採集遺書總録》：「《志齋醫論》二卷，刊本，明鄞縣高士撰。」

經驗良方十一卷　明陳仕賢編　**三一〇三**

通行本（總目）。○《浙江省第五次范懋柱家呈送書目》：「《經驗良方》十一卷，明陳仕賢著，五本。」○《浙江採集遺書總録》：「《經驗良方》十一卷，天一閣藏刊本，明布政使閩人陳仕賢撰。」○明嘉靖間刻本，作《經驗濟世良方》十一卷，北圖藏（見《中醫圖書聯合目録》）。

丹溪心法附餘二十四卷　明方廣撰　**三一〇四**

内府藏本（總目）。○《武英殿第二次書目》：「《丹溪心法》十二本。」○明嘉靖十五年姚文清、陳講刻本，半葉十二行，行二十七字，白口，四周單邊。遼圖、太原市圖藏。浙圖有公文紙印本。○明嘉靖刻本，半葉十行，行二十二字，白口，四周單邊，有刻工。四川省圖藏。○明隆慶六年施篤臣刻本，半葉十行，行二十二字，白口，四周單邊。上圖、上海中醫藥大學、中科院上海圖書館、湖南圖等藏。○清華藏明萬曆二十八年沈九疇刻本，題「休寧東山古庵方廣約之類集」。半葉十行，行二十二字，白口，四周雙邊。前有嘉靖十五年賈詠序，嘉靖十五年自序。版心刻工：郑邦傑刻、郑邦達刻、邹天卿刊、萬伯誠刊、郭一德刻、邹胡、邹希賢、陳錦刊、邹天明、万智、邹友刊、邹天朝刊、邹明、姜俸、姜欽、邹中、付奇、邹元弼、邹邦治、郭一元、洪改、邹順、覃和、万伯成、姜求、李天八、陳元、邹正、刘机、楊过、熊貴、熊寶。卷内鈐「華陽鄭氏百瞻樓珍藏圖籍」、「蘇甦道人」、「鄭龕辰生安樂」、「獨槃鄭言」等印記。《存目叢書》據以影印。中醫科學院亦有是刻。○明刻崇禎八年彭堣重修本，半葉十行，行二十二字，白口，四周單邊，有刻工。浙江醫科大學藏。○明葉覲刻本，半葉十行，行二十二字，白口，四周單邊。浙圖、復旦藏。○明金陵書林唐鯉耀刻本，半葉十一行，行二十六字，白口，四周單邊。南圖、紹興魯迅圖書館、桐城縣圖書館、天津衛生職工醫學院藏。○明書林四知館楊君臨刻本，題「休寧東山古庵方廣約之類集」。半葉十一行，行二十四字，白口，四周單邊。卷末有牌記云：「武陽中憲大夫吳國倫精校，書林楊氏梓行。」封面有四知館楊君臨告白。有嘉靖十五年賈詠序、自序。遼圖、安徽圖、天津醫學院一附院、美國國會圖書館藏。王重民《善本提要》著録。○明刻本，半葉十一行，行二十四字，黑口，四周單邊。上圖、西安文管會藏。○明刻本，半葉十二行，行二十四字，白口，四周單邊。南圖、大連圖藏。○明刻本，半葉十行，行二十二字，白口，四周單邊。南圖、上圖藏。○明鈔本，存卷六至卷十二、卷十八至卷二十、卷二十三至卷二十四共十二卷。上圖藏。○清初刻本，上圖藏。○日本寬文十一年（清康熙十年）喜左衛門刻本，北大藏。○清乾隆十六年大業堂刻本，中華醫學會上海分會藏。○清尚儉堂刻本，青島圖藏。○清大文堂刻本，中醫科學院藏。○清光緒二十五年古越徐氏刻本，青島圖藏。○福建多文堂刻本，上海中醫藥大學藏。另有石印本，不録。

避水集驗要方四卷　明董炳撰　三一〇五

浙江巡撫採進本（總目）。○《浙江省第九次呈送書目》：「《避水集驗要方》四卷，明董炳著，四本。」○《浙江採集遺書總録》：「《避水集驗要方》四卷，天一閣藏刊本，明鳳陽董炳輯。」

上池雜説一卷　明馮時可撰　三一〇六

編修程晉芳家藏本(總目)。○清道光十一年六安晁氏木活字印《學海類編》本，題「明雲間馮時可元成著」。民國九年商務印書館影印晁氏木活字《學海類編》本。《存目叢書》亦據科學院圖書館藏晁氏印本影印。○民國十三年杭州三三醫社排印《三三醫書》本，中國醫科院、中醫科學院等藏。○民國十九年至二十年國醫書局排印《國醫小叢書》本，北圖、川圖、中醫科學院藏。

傷寒指掌十四卷　明皇甫中撰　三一〇七

浙江巡撫採進本(總目)。○《浙江省第八次呈送書目》：「《傷寒指掌》十四卷，明皇甫中著，七本。」○《浙江採集遺書總録》：「《傷寒指掌》十四卷，寫本，明仁和皇甫中撰。」

鍼灸大全十卷　明楊繼洲編　三一〇八

内府藏本(總目)。○《武英殿第二次書目》：「《鍼灸大全》五本。」○《浙江省第十二次呈送書目》：「《針灸大成》十卷，明楊繼洲輯，十本。」○《浙江採集遺書總録》：「《鍼灸大成》十卷，刊本，明三衢楊繼洲撰。」○《山西省呈送書目》：「《鍼灸大成》十卷。」○中國科學院圖書館藏明萬曆二十九年趙文炳刻本，作《鍼灸大成》十卷，半葉十行，行二十二字，白口，四周單邊。前有王國光序，又萬曆二十九年辛丑巡按山西監察御史燕趙含章趙文炳序云：「因刻是書，傳播宇内。」《存目叢書》據以影印。上圖、浙圖等亦有是刻。按：以下各本書名同此。○清順治十四年丁酉李月桂平陽刻本，中國醫科學院藏（見《中醫圖書聯合目録》）。按：《四庫提要》云「順治丁酉平陽府知府李月桂以舊版殘闕，復爲補綴」，似謂此本係李月桂據萬曆二十九年版修補重印者。○清康熙五年致和堂刻本（李月桂重訂），陝西圖、甘肅圖藏。○清康熙十九年庚申李月桂刻本，中科院圖、中國醫科院、故宫、上圖、南圖、湖南圖藏。亦作致和堂刻本。○清康熙五十七年戊戌李氏重刻本（李月桂重校），北圖分館藏。按：《北京大學古籍善本書目》著録「明萬曆刻清順治康熙修補本」。羅琳學長以康熙十九年本與萬曆本相校，謂康熙十九年本係重刻無疑。則明刻清修説似有未確。○清乾隆二年會稽章廷珪山西平陽重刻本，中科院圖、北大、中醫科學院、陝西圖、甘肅圖等藏。《中醫圖書聯合目録》作章廷珪補刻本。羅琳學長持與康熙十九年本相校，謂亦重刻，非補刻。○清嘉慶六年經綸堂重刻本，中醫科學院、北京中醫學校藏。○清書業堂刻本，遼圖藏。○清道光十三年崇德書院刻本，揚州圖藏。○清道光十四年文道堂據章氏重修本刻本，中醫科學院、雲南圖藏。○清道光二十三年經餘堂刻本，山東省圖藏。○清咸豐十年宏道堂刻本，浙圖、湖北圖、重慶圖藏。○清同治五年刻本，山東圖藏。○清光緒元年寶華順據李氏重訂本刻本，浙江、湖北、湖南、廣東中山四圖書館藏。北京醫學院本作經國堂藏板。○清光緒六年掃葉山房刻本，中醫科學院、山東圖藏。○清光緒十二年江左書林刻本，中醫科學院藏。另有坊刻本、石印本、排印本多種，見《中醫圖書聯合目録》。

醫學六要十九卷　明張三錫撰　**三一〇九**

浙江巡撫採進本（總目）。○《浙江省第十一次呈送書目》：「《醫學六要》十九卷，明張三錫著，一本。」○《浙江採集遺書總録》：「《醫學六要》十九卷，刊本，明盱江張三錫撰。」○中國科學院圖書館藏明萬曆刻崇禎十七年張維藩等重修本，題「盱江張三錫纂，金壇王肯堂校」，半葉九行，行十八字，白口，四周單邊。《病機部》卷上題名改刻爲：「盱江張三錫叔承甫纂，金壇王肯堂宇泰甫校，孫男太醫院張維藩爾德甫、維翰述泉甫重訂。」前有萬曆庚戌序，萬曆三十七年己酉王肯堂序。又崇禎十七年甲申張維藩、張維翰《重訂醫學六要叙》云：「惜乎罹天之變，火其版，燼其半，至今抱遺恨焉。賴有朱君號敬橋者，出所藏書，付之剞劂氏，補殘缺，訂訛譌，而依然復行矣。」余檢是帙，大都原版，「燼其半」云云，言過其實矣。明人往往如此，子孫之於父祖亦然。《存目叢書》據以影印。中醫科學院、浙圖等亦有是刻。○日本翻刻明萬曆刊崇禎修補本，湖南圖書館藏，有唐成之題識。

删補頤生微論四卷　明李中梓撰　三一一〇

浙江巡撫採進本(總目)。○《浙江省第十二次呈送書目》：「《頤生微論》四卷，明李中梓著，四本。」○《浙江採集遺書總録》：「《删補頤生微論》四卷，刊本，明松江李中梓撰。」○北京大學藏明萬曆書林葉仰峰刻本，作《頤生微論》四卷。半葉九行，行二十字，白口，四周單邊。李盛鐸舊藏。○中國科學院圖書館藏明崇禎十五年刻本，作《删補頤生微論》四卷。題「雲間念莪李中梓士材父著，吴趨門人沈頲朗仲父較，男允恒壽臣仝閲」。半葉十行，行二十字，白口，四周單邊。前有明崇禎十五年四月李中梓序云：「庚辰秋吴門沈子朗仲翩肰來歸，一握手而莫逆於心。……于是相與辨幾微，參益損，……因再付之剞劂。」《存目叢書》據以影印。北圖、北大、上圖等亦有是刻。《中醫圖書聯合目録》著録明崇禎十五年刻《李士材醫書二種》（即《删補頤生微論》四卷、《内經知要》二卷），謂「扉頁寫吳門童晉之梓」，中醫科學院藏。又著録中山醫學院藏《删補頤生微論》四卷明崇禎十五年童晉之梓本。又云「另一同樣版本的《頤生微論》扉頁刻金閶傳萬堂梓」。蓋皆出一版而印者不同也。○明崇禎間閩漳天瑞堂刻本，江西省圖藏。○清初據明崇禎十五年金閶傳萬堂本覆刻本，中醫科學院藏。○日本菊屋長兵衛刻本，南圖藏。○北京大學藏清鈔本二卷二册，李盛鐸舊藏。

雷公炮製藥性解六卷　舊本題李中梓撰　　三一一

通行本（總目）。○中醫科學院藏明天啟二年刻本，作《鐫補雷公炮製藥性解》六卷，題「雲間李中梓編輯，姑蘇錢允治訂正」。半葉九行，行二十字，白口，四周單邊。前有天啟二年仲夏既望錢允治序云：「茲因太末翁氏請刻乞序，再論及之。」又李中梓序。鈐「胡鍈槑家藏書」印。《存目叢書》據以影印。遼圖、安徽博物館亦有是刻。○明末唐鯉飛刻本，作《鐫補雷公炮製藥性解》六卷，半葉十行，行二十字，白口，四周單邊。中央民大、浙圖藏。此本與《診家樞要》一卷《明醫指掌》十卷《珍珠囊指掌藥性賦》四卷合刻，《中醫圖書聯合目録》著録中醫科學院藏兩部，其一作明天啟二年壬戌古吳汪復初刻本，注云「首頁作金陵唐鯉飛梓行」。其二作明天啟二年雲林五雲堂刻本，注云「實即古吳汪復初梓而易其扉頁」。○明三槐堂刻本，與《珍珠囊指掌補遺藥性賦》合刻。中國醫科院藏。○清初杏園刻本，與《珍珠囊指掌補遺藥性賦》合刻。中國醫科院藏。○清道光十八年刻本，與《珍珠囊指掌補遺藥性賦》合刻。山東圖藏。○清大文堂刻本，中醫科學院藏。○清文盛堂刻本，浙圖、江西省圖藏。○清光緒掃葉山房刻本，中醫科學院、山東圖等藏。○清光緒十二年江左書林刻本，與《珍珠囊指掌藥性賦》合刻。山東圖藏。○民國十三年商務印書館排印本。○一九五六年上海衛生出版社排印本，與《珍珠囊補遺藥性賦》合編。另有石印本、排印本多種，見《中醫圖書聯合目録》。

魯府祕方四卷　明劉應泰編　三一一二

兩淮鹽政採進本(總目)。○《兩淮鹽政李續呈送書目》:「《魯府祕方》四卷，明劉應泰，四本。」○北京圖書館藏明鈔本，作《新刊魯府祕方》四卷，題「魯良醫正臣劉應泰編輯，醫官臣段烓校正，醫生臣陳時務、臣王璽同校」。半葉九行，行二十字，紅格，紅口，上下雙邊，左右單邊。前有萬曆二十二年仲春皇明八代孫魯王三畏堂序云：「刻既成，題曰《魯府祕方》。」知是本從萬曆二十二年魯府刻本出。卷三尾題「新刊魯府禁方」。卷内鈐「王澍之印」、「虚舟」、「碧香閣主人珍藏印記」等印。《存目叢書》據以影印。按：《明史・諸王世表》，魯恭王朱頤坦，嘉靖三十年襲封，萬曆二十二年薨，爲太祖八代孫。據《明實録》頤坦薨於是年七月甲辰即二十八日。此皇明八代孫魯王當即朱頤坦無疑。《四庫提要》謂爲敬王朱壽鏳，考《諸王世表》壽鏳爲頤坦庶六子，萬曆二十四年襲封，爲太祖九代孫，其在位時間及年輩均與序文不合，顯非其人。又據魯王序文，此書實由朱頤坦搜集編撰，刊刻行世，劉應泰等僅經理校刻事宜，例得列銜，非撰人也。《提要》但稱劉應泰編，未得其實。○

日本慶安元年(清順治五年)小島彌龍衛門刻本,作《魯府禁方》四卷,係倣金陵書林周曰校督刊本摹刻。内分福、壽、康、寧四集,與《四庫提要》合。《中醫大辭典·醫史文獻分册》謂「《魯府禁方》,方書名,又名《魯府祕方》」。北圖藏明鈔本《新刊魯府祕方》卷三尾題「新刊魯府禁方」。當係一書無疑。唯題龔廷賢編輯,劉應泰校正。蓋非一時所刊,經理者不同也。龔、劉皆非撰人,説見前文。中醫科學院、北大、浙圖藏。《北大善本書目》著録爲日本慶安元年田中莊兵衛刻本。○中華醫學會上海分會藏鈔本,係傳鈔日本慶安元年本。○中醫科學院藏鈔本,作《魯府禁方》。○民國二十五年世界書局排印《珍本醫書集成》本,書名、編校人同日本慶安元年本。

普門醫品四十八卷附醫品補遺四卷　明王化貞撰　三一一三

浙江巡撫採進本(總目)。○《浙江省第六次呈送書目》:「《普門醫品》四十八卷,明王化貞輯,十二本。」○《浙江採集遺書總録》:「《普門醫品》四十八卷附《醫品補遺》四卷,刊本,清諸城王化貞撰。」○故宫博物院藏明崇禎元年刻本,僅《普門醫品》四十八卷。題「東武王化貞元起父編輯,門人陳斌憲卿父較閲」。半葉九行,行二十字,白口,四周單邊。前有天啟六年東萊高出序,天啟改元冬至瑯琊王化貞自序。次列助刻姓氏:高出、臧威爾、高岸、祖大壽。《存目叢書》據以影印。北圖亦有是刻。○清康熙三十三年娱暉堂刻本,有《醫品補遺》四卷。半葉九行,行二十字,白口,四周單邊。版心刻「娱暉堂」。《補遺》題「廣寧郎廷模貞若父彙集,男文炯、姪文燾仝較」,有康熙三十三年郎廷模序。《存目叢書》影印此刻《醫品補遺》四卷,附於崇禎元年本之後。娱暉堂本北圖、科圖、中醫科學院有藏。○清道光刻本，僅《醫品補遺》。

孫氏醫案五卷　明孫泰來、孫朋來同編　**三一一四**

浙江巡撫採進本（總目）。○中國科學院圖書館藏明萬曆二十四年孫泰來、孫朋來刻本，作《醫案》五卷，與《赤水玄珠》三十卷《醫旨緒餘》二卷合刻。題「明新安生生子孫一奎文垣甫輯，門人余煌、子泰來、朋來仝閱梓」。半葉九行，行十九字，白口，四周單邊。前有唐鶴徵序，己亥路雲龍序，郡人潘士藻去華甫刻序，汪文璧刻序，族姪燁元素序，眷生程涓序。序後有「應龍刻」三小字，當是刻工。據序知爲孫泰來、孫朋來等所刊。末有自引，凡例，像，諸縉紳名家贈文、贈詩、尺牘。寫刻頗精。《存目叢書》據以影印。北大、山東圖、上圖等亦有是刻。○明末古歙黃鼎刻本，與《赤水玄珠》合刻。中醫科學院藏。○清東佛鎮天寶樓刻本，與《赤水玄珠》合刻。中國醫科院藏。○清鈔本，作《孫文垣醫案》五卷。安徽圖藏。○民國二十五年至二十六年上海大東書局排印《中國醫學大成》本，作《孫文垣醫案》五卷。○日本明曆三年（清順治十四年）室町鯉山町田中清左衛門刻本，作《赤水玄珠醫案》十三卷，與《赤水玄珠》三十六卷合刻。北大、浙圖、中醫科學院藏。○日本萬治三年（清順治十七年）刻本，作《赤水玄珠醫案》十三卷，與《赤水玄珠》三十六卷合刻。中國醫科院、河南圖藏。○日本刻本，作《赤水玄珠醫案》十三卷，浙圖藏。天一閣文管會本存卷一至卷九。

河間六書二十七卷　明吴勉學編　**三一一五**

通行本（總目）。○明萬曆二十九年步月樓刻本，作《劉河間醫學六種》，子目：《黄帝素問宣明論方》十五卷，《素問玄機原病式》一卷，《素問病機氣宜保命集》三卷，《傷寒直格論方》三卷，《傷寒標本心法類萃》二卷，皆金劉元素撰，《劉河間傷寒醫鑒》一卷，元馬宗素撰，附《傷寒心要》一卷，明鎦洪編，《張子和傷寒心鏡別集》一卷，金張從正撰，常德編。此八種實即萬曆二十九年吴勉學刻王肯堂輯《古今醫統正脈全書》之一部分，別出單行，版刻無殊。北圖、中醫科學院、津圖、湖南圖等藏。○翻明刻本，南圖、福建圖藏。○清同德堂刻本，山東圖、山東醫學院、上海中醫文獻研究館、上海中醫藥大學藏。○清光緒間重刻本，四川圖藏。○清宣統元年千頃堂書局石印本，甘肅、安徽、廣東中山等圖書館藏。○一九一三年上海江左書林石印本，南京中醫學院、廣東中山圖藏。

折肱漫録六卷　明黄承昊撰　**三一一六**

兩淮鹽政採進本（總目）。○《兩淮鹽政李續呈送書目》：「《折肱漫録》六卷，明黄承昊，一本。」○中國科學院圖書館藏明崇禎八年刻本，目録題「檇李黄承昊履素撰，門人諸子較訂」，正文題「檇李黄承昊履素撰」。半葉九行，行十九字，白口，左右雙邊。有崇禎八年乙亥自引。《存目叢書》據以影印。吉林白求恩醫科大學亦有是刻。○清乾隆五十九年修敬堂刻《六醴齋醫書》本七卷，中醫科學院、上圖、南圖、山東圖等藏。○清乾隆五十九年活字印本七卷，浙醫大藏。○清光緒十七年廣州儒雅堂刻《六醴齋醫書》本，首都圖、中科院圖等藏。○一九二五年千頃堂書局石印本七卷，上海中醫大藏。

運氣定論一卷　明董説撰　**三一一七**

浙江巡撫採進本（總目）。○《浙江省第七次呈送書目》：「《運氣定論》，明董説著，一本。」○《浙江採集遺書總録》:「《運氣定論》一册,刊本,明吴興董説撰。」

鍼灸聚英四卷　明高武撰　**三一一八**

兩淮鹽政採進本(總目)。○《兩淮鹽政李續呈送書目》:「《鍼灸節要》、《聚英》,明高武,六本。」○中醫科學院藏明嘉靖十六年陶師文刻本五卷,卷一題「鍼灸聚英發揮卷之一,四明梅孤子高武纂集」。餘卷題「鍼灸聚英」、「四明高武纂集」。半葉十二行,行二十二字,大黑口,四周雙邊。有嘉靖八年己丑自引。鈐有「慈谿畊餘樓藏」、「馮氏辨齋藏書」印記。《存目叢書》據以影印。浙醫大亦有是刻。此與《鍼灸節要》合刻,參下條。○日本寬永十七年(明崇禎十三年)刻本五卷,與《鍼灸節要》三卷合刻。北大、南圖藏。○日本正保二年武邨市兵衛刻本五卷,與《鍼灸節要》三卷合刻。北大藏。○日本刻本五卷,與《鍼灸節要》三卷合刻。北大藏。日本刻各本均作《鍼灸聚英發揮》。

鍼灸節要三卷　明高武撰　**三一一九**

兩淮鹽政採進本(總目)。○《兩淮鹽政李續呈送書目》:「《鍼灸節要》、《聚英》,明高武,六本。」○中醫科學院藏明嘉靖十六年陶師文刻本,題「四明高武纂集」,半葉十二行,行二十二字,大黑口,四周雙邊。前有嘉靖十六年丁酉弋陽黄易《鍼灸節要聚英叙》云:「少參東石戴公既親爲校正,且委諸鉛令未齋陶君師文梓而行之。」《存目叢書》據以影印。浙醫大亦有是刻。○日本刻本,參前條。

簡明醫彀八卷　明孫志宏撰　**三一二〇**

内府藏本(總目)。○《武英殿第二次書目》:「《簡明醫彀》八本。」○中醫研究院藏明崇禎三年刻本，半葉十行，行二十四字，白口，四周單邊。前有刑部尚書吴中偉序，崇禎二年沈弘遇序，崇禎三年庚午鍾祖保序，崇禎二年己巳自序，凡例。又助梓姓氏，列吴中偉、朱學忠等六十三人。末有施梁跋。鈐有「張志剛印」、「津沽張氏藏善本醫書」等印。《存目叢書》據以影印。上圖亦有是刻。○明崇禎刻本，作《新刊簡明醫彀》八卷《要言》一卷，半葉十行，行二十四字，白口，四周單邊。浙圖藏。○清乾隆十三年繡水胡樹槐補刻本，中國醫科院藏。○鈔本，中科院圖書館藏。

金鎞祕論十二卷　舊本題梁谿流寓李藥師撰　三一二一

兩淮鹽政採進本（總目）。○《兩淮鹽政李呈送書目》：「《古今鎞祕論》一卷二本。」

扁鵲指歸圖一卷　不著撰人名氏　三一二二

兩淮鹽政採進本（總目）。○《兩淮鹽政李續呈送書目》：「《扁鵲指歸圖》等三種，宋人注，一本。」

證治大還四十卷　國朝陳治撰　三一二三

浙江巡撫採進本（總目）。○《浙江省第十二次呈送書目》：「《證治大還》，國朝陳治著，二本。」○《浙江採集遺書總録》：「《證治大還》二十册，刊本，國朝松江陳治撰。」○北京圖書館分館藏清康熙貞白堂刻本，凡六種四十三卷。題「雲間陳治三農甫述，男杕璣先、師柴羔愚校，毘陵鄒言正仲衡甫參，門人范崧壽民、王顯贊皇閱」。半葉九行，行二十字，白口，四周雙邊。版心下刻「貞白堂」。前有康熙二十四年乙丑吴正治序，康熙三十六年丁丑石琳序，沈愷曾序。《存目叢書》據以影印。中醫科學院亦有是刻。《總目》作四十卷，蓋未細檢也。

馬師津梁八卷　國朝馬元儀撰　**三一二四**

浙江巡撫採進本(總目)。○《浙江省第六次呈送書目》:「《馬師津梁》八卷,明馬元儀著,四本。」○《浙江採集遺書總録》:「《馬師津梁》八卷,寫本,清蘇州馬元儀撰。」○湖南師大藏鈔本,分上中下三卷,無序跋。半葉九行,行二十字,無格。每卷題「門人姜思吾校,新安汪廉夫閲」。《存目叢書》據以影印。按《提要》云:「是編前有雍正壬子汪廉夫序。」又云:「蓋元儀門人姜思吾傳其鈔本。」二人與卷端所題校閲人悉合,知即馬元儀之書。唯佚去汪序,書分三卷,均與館臣所見不同耳。

張氏醫通十六卷　國朝張璐撰　**三一二五**

浙江巡撫採進本(總目)。○《浙江省第六次呈送書目》:「《張氏醫通》十六卷,國朝張璐著,二十四本。」○《浙江採集遺書總録》:「《張氏醫通》十六卷,刊本,國朝長洲張璐撰。」○清康熙三十八年刻《張氏醫書七種》本,中山醫學院藏。按:據康熙三十二年癸酉晉江張汝瑚序,《張氏醫通》十六卷刻於康熙三十二年。詳下文日本文化元年思得堂刻本。○清康熙寶翰樓刻《張氏醫書七種》本,中國醫科院、中醫科學院、蘇州市圖等藏。按:此與前本未知異同。○清乾隆嘉慶間金閶書業堂刻《張氏醫書七種》本,中科院圖、中醫科學院等藏。○日本享和二年(清嘉慶七年)前田安宅刻本,中科院圖書館藏。○中科院圖書館藏日本文化元年(清嘉慶九年)思得堂翻刻《張氏醫書七種》本,題「清長洲石頑張璐路玉父纂述,男登誕先、倬飛疇參訂,日本大泉長菴前田安宅子仁、男典子守再訂」。半葉十二行，行二十三字，白口，四周雙邊。無直格。版心下刻「思得堂藏」。餘卷同，唯參訂者或作「男以柔安世、訥遜言」。前有日本享和壬戌季秋出羽前田安宅序云：「舶來之書，古本既難得，新本則多磨滅，恐永屬湮晦，末由取正焉。於是再加訂正，以付于剞劂。」序後二木記：「安宅之印」、「字子仁」。次康熙四十八年朱彝尊序云：「君之書既行於世十餘年矣，歲在乙酉，天子南巡至吴，君家以其書獻，深當上意，尋命醫院校勘，置之南薰殿。」又康熙三十二年癸酉晉江弟汝瑚序云：「家昆路玉氏，崑之望族，……歷年博採古人方論，汰粗存精，斂繁歸約，不忍獨祕，梓而行之。」又康熙四年乙巳胡周鼒序，係爲《傷寒纘論》、《傷寒緒論》初刻本作。又康熙三十四年乙亥自序，唯言補訂全書。又康熙三十八年姪大受序云：「先伯父石頑先生……年既耄，彙而刻之，名曰《醫通》。」又康熙四十四年張以柔進書疏及諭旨。蓋張璐晚年整理付梓，至康熙三十八年始刊成。四十四年皇帝南巡，其子以柔進呈御覽。於是增刻進書疏及朱彝尊序。日本享和二年前田安宅據以重刊，文化元年又刊，即是本也。《存目叢書》據以影印。北圖、中國醫科院、上圖、山東圖等亦有是刻。又有光緒二十五年浙江書局重印日本思得堂本，北圖、中醫科學院等藏。〇三元堂刻《張氏醫書七種》本，四川圖藏。〇清光緒二十年圖書集成印書局鉛印《張氏醫書七種》本，中醫科學院、上圖、南圖等藏。〇清光緒三十三年上海書局石印《張氏醫書七種》本，重慶圖、齊齊哈爾圖等藏。〇民國五年上海廣益書局石印《張氏醫書七種》本，上海中醫大、上海中醫文獻所等藏。〇民國錦章書局石印《張氏醫書七種》本，北圖、中醫科學院等藏。〇一九五五年錦章書局鉛印《張氏醫書七種》本,天津醫大、重慶圖、上海中醫文獻所等藏。

三一二六

傷寒纘論二卷緒論二卷　國朝張璐撰

浙江巡撫採進本(總目)。○《浙江採集遺書總録》:「《纘論緒論》一卷,刊本,國朝長洲張璐撰。」○清康熙六年刻本,各二卷。中國醫科院、中醫研究院、中國科學院圖書館等藏。○《張氏醫書七種》本,參前條。《存目叢書》用中國科學院圖書館藏日本文化元年思得堂刻《張氏醫書七種》本影印,行款版式同《張氏醫通》,前有康熙六年丁未自序。《緒論》前有李瑾序,末有男倬跋。各卷題名同《張氏醫通》,唯《緒論》卷上參訂者後增「門人施闕錫元倩較」一行,卷下參訂者後增「門人鄒廉鍔鶴坡較」一行。

三一二七

本經逢原四卷　國朝張璐撰

浙江巡撫採進本(總目)。○《浙江採集遺書總録》:「《本經逢原》四卷,刊本,國朝長洲張璐撰。」○清康熙三十四年長洲張氏雋永堂刻本,浙圖、南京中醫學院藏。又有康熙三十四年金閶書業堂刻本,上圖等藏。康熙三十八年刻《張氏醫書七種》本,中山醫學院藏。疑皆同版。○《張氏醫書七種》本,參前《張氏醫通》條。○清嘉慶六年金閶書業堂刻本,中科院圖、北京中醫學院藏。○清光緒三十四年渭南嚴氏刻民國十三年校補《醫學初階》本,卷一首葉題纂訂人名同前《張氏醫通》日本文化元年思得堂本,版心刻「渭南嚴氏彙刻醫學初階」一行。前有康熙乙酉自引。《存目叢書》據中科院圖書館藏本影印。四川圖、重慶圖等亦有是刻。

診宗三昧一卷　國朝張璐撰　**三一二八**

浙江巡撫採進本(總目)。○《浙江採集遺書總録》:「《診宗三昧》一卷,刊本,國朝長洲張璐撰。」○《張氏醫書七種》本,參前《張氏醫通》條。《存目叢書》用中科院圖書館藏日本文化元年思得堂刻本影印,書名作《石頑老人診宗三昧》,題「清長洲張登誕先、倬飛疇、以柔世安編次,門人鄒岐恒友校訂,日本大泉長菴前田安宅子仁、男典子守再訂。」版式行款同《張氏醫通》。前有康熙二十八年己巳郭琇序。○一九五八年上海衛生出版社排印本。○一九五九年上海科技出版社排印本。

石室祕籙六卷　國朝陳士鐸撰　**三一二九**

大學士英廉購進本(總目)。○《江蘇省第一次書目》:「《石室祕籙》三本。」○清康熙二十六年本澄堂刻本,湖南圖、蘇州圖藏。○清康熙二十八年明德堂刻本,南圖、上圖、陝西圖藏。○清康熙二十八年龍務青雲樓刻本,廣東中山圖藏,書名葉題《法製醫方藥性石室祕籙》。○清康熙二十八年義烏金氏訂刻本,重慶圖藏。○清康熙緑蔭堂刻本,中科院圖藏。○清康熙金玉樓刻本,作《法製醫方藥性石室祕籙》,鎮江圖、上海中醫文獻研究館藏。○中科院圖書館藏清雍正八年廣陵萱永堂刻本,題「山陰陳士鐸遠公甫敬習,義烏金以謀孝芑甫訂定,李祖詠子永甫參攷」。半葉十行,行二十五字,白口,左右雙邊。版心下刻「萱永堂藏板」。前有雍正八年馬弘儒重刻序。目録後列源流姓氏,内有「宛平馬弘儒濂臣重刊,男圖河文源、耀河潤川較字」。知係馬弘儒所刻。《存目叢書》據以影印。北圖、北大亦有是刻。○清嘉慶三年崇文堂刻本,故宫、中科院圖藏。○江寧保善堂翻刻萱永堂本，山東圖藏。○禪山天保樓刻本，上海中醫大藏。○隆文堂刻本，四川圖藏。○清文淵堂刻本，山東圖藏。○菁華堂刻本，中醫科學院、山東圖等藏。○清文發堂刻本，安徽圖藏。○江左書林刻本，中醫科學院藏。○文英堂刻本，山東圖藏。○清校經山房刻本，山東圖藏。○日本享保十三年（清雍正六年）鈔本，北大藏。另有石印本若干，不俱録。（參《中醫圖書聯合目録》）

李氏醫鑑十卷續補二卷　國朝李文來編　三一三〇

内府藏本（總目）。○《武英殿第一次書目》：「《李氏醫鑑》六本。」○中醫科學院藏清康熙三十五年李氏貽安堂刻本，題「婺源昌期李文來彙輯，男元冬周佐、元峯景巘、元象賓于，姪元夏雲生、元旭子昭、元晟西平、元昺廷暉、元晶承曜録次，友人錫三王世寵參訂」。半葉九行，行二十三字，小字雙行同，白口，四周單邊。前有康熙三十四年乙亥羅秉倫序，三十五年丙子甘韋序，三十五年汪賓薦序，三十五年再姪若奇序，三十五年李文來貽安堂自序。又李文來《翻刻誡語》，謂「閉户纂輯，殆精竭神，幾於謝世」，「幸賴親友假資付梓」，「倘有復蹈惡習，贋僞亂真，誓必遠覓根由，奔控當路，懲其辜，劈其板而後已」云云。卷内鈐「唐人」、「成之」、「唐成之家寶藏」等印記。有民國十四年唐成之題記十六行。成之，湖南人，鈔書多種，現藏中醫科學院。《存目叢書》據以影印。浙圖亦有是刻。○清刻本，甘肅圖藏。二本均無《續補》。

醫學彙纂指南八卷　國朝端木縉撰　三一三一

安徽巡撫採進本（總目）。○《安徽省呈送書目》：「《醫學指南》八本。」

濟陰綱目十四卷　國朝武之望撰　汪淇箋釋　三一三二

大學士英廉家藏本(總目)。○明萬曆四十八年刻本五卷,武之望撰。半葉十行,行二十一字,白口,四周雙邊。中醫科學院、清華、浙醫大等藏。○明天啟元年刻本五卷,武之望撰。半葉十行,行二十一字,白口,四周雙邊。中科院圖、吉林省圖等藏。○明萬曆象雷館刻本十四卷,武之望撰。半葉九行,行十九字,白口,四周單邊。上圖藏。○清康熙四年刻本十四卷,明武之望撰,清汪淇箋釋。蜩寄藏板。故宫、首都圖、中醫科學院等藏。以下各本均汪淇箋釋。○清康熙四十一年刻本,湖南圖藏。○中國科學院藏清雍正六年天德堂刻本,題「關中武之望叔卿父輯著,錢塘張志聰隱菴父訂正,西陵汪淇憺漪子箋釋,天都查望于周父參閲」。卷二、卷四、卷五題「吴興金德生閬風父輯著」。各卷訂正人不同。半葉十一行,行二十五字,白口,左右雙邊。版心下刻「天德堂」。凡例版心下刻「蜩寄」。凡例末署「康熙四年一陰月西陵憺漪子汪淇右子父題于蜩寄」。前有序,末署「雍正戊申年孟冬月西陵憺漪子汪淇右子甫題於孝友堂别業」。《存目叢書》據以影印。上圖亦有是刻。○清雍正六年金閶書業堂刻本,中醫科學院、山東圖等藏。○清雍正六年金玉樓刻本,中山醫學院藏。○清雍正六年貴文堂刻本,北京中醫學校藏。○清上洋江左書林刻本,上海第一醫學院藏。○清善成堂刻本,故宫、北圖等藏。○清紫文閣刻本,中山醫學院藏。○清致遠堂刻本,北京中醫學院藏。○清乾隆四年素位堂刻本,廣東中山圖藏。○清小酉山房刻本,中醫科學院藏。○清咸豐六年弘道書院刻本,陝西圖、湖南圖藏。○日本寶永七年(清康熙四十九年)雒陽書肆恒心堂湯口彌三郎刻本,北大藏。○另有宏道堂、致盛堂、崇德堂、經綸堂、寶文堂、寶興堂、掃葉山房各家刻本及石印本,不俱録。(參《中醫圖書聯合目録》)○按:是書撰人武之望係萬曆十七年進士,臨潼人,崇禎二年卒(見《中醫人名辭典》)。《提要》誤爲清人。

保生碎事一卷　國朝汪淇撰　三一三三

大學士英廉家藏本(總目)。○清康熙四年蜩寄刻《濟陰綱目》附刻本。康熙以下各本《濟陰綱目》均附此書。參前《濟陰綱目》條。《存目叢書》用中科院圖書館藏清雍正六年天德堂刻《濟陰綱目》附刻本影印,行款版式同,其書名葉仍刊「蜩寄藏板」正方形小木記,版心則刻「天德堂」三字。

釋骨一卷　國朝沈彤撰　三一三四

浙江巡撫採進本(總目)。○《浙江省第十一次呈送書目》:「《釋骨》,國朝沈彤著,一本。」○《浙江採集遺書總録》:「《釋骨》一册,刊本,國朝吴江沈彤撰。」○《提要》云:「已載入所著《果堂集》,此其别行之本。」○清乾隆原刻本,與《周官禄田考》合刻,半葉九行,行十八字。(見《陝西師大善本書目》)○清乾隆刻《果堂全集》本,北師大、上圖、南圖等藏。○北京圖書館藏清鈔本,與《周官禄田考》合鈔。清孔繼涵校,鄧邦述跋。○清道光十三年吴江沈氏世楷堂刻《昭代叢書》己集廣編補本。○清道光咸豐間兩廣督署刻《漢陽葉氏叢刻醫類七種》本,中醫科學院藏。○北京大學藏日本鈔本,半葉九行,行二十二字,無格。鈐「清川氏啚書記」印。後有寬政戊午仲秋日江都法眼侍醫兼醫學針科教諭山崎宗運識語,内云「余幸從永壽院架藏中而借抄以授𠟠氏」。又四庫提要本條。又山崎宗運識語，内云：「右出乾隆欽定《四庫書目》。《釈骨》刻成之後，偶觀之，因鈔出而附載於簡末，以資考據焉。」寛政戊午當清嘉慶三年，此鈔本蓋即從日本寛政刻本出。

醫學求真録總論五卷　國朝黄宫繡撰　**三一三五**

江西巡撫採進本（總目）。〇《提要》云：「據其凡例稱嘗著《醫學求真録》十六卷，別鈔其篇首總論勒爲五卷。」〇按：是書未見。黄宫繡著有《本草求真》七卷《主治》二卷附《脈理求真》三卷，清乾隆三十四年刻本，甘肅圖、北京中醫學校藏。又《錦芳太史醫案求真初編》五卷，清嘉慶四年刻本，中科院圖、中醫科學院藏。

成方切用十四卷　國朝吴儀洛撰　**三一三六**

浙江巡撫採進本（總目）。〇《浙江省第十一次呈送書目》：「《成方切用》十四卷，國朝吴儀洛輯，七本。」〇《浙江採集遺書總録》：「《成方切用》十四卷，刊本，國朝海鹽吴儀洛輯。」〇清乾隆二十六年硤川利濟堂刻本二十六卷，北圖、中國醫科院、中醫科學院等藏。甘肅圖本十卷，上圖本十二卷。蓋隨增隨刻，最終達二十六卷。〇山東圖書館藏清道光二十七年瓶花書屋校刻本二十六卷，半葉十行，行二十四字，白口，左右雙邊。前有乾隆二十六年辛巳吴儀洛原序。《存目叢書》據以影印。北大、中科院圖等亦有是刻。〇一九五八年上海科學技術出版社排印本。

傷寒分經十卷　國朝吴儀洛撰　**三一三七**

浙江巡撫採進本（總目）。〇《浙江省第十一次呈送書目》：「《傷寒分經》十卷，國朝吴儀洛輯，七本。」○《浙江採集遺書總録》：「《傷寒分經》十卷，刊本，國朝海鹽吴儀洛輯。」○中國科學院圖書館藏清乾隆三十一年硤川利濟堂刻本，正文首行題「吴氏醫學述第五種」，次題「南陽張機仲景著，西昌喻昌嘉言註，武原吴儀洛遵程訂，貫湖周學江襟三、海昌周廣業廑補參」，再次題「傷寒分經」。半葉九行，行十九字，白口，左右雙邊。前有乾隆三十一年丙戌吴儀洛序。《存目叢書》據以影印。中國醫科院、上圖等亦有是刻。

醫貫砭二卷　國朝徐大椿撰　三一三八

江蘇巡撫採進本(總目)。○清雍正乾隆間徐氏半松齋自刻《徐氏醫書六種》本，北圖、北大、上圖等藏。○清同治三年善成堂刻《徐靈胎全書十二種》本，上圖藏。○清同治十二年崇文書局刻《徐氏醫書八種》本，北大、山東圖等藏。○清同治文奎堂翻刻徐氏半松齋本，《徐靈胎全書十二種》之一。○清光緒四年掃葉山房刻《徐氏醫書八種》本，北圖、上圖等藏。○清光緒四年至十五年吴縣朱氏校經山房重刻《徐氏醫書八種》本，北圖藏。○清光緒十七至十八年湖北官書處刻《徐氏醫書八種》本，中科院圖、上圖等藏。又有刻本、石印本、排印本多種，參《中醫圖書聯合目録》。

臨證指南醫案十卷　國朝葉桂撰　三一三九

浙江巡撫採進本(總目)。○《浙江省第十一次呈送書目》：「《臨證指南》十卷，國朝葉桂著，十本。」○《浙江採集遺書總録》：「《臨證指南》十卷，刊本，國朝吴縣葉桂撰。」○浙江圖書館藏清乾隆三十一年刻本，題「古吴葉桂天士先生著，錫山華南田岫雲、許闢李大瞻翰圃、錫山邵銘新甫同較」。半葉十行，行二十二字，白口，左右雙邊。眉欄鐫評。前有乾隆三十一年丙戌嵇璜序，乾隆二十九年李治運序，乾隆三十一年李國華序，乾隆三十一年邵新甫序，乾隆三十一年華岫雲序，乾隆三十一年高梅序，華岫雲凡例。李治運序云：「華君岫雲，婆心濟世，輯而成帙，别類分門，將付剞劂。」李國華序云：「今錫山華君岫雲爲之分别門類，授之梓人。」知係乾隆三十一年錫山華岫雲刻本。《存目叢書》據以影印。北圖、上圖等亦有是刻。〇清乾隆三十三年刻本，北圖、浙圖等藏。〇清乾隆四十年刻本，北圖、廣東中山圖、中山醫學院藏。〇清乾隆友于堂刻本，北京中醫學院藏。〇清嘉慶八年衛生堂刻本，中醫科學院、湖南圖等藏。〇清道光四年蘇州周氏刻本，蘇州圖藏。〇清道光二十四年經鉏堂刻朱墨套印本，中醫科學院、廣東圖有初印本，首行有苕溪漫士臨本字樣。北圖、北大、中醫科學院等又有後印本，書口經鉏堂及卷首苕溪漫士臨本字樣已被挖去。〇清道光三十年吳郡寶善堂刻本，首都圖藏。〇清同治三年刻本十四卷，中醫科學院、上圖藏。〇清同治六年藜照書屋刻本，中醫科學院藏。〇清光緒十年古吳校經山房刻朱墨套印巾箱本，中醫科學院藏。〇清光緒十年古吳掃葉山房刻朱墨套印本十四卷，中科院圖藏。其餘光緒至民國間刻本、石印本、鉛印本多種，不俱録。（詳參《中醫圖書聯合目録》）〇一九五八年上海衛生出版社據道光二十四年經鉏堂刻本校印本。〇一九五九年科技衛生出版社排印本。

得心録一卷　國朝李文淵撰　　三一四〇

兵部侍郎紀昀家藏本（總目）。

傷寒論條辨續註十二卷　國朝鄭重光撰　三一四一

大學士英廉購進本(總目)。○上海中醫學院藏清康熙五十五年秩斯堂刻《鄭素圃先生醫案五種》本,明方有執撰,清鄭重光續注。北京圖書館文津街分館有是刻單本,卷一題「歙邑方有執中行甫條辨,同里鄭重光在辛甫續註,門人熊壽試青選甫校閱」。卷四同。卷二、卷三、卷五、卷六校閱人作「襄陵喬國楨世臣甫授梓」。卷七、卷八校閱人作「同里吳遐宜年甫授梓」。卷九、卷十校閱人作「壻朱珣與白甫授梓」。卷十一、卷十二校閱人作「男鍾蔚又文甫校閱」。各卷條辨、續註人均同。半葉九行,行十九字,白口,四周單邊。版心刻「秩斯堂」三字。寫刻甚精。前有萬曆己丑(十七年)方有執序,又方有執引。又康熙四十四年乙酉鄭重光序云:「續註而重梓之。」當即刊於是年,至五十五年又印入《鄭素圃先生醫案五種》。《存目叢書》即據北圖分館藏本影印。

醫津筏一卷　國朝江之蘭撰　三一四二

通行本(總目)。○清道光十三年吳江沈氏世楷堂刻《昭代叢書》乙集第五帙本,作《醫津一筏》,題「歙縣江之蘭含徵著」。《存目叢書》據以影印。○清光緒二十八年敏修齋石印本,四川圖藏。○民國十三年杭州三三醫社排印《三三醫書》本,上圖等藏。○鈔本,湖南圖藏。

四聖心源十卷　國朝黃元御撰　三一四三

編修周永年家藏本(總目)。○《黄氏醫書八種》本,參前《傷寒懸解》條。《存目叢書》據同治七年成都刻《黄氏醫書八種》本影印。

四聖懸樞四卷　國朝黄元御撰　三一四四
編修周永年家藏本(總目)。○《黄氏醫書八種》本,五卷。參前《傷寒懸解》條。《存目叢書》據同治七年成都刻《黄氏醫書八種》本影印。

素靈微藴四卷　國朝黄元御撰　三一四五
編修周永年家藏本(總目)。○《黄氏醫書八種》本,參前《傷寒懸解》條。《存目叢書》據同治七年成都刻《黄氏醫書八種》本影印。○臺灣「中央圖書館」藏清陽湖趙氏能静居鈔本。

玉楸藥解四卷　國朝黄元御撰　三一四六
編修周永年家藏本(總目)。○《黄氏醫書八種》本,八卷。參前《傷寒懸解》條。《存目叢書》據同治七年成都刻《黄氏醫書八種》本影印。

脈因證治八卷　不著撰人名氏　三一四七
浙江巡撫採進本(總目)。○《浙江省第十一次呈送書目》:「《脈因證治》八本。」○《浙江採集遺書總録》:「《脈因證治》八册,寫本,不著撰人。」

附録

水牛經三卷　舊本題唐造父撰　三一四八
永樂大典本(總目)。

三一四九

安驥集三卷　不著撰人名氏

永樂大典本(總目)。○南京圖書館藏明弘治十七年楊一清陝西刻本,作《司牧安驥集》五卷四册。題古唐洞羊賈誠校勘。半葉十三行,行二十四字,黑口,四周雙邊。有弘治十七年陝西苑馬寺卿太原車霆重刊序云:國家以關陝爲西北重地,設寺監以司馬政,苑牧有地,孳息有制,防關固國之計至矣。承平日久,視馬政爲常事。南京太常卿邃庵楊先生進都御史督理其事,霆始被委清理。顧《安驥集》版久漫滅,先生乃取善本校閱鋟梓。詳丁丙《善本書室藏書志》。書有缺葉。鈐有「汪魚亭藏閱書」等印記。○北京圖書館藏明萬曆二十一年張世則刻本,作《司牧安驥集》八卷,有圖。半葉十三行,行二十四字,黑口,四周雙邊。前有弘治十七年車霆《重刊安驥集序》。次《新刊校正安驥集序》,即《四庫提要》所稱僞齊劉豫時刊書序。卷二首題「司牧安驥集卷二」,卷三首題「監本增廣補注安驥集卷三」,次題「古唐洞羊賈誠重校」。卷五題「增廣監本補闕注解安驥集卷第五」,次題「古唐洞羊賈誠校勘」。卷六尾題「新刊增注安驥集卷六」。卷七首題「新刊增補安驥藥方第七」,尾題「新刊監本安驥藥方卷之七」。第八卷分上下,首題「蕃牧纂驗方卷上」,次題「奉議郎提舉京西路給地馬牧馬王愈編集」。卷下尾題「蕃牧纂驗方下安驥集卷八終」。卷一、卷四、卷六未見大標題。《存目叢書》據以影印。○一九五七年中華書局排印謝成俠校勘本,所據爲弘治十七年刻本。○日本若耶府新刻本,作《安驥集》十二卷,古唐洞羊賈誠重校。中醫科學院藏。

三一五〇 **類方馬經六卷　不著撰人名氏**

兩江總督採進本（總目）。○《兩江第二次書目》：「《類方馬經》，明周如泉輯，六本。」○北京圖書館藏朝鮮鈔本，作《纂圖類方馬經》，存卷二至卷七，無撰人（見《中醫圖書聯合目録》）。未知即此書否。

三一五一 **司牧馬經痊驥通元論六卷　舊本題東原獸醫卞管勾集註**

浙江范懋柱家天一閣藏本（總目）。○《浙江省第五次范懋柱家呈送書目》：「《痊驥通元論》六卷，舊題卞管勾集注，一本。」○《浙江採集遺書總録》：「《痊驥通元論》六卷，天一閣藏刊本，明卞寶輯。」

三一五二 **療馬集四卷附録一卷　明喻仁、喻傑同撰**

内府藏本（總目）。○《武英殿第二次書目》：「《療馬集》四本。」○中國科學院圖書館藏清乾隆元年李玉書刻本，作《新刊纂圖元亨療馬集》六卷《圖像水黄牛經合併大全》二卷附《駞經》一卷，題「六安喻本元、喻本亨著」，半葉十二行，行二十四字，白口，四周單邊。封面題《元亨全圖療牛馬駝集》。前有乾隆元年孟春上元許鏘於有秋書屋序云：「近逢李子玉書重梓其治療圖經頌論以壽於世，予從旁竊閲之，欽其利濟民物、啓迪後人之善，因走筆弁其端，所以著喻氏伯仲之功於無盡也。」《存目叢書》據以影印。山東醫學院、大連圖亦有是刻。○清乾隆九年刻本，作《元亨全圖療牛馬駝集》九卷，中科院圖、湖南圖藏。○清乾隆十七年刻本，作《元亨療馬集》四卷《療牛集》二卷。中科院圖、湖南圖藏。○清嘉慶十二年文光堂刻本,作《新刻繡像牛馬經》八卷,又名《新鐫元亨療馬集大全》,山東圖藏。○清道光十年大經堂刻本,作《新刊纂圖元亨療馬集》六卷,存卷一。甘肅圖藏。○清道光二十八年錦雲閣刻本,作《新刊纂圖元亨療馬集》六卷附《牛經》二卷《駝經》一卷。北圖藏。○清道光三十年金陵唐氏汝顯堂刻本,作《元亨療馬集》四卷附《牛經》二卷《駝經》一卷,總名《元亨療牛馬經大全》。中醫科學院藏。按:《中國古籍善本書目》著録南京圖書館藏「清初刻本」,僅《元亨療馬集》四卷。其首葉刊「金陵唐少橋汝顯堂梓」,恐即道光三十年刻本而佚其首尾。○清咸豐元年同義興刻本,作《增補繡像牛馬駝經》八卷,中華醫學會上海分會藏。○清同治五年興文堂刻本,上圖藏。○清同治九年京都文益堂刻本,遼圖藏。○清光緒三年京都聚文堂刻本,首都圖書館藏。另有坊刻本、石印本多種,詳見《中醫圖書聯合目録》。○一九五七年中華書局排印本。

痊驥集二卷　不著撰人名氏　三一五三

永樂大典本(總目)。

四庫存目標注卷三十七

滕州　杜澤遜　撰

子部六

天文算法類

三一五四　**星經二卷　不著撰人名氏**

兩江總督採進本（總目）。○《兩江第一次書目》：「《星經》，舊題漢甘石申著，一本。」○明正統刻《道藏》本，作《通占大象曆星經》二卷，首尾有缺佚。北圖、上圖等藏。民國十二年至十五年商務印書館影印明正統刻《道藏》本。○明嘉靖祇洹館刻《小十三經》本，書名卷數同前本。北圖、上圖藏。○明萬曆二十年程榮刻《漢魏叢書》本，書名卷數同前。北圖、上圖等藏。民國十四年商務印書館影印程榮刻《漢魏叢書》本。○明崇禎毛氏汲古閣刻《津逮祕書》本。民國十一年上海博古齋影印汲古閣刻《津逮祕書》本。書名卷數同前本。民國二十八年商務印書館《叢書集成初編》亦據此本影印。○明刻《廣漢魏叢書》本，作《星經》二卷。津圖、復旦藏。○清嘉慶刻《廣漢魏叢書》本，北師大、上圖等藏。○清乾隆五十六年金谿王氏刻《增訂漢魏叢書》本，作《星經》二卷。民國二十五年商務印書館《叢書集成初編》即據此本影印。○清光緒二年紅杏山房刻民國四年盧樹枏修補印《增訂漢魏叢書》本。○清光緒六年三餘堂刻《增訂漢魏叢書》本。○清宣統三年大通書局石印《增訂漢魏叢書》本。○明刻清順治三年宛委山堂印《説郛》本，作《星經》一卷。○清據《説郛》《説郛續》版重編印《五朝小説》本。

步天歌七卷　三一五五

兩江總督採進本(總目)。○《兩江第一次書目》：「《步天歌》二本。」○福建省圖書館藏明陳閶牕寫本，作《步天歌》一卷。有明徐𤊹校跋。鈐「晉安徐興公家藏書」、「閩中徐惟起藏書印」、「義谿方伯陳公暹，精於讖緯抄奇篇，厥後散佚如雲煙，末學徐𤊹收得焉，重加裝飾師前賢，是爲崇禎甲戌年」、「鄭氏注韓居珍藏記」、「鄭杰之印」、「昌英珍祕」、「注韓居」、「大通樓藏書印」、「龔少文收藏書畫印」等印記(見該館《善本書目》)。○北京圖書館藏清鈔本一卷，封面簽題「唐丹元子步天歌」，正文首題「唐步天歌」。半葉九行，行二十字，白口，四周雙邊。鈐「長樂鄭振鐸西諦藏書」印。《存目叢書》據以影印。○北京天文館藏清鈔本一卷。○故宫藏清内府鈔本，作《天文步天歌》一卷。○北圖分館藏清康熙五十八年刻本，作《天文步天歌》一册。○北圖分館藏清康熙間慈水周子愚刻本，作《天文步天歌》一册，有硃筆圈點批校。○天津圖書館藏清管庭芬輯鈔《一瓻筆存》本，一卷。○北圖分館藏清同治十三年刻本，作《學彊恕齋考訂步天歌》一册，清梅啟照考訂。○北圖分館藏清光緒十六年刻本，作《天文步天歌》一册。○北京大學藏清鈔本，作《步天歌》一卷，題「隋丹元子撰」。李盛鐸故物。○北圖分館藏民國間新絳李正奮硃格鈔本，作《步天歌正韻》一册，清王瞰正韻。有一九五六年四月李正奮跋。

三一五六　青羅歷無卷數　不著撰人名氏

浙江范懋柱家天一閣藏本（總目）。○《浙江省第五次范懋柱家呈送書目》：「《青羅歷》不分卷，缺名著，一本。」○《浙江採集遺書總録》：「《青羅歷》一册，天一閣寫本，不著撰人。」

三一五七　官歷刻漏圖二卷　宋王普撰

永樂大典本（總目）。

三一五八　星象考一卷　原本題宋鄒淮撰

編修程晉芳家藏本（總目）。○清道光十一年六安晁氏木活字印《學海類編》本，題「宋鄒淮著」。民國九年商務印書館影印晁氏木活字《學海類編》本。《存目叢書》亦據中科院圖書館藏晁氏印本影印。○民國二十五年商務印書館據《學海類編》本排印，收入《叢書集成初編》。

三一五九　天文精義賦四卷　舊題管勾天文岳熙載撰並集註

浙江范懋柱家天一閣藏本（總目）。○《浙江省第五次范懋柱家呈送書目》：「《天文精義賦》四卷，舊題元岳熙載著，一本。」○《浙江採集遺書總録》：「《天文精義賦》四卷，刊本，舊題管勾天文岳熙載撰。」○北京圖書館藏明鈔本一卷，未題撰人。半葉十二行，行二十四字，紅格，紅口，左右雙邊。鈐有「汲古閣收藏」、「陸」「治」(連珠印)、「祕殿紬書」、「琴川萬成公二十五世孫」、「琴川張氏小琅環福地藏書」、「小瑯環福地祕笈」、「張氏圖籍」、「平生減産爲收書，三十年來萬卷餘，寄語兒孫勤雒誦，莫令棄擲飽蟫魚。 蕘友氏識」、「簡鏡私印」、「鏡宇長壽」、「樂鐸之印」、「方氏茗衡曾觀」、「周天球印」等印記。 封面題「晚香老人珍藏」。《存目叢書》據以影印。 ○臺灣「中央圖書館」藏明烏絲欄鈔本五卷一册，原未題撰人，某氏以硃筆題「管勾天文岳熙載撰」(疑清李文田筆)。 半葉八行，行十五字，大黑口，雙黑魚尾，四周雙邊。 有李文田硃校並墨筆跋：「《天文精義賦》，《四庫》作四卷，此本五卷，不題撰人，以《總目》考之，舊題管勾天文岳熙載撰。 元太史院有管勾二員，則此書爲元人撰無疑矣。 同治甲戌順德李文田題耑。」○北圖分館藏清末烏絲欄鈔本五卷一册。 版心上刻「貴耳録」，下刻「汲古閣」。 鈐「積學齋徐乃昌藏書」印記。 ○清光緒巴陵方功惠廣東刻《碧琳琅館叢書》本五卷。 ○民國二十四年南海黄氏據舊版彙印《芋園叢書》本。

天心復要三卷　明鮑泰撰　三一六〇

浙江范懋柱家天一閣藏本(總目)。 ○《浙江省第五次范懋柱家呈送書目》：「《天心復要》三卷，明鮑泰著，二本。」○《浙江採集遺書總録》：「《天心復要》二册，寫本，明新安鮑泰撰。」○南開大學藏明弘治十一年香溪書屋刻本不分卷三册，半葉十行，行十九字，白口，四周雙邊。 ○天一閣文管所藏明鈔本不分卷三册，題「新安鮑泰希止叙述」。半葉十行，行二十字，紅格，左右雙邊。前有弘治七年甲寅自序。首葉鈐「翰林院印」「滿漢文大官印，又鈐「南通馮氏景岫樓藏書」、「馮雒印信」等印記。《存目叢書》據以影印。

太陽太陰通軌無卷數　明戈永齡撰　三一六一

浙江鮑士恭家藏本（總目）。○《浙江省第四次鮑士恭呈送書目》：「《太陽太陰通軌》，明戈永齡著，二本。」○《浙江採集遺書總録》：「《太陽太陰通軌》二册，寫本，明五官保章戈永齡撰。」○《提要》云：「原本不題卷數，僅分三册，蓋其細草稿也。」

象緯彙編二卷　明韓萬鍾撰　三一六二

浙江范懋柱家天一閣藏本（總目）。○《浙江省第五次范懋柱家呈送書目》：「《象緯彙編》二卷，明韓萬鍾著，二本。」○《浙江採集遺書總録》：「《象緯彙編》二卷，寫本，明蘄陽韓萬鍾撰。」○鎮江博物館藏明鈔本，半葉十行，行二十四字。卷内有清劉鸞翔校。卷下末有「咸豐三年歲在大火戌月十又八日大興鸞翔閲」手識一行。《存目叢書》據以影印。○北京大學藏明鈔本二卷四册，李盛鐸舊藏。《藏園群書經眼録》著録清盧址抱經樓舊藏明鈔本，未知即同帙否。

戊申立春考證一卷　明邢雲路撰　三一六三

兩江總督採進本（總目）。○北京圖書館藏明萬曆刻本一册，題「邢雲路士登甫訂」。半葉八行，行十六字，白口，四周單邊。前有李維楨序，王聘賓序，末有萬曆三十五年丁未臨洮府同知阮聲和跋。

刻印頗工緻。鈐「臣卓信印」、「項儒」、「鐵琴銅劍樓」等印記。《存目叢書》據以影印。〇明萬曆刻《亦政堂鐫陳眉公家藏廣祕笈》本,北圖、中科院圖、復旦等藏。〇民國十一年上海文明書局石印《寶顔堂祕笈》本。〇民國二十五年商務印書館據《亦政堂鐫陳眉公家藏廣祕笈》本排印,收入《叢書集成初編》。〇明刻《廣百川學海》本。北圖、北大等藏。〇明刻清順治三年宛委山堂印《説郛續》本,北圖、上圖等藏。〇清光緒五年定州王氏謙德堂刻《畿輔叢書》本。

星歷釋義二卷　明林祖述撰　**三一六四**

浙江鮑士恭家藏本(總目)。〇《浙江省第四次鮑士恭呈送書目》:「《星歷釋義》五卷,明林祖述著,二本。」〇《浙江採集遺書總録》:「《星曆釋意》二卷,刊本,明提學晉興林祖述撰。」

折衷歷法十三卷　明朱仲福撰　**三一六五**

直隸總督採進本(總目)。〇《直隸省呈送書目》:「《折衷曆法》三本。」〇湖北圖書館藏清鈔本,題「靈壽朱仲福纂録,邑後學傅宗善校字」。半葉九行,行二十字,無格。前有萬曆二十二年朱仲福序,傅維鱗撰《傳》。末有同治八年己巳十一月傅宗善跋云:「己巳春,予恐經世大文久讀散佚,恭繕一帙,以備他年文獻,以志私心向往云。」《存目叢書》據以影印。

緯譚一卷　明魏濬撰　**三一六六**

福建巡撫採進本(總目)。〇《福建省呈送第六次書目》:「《緯談》。」〇《提要》云:「此書首題曰《抽存齋筆録》,而子目則曰《緯談》,蓋其劄記之一種也。」

宣夜經無卷數　明柯仲炯撰　三一六七

江蘇巡撫採進本(總目)。○《江蘇省第二次書目》:「《宣夜經》一本。」○《江蘇採輯遺書目録》:「《宣夜經》不分卷一册,明柯仲炯著,抄本。」

九圜史圖一卷附六匌曼一卷　明趙宧光撰　三一六八

浙江汪啓淑家藏本(總目)。○《浙江省第四次汪啓淑家呈送書目》:「《九圜史圖》一卷附《六匌曼》一卷,明趙宧光輯,一本。」○《浙江採集遺書總録》:「《九圜史圖》一卷附《六匌曼》一卷,刊本,明吴郡趙宧光輯。」○《安徽省呈送書目》:「《六匌曼》一本。」○明萬曆刻《趙凡夫雜著五種》本,南圖藏。

蓋載圖憲一卷　明許胥臣撰　三一六九

編修勵守謙家藏本(總目)。○《編修勵第一次至六次交出書目》:「《蓋載圖憲》一本。」○明崇禎刻本,與《夏書禹貢廣覽》合函。北大、上圖、天一閣文管所藏。○北京圖書館分館藏清鈔本二册,題「錢塘許胥臣編次」。半葉九行,行二十字,白口,四周單邊。玄、曆、琰等字不避。《存目叢書》據以影印。

天官翼無卷數　明董説撰　三一七〇

浙江巡撫採進本(總目)。○《浙江省第八次呈送書目》:「《天官翼》,明董説著,一本。」○《浙江採集遺書總録》:「《天官翼》一册,寫本,明董説撰。後有缺頁。」

天經或問後集無卷數　國朝游藝撰　三一七一

福建巡撫採進本(總目)。○《福建省呈送第二次書目》:「《天經或問前後集》四本。」○北京圖書館藏清書林熊氏大集堂刻本不分卷四册,題「晉安林西仲先生鑒定,閩潭游藝子六氏輯著,書林熊維立文氏繡梓」。半葉九行,行二十四字,白口,四周單邊。前有法若真序,林雲銘序。末有壬子復月莆田鄭郊牧仲父序。封面刻「兩浙李撫院發刊」、「書林大集堂藏板」。卷内玄字缺末筆,曆字不避。《存目叢書》據以影印。

璇璣遺述七卷　國朝揭暄撰　三一七二

兩江總督採進本(總目)。○《兩江第一次書目》:「《璇璣遺述》,明揭暄著,四本。」○《安徽省呈送書目》:「《璇璣遺述》四本。」○清華大學藏清乾隆三十年刻本七卷,題「廣昌揭暄子宣著,族孫要廷裁編輯,黄岡萬年茂少懷訂,高安吴廷試壽臣參,星子干從淳慕真、豐城熊儀彬掄雅、蓮廳李學蘇律亭、新建鄧翥雲達昭、浮梁汪泩欲括、豐城余步梅和羮同校」。半葉九行,行二十一字,白口,左右雙邊。前有乾隆三十年乙酉五月之望豫章書院山長黄岡萬年茂南泉氏序云:「歲甲申主席豫章,明年廣昌揭生要持其族半齋先生《璇璣遺述》既《大觀圖》謁示。……因爲重訂,梓而行之。肩其任者干生從淳、熊生儀彬、汪生泩、李生學蘇、鄧生翥雲、余生步梅。董其成則新建學博吴君廷試云。」末有乾隆三十年吴廷試跋,乾隆三十年揭要跋。知係乾隆三十年豫章書院刻本。《存目叢書》據以影印。南大、華東師大等亦有是刻。○北京圖書館分館藏清乾隆三十年刻咸豐九年廣昌揭和衷補刻本十卷,封面刻「揭半齋璇璣遺述，一名寫天新語」、「濠塘藏板」。（見北圖《普通古籍總目》）江西圖、中科院圖亦有是刻。○清光緒二十三至二十六年刻《刻鵠齋叢書》本六卷圖一卷，北圖、北大、上圖等藏。

秦氏七政全書無卷數　國朝秦文淵撰 **三一七三**

江蘇巡撫採進本（總目）。○《江蘇省第一次書目》：「《秦氏七政全書》八本。」○《江蘇採輯遺書目録》：「《秦氏七政全書》不分卷，清無錫秦文淵著，抄本。」○按：《提要》云「文淵爵里未詳」。《江蘇藝文志·無錫卷》未收此書。均可據《江蘇採輯遺書目録》補。

歷算叢書六十二卷　國朝梅瑴成重定其祖文鼎之書也 **三一七四**

安徽巡撫採進本（總目）。○《安徽省呈送書目》：「《歷算叢書輯要》十本。」○清乾隆二十六年梅瑴成承學堂刻本，北圖分館、上圖等藏。○清同治十三年梅纘高刻本，頤園藏板。北圖分館、清華等藏。○清光緒十四年上海龍文書局石印本，華東師大、福建師大等藏。以上各本均名《梅氏叢書輯要》。子目見《叢書綜録》。

萬青樓圖編十六卷　國朝邵昂霄撰 **三一七五**

國子監助教張羲年家藏本（總目）。○浙圖有邵昂霄《萬青樓經星譜》一卷，清鈔本。疑即是書《經星》一門。

八線測表圖説一卷　國朝余熙撰 **三一七六**

兩江總督採進本（總目）。○《兩江第一次書目》：「《八線測表》，龍舒余熙著，抄本，一本。」

右推步之屬

三一七七　算法統宗十七卷　明程大位撰

内府藏本（總目）。○《武英殿第一次書目》：「《算法統宗》五本。」○北京圖書館藏明萬曆二十年賓渠旅舍刻本，作《新編直指筭法統宗》十七卷首一卷。題「新安賓渠程大位汝思甫編集」。半葉十行，行二十二字，白口，四周雙邊。前有萬曆二十一年癸巳吴繼綬序。後有萬曆二十年壬辰程大位自跋，内有「豈吾鋟梓以傳之意」語。正文末有「萬曆壬辰五月賓渠旅舍梓行」蓮龕牌子。是程大位自刻本。《存目叢書》據以影印。○安徽省圖書館藏明萬曆二十六年賓渠旅舍刻本，書名卷數同前本。半葉十行，行二十一字，白口，四周雙邊。○北京圖書館藏明榮觀堂刻本，書名卷數同前二本。半葉十行，行二十二字，白口，四周雙邊。○北京圖書館藏明刻本，書名卷數行款版式同前本。○日本大坂河内屋八兵衛刻本，書名卷數同前本。日本京都大學人文所藏。○北圖分館藏清初文盛堂刻本，作《原本直指算法統宗》十二卷六册。○北圖分館藏清初貴文堂刻本六册，書名卷數同前本。○山東圖書館藏清乾隆四十三年刻本六册，書名卷數同前本。○山東圖書館藏清乾隆五十年書業堂刻本六册，書名卷數同前本。○山東圖書館藏清同治三年善成堂刻本六册，書名卷數同前本。○北圖分館藏清同治三年文成堂刻本六册，書名卷數同前本。版心刻「文成堂」。○清光緒九年上海掃葉山房刻本六册，書名卷數同前本。○清道光二十六年文萃堂刻本，作《新編直指算法統宗》十二卷。北圖分館藏。○清光緒十年京都文興堂刻本，書名卷數同前本。北圖分館、北師大藏。○清光緒十五年掃葉山房刻本，書名卷數同前本。山東圖藏。○清光緒二十三年成文堂刻本，書名卷數同前本。山東圖藏。○清道光二十年四川天德堂刻本，作《直指算法統宗》十二卷。四川圖藏。○清光緒六年江南製造局刻本，作《增删算法統宗》十一卷《校算記》一卷，明程大位撰，清梅㲉成增删，賈步緯校記。北圖分館、北京師大藏。○清光緒二十四年江蘇書局刻本，作《增删算法統宗》十一卷。北圖分館藏。○清光緒二十五年烏程徐氏成都刻本，書名卷數同前本。四川圖藏。○清末刻本，書名卷數同製造局本。○清光緒二十二年上海璣衡堂石印《測海山房中西算學叢書初編》本，作《增删算法統宗》十一卷。○清光緒二十四年江左書林石印本，書名卷數同前本。山東圖藏。○民國三年上海廣益書局石印本，書名卷數同前。北圖分館、山東圖藏。另有石印本，不俱録。

三一七八　勾股述二卷　國朝陳訏撰

浙江吴玉墀家藏本（總目）。○《浙江省第四次吴玉墀家呈送書目》：「《勾股述》二卷，國朝陳訏著，一本。」○《浙江採集遺書總録》：「《勾股述》二卷，小山堂收藏刊本，國朝海寧陳訏撰。」○北京大學藏清嘉慶元年駒谷書屋刻本，李盛鐸故物。○清華大學藏清光緒二十六年鈔本，題「海昌陳訏言揚著」。半葉十二行，行十九字。有黄宗羲序，康熙癸亥自叙。卷尾有「光緒庚子歲閏八月上瀚同人手録」識語。鈐有「豐華堂書庫寶藏印」印記。《存目叢書》據以影印。○北圖分館藏清刻本，與陳訏《開方發明》一卷共一册。○北圖分館藏清鈔本，與《開方發明》共一册，毛裝，有硃筆點校。

隱山鄙事四卷　國朝李子金撰　**三一七九**

浙江巡撫採進本(總目)。○《浙江省第六次呈送書目》:「《隱山鄙事》四卷,國朝李子金輯,二本。」○《浙江採集遺書總録》:「《隱山鄙事》四卷,刊本,國朝李子金輯。」○北京圖書館藏清康熙刻本,子目:《幾何易簡集》四卷、《律吕心法全書》三卷、《書學慎餘》一卷。共四册。半葉九行,行十八字,白口,四周單邊。館臣所見蓋爲《幾何易簡集》四卷。

圍徑真旨無卷數　國朝顧長發撰　**三一八〇**

安徽巡撫採進本(總目)。○《安徽省呈送書目》:「《圍徑真旨》一本。」

右算書之屬

四庫存目標注卷三十八

滕州　杜澤遜　撰

子部七

術數類

正易心法一卷　舊本題宋麻衣道者撰　**三一八一**

兩淮鹽政採進本(總目)。○《兩淮鹽政李呈送書目》:「《正易心法》一卷,宋麻衣道者,一本。」○《兩江第二次書目》:「《正易心法》,宋人書,不載名,一本。」○北京大學藏明嘉靖四明范欽刻本,正文首題「麻衣道者正易心法」,次題「希夷先生受並消息,東明山人訂」。半葉九行,行十八字,白口,左右雙邊。前有淳熙乙亥程準序,末有崇寧三年李潛跋,乾道元年戴師愈跋。即《范氏奇書》零種。《存目叢書》據以影印。浙圖、臺灣中央圖等亦有是刻。○明崇禎毛氏汲古閣刻《津逮祕書》

本,作《麻衣道者正易心法》一卷。民國十一年上海博古齋影印汲古閣刻《津逮祕書》本。○清嘉慶十年虞山張海鵬刻《學津討原》本,書名同上。民國十一年商務印書館影印張海鵬刻《學津討原》本。○清嘉慶南匯吴氏聽彝堂刻《藝海珠塵》木集本,作《正易心法》一卷。○民國二十八年商務印書館據《津逮祕書》本排印,收入《叢書集成初編》。

翼元(玄)十二卷　宋張行成撰　三一八二

永樂大典本(總目)。○清華大學藏清乾隆綿州李氏萬卷樓刻嘉慶十四年李鼎元重校印《函海》第五函本,題「宋臨卬張行成撰,綿州李調元鶴洲校」。鈐「群玉山房」、「丁佛藏」、「孟氏珍藏」等印記。《存目叢書》據以影印。北圖、上圖等多有是刻。○清道光五年李朝夔補刻印《函海》第五函本,北圖、上圖等藏。○清光緒七年至八年廣漢鍾登甲樂道齋刻《函海》本,北圖、上圖等藏。○民國二十五年商務印書館據《函海》本排印,收入《叢書集成初編》。○北京大學藏清鈔本六册,李盛鐸舊藏。

太元(玄)別訓五卷　國朝劉斯組撰　三一八三

兩江總督採進本(總目)。○《兩江第一次書目》:「《太玄別訓》,西昌劉斯組輯,五本。」○華東師大藏清乾隆三十四年刻本,正文四卷首一卷。正文首題「楊子太玄別訓」,次題「西昌劉斯組斗田氏著,男元佶記州、元侑敬三、壻賈仁緒媲庭、王文浚衛川、張潢開平仝較字」。半葉九行,行二十字,白口,左右雙邊。前有乾隆十年乙丑劉斯組序。《存目叢書》據以影印。

三一八四　**皇極經世書類要九卷**　**宋鍾過撰**

永樂大典本(總目)。○臺灣「中央研究院」史語所藏明鈔本十卷,又《邵子附録》七卷,共八册。目録題「新刊分門皇極經世書類要目録」,次題「廬陵鍾過編」。正文首題「新編分門皇極經世書類要卷之一」,次題署同前。半葉十行,行十九字,藍格,藍口,四周雙邊。鈐有「百城樓藏書記」、「東方文化事業總委員會所藏圖書印」等印記。戊寅五月見。

三一八五　**皇極經世節要無卷數**　**不著撰人名氏**

浙江范懋柱家天一閣藏本(總目)。○《浙江省第五次范懋柱家呈送書目》:「《皇極經世節要》不分卷,題宋周奭撰,三本。」○《浙江採集遺書總録》:「《皇極經世節要》三册,寫本,元周奭撰。」

三一八六　**皇極經世書説十八卷**　**明朱隱老撰**

内府藏本(總目)。○《武英殿第一次書目》:「《皇極經世書説》十本。」○臺灣「中央圖書館」藏明洪武間刊後代修補本,正文首題「皇極經世書説卷之一」,次題「豐城後學朱隱老述」。半葉十行,行十八字,大黑口,四周雙邊。前有自序。鈐有「南邨老人」、「宗儀之印」等印記。○臺灣「中央圖書館」藏明成化二十二年建昌知縣鄭維桓刻本,正文首題「皇極經世書解卷之一」(餘卷解作説),次題「豐城後學朱隱老述」。行款版式同前本。前有自序。後有成化二十二年知建昌縣事常山鄭維桓刻書跋。鈐「盱眙王氏十四間書樓藏書印」、「鄭端生書畫記」等印記。另有兩部同版。(均見該館《善本書志初稿》)○南京圖書館藏明刻遞修本,卷端書名及行款版式均同成化二十二年本,疑即一刻而佚其跋。《存目叢書》據以影印。

皇極經世書傳八卷　明黄畿撰　三一八七

河南巡撫採進本(總目)。○北京圖書館藏明嘉靖三十三年黄佐刻本,目録題「粤洲黄畿宗大傳」。半葉十行,行二十字,白口,四周單邊。前有明弘治十七年甲子黄畿序。後有嘉靖三十三年甲寅劉煒跋。鈐有「王延雝印」、「小李山房」、「司徒之章」、「焚書讀術經」、「子鵬」等印記。《存目叢書》據以影印。南圖、南大、揚州圖亦有是刻。○清康熙二十一年刻本,華東師大藏。○清嘉慶十五年裔孫大幹等重刻本,純淵堂藏板,《嶺海樓叢書》之一。日本京都大學人文所藏。浙圖、山東師大有單本。南京大學有光緒二十三年補刻本。杭州大學有民國六年補刻本。

皇極經世心易發微八卷　明楊向春撰　三一八八

江蘇巡撫採進本(總目)。○《江蘇省第一次書目》:「《皇極經世心易發微》六本。」○《江蘇採輯遺書目録》:「《皇極經世心易發微》八卷,明滇洱楊向春著,抄本。」○清重刻乾隆本,上圖藏。○清鈔本七卷,北京市文物局藏。○民國五年刻本,收入《雲南叢書》子部。原目八卷,卷七卷八有目無文。另有卷首一卷、末一卷、補遺一卷。題「洱陽楊體仁野崖氏著」,體仁即向春。《存目叢書》據以影印。

皇極經世考三卷　國朝徐文靖撰　三一八九

安徽巡撫採進本(總目)。○《安徽省呈送書目》:「《皇極經世考》二本。」○清華大學藏清知白齋刻本，各卷題「當塗徐文靖位山輯，同里後學李慶英亦郇、吳立堅確山、葛錞以和校刊」。半葉十行，行二十字，白口，左右雙邊。鈐有「豐華堂書庫寶藏印」等印記。《存目叢書》據以影印。北大、江西省圖亦有是刻。

洪範九疇數解三卷　明熊宗立撰　　**三一九〇**

兩淮鹽政採進本（總目）。○北京大學藏清鈔本八卷，卷一首行題「洪範皇極内篇九疇數解」，次題「九峯先生蔡沈譔，鼇峯熊宗立解」。半葉十一行，行二十字，無格。前有天順二年熊宗立序。鈐有「德化李氏凡將閣珍藏」、「木犀軒藏書」、「李滂」、「少微」等印記。《存目叢書》據以影印。

洪範圖解二卷　明韓邦奇撰　　**三一九一**

浙江吳玉墀家藏本（總目）。○《浙江省第四次吳玉墀家呈送書目》：「《洪範圖解》，明韓邦奇著，四本。」○《浙江採集遺書總録》：「《洪範圖解》二卷，刊本，明韓邦奇撰。」○東北師大藏明正德十六年王道刻本，題「韓邦奇著」。前有鄧鏜序，正德十年韓邦奇序。後有正德十六年知朝邑縣事王道後序曰「予既刻苑洛先生《洪範圖解》，乃序」云云。版心下有刻工：李奉、周栾、耿名、葛仲、呂天澤、段虎威、耿世傑、陳合、葛文昱、秦奉、郝邦傑、都錫、樊智、木仲鵃、王彦通、衛曾保、崔耄、李木、楊經、楊鋭、刘欽、沈鑊、田仲敖、秦伯林、袁廷臣、王九成、岳端、吉祥、張万、歐江、舒保等。《存目叢書》據以影印。浙圖、臺灣「中央圖書館」亦有是刻。北圖有藍印本。○明嘉靖十九年樊得仁刻《性理三解》本一卷，半葉十行，行二十字，白口，左右雙邊。北圖藏兩部。○清乾隆十八年刻本，廣東社科院藏。○北京大學藏清鈔本,與《洪範皇極内篇九疇數解》合鈔。

三一九二　洪範皇極註四卷　明李經綸註　國朝湯倓增註

江西巡撫採進本(總目)。○《江西巡撫六次續採書目》:「《洪範皇極》四本。」

三一九三　皇極數鈔二卷　國朝陶成撰

江西巡撫採進本(總目)。○《江西巡撫海第一次呈送書目》:「《皇極數鈔》二本。」

三一九四　洪範皇極補六卷　國朝劉世衢撰

江西巡撫採進本(總目)。

三一九五　易範同宗録無卷數　國朝李灝撰

江西巡撫採進本(總目)。○《江西巡撫海續購書目》:「《易範同宗録》二本。」

三一九六　洪範補註五卷　國朝潘士權撰

兩江總督採進本(總目)。○《兩江第一次書目》:「《洪範補註》,宋蔡沈著,四本。」○北京大學藏清乾隆十年刻同治十三年補刻《潘龍菴全書》本,作《洪範註補》五卷,題「黔陽潘士權補」。半葉九行,行二十三字,白口,四周雙邊。前有李光墺序,乾隆四年范錫纂序,乾隆元年潘士權自序,乾隆三十七年潘士樸《補洪範質辭理解序》。《存目叢書》據以影印。

三一九七　易十三傳十三卷　不著撰人名氏

浙江汪啟淑家藏本(總目)。○《浙江省第四次汪啟淑家呈送書目》:「《易十三傳》十三篇,明人佚名，三本。」○《浙江採集遺書總録》：「《易十三傳》三册，曝書亭寫本，缺名。有朱彝尊手跋云：《易十三傳》，未詳誰氏所作。」○《兩淮商人馬裕家呈送書目》：「《易十三傳》十三卷，明人，四本。」

性理三書圖解九卷　明韓萬鍾撰　**三一九八**

江蘇巡撫採進本（總目）。○《江蘇省第一次書目》：「《性理三書圖解》十本。」○《江蘇採輯遺書目録》：「《性理三書圖解》九卷，明休寧訓導蘄州韓萬鍾著。」○《兩江第二次書目》：「《性理三書圖解》，明韓萬鍾輯，十本。」○南京圖書館藏明嘉靖四十一年張敏德刻本，作《新編性理三書圖解》九卷，題「賜進士休寧縣知縣萬安張敏德校正，石碌縣儒學教諭浮梁王潤同校正，休寧縣縣丞閩中陳孔淦督梓，休寧縣儒學訓導蘄陽韓萬鍾輯」。半葉十一行，行二十四字，白口，四周單邊。前有嘉靖四十一年壬戌黄蕎序云：「乃命石埭教諭王子潤讎校，休寧令張子敏德梓行。」又嘉靖四十一年沈寵序，嘉靖四十一年張敏德刻書序，嘉靖四十年陳吉言序，嘉靖九年韓萬鍾序。末有葉璽跋，嘉靖四十一年壬戌王槩跋。版心刻工：黄鉛刊、黄鉉刊、新安黄鋒刊、古歙黄鍾刊、新安歙西黄鐕刊、黄瑾、黄銒刊。《存目叢書》據以影印。

範衍十卷　明錢一本撰　**三一九九**

浙江巡撫採進本（總目）。○《浙江省第十次呈送書目》：「《範衍》十卷，明錢一本著，四本。」○《浙江採集遺書總録》：「《範衍》十卷，刊本，明錢一本撰。」○《兩江第一次書目》：「《範衍》，明錢一本著，四本。」○《武英殿第一次書目》：「《範衍》四本。」○清華大學藏明萬曆刻本，半葉九行，行二十字,白口,四周單邊。前有萬曆三十四年丙午錢一本序。序末刊「無錫邵承范書」一行。鈐有「明善堂覽書畫印記」印。《存目叢書》據以影印。北圖、上圖、浙圖等亦有是刻。

太微經二十卷　明文翔鳳撰　三二〇〇

河南巡撫採進本(總目)。○《河南省呈送書目》:「《太微經》,明文翔鳳著,十本。」○《陝西省呈送書目》:「《太微經》。」○中國科學院圖書館藏明萬曆刻本九卷。封面題「太微經」。正文首行大題「西極篇第一子函」,次行題「西極文翔鳳天瑞著」,三行題「太微經」。版心上題「西極篇」,下題「太微經」。半葉九行,行二十字,白口,四周單邊。前有序,凡例。卷末《天曆表圖》之後有「萬曆丙午九月𧶼館定語」。《存目叢書》據以影印。臺灣「中央圖書館」藏明刻本《西極篇》九卷六册,當即同版。○臺灣「中央圖書館」藏明崇禎間刻本二十卷十册,正文首題「太微經第一」,次題「西極文翔鳳天瑞著,門人遲大成元展訂」。半葉九行,行二十字,白口,四周單邊。前有崇禎七年甲戌正月人日巡按應天等處監察御史東海門人遲大成《太微經定本序》,崇禎二年己巳仲冬履長日關中督學使北圻友弟賈鴻洙序。卷内鈐「吴元鼒印」、「大」「憨」(連珠印)、「光緒辛卯嘉惠堂丁氏所得書」、「四庫坿存」、「澤存書庫」等印記。該館《善本書志初稿》謂此與前本卷二第六葉以前是同版,其後則此本内容較多,前本卷尾相當此本卷十,此本後十卷爲前本所無,蓋此本係從前本擴充而成。○北京大學藏鈔本二十卷十册。

説疇一卷　明喬中和撰　三二〇一

江蘇巡撫採進本(總目)。○《江蘇省第一次書目》:「《説疇》一本。」○《江蘇採輯遺書目録》:

「《説疇》一册，明太原通判内邱喬中和著，刊本。」〇北京圖書館藏明崇禎刻《躋新堂集》本。〇清光緒五年刻《西郭草堂合刊》本，首題「洪範」，次題「次丘喬中和次」，版心上刻「躋新堂集」，下刻「説疇」。《存目叢書》用中科院圖書館藏本影印，首都圖、北大亦有是刻。

三二〇二　河圖發微無卷數　明陳士槐撰

江蘇巡撫採進本（總目）。〇《江蘇省第一次書目》：「《河圖發微》二本。」〇《江蘇採輯遺書目録》：「《河圖發微》不分卷，明諸生莆田陳士槐著。」

三二〇三　䃤庵槧一卷　明陳藎謨輯

浙江汪啟淑家藏本（總目）。〇《浙江省第四次汪啟淑家呈送書目》：「《䃤菴槧》一卷，明陳藎謨著，二本。」〇《浙江採集遺書總録》：「《䃤菴槧》一卷，刊本，明陳藎謨撰。」〇中國科學院圖書館藏明崇禎刻本，與《象林》合刻。半葉九行，行二十字，白口，四周單邊。《存目叢書》據以影印。

三二〇四　參兩無卷數　不著撰人名氏

浙江巡撫採進本（總目）。〇《浙江省第十次呈送書目》：「《參兩》二本。」〇《浙江採集遺書總録》：「《參兩》二册，刊本，未詳撰人。」

三二〇五　衍範二卷　國朝顧昌祚撰

江蘇巡撫採進本（總目）。〇《江蘇採輯遺書目録》：「《衍範論》二卷，清山東萊州府經歷上海顧〔昌祚〕著。」〇《提要》云：「是編附刻其子成天文集之前。」

畫前易衍無卷數　國朝徐燦撰 三二〇六

江西巡撫採進本(總目)。○《江蘇省第二次書目》:「《畫前易衍》一本。」○《江蘇採輯遺書目録》:「《畫前易衍》不分卷,清崑山徐燦著,抄本。」

濬元十六卷　國朝張必剛撰 三二〇七

兩江總督採進本(總目)。○《兩江第二次書目》:「《濬元》,潛山張必剛著,十六本。」○《浙江省第六次呈送書目》:「《濬元》十六卷,國朝張必剛著,二本。」○《浙江採集遺書總録》:「《濬元》六卷,刊本,國朝潛山張必剛撰。」○清華大學藏清乾隆刻本六卷,題「灊山張必剛著」。半葉九行,行二十三字,大黑口,左右雙邊。前有乾隆十年乙丑自序云「釐爲六卷」。鈐有「許氏行素軒收藏書畫記」印。《存目叢書》據以影印。中科院圖書館亦有是刻。《販書偶記》著録「乾隆六年金陵懷德堂精刊」本六卷。

洪範圖説四卷　國朝舒俊鯤撰 三二〇八

侍講劉亨地家藏本(總目)。○《湖南省呈送書目》:「《洪範圖説》四本。」○中國科學院圖書館藏清乾隆三十七年樂道堂刻本,題「溆浦舒俊鯤潛夫氏纂」。半葉十行,行二十四字,白口,四周單邊。前有乾隆九年自序。末有光緒元年嗣孫其錦後序云:「乾隆初開四庫館,經前任侍講長沙劉公亨地採呈,列入子部,副本發還。先大父約齋公付諸棗梨。而《圖説》外有《繇詞》,恪守遺命,雅執謙遜,以寫本傳子孫。猶子立浯、立濬懼先世手澤久而就湮,携至鄂垣,補加剞劂。」封面刻「乾隆三十七年鐫」、「樂道堂藏書」。前有四庫提要本條。卷内鈐「柯逢時印」、「靈溪精舍藏書之印」等印記。《存目叢書》據以影印。

演極圖説四卷　國朝秦錫淳撰　**三二〇九**

浙江巡撫採進本(總目)。○《浙江省第三次書目》：「《演極圖説》四卷，國朝秦錫淳著，二本。」○《浙江採集遺書總録》：「《演極圖説》四卷，寫本，國朝知縣臨海秦錫錞撰。」

右數學之屬

黄石公行營妙法三卷　不著撰人名氏　**三二一〇**

浙江范懋柱家天一閣藏本(總目)。○《浙江採集遺書總録》：「《黄石公行營妙法》三卷《總論》一卷，刊本，不著撰人。」○《提要》云：「卷首有《望江南詞》百餘首，即世所稱李衛公《望江南》。」

東方朔占書三卷　**三二一一**

浙江范懋柱家天一閣藏本(總目)。○《浙江省第五次范懋柱家呈送書目》：「《東方朔占書》三卷，缺名著，一本。」○《浙江採集遺書總録》：「《東方朔占書》三卷，寫本，不著撰人。」

乙巳占略例十五卷　舊本題唐李淳風撰　**三二一二**

兩淮鹽政採進本(總目)。○《兩淮鹽政李續呈送書目》：「《乙巳略例》十五卷，唐李淳風，二本。」○《提要》云：「錢曾《述古堂書目》始以《乙巳占》、《乙巳略例》二書並列。」○錢曾《讀書敏求記》：「《乙巳略例》十五卷，藏本有二：一爲清常道人手校，一是舊鈔。後俱附占例。」○劉氏嘉業堂藏舊鈔本（見《嘉業堂藏書志》）。

玉歷通政經三卷　舊本題唐李淳風撰　**三三一三**

浙江巡撫採進本（總目）。○《浙江省第四次鮑士恭呈送書目》：「《玉歷通政經》三卷，唐李淳風著，一本。」○《浙江採集遺書總録》：「《玉歷通政經》三卷，寫本，不著撰人姓名。」○北大藏明藍格鈔本三卷，不題撰人，無序跋。半葉九行，行二十四字，白口，四周單邊。《存目叢書》據以影印。○原北平圖書館藏明鈔本，不分卷，二册，不題撰人，凡十五篇六十七葉，鈐「方功惠印」等印記。現存臺北「故宫」。王重民《善本提要》著録。○臺灣「中央圖書館」藏明藍格鈔本三卷一册，題「唐國師李淳風編撰」。半葉十二行，行二十四字，白口，四周雙邊。雙魚尾，中間印「談劍山居」四字。末有李淳風後序。共三卷三十三篇。鈐「二金蜨堂藏書」印。（見該館《善本書志初稿》）○北京圖書館藏明鈔《天文彙抄》本一卷，半葉十行，行十八字，無格。○上海圖書館藏清初鈔本三卷，康有爲手跋。○北京圖書館藏清鈔本三卷三册，半葉九行，行二十字，無格。○清華藏清鈔本三卷。○新疆大學藏清鈔本三卷。○中國科學院圖書館藏鈔本三卷一册。○明刻清順治三年宛委山堂印《説郛》本一卷。○按：採進書目及傳本分卷者皆三卷，《總目》作二卷恐誤。

觀象玩占五十卷　舊本題唐李淳風撰　**三三一四**

浙江吴玉墀家藏本（總目）。○《浙江省第四次吴玉墀家呈送書目》：「《觀象玩占》十二卷，唐李淳風著，二本。」○《浙江採集遺書總録》：「《觀象玩占》五十卷，寫本，舊題唐太史令李淳風撰。」○原北平圖書館藏明初刻本，存卷十一至卷十五共一册。半葉十四行，行二十七字。現存臺北「故宫」。○原北平圖書館藏明鈔本五十卷十册，半葉九行，行二十四至二十五字不等。卷六至卷十鈔配。卷六題「元蒙古太師中書令耶律楚材、太史司天監郭守敬奉敕編輯」。現存臺北「故宫」。（以上二本詳王重民《善本提要》）○上海圖書館藏明成化二年鈔本。○北京圖書館藏明鈔本五十卷十册，半葉八行，行二十字，藍格，白口，四周雙邊。○北大藏明藍格鈔本五十卷二十册。○北大藏明鈔本存卷一至卷四十八，又《拾遺》二卷，共十六册。以上二本均李盛鐸故物。○清華藏明鈔本五十卷，半葉九行，行二十四字。不題撰人，無序跋。《存目叢書》據以影印。○北京天文館藏明鈔本。○上圖藏明鈔本，兩部。○吉林省圖藏明藍格鈔本。○吉林大學藏明鈔本。○山東省圖藏明鈔本。○浙圖藏明鈔本。○福建省圖藏明鈔本五十卷二十四册，有「鹿原林氏藏書」印記。○湖南省圖藏明鈔本五十卷二十四册。○廣東中山圖藏明藍格鈔本五十卷十册。○中山大學藏明鈔本五十卷十册，半葉十行，行二十一字，藍格，白口，左右雙邊。鈐「長白山人瓜爾佳氏」、「戈枚之印」、「卜臣氏」等印。○中山大學藏明鈔本四十九卷十二册。半葉十行，行二十字，紅格，白口，左右雙邊。鈐「胡端履印」、「簡軒」、「煙霞逸史」等印。○中山大學藏明鈔本十卷十册。半葉九行，行二十一字，紅格，紅口，四周雙邊。卷一無格。鈐「明善堂珍藏書畫印記」、「順德温君勒所藏金石書畫之印」、「六篆山堂」、「季村所藏六篆樓藏書」等印記。（以上三本見該校《善本書目》）○大連圖書館藏明鈔本五十卷二十册。○中科院圖書館藏明鈔本存卷一至卷四十八共十册。○天一閣文管所藏明鈔本存卷一至卷四十八。○遼圖藏明鈔本,存卷四至卷十、卷十四至卷四十八。○南圖藏明鈔本存卷一至卷十三。○臺灣「故宫」藏明黑格鈔本四十八卷二十册。○臺灣「中央圖書館」藏明鈔本十卷十册,半葉九行,行二十四字,藍格,白口,四周雙邊。内容與五十卷本約略相同。○上圖藏明清虚館鈔本四十八卷《拾遺》一卷。○日本京都大學人文科學研究所藏明吴士安沕穆齋鈔本四十九卷十六册(見該所《漢籍目録》)。《藏園群書經眼録》著録明紅格寫本四十九卷,半葉十一行,行二十字,明湯穆居士吴士安景仁甫校閲,鈐有「吴胤」、「象蕃」兩印,謂壬戌古書流通處送閲。壬戌爲民國十一年。疑即同帙而後歸該所。○人民大學藏明鈔本十卷十册,鈐「小長蘆」印。○南圖藏清初鈔本。○上圖藏清乾隆左氏念宛齋鈔本存卷一至卷二十八。○山東省圖藏清鈔本五十卷二十册。半葉九行,行十八字,無格。鈐「明善堂珍藏書畫印記」印。海源閣舊藏。○臺灣「中央圖書館」藏舊鈔本五十卷二十四册,半葉十行,行二十字。鈐「孔繼涵印」、「葒谷」等印記。○臺灣「中央圖書館」藏舊鈔本四十八卷十册,題目同前本,内容詳略及次序稍異。半葉十行,行二十四字。鈐「湯淦」、「紹李」等印記。○臺灣「中央圖書館」藏舊鈔本十卷十册,半葉九行,行二十字,黑格,白口,左右雙邊。鈐「梁谿滕茂之珍藏書畫章」、「滕燕」、「祖烶書畫」等印記。(見該館《善本書志初稿》)○北京大學藏清鈔本五十卷二十四册,李盛鐸舊藏。○北京大學藏舊鈔本四十六卷十六册。○北京大學藏舊鈔本十卷二十册。○中科院藏清鈔本四十六卷首一卷共四册。○重慶市圖藏清鈔本五十卷十四册。○四川省圖藏清鈔本五十卷十一册。○人民大學藏清鈔本十卷十册。○江西省圖藏清道光咸豐間鈔本五十卷十六册。○復旦藏舊鈔本五十卷二十册。○大連圖書館藏清道光崇雅堂鈔本存卷一至卷二十五。○華東師大藏鈔本四十七卷十四册。○山東師大藏舊鈔本十卷六册。

元(玄)珠密語十七卷　舊本題唐王冰撰　三二一五

浙江巡撫採進本(總目)。○《兩淮商人馬裕家呈送書目》:「《玄珠密語》十七卷,唐王冰,一本。」○明正統刻《道藏》本,作《素問六氣玄珠密語》十七卷,北圖、上圖、川圖藏。民國商務印書館影印正統刻《道藏》本。○北京圖書館藏明鈔本,作《素問六氣玄珠密語》十七卷八册,題「唐啟玄子王冰述」。半葉九行,行二十字,紅方格,白口,四周雙邊。卷内鈐「孫從添印」、「慶增氏」、「大興朱氏竹君藏書之印」、「朱筠」、「虚中」、「黄壼堂呂氏珍藏書畫印」、「翁斌孫印」等印記。《存目叢書》據以影印。○北京圖書館藏明鈔本,書名卷數同前,清黄丕烈校注並跋。○臺灣中研院史語所藏明鈔本六册,書名卷數同前二本。○上海圖書館藏清鈔本,書名卷數同前,清吳騫、陳鱣、莫友芝跋。○復旦藏清袁氏貞節堂鈔本,清陳鱣校並跋。○南京圖書館藏清鈔本,書名卷數同前本,清儀克中跋。○南圖又藏清鈔本六册,書名卷數同前本。卷首有「欽奬世守陳編之家」橢圓印。丁丙《善本書室藏書志》著録「鈔《道藏》本」是也。○北京大學藏清鈔本,作《素問六炁玄珠密語》十卷四册,李盛鐸舊藏。○臺灣「中央圖書館」藏清鈔本,作《素問六氣玄珠密語》十六卷六册,題「唐啟玄子王冰述」,前有自序。玄字缺末筆。鈐「王鳴盛印」、「西莊居士」、「甲戌榜眼」、「光禄卿章」、「通議大夫」、「莚圃收藏」等印記。○臺灣「中央圖書館」又藏清鈔本十七卷四册，書名同前。半葉八行，行十六字。玄字缺末筆。鈐「阮元伯元父印」、「莫友芝藏書印」、「影山草堂」、「李象謙印」、「非我有齋」、「仁者長壽」等印記。（二本均見該館《善本書志初稿》）○中山大學藏清鈔本十七卷六册，書名同前。半葉八行，行十六字，無格。○中科院圖書館藏清鈔本存卷一至十共二册，書名《素問六炁玄珠密語》。

通占大象曆星經六卷　不著撰人名氏　三三一六

浙江范懋柱家天一閣藏本(總目)。○《浙江省第五次范懋柱家呈送書目》：「《通占大象歷星經》六卷，缺名著，一本。」○《浙江採集遺書總録》：「《通占大象歷星經》三卷，天一閣寫本，不著撰人。」○《提要》云：「首題『原闕文一張』，書末亦有脱佚。每卷第一行有薑七、薑八等字，用千字文記數，蓋《道藏》殘本也。」按：明正統《道藏》收此書二卷，正爲薑字號，且亦首題「原闕文一張」，末有脱文。知天一閣進呈鈔本確從《道藏》出，唯析爲六卷耳。《四庫存目》天文算法類有《星經》二卷，亦即此書。傳本參見《星經》條。

天文鬼料竅無卷數　不著撰人名氏　三三一七

兩江總督採進本(總目)。○《兩江第一次書目》：「《天文鬼料竅》，抄本，一本。」○清華大學藏明鈔本，半葉十行，行二十字，無格。鈐「謙牧堂藏書記」、「謙牧堂書畫記」、「李盛鐸印」、「木齋審定」、「輯五經眼」等印記。《存目叢書》據以影印。○北京大學藏明鈔本二册，綿紙藍格，半葉九行，行二十四字。有李盛鐸跋，見《木犀軒藏書題記》。○臺灣「中央圖書館」藏明藍格鈔本，作《鬼料竅天文略》二册，半葉九行，行二十二字，白口，四周雙邊。鈐有「武麐」、「陽湖陶氏涉園所有書籍之記」、「張乃熊印」、「芹伯」、「菦圃收藏」等印記。（見該館《善本書志初稿》）○臺灣中研院史語所藏藍格舊鈔本二册，該所《善本書目》著録爲「晉趙裴撰，王希明註」。○浙江圖書館藏清彭氏知聖道齋鈔本五卷，清陳介祺校並跋。○南京圖書館藏清鈔本四卷一册，題晉丹元子撰，王希明注。鈐「乾隆五十有七年遂初堂初氏記」長印，又「抱真」印。《善本書室藏書志》著録。初氏名彭齡，山東萊陽人，乾隆四十五年進士，道光初官至工部尚書。○北京大學藏清鈔本，作《鬼料竅》十卷二册，李盛鐸舊藏。○湖北省圖藏清鈔《武經祕要九種》本，不著撰人。鈐「沔陽歐陽蟾園珍藏印」等印記。

天文主管一卷　首題明昌元年司天臺少監賜紫金魚袋臣武亢重行校正　**三二一八**

浙江范懋柱家天一閣藏本（總目）。○《浙江省第五次范懋柱家呈送書目》：「《天文主管》一卷，金武亢著，一本。」○《浙江採集遺書總録》：「《天文主管》一册，寫本，不著撰人，題云明昌二年金司天臺少監臣武亢重行校正。」○北京圖書館藏明鈔本，與《天文精義賦》一卷《祥異賦》一卷合二册。半葉十二行，行二十四字，紅格，紅口，左右雙邊。○上海圖書館有《天文主管釋意》三卷，明李泰撰，清鈔本。

戎事類占二十一卷　元李克家撰　**三二一九**

浙江巡撫採進本（總目）。○《浙江省第六次呈送書目》：「《戎事類占》二十一卷，明李克家輯，十二本。」○《浙江採集遺書總録》：「《戎事類占》二十一卷，刊本，明豫章李克家輯。」○北京大學圖書館藏明萬曆二十五年厭原山館刻本，題「豫章李克家嗣宗甫輯，新安孫汝澄無撓甫校」。半葉十一行，行二十二字，白口，左右雙邊。前有豫章張壽朋序，序末有「新都范文明書」一行。又新安孫汝澄題辭。後有黄岡蔡正茂跋，跋後有「新安羅彝序書」一行。卷二十一末有兩行牌記：「萬曆丁酉冬日雕于厭原山館。」卷内鈐「璜川吴氏收藏圖書」、「陳氏珍藏」等印記。《存目叢書》據以影印。北大、臺灣「中央圖書館」亦有是刻。原北平圖書館藏一部現存臺北「故宫」。○明萬曆四十五年刻本，半葉十一行，行二十二字，白口，左右雙邊。北京圖書館藏。（北圖《古籍善本書目》著録兩部均爲萬曆二十五年厭原山館刻本，無萬曆四十五年刻本。此據《中國古籍善本書目》）○按：是書撰人李克家《提要》誤爲元人，北圖、北大善本書目相沿未改。王重民《善本提要》已據《新建縣志》更正爲明人，而其時代語焉未詳。考是書萬曆二十五年丁酉季冬日朱謀垏序（北圖本無，此據臺灣「中央圖書館」本）云：「嗣宗乃今盡出祕奥之編，梓而示人，使家户得以卒業，其度量廣狹何如哉。」又云：「嗣宗父爲長卿先生，以鄉進士待命京師，嘗上書言邊防海防十二事。」張壽朋序亦云：「吾郡西山李嗣宗，督學公之孫，大司寇之從孫，孝廉長卿先生之子也。……取天時有關人事者采輯成編，命曰《類占》，凡二十一卷，告成授剞劂，爰屬布衣玉山喻魯望紹介過余竹中居問序。」可知李克家爲明萬曆間人，萬曆二十五年厭原山館刊本實即李克家自刻。其父李鼎，字長卿，萬曆十六年舉人，著《李長卿集》二十八卷，臺灣「中央圖書館」有萬曆四十年李氏家刻本，前有大泌山人李維楨序云：「其子嗣宗與友人孫生屬余序。」知亦克家所刊。集中有《先考洪西府君行狀》，洪西即李鼎之父李遜，嘉靖二十三年進士。

三二二〇

天文祕略無卷數　舊本題新安胡氏撰

浙江吴玉墀家藏本(總目)。〇《浙江省第四次吴玉墀家呈送書目》：「《天文祕略》不分卷，明劉基著，一本。」〇《浙江採集遺書總録》：「《天文祕略》一卷，寫本，舊題新安胡氏撰。」〇中山大學藏明萬曆刻本一卷一册，明劉基輯，胡獻忠重輯。半葉十行，行二十四字，小字十五行，行二十八字，白口，四周單邊。臺灣中研院史語所藏明萬曆刻本一卷二册，未知是否一刻。〇中科院自然科學史研究所藏明鈔本。〇北京大學藏清初鈔本一册，題「新安心廷胡獻忠集」。半葉十行，行二十一字，無格。前有謝存仁序，洪武甲寅劉基序，萬曆四十三年乙卯胡獻忠序。玄字缺末筆。鈐「柯逢時印」等印記。李盛鐸舊藏。《存目叢書》據以影印。〇復旦大學藏清鈔本，作《天文祕略》正續六册，不分卷。明劉基撰，清胡獻忠重輯。〇北京大學藏舊鈔本，作《天文祕略》四册，無撰人。李盛鐸故物。〇清光緒九年刻《清隱山房叢書》本一卷。

三二二一

清類天文分野之書二十四卷　明劉基撰

兩江總督採進本(總目)。〇《兩江第一次書目》：「《天文分野書》，明劉基著，十本。」〇《浙江省第四次汪汝瑮家呈送書目》：「《清類天文分野之書》二十四卷，明劉基著，六本。」〇《浙江採集遺書總録》：「《清類天文分野之書》二十四卷，刊本，明洪武間欽天監編。」〇《都察院副都御史黄交出書目》：「《大明清類天文分野之書》十本。」○《編修朱交出書目》：「《清類天文分野之書》八本。」○南京圖書館藏明初刻本，作《大明清類天文分野之書》二十四卷，不題撰人。半葉八行，行二十字，黑口，雙黑魚尾，四周雙邊。前有凡例，末署「洪武十七年歲次甲子閏十月二十七日進」。版心下方右側記刻工：羅恕、吴睡、鄭名、江厚、吴云二、刘子和、李玉、范荣、范双平、張一秀、吴玉、付善可、朱玉文、均佐、陳德全、吴五、王子、張秀、虞壽、江子名、付显、黄四崇、李五、包與世、姜厚初、蔡彦夆、余伯清、姜原、薛志良、江后子、郭景生、余彦文、欧至海、江和、陳士通、張廣祖、余寿山、刘景舟、林觀保、張名遠、黄隆秀、朱宗甫、刘子安、蔡德宝、毛敬、虞孟、汝敬、鄭子和、黄龙秀等。卷內鈐「漢晉唐齋」、「埽塵齋」、「八千卷樓」、「嘉惠堂藏閱書」、「泉唐丁氏竹舟申松生丙辛酉以後所得」、「求己室」、「四庫坿存」等印記。《存目叢書》據以影印。首都圖、北大、中科院圖、山東文登圖、臺灣中研院史語所亦有是刻。原北平圖書館藏一部，現存臺北「故宫」。○南京圖書館藏明鈔本，書名卷數同前本，十册，有缺葉。鈐「淡泉」、「大司寇章」、「海瀕逸民平泉鄭履準凝雲樓書畫之印」、「凝雲深處清暇奇觀」、「蔣光煦」、「生沐祕藏」、「别下齋藏書」等印記。

白猿經風雨占候説一卷　舊本題明劉基註　三二二二

浙江范懋柱家天一閣藏本(總目)。○《浙江省第五次范懋柱家呈送書目》：「《白猿經風雨占候説》一卷，舊題明劉基著，一本。」○《浙江採集遺書總録》：「《白猿經風雨占候説》一册，天一閣寫本，明青田劉基撰。」○遼寧圖書館藏彩繪鈔本，作《白猿風雨圖》一卷，前有至元庚申劉基序(至元無庚申此恐有誤)。《存目叢書》據以影印。

神樞鬼藏經二卷　首題南極沖虚妙道真君　三二二三

浙江巡撫採進本(總目)。○《浙江省第九次呈送書目》:「《神樞鬼藏》二本。」○《浙江採集遺書總録》:「《神樞鬼藏》二册,天一閣寫本,未詳作者姓名。」

天元玉歷祥異賦無卷數　明洪熙中官撰　三二二四

按:此書《總目》不載,今據《四庫全書附存目録》補。○《浙江省第五次范懋柱家呈送書目》:「《天元玉歷祥異賦》十本。」○《浙江採集遺書總録》:「《天元玉歷祥異賦》十册,寫本,不著作者姓名。」○南京圖書館藏明洪熙元年内府刻本,作《天元玉曆祥異賦》七卷。半葉九行,行十八字,黑口,四周雙邊。有洪熙元年正月十五日御製序。前有「廣運之寶」、「寧澹齋」二印,末有「内府之章」印。《善本書室藏書志》著録。天一閣文管所亦有一部。○北京圖書館藏明紅格鈔本不分卷八册,半葉十一行,行二十字,四周雙邊。○北圖又藏明藍格鈔本不分卷六册,半葉十二行,行十二至十五字不等,四周雙邊。○北圖又藏明藍格鈔本不分卷二册,半葉十一行,白口,四周雙邊。○北京大學藏明彩繪圖注本,作《天元玉曆祥異賦》十卷十册。○北大又藏明鈔本二卷,與《天文風雨賦》一卷合二册,李盛鐸舊藏。○北大又藏明末鈔本,作《天玄玉曆祥異賦》六卷六册,題明劉基編。李盛鐸舊藏。○清華大學藏明鈔本。○人民大學藏明鈔本不分卷十册。上截彩色繪圖。下截文,半葉十一行,行九字,藍格,白口,四周雙邊。白綿紙。○華東師大藏明鈔本。○中科院上海圖書館藏明鈔本。〇天津師大藏明鈔本。〇遼寧大學藏明鈔本。〇山東省圖藏明鈔本。〇南圖藏明鈔本。〇湖南邵陽市圖藏明鈔本。〇中華書局藏明鈔本。〇北圖藏明鈔本十九卷，存卷一至卷二、卷九至卷十二、卷十八。〇臺灣「中央圖書館」藏明成化丁酉（十三年）黑格鈔本一卷一册，半葉十行，行二十二字，大黑口，四周雙邊。前有御製序。卷末有「成化丁酉歲中秋月望後二日李氏録于鈍庵」識語。序後有目録，共六十條。鈐「毘陵張氏圖籍」、「寄石山房藏書」等印記。〇臺灣「中央圖書館」又藏明紅格精鈔彩繪本不分卷二十册。上半繪圖。下半文，半葉十一行，行十二至十四字不等，紅口，四周雙邊。前有洪熙元年正月十五日御製序。序後有目録，共五十五條。鈐「澤存書庫」印。〇臺灣「中央圖書館」又藏藍格舊鈔彩繪本不分卷十册，上半繪圖。下半文字。前有御製序。序後有目録，共五十五條。鈐「張氏珍藏書畫」、「聯芳之印」、「存齋」等印記。〇臺灣「中央圖書館」又藏藍格舊鈔彩繪本不分卷十册，上半繪圖，下半文字。前有目録，列五十三條，另空二格，合計五十五條。無序。〇臺灣「中央圖書館」又藏藍格舊鈔彩繪本不分卷六册，上半繪圖，下半文字，半葉十行，行約十三字，四周雙邊。前有洪熙元年正月十五日御製序。次目録，共五十五條。〇臺灣「中央圖書館」又藏藍格精鈔彩繪本不分卷十册，上半繪圖，下半文字，半葉十二行，白口，四周雙邊。前有御製序。〇臺灣中研院史語所藏藍格鈔本十卷二十册，明仁宗撰，清道光二十八年錢儀吉手題記，宣統三年鄧邦述朱筆手題記。〇人民大學藏明萬曆四十七年余文龍刻本，作《大明天元玉曆祥異圖説》七卷四册，半葉九行，行二十字，白口，四周單邊。鈐「古香樓」、「休寧汪季青家藏書籍」、「文孟」等印記。津圖、南圖、上圖亦有是刻。○臺灣「中央圖書館」藏舊鈔本二册，書名卷數行款同前本。前有御製序，署「洪熙元年秋月穀旦頒賜在朝群臣」。次余文龍識語，署「萬曆歲在己未仲春之吉南京工部虞衡清吏司主事臣晉安余文龍薰沐稽首校梓於金陵公署之拙我齋」。次目録。次余文龍校刻凡例。正文仍取上圖下文式。鈐「虞山錢曾遵王藏書」、「恬裕齋」等印記。（臺灣「中央圖書館」藏各本均見該館《善本書志初稿》）按：此本顯係從余文龍本出。○中山大學藏清鈔彩繪本七卷六册，上圖下文，文半葉十一行，行十三字，無格。○北京大學藏清巴陵方氏碧琳瑯館精鈔本二十三卷八册。○北京大學藏鈔繪本，作《祥異繪圖集註》十册，又名《天元玉曆祥異賦》。

象緯全書無卷數　不著撰人名氏　**三二二五**

兩淮鹽政採進本（總目）。○《兩淮鹽政李續呈送書目》：「《象緯全書》未分卷，明人，三十六本。」

參籌祕書十卷　明汪三益撰　**三二二六**

浙江巡撫採進本（總目）。○《浙江省第六次呈送書目》：「《參籌祕書》十卷，明汪三益輯，八本。」○《浙江採集遺書總録》：「《參籌祕書》十卷，刊本，明貴溪汪三益輯。」○北京大學藏明崇禎十二年楊廷樞刻本，題「古吴楊廷樞維斗父鑒定，豫章汪三益漢謀父輯註，平江張拱端孟恭父較閱」。半葉十行，行二十字，白口，四周單邊。前有徐汧序。又崇禎十一年戊寅冬汪三益序云：「吴門維斗先生孰閱斯書，不忍祕之，命梓以廣其傳。」《存目叢書》據以影印。臺灣「中央圖書館」藏是刻另有崇禎十二年楊廷樞序云：「漢謀歸吴，攜以示余。予喜得是書，余門張子孟恭博古習兵，尤深心篤好之，亟請壽諸梓。」序末署「崇禎己卯春王正月古吴楊廷樞題于遙集居」。封面刻「吴郡遥集居藏板。楊敬泉、陶蘭臺梓行」。（見該館《善本書志初稿》）上圖、南圖、福建圖等亦有是刻。

星占三卷　明劉孔昭撰　三一二七

浙江巡撫採進本（總目）。〇《浙江省第六次呈送書目》：「《星占》三卷，明劉孔昭著，三本。」〇《浙江採集遺書總録》：「《星占》三卷，刊本，明劉孔昭撰。題劉青田先生家藏祕本在齊餘政星占，裔孫孔昭補衍，後學史可法校訂。」

天文書無卷數　明柯洽撰　三一二八

江西巡撫採進本（總目）。〇《江西巡撫海第二次呈送書目》：「《天文書》四本。」

靈臺祕苑一百二十卷　不著撰人名氏　三一二九

河南巡撫採進本（總目）。〇《河南省呈送書目》：「《靈臺祕苑》一百本。」

註解祥異賦七卷　不著撰人名氏　三一三〇

浙江范懋柱家天一閣藏本（總目）。〇《浙江省第五次范懋柱家呈送書目》：「《祥異賦》七卷，缺名著，一本。」〇《浙江採集遺書總録》：「《祥異賦》七卷，寫本，不著撰人。」〇《提要》云：「凡賦七篇，……各爲之註。大致與明仁宗所製《天元玉歷祥異》相類。」按：明仁宗《天元玉曆祥異賦》亦天一閣進呈，而《總目》未載，今據《四庫全書附存目録》補入，傳本甚多，不易與此書區别，故總註於彼，兹不更贅焉。

天漢全占二卷　不著撰人名氏　　三二三一

浙江范懋柱家天一閣藏本（總目）。○《浙江省第五次范懋柱家呈送書目》：「《天漢全占》二卷，缺名著，二本。」○《浙江採集遺書總録》：「《天漢全占》二卷一册，天一閣寫本，不著撰人。」

海上占候一卷　不著撰人名氏　　三二三二

浙江范懋柱家天一閣藏本（總目）。○《浙江省第五次范懋柱家呈送書目》：「《海上占候》一卷，缺名著，一本。」○《浙江採集遺書總録》：「《海上占候》一卷，寫本，不著撰人。」

軍占雜事一卷　不著撰人名氏　　三二三三

浙江范懋柱家天一閣藏本（總目）。○《浙江省第五次范懋柱家呈送書目》：「《軍占雜事》一卷，缺名著，一本。」○《浙江採集遺書總録》：「《軍占襍集》一册，寫本，不著撰人。」

占候書十卷　不著撰人名氏　　三二三四

浙江范懋柱家天一閣藏本（總目）。○《浙江省第五次范懋柱家呈送書目》：「《占候書》十卷，缺名著，十本。」○《浙江採集遺書總録》：「《占候書》十卷十册，寫本，不著撰人。」

天文諸占一卷　不著撰人名氏　　三二三五

浙江范懋柱家天一閣藏本（總目）。○《浙江省第五次范懋柱家呈送書目》：「《天文諸占》一卷，缺名著，四本。」○《浙江採集遺書總録》：「《天文諸占》一卷一册，天一閣寫本，不著撰人。前有缺頁。」

天文大成管窺輯要八十卷　國朝黄鼎撰　三二三六

浙江范懋柱家天一閣藏本(總目)。○《浙江省第四次汪汝瑮家呈送書目》:「《管窺輯要》八十卷,國朝黄鼎纂,二十四本。」○《浙江採集遺書總録》:「《管窺輯要》八十卷,刊本,國朝總兵六安黄鼎輯。」○《江蘇省第一次書目》:「《管窺輯要》二十四本。」○《江蘇採輯遺書目録》:「《管窺輯要》,清總兵皖江黄鼎著。」○《兩江第一次書目》:「《管窺輯要》,六安黄鼎纂,二十本。」○《武英殿第一次書目》:「《天文大成管窺輯要》三十六本。」○北京圖書館分館藏清順治九年黄氏自刻本,作《管窺輯要》八十卷。卷一題「六安黄鼎玉耳父纂定,男九命簡臣、侄九錫公位、九如眉介、侄孫珮瑑成、珂先鳴、桐城方兆及子詒仝閲」。半葉九行,行十九字,白口,四周單邊。前有順治十年癸巳范文程序。又順治九年壬辰黄鼎序云:「授諸梓民,以終夙心。……遂藉龍眠方子子詒較讐,力與兒輩分讀以行。」又纂例。又順治壬辰男九思跋。《存目叢書》據以影印。中科院圖、華東師大、湖南圖、山西圖、川大等亦有是刻。

右占候之屬

漢原陵祕葬經十卷　不著撰人名氏　三二三七

永樂大典本(總目)。

葬經一卷　題云青烏先生葬經　大金丞相兀欽仄註　三二三八

兩江總督採進本(總目)。○明嘉靖祗洹館刻《小十三經》本,作《青烏先生葬經》一卷,金兀欽仄注。

北圖、上圖藏。〇明萬曆二十五年金陵荆山書林刻《夷門廣牘》本，作《葬經》一卷。北圖、北大、復旦等藏。民國二十九年商務印書館影印萬曆刻《夷門廣牘》本。〇明崇禎毛氏汲古閣刻《津逮祕書》本，作《青烏先生葬經》一卷。民國十一年上海博古齋影印汲古閣刻《津逮祕書》本。〇清嘉慶十年虞山張海鵬刻《學津討原》本，書名同前本。民國十一年商務印書館影印張海鵬刻《學津討原》本。〇清道光十三年王氏棠蔭館刻《廿二子全書》本，書名同前本。清華、上圖等藏。

天機素書四卷　舊本題唐邱延翰撰 **三二三九**

通行本（總目）。〇明崇禎金陵懷德堂刻《地理大全》一集本，上圖、福建圖藏。山西大學藏明崇禎三多齋刻《地理大全》本，《存目叢書》據以影印，内有此書，未知與德堂本是否同版。

内傳天皇鼇極鎮世神書三卷　舊本題邱延翰正傳　楊筠松補義　吴景鸞解蒙 **三二四〇**

浙江巡撫採進本（總目）。〇《浙江省第七次呈送書目》：「《天皇鰲極鎮世》三卷四本。」〇《浙江採集遺書總録》：「《天皇鰲極鎮世》三卷，寫本，真人邱延翰正傳，唐楊筠松補義，宋吴錦鑾、廖瑀編輯。」〇天津圖書館藏清鈔本，作《内傳天皇鰲極鎮世神書》三卷，題「太乙真人正傳」。半葉八行，行十九字，無格。《存目叢書》據以影印。

地理玉函纂要二卷　不著撰人名氏 **三二四一**

浙江巡撫採進本（總目）。〇《浙江省第七次呈送書目》：「《地理玉函纂要》二卷二本。」〇《浙江採集遺書總録》：「《地理玉函纂》二卷，寫本，不著撰人。」

天玉經外傳一卷四十八局圖一卷　舊本題宋吴克誠撰　其子景鸞續成之　三二四二

通行本（總目）。○《提要》云：「一名《吴公教子書》。」○明崇禎金陵懷德堂刻《地理大全》二集本，上圖、福建省圖藏。山西大學藏明崇禎三多齋刻《地理大全》本，《存目叢書》據以影印，内有此書，未知與懷德堂本同版否。○浙江圖書館藏明鈔《地理七書》本，作《吴公教子書》一卷。○中山大學藏清康熙三十五年刻《地理正傳》本，半葉十行，行二十三字，白口，左右雙邊。

九星穴法四卷　舊本題宋廖瑀撰　三二四三

通行本（總目）。○明崇禎金陵懷德堂刻《地理大全》一集本，上圖、福建省圖藏。山西大學藏明崇禎三多齋刻《地理大全》本，《存目叢書》據以影印，内有此書，未知與懷德堂本同版否。

玉尺經四卷　舊本題元劉秉忠撰　明劉基註　三二四四

通行本（總目）。○《浙江省第四次汪啟淑家呈送書目》：「《玉尺經》十卷，舊題元劉秉忠著，明劉基注，一本。」○《浙江採集遺書總録》：「《堪輿玉尺經》十卷，刊本，元太史刑州劉秉忠撰，劉基、賴從謙同注。」○明建邑書林陳賢刻本，作《鐫地理參補評林圖訣全備平沙玉尺經》二卷附録一卷，題元劉秉忠撰，明劉基註，賴從謙增釋，徐之鏌參補。半葉十行，行二十三字，白口，四周單邊。北圖、北大、山東圖、浙圖、中山大學藏。○明萬曆三十四年刻本，作《新刻石函平砂玉尺經全書》上集六卷後集四卷，題元劉秉忠撰，明劉基解，賴從謙發揮。半葉九行，行二十字，白口，四周單邊。天一閣文管所藏。○明刻本，作《石函平砂玉尺經》六卷《後集》四卷，題元劉秉忠撰，明劉基解，賴從謙發揮。半葉九行，行二十字，白口，四周單邊。南圖、浙圖藏。○明遺經堂刻本，作《新刻石函平砂玉尺經全書》六卷，題元劉秉忠撰，明劉基解。半葉九行，行二十字，白口，四周單邊。共六册。有嘉業堂藏印。杭州大學藏。○明彙賢齋刻本，作《新刻石函平砂玉尺經全書真機》六卷《後集》四卷，題元劉秉忠撰，明劉基解。半葉九行，行二十字，白口，四周單邊。故宫藏。○清人文堂刻《地理天機會元》本，青島圖藏。○清道光宏道堂刻《地理天機會元》本，青島圖藏。○清宏道堂刻本，作《石函平砂玉尺經》十卷二册，山東圖藏。此與前本未知是否同版。○清同治十年刻本，作《新刻石函平砂玉尺經》六卷四册。山東圖藏。

披肝露胆經一卷　舊題明劉基撰　**三二四五**

通行本（總目）。○明崇禎金陵懷德堂刻《地理大全》一集本，上圖、福建圖藏。山西大學藏明崇禎三多齋刻《地理大全》本，《存目叢書》據以影印，内有此書，未知與懷德堂本是否同版。

地理大全一集三十卷二集二十五卷　明李國木撰　**三二四六**

通行本（總目）。○明崇禎金陵懷德堂刻本，上圖、福建省圖藏。山西大學藏明崇禎三多齋刻本三十二册，未知與懷德堂本是否同版。三多齋本正文首題「地理大全一集形勢真訣卷之一」，次題「漢陽李國木喬伯父删定，松陵釋大觀海眼父參訂，漢陽李國林衆仲父挍輯，宣城梅羹子和父參閲」，再次題「葬經」，下注「先生姓郭，諱璞，號景純，晉時人」。半葉十九行，行二十字，白口，四周單邊。前有辛未韓敬序，李國林序，李國木自序，凡例。二集前有華山野人大觀序，序版心下有「三多」二字。《存目叢書》據以影印。

地理總括三卷　明羅珏撰　**三二四七**

浙江巡撫採進本(總目)。〇《浙江省第四次汪啟淑家呈送書目》：「《地理總括》，明羅珏著，六本。」〇《浙江採集遺書總録》：「《地理總括》六册，刊本，明鄱陽羅鈺撰。」〇《提要》云：「是書刻於萬曆二年。」

羅經頂門鍼二卷　明徐之鏌撰　**三二四八**

内府藏本(總目)。〇《提要》云：「後附《圖解》一卷，則其門人朱之相所作也。」〇《武英殿第二次書目》：「《羅經頂門針》五本。」〇中國科學院圖書館藏明書林集賢堂唐錦池刻本，正文首題「新鐫徐氏家藏羅經頂門針卷之上」，次題「明木石居士建溪徐之鏌試可父著，庠友隴西李挺秀君實父校，門人沙陽魏宗徵獻可父、婺源查大賔省愚父、沂邑王仲懿秉彝父、旌陽俞文源逢之父仝閲，書林金陵唐鯉耀季鱗父梓行」。半葉九行，行二十二字，白口，四周單邊。前有汪學海序，天啟三年癸亥自序。次《重鐫羅經頂門針簡易圖解》一卷。次目録。次《鄙言》一卷。次正文。未有跋。《存目叢書》據以影印。山東圖、浙圖、無錫市圖亦有是刻。〇明書林陳氏繼善堂刻本，作《新鐫徐氏家藏羅經頂門針》二卷，半葉九行，行二十二字，白口，四周單邊。浙圖藏。〇明天啟三年鄞江馬祥生刻本，臺北市圖藏。〇石印本二卷二册，山東省圖藏。

堪輿類纂人天共寶十二卷　明黄慎撰　**三二四九**

安徽巡撫採進本(總目)。〇《安徽省呈送書目》：「《地理人天共寶》十二本。」〇《浙江省第六次呈送書目》：「《地理人天共寶》十三卷，明黃慎輯，六本。」○《浙江採集遺書總録》：「《地理人天共寶》十二卷，刊本，明海陽黃慎輯。」○明崇禎六年刻本，作《新編祕傳堪輿類纂人天共寶》十二卷，序題《地理人天共寶》。半葉九行，行二十四字，白口，四周單邊。有刻工：黃伯符。首都圖、天一閣文管所、無錫市圖、湖南圖、中山大學、惠州圖、黃山市博物館藏。○北京大學藏清乾隆三十七年據明崇禎六年刻本重刻本，書名卷數、行款版式同前本。題「海陽黃慎仲修父編次，祁閶許捷雲賔父參定」。前有庚午許捷序，崇禎六年癸酉黃慎序，崇禎己巳李思聰序。末有辛未吳元爵跋，癸酉侄光前跋。李思聰序首葉版心下有刻工「黃伯符刊」，仍明崇禎之舊。李盛鐸故物。《存目叢書》據以影印。

羅經消納正宗二卷　明沈昇撰　**三二五〇**

兩淮鹽政採進本（總目）。○《兩淮鹽政李續呈送書目》：「《羅經消納正宗》二卷，明儲孝則，一本。」

寸金穴法二卷　不著撰人名氏　**三二五一**

浙江巡撫採進本（總目）。○《浙江省第六次呈送書目》：「《寸金穴法》二本。」○《浙江採集遺書總録》：「《寸金六法》二卷，寫本，不著撰人。」六字當作穴。

畫筴圖一卷撼龍經一卷　國朝孫光昺撰　**三二五二**

兩淮鹽政採進本（總目）。○《兩淮鹽政李續呈送書目》：「《畫筴圖》《撼龍經》，明孫光昺，二本。」○《提要》云：《畫筴圖》「託之楊筠松以授曾、劉諸人」，「前載洪武六年劉基上《畫筴圖》疏」。又云:「《撼龍經》一卷,題云余真如解,孫光昺删補。」○北京圖書館藏明嘉靖十二年陶諧刻藍印《地理樞要》内有《楊筠松畫筴圖》一卷。○天一閣文管所有明嘉靖十二年刻明謝廷柱撰《畫筴圖解》一卷,與《地理發微註解》一卷合刻。○楊筠松《撼龍經》一卷已入《四庫全書》。另有明鈔《宅葬書十一種》本,北圖藏。明崇禎刻《地理大全》本二卷,上圖、福建圖藏。清鈔清高其倬評本,作《楊益撼龍經》一卷,南圖藏。清道光十七年泉州府學刻清張冕集註本,北大藏。清鈔本,作《撼龍經註》一卷,北大藏。

定穴立向開門放水墳宅便覽要訣四卷　國朝梅自實撰　**三二五三**

浙江巡撫採進本(總目)。○《浙江省第六次呈送書目》:「《定穴立向要訣》四本。」○《浙江採集遺書總録》:「《定穴立向要訣》四册,寫本,不著撰人。」

山法全書十九卷　國朝葉泰撰　**三二五四**

江蘇周厚堉家藏本(總目)。○《江蘇省第一次書目》:「《山法全書》十本。」○《江蘇採輯遺書目録》:「《山法全書》十〔九〕卷,清婺源葉泰著。」○《浙江省第四次汪啟淑家呈送書目》:「《山法全書》十九卷,國朝葉泰著,八本。」○《浙江採集遺書總録》:「《山法全書》十九卷,刊本,國朝古婺葉泰撰。」○湖南圖書館藏清康熙刻本十九卷首二卷,題「古婺葉泰九升父集,同懷弟樵雲客父參,海昌酆宫振宸父訂」。半葉九行,行二十一字,白口,四周單邊。前有葉泰序,缺尾。又太古氏《凡例》。《存目叢書》據以影印。○清康熙三十五年刻《地理大成》本,山西祁縣圖、青島圖藏。此與前本當係同版。○清乾隆六年高書勳刻本四册，浙圖藏。○清嘉慶十八年刻本（見《皖人書録》）。○掃葉山房石印本，作《地理大成山法全書》十九卷八册。青島圖藏。

附録

尚書天地圖説六卷　國朝潘咸撰 **三三五五**

河南巡撫採進本（總目）。○《河南省呈送書目》：「《尚書天地圖説》，本朝潘咸著，六本。」

右相宅相墓之屬

九天元女六壬課一卷　舊本題唐袁天綱撰 **三三五六**

永樂大典本（總目）。

六壬軍帳賦一卷　舊本題河南劉啟明撰 **三三五七**

浙江范懋柱家天一閣藏本（總目）。○《浙江省第五次范懋柱家呈送書目》：「《六壬軍帳賦》一卷，舊題劉啟明著，一本。」○《浙江採集遺書總録》：「《六壬軍帳賦》一卷，寫本，劉啟明撰。」○北京大學藏清鈔本，不題撰人。半葉十行，無格。鈐「麐嘉館印」印記。《存目叢書》據以影印。○北京大學另藏清鈔本一部，亦李盛鐸舊藏。

河洛真數二卷　舊本題宋陳摶撰 **三三五八**

浙江范懋柱家天一閣藏本（總目）。○《浙江省第五次范懋柱家呈送書目》：「《河洛真數》二卷，舊題宋陳摶著，二本。」○《浙江採集遺書總録》：「《河洛真數》二卷，寫本，宋陳摶撰。」○上海圖書館藏明鈔本三卷。○天津圖書館藏明萬曆二十年李學詩刻本十卷，正文首題「陳邵二先生河洛真數卷之上」，次題「潁川後學默菴李學詩校正」。半葉十行，行二十字，白口，四周雙邊。前有萬曆十九年辛卯李學詩序云：「暇日撿閲舊集，删其煩蕪，正其舛訛，屢易寒暑，始克成編。鳩工鋟梓，以永其傳。」末有萬曆二十年秋李學詩《新刊河洛真數後序》。《存目叢書》據以影印。

邵子加一倍法一卷　不著撰人名氏　三二五九

浙江范懋柱家天一閣藏本（總目）。○《浙江省第五次范懋柱家呈送書目》：「《邵康節加一倍法》一卷，缺名著，一本。」

六壬心鏡要三卷後集一卷　宋徐道符撰　三二六〇

浙江巡撫採進本（總目）。○《浙江省第六次呈送書目》：「《六壬心鏡》三卷，徐道符著，二本。」○《浙江採集遺書總録》：「《六壬心鏡》三卷，寫本，題不欲子東海徐道符撰。」○南京圖書館藏實事求是齋鈔本，作《大六壬心鏡》八卷二册。

六壬畢法賦一卷　宋凌福之撰　三二六一

浙江鄭大節家藏本（總目）。○《浙江省第五次鄭大節呈送書目》：「《六壬畢法賦》一卷，宋凌福之著，二本。」○《浙江採集遺書總録》：「《六壬畢法》一册，寫本，元凌福之撰。」○河南社科院藏明刻本，半葉十行，行二十三字，白口，四周單邊。有刻工。○北京大學藏清鈔本一册。又清鈔本一册。

均李盛鐸舊藏。○《四庫全書》本《六壬大全》卷九卷十爲《畢法賦》上下二卷。

三二一六二 **皇極大定動數得一論一卷　元吴正撰**

永樂大典本（總目）。

三二一六三 **周易尚占三卷　不著撰人名氏**

兵部侍郎紀昀家藏本（總目）。○《浙江省第四次吳玉墀家呈送書目》：「《周易尚占》三卷，元李清菴著，一本。」○《提要》云：「前有大德丁未寶巴序，稱爲瑩蟾子李清菴作。案元李之純號清菴，又號瑩蟾子，有《中和集》别著録，則此書乃之純撰也。」○中國科學院圖書館藏明刻本三卷附一卷，半葉九行，行二十一字，白口，四周單邊。卷上第一葉版心下刊「長洲顧檈寫，無錫何鑰刻」二行小字，卷中第一葉版心下刻「邵埴刻」，卷下第一葉版心下刻「何鑰刻」。按：此三人爲明嘉靖後期至萬曆前期江蘇寫工、刻工，參加刻書多種，見李國慶《明代刊工姓名索引》。則此本亦嘉靖至萬曆年間所刻。《存目叢書》據以影印。復旦亦有是刻。○明刻《寶顔堂彙祕笈》本，作李道純撰。北圖、中科院圖、復旦等藏。○民國十一年上海文明書局石印《寶顔堂祕笈》本。

三二一六四 **玉靈聚義五卷　元陸森撰**

浙江巡撫採進本（總目）。○《浙江省第十一次呈送書目》：「《玉靈聚義》五卷，元陸森輯，三十八本。」○《浙江採集遺書總録》：「《玉靈聚義》五卷，寫本，元陰陽教諭吴人陸森輯。」○北京大學藏元天曆二年平江路儒學刻本，正文首題「玉靈聚義總録卷之一」，次題「光禄大夫行右散騎常侍集賢院學士副知院事東海郡開國公徐堅撰，勑授平江路陰陽教授駱天祐校纂，古吴茂林陸森編集」。半葉十行，行十六字，細黑口，左右雙邊。前有泰定二年乙丑趙孟暄序，乙丑駱天祐序，泰定二年范溢序，延祐二年陸森序，天曆二年陸森序。序後列銜：平江路儒學訓導俞安國校正，平江路儒學教授鮑春老校正，平江路陰陽教授張孟祥重校，前平江路陰陽教授駱天祐校正，趙孟暄閲序。卷内鈐「天籟閣」、「項子京家珍藏」、「項墨林父祕笈之印」、「項墨林鑑賞章」、「墨林山人」、「嘉禾項氏瓶山閣藏圖書」、「項元汴印」、「子京父印」、「子京所藏」、「項子京珍藏」、「子京世昌」、「退密」、「神游心賞」、「楝亭曹氏藏書」、「楝亭曹氏藏書畫記」、「長白㪍槎氏堇齋昌齡圖書印」、「堇齋收藏印」等印記。《中國版刻圖録》、《藏園群書經眼録》、《北京大學圖書館藏善本書録》著録。《存目叢書》據以影印。〇中山大學藏明藍格鈔本，存卷一卷二兩册，半葉八行，行二十四字，藍口，四周雙邊。白綿紙。前有宣統三年復廬居士題識，稱爲元鈔本。

六壬五變中黄經二卷　不著撰人名氏　　**三二六五**

浙江巡撫採進本(總目)。〇《浙江省第九次呈送書目》：「《六壬五變中黄經》二本。」〇《浙江採集遺書總録》：「《六壬五變中黄經》一册，寫本，不著撰人。」〇北京圖書館藏明鈔本，作《大六壬五變中黄經正文》一卷《釋義》四卷共一册。前有燕人商粲仲賀序，序首葉有「葉氏菉竹堂藏書」圓印。正文首葉鈐「嘉蔭簃藏書印」印記。《存目叢書》據以影印。〇沈氏《抱經樓藏書志》著録舊鈔本二卷。

六壬開雲觀月經一卷　不著撰人名氏　三二六六

浙江范懋柱家天一閣藏本（總目）。○《浙江省第五次范懋柱家呈送書目》：「《六壬觀月經》一卷，缺名著，一本。」○《浙江採集遺書總録》：「《六壬觀月經》一册，寫本，不著撰人。」○南京圖書館藏明始豐山房鈔本，作《六壬雲開觀月經》一卷。按：書名「雲開」二字與《總目》互乙。《讀書敏求記》著録是書與《總目》同。○《提要》云：「其文已全載入《六壬大全》中。」按：《六壬大全》已入《四庫全書》，此書録於卷五，作《觀月經》。

大六壬無惑鈐一卷　不著撰人名氏　三二六七

浙江鄭大節家藏本（總目）。○《浙江省第五次鄭大節呈送書目》：「《大六壬無惑鈐》一卷，缺名著，二本。」○《浙江採集遺書總録》：「《大六壬無惑鈐》一册，寫本，不著撰人。」

六壬行軍指南無卷數　不著撰人名氏　三二六八

浙江范懋柱家天一閣藏本（總目）。○《浙江省第五次范懋柱家呈送書目》：「《六壬行軍指南》不分卷，缺名著，十本。」○《浙江採集遺書總録》：「《六壬行軍指南》十册，寫本，不著撰人。」○北京圖書館藏明刻本十册不分卷，無葉碼。半葉十三行，黑口，四周雙邊。鈐有「任城魏氏家藏」、「陽湖陶氏涉園所有書籍之記」、「張芹伯」、「芷圃收藏」、「香港圖書館管理」、「國立中央圖書館收藏」等印記。《存目叢書》據以影印。

奇門遁甲賦一卷　不著撰人名氏　三二六九

浙江范懋柱家天一閣藏本（總目）。○《浙江省第五次范懋柱家呈送書目》：「《奇門遁甲賦》一卷，缺名著，一本。」○《浙江採集遺書總録》：「《奇門遁甲賦》一册，寫本，不著撰人。卷首缺序目，載賦一篇，分節注解。後附《煙波釣叟歌》諸篇并圖式。」

六壬兵占二卷　不著編輯者名氏　三二七〇

編修勵守謙家藏本（總目）。○《提要》云：「凡《六壬百煉金》、《六壬軍帳賦》、《金鳳歌》、《行軍占異》爲一卷。其《兵占》自《時事休咎》至《凱旋聞詔》共五十篇爲一卷。」又云：「是書爲明人所刊。」○南京圖書館藏明刻藍印本一卷，半葉十六行，行二十四字，白口，四周單邊。鈐「曹大鎮家珍藏」、「舊山叟」二朱文印。内容與《提要》不合，恐非《存目》之書。○河南社科院藏明刻本一卷，半葉十行，行二十三字，白口，四周單邊。有刻工。此本未見。○《鄭堂讀書記》謂《六壬大全》十三卷内有《兵占》一卷。

皇極數三卷　不著撰人名氏　三二七一

永樂大典本（總目）。○中山大學有清鈔本《皇極數》四册不分卷，宋邵雍撰，明劉基增補。未知與《存目》三卷本關係。

皇極生成鬼經數一卷　不著撰人名氏　三二七二

永樂大典本（總目）。

九天元妙課一卷　不著撰人名氏　　三二七三

永樂大典本(總目)。

易占經緯四卷　明韓邦奇撰　　三二七四

江蘇巡撫採進本(總目)。○《江蘇省第一次書目》：「《易占經緯》四本。」○《江蘇採輯遺書目録》：「《易占經緯》四卷，明兵部尚書朝邑韓邦奇著，門人王賜紱、張士榮編，刊本。」○《直隸省呈送書目》：「《易占經緯》五本。」○《浙江省第五次范懋柱家呈送書目》：「《易占經緯》五卷，明韓邦奇著，五本。」○《浙江採集遺書總録》：「《易占經緯》四卷，刊本，明兵部尚書朝邑韓邦奇撰。」○《陝西省呈送書目》：「《易占經緯》。」○《衍聖公交出書目》：「《易占經緯》五本。」○《武英殿第二次書目》：「《易占經緯》五本。」○北京大學藏明嘉靖二十七年金城刻本四卷附録一卷，題「苑洛韓邦奇輯」，半葉十行，行二十字，白口，四周單邊。前有嘉靖二十七年戊申濟南金城刻書序云：「刻之閩庠，用示來學。」又嘉靖二十四年乙巳門人王賜紱序。末有嘉靖二十四年張士榮跋。跋後爲附録。白綿紙。版心下記刻工：李長、張玉、陸八郎、黄文、刘官生、美刊、葉二、陳珪、葉林、李烏、蔣文㒷、付山、黄朝用、世昂、周妳、鄭福林、葉良、熊九、范璞、陸寿進、陳林、王鎮刊、余畏、王仁、張在、郑孫郎、周亨刊、余廷啓、葉池、余荣、張福㒷、刘清、陸文進、王浩、余廷昭、華福刊、張尾、李長、陸福進、江仲仁、王富、楊寿、李二、余有才、黄昭郎、詹肥、陸景得等。《存目叢書》據以影印。上圖、南圖等亦有是刻。○北京大學藏清初刻本四卷附録一卷共四册，李盛鐸舊藏。○中國科學院圖書館藏清乾隆十六年刻本四卷四册。○清華大學藏清謝貞侯重刻嘉靖本四卷，無附。正文行款版式均同嘉靖本，刻工亦照翻，唯字體不同。前有金城序，末有清李元春跋云「謝貞侯工曹刻」。

籤易一卷　明盧翰撰　**三二七五**

浙江巡撫採進本（總目）。○《浙江省第六次呈送書目》：「《籤易》一卷，明盧翰著，一本。」○《浙江採集遺書總録》：「《籤易》一册，刊本，明兖州府推官潁川盧翰撰。」○安徽省圖書館藏明萬曆二十七年刻本，半葉十行，行二十一字，白口，四周單邊。前有嘉靖三十年辛亥知兖州府事曹金跋，萬曆二十七年己亥豐城李右□□思甫序，嘉靖二十一年壬寅盧翰序。末有嘉靖三十一年壬子盧翰序。李序云：「于是從史元平氏重録以溢其傳。」元平，姓張，見李序。《存目叢書》據以影印。北京人文科學研究所藏明萬曆二十六年刻本不分卷二册，今藏臺灣中研院史語所。北大《古籍善本書目》著録明萬曆刻本，作《中菴籤易》一卷一册。均未知同異。

周易懸鏡十卷　明喻有功撰　**三二七六**

浙江吴玉墀家藏本（總目）。○《浙江省第四次吴玉墀家呈送書目》：「《周易懸鏡》十卷，明喻有功著，二本。」○《浙江採集遺書總録》：「《周易縣鏡》十卷，寫本，明高安喻有功撰。」

大易通變六卷　明喬中和撰　**三二七七**

浙江巡撫採進本（總目）。○《江蘇採輯遺書目録》：「《躋新堂集説易》十二卷《訂補大易通變》六卷，明太原通判内邱喬中和著，刊本。」○山西省圖書館藏清順治六年刻本。○中國科學院圖書館藏清光緒五年刻《西郭草堂合刊》本，《存目叢書》據以影印。北大、首都圖亦有是刻。

易數總斷無卷數　舊本題新安和玉山人程汝文撰　三三七八

兩江總督採進本（總目）。○《兩江第二次書目》：「《易數總斷》，新安程汝文輯，六本。」○北京大學藏明長溪精舍鈔本十八册不分卷，李盛鐸舊藏。

易冒十卷　國朝程良玉撰　三三七九

江蘇巡撫採進本（總目）。○《浙江省第四次吴玉墀家呈送書目》：「《易冒》十卷，國朝程良玉著，四本。」○《浙江採集遺書總録》：「《易冒》十卷，刊本，國朝瞽目布衣新安程良玉撰。」○人民大學藏清康熙三年蟾溪草堂刻本，題「新安瞽目程良玉著，錢唐旅堂胡介定」。半葉九行，行二十字，白口，四周單邊。前有康熙三年仲秋王澤弘序，康熙三年七月錢塘且菴顧豹文序，康熙三年仲秋西泠陸進藎思甫序，康熙三年仲夏自叙。陸序云：「越三年而書成，屬旅堂點次，點次甫定而旅堂逝。以其書授之梓，梓成而元如亦逝。」知係程良玉生前自刊。自叙後有《程元如先生遺像》，署「謝彬寫」，署款下刊「文侯」小印。有像贊，署「仁和勿菴高鳳岐頓首題贈」，係高氏行書上板，署款末刻「高鳳岐印」、「文翎」二印。《存目叢書》據以影印。上圖、浙圖、南開等亦有是刻。

右占卜之屬

相掌金龜卦一卷　舊本題鬼谷子撰　三三八〇

永樂大典本（總目）。

貴賤定格三世相書一卷　舊本題鬼谷子撰　三二八一

永樂大典本(總目)。

易衍二卷　舊本題漢東方朔撰　三二八二

永樂大典本(總目)。

貴賤定格五行相書一卷　舊本題唐袁天綱撰　三二八三

永樂大典本(總目)。

五星要録無卷數　不著撰人名氏　三二八四

浙江巡撫採進本(總目)。○《浙江省第九次呈送書目》:「《五星要録》三本。」○《浙江採集遺書總録》:「《五星要録》三册,寫本,不著撰人。」

康節内祕影一卷　舊本題宋邵子撰　三二八五

永樂大典本(總目)。

子平三命淵源註一卷　元李欽夫撰　三二八六

浙江范懋柱家天一閣藏本(總目)。○《提要》云:「原本附《寸金易鑑》後,今析出焉。」○《浙江省第五次范懋柱家呈送書目》:「《寸金易鑑》不分卷,題西蜀易鏡先生撰,楊謙德補注,一本。」○《浙江採集遺書總録》:「《寸金易簡》一册,寫本,題西蜀易鏡先生述。」

九宮八卦遁法祕書二卷　不著撰人名氏　**三二八七**

永樂大典本（總目）。

成數大定一卷　不著撰人名氏　**三二八八**

永樂大典本（總目）。

寸金易鑑無卷數　首題西蜀易鏡先生撰　**三二八九**

浙江范懋柱家天一閣藏本（總目）。○《浙江省第五次范懋柱家呈送書目》：「《寸金易鑑》不分卷，題西蜀易鏡先生撰，楊謙德補注，一本。」○《浙江採集遺書總録》：「《寸金易簡》一册，寫本，題西蜀易鏡先生述。」

演禽圖訣無卷數　舊本題明劉基撰　**三二九〇**

浙江范懋柱家天一閣藏本（總目）。○《浙江省第五次范懋柱家呈送書目》：「《演禽圖訣》不分卷，舊題明劉基撰，二本。」○《浙江採集遺書總録》：「《演禽圖訣》二册，寫本，不著撰人。」○北京大學藏清鈔《奇門六種》内有《演禽圖》一卷，不著撰人。卷尾鈐「麐嘉館印」印記。内容與《四庫提要》未盡符合，似非同種。

古今識鑒四卷　明袁忠徹編　**三二九一**

浙江范懋柱家天一閣藏本（總目）。○《浙江省第五次范懋柱家呈送書目》：「《古今識鑒》八卷，明袁忠徹著，一本。」○《浙江採集遺書總録》：「《古今識見》八卷，刊本，明尚寶少卿鄞縣袁忠徹撰。」

按：見字當作鑒。○《江蘇省第一次書目》：「《古今識鑒》二本。」○《江蘇採輯遺書目録》：「《古今識鑑》九卷，明尚寶少卿四明袁忠徹著。」○上海圖書館藏明景泰二年刻本八卷附《人象賦》一卷，半葉十行，行二十二字，黑口，四周雙邊。南京圖書館藏是刻末附《人象賦》且正文有缺葉，鈐「古芸書屋」、「次歐」等印記。丁丙《善本書室藏書志》著録。○北京圖書館藏明嘉靖六年袁大純刻本，卷一題「四明袁忠徹編輯，曾孫袁大純校刊」，餘卷僅題「四卷袁忠徹編輯」。半葉十行，行二十二字，黑口，四周雙邊。前有景泰二年四月既望自序云：「釐爲八卷。」後有景泰二年六月既望陳敬宗後序云：「謀欲鋟梓，以廣其傳，既自序諸首簡，極其詳備，乃復屬予序于其後。」《人象賦》列爲卷九。末有「嘉靖六年龍集丁亥三月吉日曾孫袁大純校刊」一行。字體版式似覆景泰本。《存目叢書》據以影印。○按：《總目》作四卷，誤。

範圍數無卷數　明趙迎撰　　三二九二

浙江范懋柱家天一閣藏本(總目)。○《浙江省第五次范懋柱家呈送書目》：「《範圍數》不分卷，明趙迎著，二本。」○《浙江採集遺書總録》：「《範圍數》二册，寫本，明工部主事嵩洛趙迎撰。」○《提要》云：「前有嘉靖壬辰自序。」又云：「考元賈顒先有此法，集諸家論説爲書，其文頗繁，今猶存《永樂大典》中。是書自圖式至流年斷訣，凡十五門。詳其體例，蓋即約賈書以成編耳。」○北京圖書館藏元刻《新刊範圍數》二卷一册，《鐵琴銅劍樓藏書目録》著録云：「分圖式門、起例門、總訣門、吉歌門、凶歌門、賦論門爲上卷，卦訣門、數格門爲下卷。明趙迎有《範圍數》，自圖式至流年斷訣凡十五門，即襲其書也。」是本不題撰人，半葉十三行，行二十三字，黑口，左右雙邊。鈐「玉蘭堂」、「五峰樵客」、「竹塢」、「棣花屋」、「梅谿精舍」、「江左」、「銕研齋」、「翠竹齋」、「春草堂印」、「王履吉印」、「季振宜印」、「滄葦」、「季振宜藏書」、「御史振宜之印」、「宋本」、「林下閑人」、「平陽汪氏藏書印」、「士鐘」、「閬源父」、「良士眼福」、「鐵琴銅劍樓」等印記。○臺灣「中央圖書館」藏明刻本六卷二十册，首卷首行題「起例門」，不題撰人。半葉九行，行字不等，白口，四周雙邊。版心上刻「範圍」。扉葉有羅振常手跋：「此書乃天一閣藏本，新舊兩目皆不著編者姓字。《四庫》列入《存目》，作明趙迎撰（原注：迎，鞏縣人，嘉靖丙戌進士，官南京工部主事），謂此書以易數推人禄命，相傳出于陳摶，元賈顥先有此法，其説甚繁，散見《永樂大典》，迎殆即約賈書爲此云云。則此亦星命家言之最古者矣。此書祇《也是園書目》中有之，列之易數類。他家罕見著録。甲寅仲冬心井觀並誌。」下鈐「振常印信」印記。又：「《薛氏重編《天一閣進呈書目》中有此種，亦注趙迎撰。蓋《存目》即據天一閣本著録，而《進呈目》又據《存目》補著撰人者也。越日又記。」該館《善本書志初稿》著録爲明趙迎撰。澤遜按：是本原未題撰人，而多至二十册，《存目》所據天一閣本則僅二册，篇幅懸殊，恐非一書，未可遽定爲趙迎撰也。

百中經無卷數　不著撰人名氏　**三二九三**

浙江巡撫採進本（總目）。○《浙江省第十二次呈送書目》：「《百中經》四本。」○《浙江採集遺書總録》：「《百中經》四册，刊本，不著撰人姓名。其凡例有自淳祐壬寅至至元戊寅之文，蓋元人所輯者。」

呂氏摘金歌無卷數　舊本題呂氏撰　**三二九四**

浙江范懋柱家天一閣藏本(總目)。〇《浙江省第五次范懋柱家呈送書目》:「《呂氏摘金歌》不分卷,舊題呂氏撰,一本。」〇《浙江採集遺書總録》:「《呂氏摘金歌》一册,寫本,不著撰人。」

五曜源流二卷　不著撰人名氏　**三二九五**

浙江巡撫採進本(總目)。〇《浙江省第九次呈送書目》:「《五曜源流》二本。」〇《浙江採集遺書總録》:「《五曜要流》二册,寫本,不著撰人。」按:要字疑誤。

五星考三卷　不著撰人名氏　**三二九六**

浙江巡撫採進本(總目)。〇《浙江省第九次呈送書目》:「《五星考》三卷三本。」〇《浙江採集遺書總録》:「《五星考》三卷,刊本,不著撰人。」

星平會海十卷　不著撰人名氏　**三二九七**

通行本(總目)。〇北京大學藏清道光八年天禄齋刻本十卷首一卷,卷端書名《增補星平會海命學全書》,卷一題「武當山玉虚宫三逢甲子月金山人霞陽水中龍編集,洪都羊城汝月(月字卷三作川)門人庚甲山人雲陽朱會龍校正,西陵殘夢居士澹漪汪淇重訂」。半葉十四行,行二十八字,白口,四周單邊。眉欄刻評。前有序。封面刻「星平會海」、「三逢甲子月金山人編著」、「天禄齋藏板」,上横刻「道光戊子年新鐫」。鈐「木犀軒藏書」、「李滂」等印記。《存目叢書》據以影印。

右命書相書之屬

元(玄)女經一卷　舊本題云黃帝授三子元(玄)女經　**三二九八**

兩江總督採進本(總目)。○《提要》云：「此本爲毛晉所刻，字多脱誤，殆不可讀。」○明正統刻《道藏》本，作《黃帝授三子玄女經》一卷，下同。北圖、上圖、川圖藏。民國十二年至十五年商務印書館影印明正統《道藏》本。○明嘉靖祇洹館刻《小十三經》本，北圖、上圖藏。○明萬曆二十五年金陵荊山書林刻《夷門廣牘》本，題「嘉禾周履靖校正，金陵荊山書林梓」。民國二十九年商務印書館影印荊山書林刻《夷門廣牘》本。《存目叢書》又據商務本影印。○明崇禎毛氏汲古閣刻《津逮祕書》本。民國十一年上海博古齋影印毛氏刻《津逮祕書》本。○清嘉慶南匯吴氏聽彝堂刻《藝海珠塵》土集本。○清嘉慶十二年孫星衍刻《黃帝五書》本，收入《平津館叢書》。○清光緒十一年吴縣朱記榮槐廬家塾刻《平津館叢書》本。

洪範政鑒十二卷　宋仁宗皇帝撰　**三二九九**

永樂大典本(總目)。○北京圖書館藏宋淳熙十三年内府寫本，正文首題「洪範政鑒卷一之上」，前有康定元年七月自序。紅格，左右無邊欄。半葉九行，行十七字。桑皮玉版，蝶裝絹衣。共十二册十二卷，卷分上下，凡二十四子卷。每卷首鈐「内殿文璽」、「御府圖書」印，尾鈐「緝熙殿書籍印」，皆南宋内府印。卷内樹、豎、頊、瑋、桓、構、雊、殼、慎皆缺筆，敦字不缺，知爲孝宗時所寫。徐松《宋會要輯稿》云：「淳熙十三年二月八日令祕閣繕寫《洪範政鑒》一本。」正相符合，知即淳熙十三年内府寫本。後有民國十七年戊辰、民國二十七年戊寅傅增湘兩跋，考證精詳，跋後有「歲在乙酉四月初七日命姪遹謨補録」一行，下鈐「傅增湘」、「藏園」二小印。此跋與《藏園群書題記》稍異。又「内殿文璽」均誤「内府文璽」。卷尾又有民國三十二年癸未三月二十四日邵章題記，末鈐「邵章長壽」、「伯褧七十以後作」、「續修詞林典故」三印。卷内又鈐「大本堂書」一印，爲明洪武初南京御府藏印。又「海隅」印，亦明人鈐。又鈐「完顔景賢精鑒」、「藏園祕笈孤本」、「沅叔審定」、「藏園老人」、「江安傅增湘沅叔珍藏」、「雙鑑樓珍藏印」、「周暹」、「忠謨繼鑒」、「晉生心賞」、「衺蜀廬」、「江安傅忠謨晉生珍藏」等印記。一九九二年書目文獻出版社據以影印。《存目叢書》亦據原本影印，較前清晰。○清光緒八年黄彭年家鈔本十二卷十二册，半葉九行，行十七字，無格。清黄彭年、葉昌熾跋。北圖藏。○臺灣中研院史語所藏精鈔本十二卷八册，北京人文科學研究所舊藏。

禮緯含文嘉三卷　不著撰人名氏　三三〇〇

浙江吴玉墀家藏本(總目)。○《浙江省第四次吴玉墀家呈送書目》：「《禮緯含文嘉》三卷，題宋張師禹授，三本。」○《浙江採集遺書總録》：「《禮緯含文嘉》三卷，倦圃藏寫本，宋觀察使張師禹撰。」○《藏園群書經眼録》著録舊鈔本，半葉八行，行二十二字。分天鏡經、地鏡經、人鏡經各一卷，目後有紹興辛巳張師禹識語。鈐「紅豆山房校藏善本」、「惠棟之印」、「字曰定宇」等印記。○臺灣「中央圖書館」藏黑格鈔本，存地鏡經、人鏡經二卷二册，佚去上卷天鏡經。半葉十行，行二十一字，白口，四周單邊。鈐「莚圃收藏」印。○浙江圖書館藏明王氏鬱岡齋鈔本三卷。○天津圖書館藏舊鈔本，内容與《四庫提要》不合。有曹溶手跋云：「予家舊藏《禮緯含文嘉》三卷，係抄内府本，虞山葉德祖又以此見贈，其中篇目文字絶不相同。但予本分天鏡、地鏡、人鏡，差爲詳備。未審孰爲定本，兼存之，俟博古籍者正焉。己丑四月檇李曹溶識。」卷内鈐「葉夾大」、「曹溶私印」、「檇李曹氏收藏圖書記」、「檇李曹氏」等印記。澤遜按：曹溶藏分天鏡、地鏡、人鏡者後歸浙江吴玉墀家，吴以進呈四庫館，即《存目》所據本也。○北京大學藏舊鈔本七卷一册。卷一天文、卷二日、卷三月、卷四地、卷五山石、卷六草木、卷七禽獸。鈐「東明外史」印。○按：朱彝尊《經義考》卷二百六十五謂《禮緯含文嘉》「予先後見有二本，文各不同。一本畫雲氣星煇之象而附以占辭。一本分天鏡、地鏡、人鏡爲三門，門各一卷，凡六十篇，後題紹興辛巳十一月觀察使張師禹授」。所言與曹氏相近。

丙丁龜鑑五卷續録二卷　宋柴望撰　　　　　　　　　　　　　三三〇一

兩江總督採進本（總目）。○《兩江第一次書目》：「《丙丁龜鑑》，宋柴望輯，二本。」○明萬曆刻《亦政堂鐫陳眉公家藏廣祕笈》本，作《寶顏堂訂正丙丁龜鑑》六卷《續録》一卷。北圖、中科院圖、復旦等藏。○清彭氏知聖道齋鈔本，作《寶顏堂訂正丙丁龜鑑》，即從前本録出者。半葉十行，行二十四字，白口，四周雙邊。版心下印「知聖道齋鈔校書籍」二行。鈐有「南昌彭氏」、「知聖道齋藏書」、「遇者善讀」、「北平謝氏藏書印」、「東武劉喜海燕庭所藏」、「東武鎦氏味經書屋藏書印」、「劉喜海印」、「文正曾孫」、「御賜清愛堂」等印記。有彭元瑞手跋，署「壬辰冬芸楣記」，文見《知聖道齋讀書跋》卷一。又劉喜海題記：「此本乃自明陳眉公《寶顏堂祕笈》中録出，道光壬辰春日得于北平謝氏，距彭文端跋尾時已花甲一周矣。燕庭記。」《存目叢書》據以影印。○清嘉慶十八年當塗金氏刻《詒經堂藏書》本,北圖、中科院圖、上圖等藏。○北大藏舊鈔本六卷一册,前有《知聖道齋讀書跋》此條,後有隘堪居士孫德謙跋。李盛鐸舊藏。○北大又藏清鈔本全一册,李盛鐸故物。○北大又藏清鈔本全四册,李盛鐸舊藏。○北大又藏日本鈔本,作《寶顔堂訂正丙丁龜鑑》五卷《續録》二卷,李盛鐸故物。○北京圖書館藏藝海樓鈔本,鄭振鐸故物。○民國十一年上海文明書局石印《寶顔堂祕笈》本。○民國二十五年商務印書館據《亦政堂鐫陳眉公家藏廣祕笈》本排印,收入《叢書集成初編》。

黄帝奇門遁甲圖一卷　不著撰人名氏　三三〇二

浙江范懋柱家天一閣藏本(總目)。○《浙江省第五次范懋柱家呈送書目》:「《黄帝奇門遁甲圖》一卷,題宋楊維德輯,一本。」○《浙江採集遺書總録》:「《黄帝奇門遁甲圖》一册,寫本,宋兵部尚書楊維德輯。」

太乙統宗寶鑑二十卷　舊題元曉山老人撰　三三〇三

浙江汪啟淑家藏本(總目)。○《浙江省第四次汪啟淑家呈送書目》:「《太乙統宗寶鑑》二十卷,元曉山老人著,八本。」○《浙江採集遺書總録》:「《太乙統宗寶鑑》二十卷,海寧許氏學稼軒寫本,舊題元曉山老人撰。」○《江蘇省第一次書目》:「《太乙統宗寶鑑》十二本。」○《江蘇採輯遺書目録》:「《太乙統宗寶鑑》二十卷,舊題元曉山老人撰,不詳姓氏,抄本。」○北京圖書館藏明藍格鈔本十二册,半葉八行,行二十至二十三字,白口,四周雙邊。前有大德七年歲在癸卯孟夏旺日曉山老人序云：「集爲一書，標類成目，凡二十卷，命之曰《太乙統宗寶鑑》。」《存目叢書》據以影印。○上海圖書館藏明鈔本。又藏明鈔殘本，存卷一至卷十八。又藏明鈔殘本，存卷十二至卷二十。○山東圖書館藏明鈔本。○湖南師大藏明鈔本。○紹興魯迅圖書館藏明鈔本，存卷十至卷二十。○臺灣中研院史語所藏明鈔本二十册，有清嘉慶三年吴樾臯朱筆手跋。○原北平圖書館藏清鈔本六册，半葉十行，行二十字，有元大德七年自序。後人增補事迹至乾隆九年。鈐「槎客」、「免牀山人」印。現存臺北「故宫」。王重民《善本提要》著録。○復旦大學藏舊鈔本十二册。○臺灣「中央圖書館」藏舊鈔本二十卷八册，半葉十行，行十八字。鈐「天籟閣」、「子京父印」、「墨林祕玩」、「百歲堂」、「前分巡廣東高廉道歸安陸心源捐送國子監書籍」、「光緒戊子湖州陸心源捐送國子監之書匱藏南學」、「國子監印」等印記。○臺灣「中央圖書館」又藏清鈔本二十卷十五册，半葉十行，行二十二字。有增入順治十一年事，玄字不避，蓋爲清初鈔本。鈐「袁氏漱六」印。○臺灣「中央圖書館」又藏舊鈔本二十四册，半葉九行，行二十四字。鈐「劍膽琴心」、「管理中英庚款董事會保存文獻之章」等印記。（三本均見該館《善本書志初稿》）○北京圖書館藏清鈔本二十二卷十八册，半葉十行，行二十一字，黑口，左右雙邊。○北京大學藏清鈔本，附《太乙廟算起例》一卷、《太乙淘金歌》一卷，共十册。○北大又藏舊鈔本六册。○北大又藏清鈔本十册。○北大又藏清鈔本二十四卷二十四册。以上四本皆李盛鐸舊藏。○江西省圖書館藏清道光鈔本十六册。○杭州大學藏清鈔本二十四卷十册。○青島圖書館藏古香山房鈔本二十四册。○人民大學藏清鈔本二十四卷十四册，半葉八行，行二十四字，無格。○中山大學藏清鈔本，作《太乙統宗寶鑑》二十卷《纂注太乙統宗寶鑑祕訣》十二卷共十八册。半葉八行，行十六字，黑格，白口，四周單邊。鈐「面城樓藏書印」、「順德温君勒所藏金石書畫之印」等印記（見該校《善本書目》）。

太乙成書八卷　不著撰人名氏　三三〇四

浙江范懋柱家天一閣藏本（總目）。○《浙江省第五次范懋柱家呈送書目》：「《太乙成書》八卷，缺名著，八本。」○《浙江採集遺書總録》：「《太乙成書》八卷八册，寫本，不著撰人。」

禽總法無卷數　不著撰人名氏　三三〇五

浙江巡撫採進本（總目）。○《浙江採集遺書總録》：「《禽總法》二册，寫本，不著撰人。」

黄帝演禽七元三傳心法一卷　不著撰人名氏　三三〇六

浙江范懋柱家天一閣藏本（總目）。○《浙江省第五次范懋柱家呈送書目》：「《演禽心法》一卷，缺名著，一本。」○《浙江採集遺書總録》：「《演禽心法》一册，寫本，不著撰人。」

七元六甲天書一卷　不著撰人名氏　三三〇七

浙江范懋柱家天一閣藏本（總目）。○《浙江省第五次范懋柱家呈送書目》：「《七元六甲書》一卷，缺名著，二本。」○《浙江採集遺書總録》：「《七元六甲書》一册，寫本，不著撰人。」

奇門要略一卷　不著撰人名氏　三三〇八

浙江范懋柱家天一閣藏本（總目）。○《浙江省第五次范懋柱家呈送書目》：「《奇門要略》一卷，缺名著，一本。」○《浙江採集遺書總録》：「《奇門要略》一册，寫本，不著撰人。」

太乙遁甲專征賦一卷　不著撰人名氏　**三三〇九**

浙江范懋柱家天一閣藏本（總目）。○《浙江省第五次范懋柱家呈送書目》：「《太白專征賦》一本。」○《浙江採集遺書總録》：「《太乙遁甲專征賦》一卷一册，寫本，不著撰人。」

佐元直指圖解十卷　舊本題明劉基撰　汪元標訂　江之棟輯　**三三一〇**

安徽巡撫採進本（總目）。○《安徽省呈送書目》：「《佐元值指圖解》二本。」○明崇禎五年歙縣吴氏尚白齋刻《選擇叢書集要》（又名《選擇五要奇書》）本，作《佐玄直指圖解》九卷《卷首》一卷，半葉十行，行二十二字，白口，四周單邊。版心上刻「尚白齋藏板」。有汪元標序。上圖、臺灣「中央圖書館」藏。○人民大學藏清康熙三十九年重刊《選擇叢書集要》本九卷，半葉十行，行二十二字，白口，四周單邊。版心上刻「尚白齋藏板」。叢書封面刻「康熙三十九年庚辰重鐫」、「古歙豐南吴氏藏板」。（見該校《善本書目》）○中國科學院圖書館藏清乾隆五十五年姑蘇顧氏樂真堂刻《陰陽五要奇書》本九卷首一卷。卷一題「劉伯温先生著，姑蘇顧滄籌吾廬校，三吴鄭鼎和閲，雁宕鮑松巖對」。半葉十行，行二十二字，白口，左右雙邊。前有汪元標序。《存目叢書》據以影印。北圖、上圖等亦有是刻。

肘後神經大全三卷　舊本題涵虚子臞仙撰，臞仙者明寧獻王權自號也。　**三三一一**

浙江范懋柱家天一閣藏本（總目）。○《浙江省第五次范懋柱家呈送書目》：「《肘後神經》三卷，舊題明朱權著，一本。」○《浙江採集遺書總録》：「《肘後神經》三卷，刊本，明宗室寧獻王權撰。」○北京圖書館藏明刻本,作《臞仙肘後經》二卷一册,題「涵虚子臞仙編」。半葉十三行,行二十二字,大黑口,四周雙邊。前有自序。末有民國二十七年戊寅九月初三日吴縣潘承弼手跋十四行,謂「審是明初槧本,當爲寧藩初刻之帙。《提要》及他家著録更易題目,疑經後人舛亂矣」(全跋已入《著硯樓書跋》)。跋首鈐「寶山樓」印,尾鈐「潘弼私印」、「景鄭執文」二印。《存目叢書》據以影印。北大、歷史博物館、南開大學、東北師大亦有是刻。○徐州圖書館藏明嘉靖三十九年晉府寶賢堂刻本,書名卷數同前本。半葉九至十三行,行字不等,黑口,四周雙邊。○北京圖書館藏明刻本,作《臞仙肘後神樞》二卷二册,半葉十三行,行二十四字,黑口,四周雙邊。○北圖藏明成化八年餘慶書堂刻本,書名卷數同前本,半葉十二行,行二十三字,黑口,四周雙邊。○北大藏明刻本,作《筮吉肘後經》二卷,四册。行字不等,黑口,四周雙邊。李盛鐸舊藏。○山東省圖藏清淡如齋刻本,書名卷數同前本,題明朱權編,林泉散人重訂。按:以上各本書名卷數均較《存目》微異,録此備考。

遁甲吉方直指一卷　明王巽撰　三三一二

浙江范懋柱家天一閣藏本(總目)。○《浙江省第五次范懋柱家呈送書目》:「《遁甲吉方直指》一卷,明王巽輯,一本。」○《浙江採集遺書總録》:「《遁甲吉方直指》一册,寫本,明登仕郎五官司歷河南蘭陽王巽臾輯。」

類編歷法通書大全三十卷　不著編輯者名氏　三三一三

兩淮鹽政採進本(總目)。○《兩淮鹽政李呈送書目》:「《通書大全》三十卷,明宋魯珍,十六本。」

○北京圖書館藏明刻本，正文首題「類編曆法通書大全卷之一」，次題「臨江宋魯珍輝山通書，金谿何士泰景祥曆法，鼇峰熊宗立道軒類編」，與《四庫提要》合。半葉十二行，行二十字，黑口，四周雙邊。前有序，未署名，似熊宗立撰。宗立係明正統成化間建陽人，輯刻醫卜之書頗多，此蓋其一也。《存目叢書》據以影印。上圖、遼圖、杭大等亦有是刻。○南京圖書館藏明嘉靖三十年蔡氏道義堂刻本，書名卷數撰人均同前本，殘存卷二十九至三十。半葉十五行，行二十六字，黑口，四周雙邊。○北京圖書館藏明嘉靖三十年劉釪刻遞修本，書名卷數撰人均同前二本，殘存卷一至卷二十八，半葉十四至十五行，行二十六字，黑口，四周雙邊。按：以上兩殘本同時所刻，適可配成一部，毋乃同帙而散落兩處乎。

原本五行類事占徵驗九卷　舊本題明李淑通撰　**三三一四**

浙江范懋柱家天一閣藏本（總目）。○《浙江省第五次范懋柱家呈送書目》：「《五行類事》九卷，舊題明李叔通著，三本。」○《浙江採集遺書總録》：「《五行類事占驗徵》九卷，刊本，明詹事府通事舍人河南李淑通撰。」○大連圖書館藏清鈔本，作《五行類事占徵驗》九卷十二册。半葉十二行，行二十四字，白口，四周雙邊。玄字缺末筆，弘字不避，猶康雍間寫本。鈐「无竟先生獨志堂物」印記。《存目叢書》據以影印。

五行類事占徵驗六卷　不著撰人名氏　**三三一五**

安徽巡撫採進本（總目）。○《安徽省呈送書目》：「《五行類占》六本。」○原北平圖書館藏明藍格鈔本六册，書名卷數同《存目》，不題撰人。半葉九行，行字不等。鈐「存誠堂藏書印」印記。現存臺北「故宫」。王重民《善本提要》、臺灣《中央圖書館善本書目》著録。

通書捷徑無卷數　明樓楷撰　**三三一六**

浙江范懋柱家天一閣藏本（總目）。○《浙江省第五次范懋柱家呈送書目》：「《通書捷徑》一卷，明樓楷著，二本。」○《浙江採集遺書總録》：「《通書捷徑》二册，刊本，明鄞縣樓楷撰。後有缺頁。」

選擇集要六卷　明黄一鳳撰　**三三一七**

兩淮鹽政採進本（總目）。○《兩淮鹽政李續呈送書目》：「《選擇集要》六卷，明黄一鳳，二本。」○遼寧省圖藏明鈔本七卷，正文首題「重訂選擇集要卷之一」，次題「峽江黄一鳳時鳴編集」。半葉九行，行十七至十八字。前有明天啟四年甲子重陽前五日黄一鳳于金陵公署《重刻選擇集要序》。卷内鈐「嘉禾老農」、「稼田所藏」、「珊瑚閣珍藏印」等印記。《存目叢書》據以影印。

五行類應九卷　明錢春撰　**三三一八**

江蘇巡撫採進本（總目）。○《江蘇省第一次書目》：「《五行類應》八本。」○《江蘇採輯遺書目録》：「《五行類應》九卷，明湖廣巡按御史武進錢春著。卷一、七抄本，餘刊本。」○《浙江省第六次呈送書目》：「《五行類應》九卷，明錢春輯，七本。」○《浙江採集遺書總録》：「《五行類應》九卷，刊本，明御史武進錢春輯。」○北京大學藏明萬曆四十二年侯加地刻本，卷一題「武進錢春參訂，同安蔡復一、寧國許成器、華亭馮時可仝校，解州侯加地攷磨」。半葉九行，行二十字，白口，四周雙邊。前有萬曆四十二年甲寅按楚使者錢春序。後有萬曆甲寅八月湖廣布政使司分守湖北道按察司按察使兼右參議温陵蔡復一序云：「侍御錢公……於是發所藏五行書鈔授辰司理侯君加地校而刻之。」是錢春、侯加地等校刻舊籍，並無撰輯之功，未可以錢春爲撰輯人也。版心記刻工：楊茂林、郭大用、臣、胡、徐、罗、荣、表、熊、宋。《存目叢書》據以影印。北圖、南圖、臺灣「中央圖書館」亦有是刻。

大統皇歷經世三卷　明胡獻忠撰 **三三一九**

江蘇巡撫採進本（總目）。○《江蘇採輯遺書目録》：「《皇曆經世》三卷，清胡獻忠著。」○故宫博物院藏明菉竹堂刻本，題「新安績溪六六道人胡獻忠編」。半葉十二行，行二十字，白口，四周雙邊。版心刻「菉竹堂藏板」，又有刻工：劉賢刊。竹紙，寫刻印均佳。《存目叢書》據以影印。○中國社科院歷史所藏明萬曆四十一年刻本，半葉十二行，行二十四字，白口，四周雙邊。

奇門説要一卷　明郭仰廉編 **三三二〇**

浙江范懋柱家天一閣藏本（總目）。○《浙江省第五次范懋柱家呈送書目》：「《奇門説要》一卷，明郭仰廉著，一本。」○《浙江採集遺書總録》：「《奇門説要》一册，寫本，明郭仰廉輯。」

將門祕法陰符經三卷　不著撰人名氏 **三三二一**

浙江巡撫採進本（總目）。○《浙江省第五次范懋柱家呈送書目》：「《將門祕法陰符經》三卷，宋陳搏著，一本。」○《浙江採集遺書總録》：「《將門祕法陰符經》三卷，寫本，宋亳州陳摶撰。」

禽遁七元成局書十四卷　國朝汪漢謀編　三三二二

兩江總督採進本(總目)。○《提要》云:「康熙癸酉陳錕録而傳之。錕自題曰雲門,不知其何地也。」○《兩江第二次書目》:「《禽遁》,明陳錕輯,七本。」

陳子性藏書十二卷　國朝陳應選撰　三三二三

江西巡撫採進本(總目)。○中國科學院圖書館藏清乾隆四十七年振賢堂刻本十二卷首一卷。卷一首題「新鐫陳氏二十四山造葬吉凶起例藏書卷之一」,次題「嶺南陳子性手著,男衍参訂,孫式基、式猷纂輯」。半葉十五行,行三十一字,下黑口,左右雙邊。前有康熙二十五年丙寅邵泰衢序。序後有識語:「乾隆四十七年歲次壬寅桂月穀旦禪山書坊振賢堂重書。」次爲振賢堂刻書小字識語,末云:「振賢堂謹識,翻刻必究。」次康熙二十三年陳應選《子性公家訓》,末有「振賢堂藏板」五字。序版心下刻「振賢堂」三字。全書版心上刻「陳子性藏書」。《存目叢書》據以影印。南圖亦有是刻。上圖有乾隆四十七年奎元堂刻本。北圖分館有清刻本,令德堂藏板。均未知是否同版。

右陰陽五行之屬

太素脈法一卷　不著撰人名氏　三三二四

通行本(總目)。

神機相字法一卷　一名景齋字至理集　三三二五

永樂大典本(總目)。

龜鑑易影皇極數一卷　舊本題邵居敬撰　**三三二六**

永樂大典本(總目)。

紀夢要覽三卷　明童軒撰　**三三二七**

浙江范懋柱家天一閣藏本(總目)。○《浙江省第五次范懋柱家呈送書目》:「《紀夢要覽》三卷,明童軒著,一本。」○《浙江採集遺書總録》:「《夢兆要覽》二卷,刊本,明禮部尚書鄱陽童軒撰。」

夢占類考十二卷　明張鳳翼撰　**三三二八**

内府藏本(總目)。○《武英殿第二次書目》:「《夢占類考》六本。」○《都察院副都御史黄交出書目》:「《夢占類考》,明張鳳翼,六本。」○《浙江省第六次呈送書目》:「《夢占類考》十二卷,明張鳳翼輯,四本。」○《浙江採集遺書總録》:「《夢占類考》十二卷,刊本,明長洲張鴻翼輯。」○清華大學藏明萬曆十三年王祖嫡刻本,題「長洲張鳳翼伯起編」。半葉十行,行二十二字,白口,左右雙邊。前有萬曆十三年乙酉自序。目録末有牌記:「萬曆乙酉孟夏信陽王氏梓行」。序首葉版心下刊「沈玄易刻」,卷一首葉版心下刊「吴曜寫,沈玄易等刻」。《存目叢書》據以影印。北圖、上圖等亦有是刻。

夢林元(玄)解三十四卷　明陳士元撰　何棟如重輯　**三三二九**

兩淮鹽政採進本(總目)。○《兩淮鹽政李續呈送書目》:「《夢林玄解》三十四卷,明陳士元,十四本。」○中國科學院圖書館藏明崇禎刻本,題「晉稚川葛洪原本,宋康節邵雍纂輯,明養吾陳士元增刪」。半葉十行,行二十二字,白口,四周單邊。前有崇禎九年丙子何棟如序,末署「東吴闇當居士何棟如書於來譽堂」。又闇當居士凡例云:「今成於崇禎丙子之冬,蓋集前代之大成。」又嘉靖甲子陳士元小引,萬曆乙酉張鳳翼《夢占類考序》。據何序及凡例知係崇禎九年冬東吴何棟如來譽堂刻本。鈐「長白斆槎氏堇齋昌齡圖書印」、「靖廷讀過」、「靖廷」等印記。《存目叢書》據以影印。北圖、北大、上圖等亦有是刻。

字觹六卷　國朝周亮工撰　**三三三〇**

按:此書《總目》不載,今據《四庫全書附存目録》補。○《都察院副都御史黄交出書目》:「《字觹》,本朝周亮工,二本。」○《浙江省第六次呈送書目》:「《字觹》六卷,國朝周亮工著,一本。」○《浙江採集遺書總録》:「《字觹》六卷,刊本,國朝周亮工撰。」○清康熙六年周氏賴古堂刻本,題「櫟下老人輯,青溪蘿隱較」。半葉九行,行十八字,白口,四周單邊。前有康熙六年徐芳序,後有黎士弘跋,順治六年周嬰跋。北圖、清華、上圖、南圖、蚌埠圖、南充師院藏。黄裳《清代版刻一隅》著録。

右雜技術之屬

四庫存目標注卷三十九

滕州　杜澤遜　撰

子部八

藝術類

山水松石格一卷　舊本題梁孝元皇帝撰　　三三三一

浙江鮑士恭家藏本(總目)。○明萬曆十八年王元貞刻《王氏畫苑補益》本,北圖、北大、中科院圖、上圖等藏。民國十一年泰東圖書局影印明刻《王氏畫苑補益》本。《存目叢書》影印王元貞刻《王氏畫苑補益》本。○南京圖書館藏清初鈔《畫苑補益》本。○民國二十五年上海神州國光社排印《美術叢書》本。○民國二十六年北平中華印書館排印《畫論叢刊》本。○一九六零年人民美術出版社校訂排印《畫論叢刊》本。

後畫録一卷　唐釋彦悰撰　三三三二

兩江總督採進本(總目)。○明萬曆初王世貞鄖陽原刻《王氏畫苑》本,半葉十一行,行二十字,白口,左右雙邊。北圖藏兩部。原北平圖書館藏葉德輝舊藏本(葉氏題《彙刻唐宋畫書九種》)現存臺北「故宫」。○明萬曆十八年王元貞刻《王氏畫苑》本,半葉十行,行二十字,白口,左右雙邊。北圖、北大、上圖等藏。民國十一年泰東圖書局影印王元貞刻《王氏畫苑》本。《存目叢書》影印王元貞刻《王氏畫苑》本。○明崇禎毛氏汲古閣刻《津逮祕書》第七集本。民國十一年上海博古齋影印汲古閣刻《津逮祕書》本。民國二十五年商務印書館《叢書集成初編》影印汲古閣刻《津逮祕書》本。○民國二十五年上海神州國光社排印《美術叢書》三集第六輯本。

續畫品録一卷　舊本題唐李嗣真撰　三三三三

江蘇巡撫採進本(總目)。○明萬曆初王世貞鄖陽原刻《王氏畫苑》本,半葉十一行,行二十字,白口,左右雙邊。北圖藏兩部。原北平圖書館藏葉德輝舊藏本(葉氏題《彙刻唐宋畫書九種》)現存臺北「故宫」。○明萬曆十八年王元貞重刻《王氏畫苑》本,半葉十行,行二十字,白口,左右雙邊。北圖、北大、上圖等藏。民國十一年泰東圖書局影印王元貞刻《王氏畫苑》本。《存目叢書》影印王元貞刻《王氏畫苑》本。○明崇禎毛氏汲古閣刻《津逮祕書》第七集本。民國十一年上海博古齋影印汲古閣刻《津逮祕書》本。民國二十五年商務印書館《叢書集成初編》影印汲古閣刻《津逮祕書》本。○明刻《續百川學海》壬集本,北圖、遼圖、浙圖等藏。○明刻清順治三年宛委山堂印《説郛》本。一九八八年上海古籍出版社影印宛委山堂《説郛》本，收入《説郛三種》。○清據《説郛》《説郛續》刊版重編印《五朝小説》本，上圖、山東大、南圖、南大藏。○民國十五年上海掃葉山房石印《五朝小説大觀》本。○清乾隆五十七年挹秀軒刻《唐人説薈》本。○清道光二十三年序刻《唐人説薈》本。○清宣統三年上海天寶書局石印《唐人説薈》本。○民國十一年上海掃葉山房石印《唐人説薈》本。○清嘉慶十一年序刻《唐代叢書》本。○民國二十五年上海神州國光社排印《美術叢書》本。○一九五九年人民美術出版社排印王伯敏標點注譯本。

畫學祕訣一卷　舊本題唐王維撰　**三三三四**

浙江鮑士恭家藏本（總目）。○明萬曆十八年王元貞刻《王氏畫苑補益》本，北圖、北大、上圖等藏。民國十一年泰東圖書局影印王元貞刻《王氏畫苑補益》本。《存目叢書》影印王元貞刻《王氏畫苑補益》本。○南京圖書館藏清初鈔《畫苑補益》本，作《山水訣》一卷。○明刻清順治三年宛委山堂印《説郛》本。一九八八年上海古籍出版社影印宛委山堂刻《説郛》本，收入《説郛三種》。○清據《説郛》《説郛續》刊版重編印《五朝小説》本，上圖、山東大、南圖、南大藏。○民國十五年上海掃葉山房石印《五朝小説大觀》本。○清乾隆五十七年挹秀軒刻《唐人説薈》本。○清道光二十三年序刻《唐人説薈》本。○清宣統三年上海天寶書局石印《唐人説薈》本。○清嘉慶十一年序刻《唐代叢書》本。○一九五九年人民美術出版社排印王森然標點注譯本，作《山水訣》。

山水訣一卷　舊本題唐李成撰　三三三五

浙江鮑士恭家藏本（總目）。〇明萬曆十八年王元貞刻《王氏畫苑補益》本，北圖、北大、上圖等藏。民國十一年泰東圖書局影印明王元貞刻《王氏畫苑補益》本。《存目叢書》影印明王元貞刻《王氏畫苑補益》本。〇南京圖書館藏清初鈔《畫苑補益》本。〇民國二十六年北平中華印書館排印《畫論叢刊》本。

宣和論畫雜評一卷　題宋徽宗皇帝御撰　三三三六

浙江鮑士恭家藏本（總目）。〇明萬曆十八年王元貞刻《王氏畫苑補益》本。北圖、北大、上圖等藏。民國十一年泰東圖書局影印王元貞刻《王氏畫苑補益》本。《存目叢書》影印王元貞刻《王氏畫苑補益》本。〇清初鈔《畫苑補益》本，南圖藏。〇民國二十五年上海神州國光社排印《美術叢書》三集第八輯本。

華光梅譜一卷　舊本題宋僧仲仁撰　三三三七

浙江鮑士恭家藏本（總目）。〇明萬曆十八年王元貞刻《王氏畫苑補益》本，北圖、北大、上圖等藏。民國十一年泰東圖書局影印王元貞刻《王氏畫苑補益》本。《存目叢書》影印王元貞刻《王氏畫苑補益》本。〇南京圖書館藏清初鈔《畫苑補益》本。〇明刻《水邊林下》本，北圖、蘇州圖藏。〇明刻《續百川學海》壬集本，北圖、遼圖、浙圖等藏。〇明刻清順治三年宛委山堂印《説郛》本。一九八八年上海古籍出版社影印宛委山堂《説郛》本，收入《説郛三種》。按：《水邊林下》至《説郛》三種版本作《畫梅譜》。○民國二十五年上海神州國光社排印《美術叢書》二集第五輯本。○民國二十六年北平中華印書館排印《畫論叢刊》本。

金壺記三卷　宋僧適之撰　　三三三八

兩淮鹽政採進本（總目）。○《兩淮鹽政李呈送書目》：「《金壺記》三卷，元釋適之，一本。」○《江蘇省第一次書目》：「《金壺記》一本。」○《江蘇採輯遺書目録》：「《金壺記》三卷，宋釋適之著，抄本。」○《浙江省第二次書目》：「《金壺記》三卷，宋釋適之著，二本。」○《浙江採集遺書總録》：「《金壺記》三卷，汲古閣影宋寫本，宋釋適之撰。」○日本静嘉堂文庫藏宋刻本，半葉十一行，行二十字，白口，左右雙邊。版心記字數，間記刻工：吴陞、馬松、光、旼、政。鈐有「錢受之」、「牧翁」、「季振宜印」、「滄葦」、「宋本」、「乾學」、「徐健菴」、「孫氏志周」、「馬玉堂」、「漢唐齋」、「笏齋」、「翰墨奇緣」等印記。陸心源舊藏，《皕宋樓藏書志》著録。傅增湘《藏園群書題記》云：「審其雕工版式，是臨安書棚本。」日本昭和十四年（一九三九年）東京静嘉堂文庫據以影印，爲《静嘉堂祕笈》之一。○北京圖書館藏明鈔本一册，半葉十一行，行二十三字，無格。清毛扆、顧錫麒校。鈐毛氏、席氏各印。商務印書館涵芬樓舊藏。○故宫博物院藏清初影宋鈔本，題「釋適之撰」，半葉十一行，行二十字，白口，左右雙邊。白綿紙，影鈔甚精。封皮簽題「絳雲樓宋板影寫」。首葉右欄外鈐「牧翁」朱文印。《存目叢書》據以影印。傅增湘《藏園群書經眼録》謂卷末記金壺半葉，自「浮提之國獻神通善書二人」至「二人亦不知所往」，爲皕宋樓藏宋本所無。○北京圖書館藏清惠氏紅豆齋鈔本一册，半葉十一行,行二十一字,黑口,四周雙邊。○江蘇吴縣圖書館藏清乾隆方一峰鈔本,清翁方綱跋。○北京圖書館藏清鈔本一册,半葉九行,行十九字,無格。清吴翌鳳校並跋。○北京圖書館藏清鈔本一册,半葉十一行,行二十字,無格。傅增湘校並跋。按《藏園群書題記·校金壺記跋》云:「此舊鈔一帙爲老友徐積餘所藏,卷首有汪孟慈印,亦百年前寫本也。惟中多闕文誤字,無可校正。頃見日本静嘉堂影印宋刻本,楮墨精善,與鈔本行格相同,審其雕工版式,是臨安書棚本,因攜入園中,坐石丈亭研朱手勘,二日而畢,補寫闕文半葉,其他改訂之字以百許計。」當即爲此本作。○北京圖書館藏清鈔本一册,周叔弢校並跋:「庚辰五月用皕宋樓宋本比勘一過,此本蓋從宋本鈔出,故行款悉同,然三卷之中脱誤乃數十條,信乎宋本之可貴,人或無譏余之佞宋矣。老弢誌。」○上海圖書館藏清鈔本,兩部。○北京大學藏清黑格鈔本,版心刻「藝苑叢鈔」四字。李盛鐸舊藏。

畫山水訣一卷　舊本題宋李澄叟撰　三三三九

浙江鮑士恭家藏本(總目)。○明萬曆十八年王元貞刻《王氏畫苑補益》本,北圖、北大、上圖等藏。民國十一年泰東圖書局影印王元貞刻《王氏畫苑補益》本。《存目叢書》影印王元貞刻《王氏畫苑補益》本。○南京圖書館藏清初鈔《畫苑補益》本。○民國二十五年上海神州國光社排印《美術叢書》三集第九輯本。

竹譜詳録一卷　舊本題元李衎撰　三三四〇

浙江鮑士恭家藏本(總目)。○北京圖書館藏明鈔本十卷,存卷四至卷七共一册,半葉十行,行二十四字，無格。○明萬曆十八年王元貞刻《王氏畫苑補益》本一卷，北圖、北大、上圖等藏。民國十一年泰東圖書局影印王元貞刻《王氏畫苑補益》本。《存目叢書》影印王元貞刻《王氏畫苑補益》本。○清嘉慶十三年鮑氏知不足齋刻本七卷附圖，收入《知不足齋叢書》第二十四集。民國十年上海古書流通處影印鮑氏刻《知不足齋叢書》本。民國二十五年商務印書館《叢書集成初編》本亦據此刻影印。○明刻《續百川學海》壬集本，作《畫竹譜》一卷，北圖、遼圖、浙圖等藏。○明刻清順治三年宛委山堂印《説郛》本，作《畫竹譜》一卷。一九八八年上海古籍出版社影印宛委山堂《説郛》本，收入《説郛三種》。○民國二十五年上海神州國光社排印《美術叢書》二集第五輯本，作《竹譜》一卷。○民國二十六年北平中華印書館排印《畫論叢刊》本，作《竹譜》一卷。

書法鈎元(玄)四卷　元蘇霖撰　　三三四一

兩淮鹽政採進本(總目)。○《兩淮鹽政李呈送書目》：「《書法鈎玄》四卷，元蘇霖，一本。」○《浙江省第五次鄭大節呈送書目》：「《書法鈎玄》四卷，元蘇霖輯，二本。」○《浙江採集遺書總録》：「《書法鈎玄》四卷，刊本，元蘇霖輯。」○傅增湘藏明初成弘間刻本，存卷一至三。半葉十行，行二十字(上空一格)，黑口，四周雙邊。鈐「馮念周印」、「復京」、「翁楚私印」、「二雲」等印記。(見《藏園群書經眼録》)○北京圖書館藏明嘉靖三十六年嚴嵩刻本，半葉十行，行二十字，白口，左右雙邊。上圖、杭州市文管會亦有是刻。○北京圖書館藏明刻本四卷一册，半葉十一行，行二十字，白口，左右雙邊。北大、鎮江市圖亦有是刻。○上圖藏明刻本，半葉十一行，行二十字，白口，左右雙邊。明趙宧光批校，清吴起濳跋。○北京圖書館藏明刻本，存卷三卷四，半葉十行，行二十字，白口，四周雙邊。清黄丕烈跋。○北京圖書館藏明刻本，存卷一至卷三。半葉十行，行十九字，白口，四周雙邊。○明萬曆十九年王元貞刻《王氏書苑》本，半葉十行，行二十字，白口，左右雙邊。北大、清華、復旦等藏。民國十一年泰東圖書局影印王元貞刻《王氏書苑》本。《存目叢書》影印王元貞刻《王氏書苑》本。○復旦大學藏明横野洲草堂鈔本三卷。○北京圖書館藏明徐氏鐵硯齋鈔本四卷一册，半葉十二行，白口，左右雙邊。○江西省圖書館藏清鈔本。○上海圖書館藏清初王存一鈔本一卷。

字學新書摘鈔一卷　元劉惟志撰　**三三四二**

浙江鄭大節家藏本(總目)。○《浙江省第五次鄭大節呈送書目》：「《字學新書摘抄》一卷，元劉惟志輯，一本。」○《浙江採集遺書總録》：「《字學新書摘抄》一册，刊本，元武夷劉惟忠輯。」按：忠字當作志。○北京圖書館藏明徐氏鐵硯齋鈔本，作《古今集論字學新書》七卷一册。半葉十二行，行二十字，白口，左右雙邊。○明萬曆十九年王元貞刻《王氏書苑補益》本，書名卷數同《存目》。北大、清華、復旦等藏。民國十一年泰東圖書局影印明王元貞刻《王氏書苑補益》本。《存目叢書》影印王元貞刻《王氏書苑補益》本。

畫紀補遺二卷元畫紀一卷　不著撰人名氏　**三三四三**

浙江范懋柱家天一閣藏本(總目)。○《浙江省第五次范懋柱家呈送書目》：「《畫紀補遺》二卷《元畫記》一卷，缺名著，一本。」○《浙江採集遺書總録》：「《畫繼補遺》二卷，寫本，明嘉興吴景長撰。」

○北京圖書館藏清乾隆五十四年黃氏醉經樓刻本，作《畫繼補遺》二卷，元莊肅撰。半葉十行，行二十三字，黑口，左右雙邊。寫刻頗精。版心刻「醉經樓正本」五字。前有元大德二年莊肅自序。末有乾隆五十四年己酉海鹽黃錫蕃於醉經樓識語云：「向無傳本，即諸家書目中亦未之見。戊申秋仲借鈔於查氏顧顧齋，爲明人羅鳳汝文手鈔本也。」是黃錫蕃據明鈔本刊板。以《提要》所稱馬遠、馬逵、馬公顯諸條考之，即《存目》書也。鈐有「長樂鄭振鐸西諦藏書」印記。《存目叢書》據以影印。○一九六三年人民美術出版社排印黃苗子點校本，附《畫繼》後。所據即醉經樓本。

法書通釋二卷　明張紳撰　**三三四四**

衍聖公孔昭煥家藏本（總目）。○《衍聖公交出書目》：「《法書通釋》，明張紳著，一本。」○《兩淮鹽政李續呈送書目》：「《法書通釋》二卷，明張紳，一本。」○明萬曆二十五年金陵荆山書林刻《夷門廣牘》本，題「雲門山樵齊郡張紳編，嘉禾梅墟周履靖、華亭眉公陳繼儒同校，金陵荆山書林梓」。民國二十九年商務印書館影印荆山書林刻《夷門廣牘》本，《存目叢書》又據商務影印本影印。民國二十五年商務印書館《叢書集成初編》本亦據是刻影印。

書學會編四卷　明黃瑜編　**三三四五**

兩淮鹽政採進本（總目）。○《兩淮鹽政李呈送書目》：「《書學彙輯》四種，明黃瑜，三本。」○《提要》云：黃瑜「天順六年官肇慶府知府，此書即其在肇慶所刻也。凡四種：一爲劉次莊《法帖釋文》，一爲米芾《書史》，一爲黃伯思《法帖刊誤》，一爲曹士冕《法帖譜系》。」○原北平圖書館藏明天順六年壬午黄瑜肇慶府刻本，作《書學會編》四卷，半葉十三行，行二十三字。末有天順六年自跋。鈐「汪士鐘字春霆號眼園書畫印」、「汪振勳印」、「梅泉」、「真適齋藏」等印記。現存臺北「故宫」。王重民《善本提要》、臺灣《中央圖書館善本書目》著録。○重慶圖書館藏明刻本，半葉十三行，行二十三字，大黑口，四周雙邊。不題編者，無序跋。鈐「莫天麟印」、「獨山莫氏銅井文房藏書印」、「莫棠字楚生印」、「曾經東山柳蓉邨過眼印」、「張乃熊」、「芷白」、「曾留吴興周氏言言齋」、「言言齋善本圖書」等印記。《存目叢書》據以影印。湖南圖書館藏一部有清汪鋆跋。此與北平本疑出同版。

書纂五卷　不著撰人名氏　三三四六

浙江巡撫採進本(總目)。○《浙江省第五次鄭大節呈送書目》：「《書纂》五卷，明周瑛著，一本。」○《浙江採集遺書總録》：「《書纂》五卷，寫本，明周瑛撰。」

書輯三卷　明陸深撰　三三四七

兩江總督採進本(總目)。○明嘉靖二十四年刻《儼山外集》本，北圖、北師大、上圖、復旦等藏。

明書畫史三卷元朝遺佚附録一卷　明劉璋撰　三三四八

浙江范懋柱家天一閣藏本(總目)。○《浙江省第五次范懋柱家呈送書目》：「《皇明書畫史》三卷《元朝遺佚附録》一卷，明劉璋著，一本。」○《浙江採集遺書總録》：「《皇明書畫史》四卷，寫本，明嘉定劉璋撰。」○《江蘇採輯遺書目録》：「《明書畫史》二卷，明嘉定劉璋著，抄本。」

平泉題跋二卷　明陸樹聲撰　三三四九

兩淮鹽政採進本（總目）。〇《兩淮鹽政李續呈送書目》：「《平泉題跋》二卷，明陸樹聲，一本。」〇明萬曆刻《陸學士雜著》內有《陸學士題跋》二卷，上圖藏。當即此書。

畫苑十卷畫苑補益四卷　明王世貞編　詹景鳳補益　三三五〇

浙江鮑士恭家藏本（總目）。〇《浙江省第四次鮑士恭呈送書目》：「《古法書苑》八卷，明王世貞輯，《古畫苑》十卷，明王世貞著，六本。」〇《浙江採集遺書總録》：「《古法書苑》三册《古畫苑》三册，刊本，明王世貞輯。」〇《兩淮鹽政李續呈送書目》：「《畫苑》十四卷，明王世貞，六本。」〇《安徽省呈送書目》：「《王氏畫苑》二本。」〇《武英殿第一次書目》：「《王氏畫苑》五本。」〇《武英殿第二次書目》：「《畫苑》六本。」〇明萬曆初王世貞鄖陽原刻本，半葉十一行，行二十字，白口，左右雙邊。北京圖書館藏兩部，均作《王氏畫苑》十五種三十七卷十册。子目同《中國叢書綜録》所載《王氏書畫苑·畫苑》。原北平圖書館藏一部存九種十一卷，葉德輝舊藏，葉氏題《彙刻唐宋畫書九種》，有葉德輝跋三則，定爲「翻雕宋本」。鈐「葉德輝」、「郋園」等印記。子目見《郋園讀書志》卷六、王重民《善本提要·彙刻唐宋畫書九種》。書則現存臺北「故宮」。臺灣「中央圖書館」藏兩部，均名《畫苑》，定爲「明鄖陽原刊本」。其一存六種：《歷代名畫記》、《唐朝名畫録》、《五代名畫補遺》、《聖朝名畫評》、《益州名畫録》、《畫繼》。其一存七種：《圖畫見聞志》（六卷，宋郭若虛撰）、《唐朝名畫録》、《五代名畫補遺》、《聖朝名畫評》、《益州名畫録》、《畫史》、《書史》、《畫繼》，其中《圖書見聞志》、《書史》均在北圖本十五種之外。按：此十一行本《畫苑》傳世無多，葉德輝推測爲嘉靖翻雕宋本，王重民亦定爲「明嘉靖間刻本」，傳增湘則稱「明翻宋陳道人書籍鋪刊本」(見《藏園群書經眼録》卷七《畫繼》至《歷代名畫記》)，鄭振鐸所述「明嘉靖覆宋本畫書十數種」(見《西諦書跋·王氏畫苑》)亦指此刻。《北京圖書館古籍善本書目》定爲「明刻本」。考萬曆十八年王元貞重刻《王氏畫苑》前有王世貞《重刻古畫苑選小序》云：「余鎮鄖時，嘗欲薈蕞書畫二家言，各勒成一書。《書苑》已就，多至八十餘卷，欲梓之，而物力與時俱不繼。其《畫苑》尚未成。乃稍裒其古雅鮮行世者各十餘種，分刻之襄南二郡。郡地僻，不能傳之上都。又會聞襄本已蕩於江。」又萬曆十九年王元貞刻《王氏書苑補益》詹景鳳序云：「王弇洲公得五種以爲《書苑》，與《畫苑》同刻於楚之鄖陽，無何板爲洪水漂去。」又考《明史·王世貞傳》：「萬曆二年九月以副都御史撫治鄖陽。」以是知《畫苑》初刻在萬曆初王世貞官鄖陽府時。或以爲嘉靖刻者，未確也。其行款版式同南宋書棚本，《圖畫見聞志》目録後有「臨安府陳道人書籍鋪刊行」一行，的是覆宋刊本。〇明萬曆十八年王元貞刻本，作《王氏畫苑》十卷《畫苑補益》四卷，就其子目計之，則《畫苑》十五種三十七卷，《畫苑補益》十六種二十一卷。細目見《中國叢書綜録》。中科院圖書館藏是刻半葉十行，行二十字，白口，左右雙邊。目録題「皇明朱衣、姚汝循同校」。前有王世貞《重刻古畫苑選小序》云：「友人王光禄孟起，有志慕古，余插篋中僅得《畫苑》授之，俾䤴梓以傳。」又云：「是役也，姚太守叙卿、朱刺史正伯實司校讎。」序後刊「金陵朱之蕃書」一行。又王世貞《古今名畫苑序》，序末刻「朱之蕃書」、「金陵徐智督刊」二行。卷一目録後刻「金陵徐智督刊」一行。《歷代名畫記》目録後有「秣陵陳邦泰寫、徐智督刻」。《米海嶽畫史》末有「萬曆庚寅歲夏五月王氏淮南書院重刊」一行。《畫苑補益》題「皇明新安詹景鳳、秣陵王元貞仝校」，前有萬曆十八年詹景鳳《畫苑補益題詞》云：「走於公十六種外，别有十五種，……孟起於書靡所不讀，必能校定爲世善本。」題詞後有「金陵徐智督刊」六字。卷内鈐「立教館圖書印」、「白河文庫」、「吴郡城隍神廟東偏寶是堂徐氏書畫記」等印記。《存目叢書》據以影印。北圖、北大、上圖等亦有是刻。按：是書刊刻年月參下《王氏書苑》條。○民國十一年泰東圖書局影印萬曆十八年王元貞刻本。○南京圖書館藏清初鈔本，僅《畫苑補益》十四種十四卷（缺《李廌畫品》一卷、《廣川畫跋》六卷），共一册。鈐「曝書亭珍藏」、「朱彝尊印」、「汪魚亭藏閲書」等印記。丁丙《善本書室藏書志》著録爲「明鈔本」。

王氏書苑十卷書苑補益八卷　明王世貞編　詹景鳳補益　**三三五一**

浙江鮑士恭家藏本（總目）。○此與《畫苑》同進呈，參前條。○中國科學院圖書館藏明萬曆十九年王元貞刻本，作《王氏書苑》十卷《書苑補益》十二卷。計其子目，則《書苑》四種十八卷，《書苑補益》九種十九卷。半葉十行，行二十字，白口，左右雙邊。目録題「皇明朱衣、姚汝循同校」。前有王世貞《古法書苑小序》，又王世貞《古今法書苑序》。序後有「朱之蕃書」一行。《補益》前有萬曆十九年後三月朔詹景鳳序云：「王弇洲公得五種以爲《書苑》，與《畫苑》同刻於楚之鄖陽，無何板爲洪水漂去，王孟起重刻，而謀諸予。因各以所得續爲後編，而更題曰《金陵王氏書畫苑補益》。《畫苑徂冬已刻矣。……孟起一旦盡屬梓人，夫非二家之大幸歟。在昔東晉人王氏以書法稱雄萬古，而繪事兼之，維時亦在金陵。孟起居仍舊巷，風流不愧家聲。」可見《畫苑》、《書苑》於萬曆十八年、十九年相繼由王元貞刻於金陵。鈐「白河文庫」、「立教館圖書印」、「方功惠藏書印」等印記。《存目叢書》據以影印。清華、北大、復旦等亦有是刻。民國十一年泰東圖書局嘗據是刻影印，與《王氏畫苑》同行於世。按：《存目》所據本《補益》僅八種，缺《廣川書跋》十卷。

弇州山人題跋七卷　明王世貞撰　三三五二

安徽巡撫採進本（總目）。○《安徽省呈送書目》：「《弇州山人題跋》一本。」

中麓畫品一卷　明李開先撰　三三五三

浙江范懋柱家天一閣藏本（總目）。○《浙江省第五次范懋柱家呈送書目》：「《中麓畫品》一卷，明李開先著，一本。」○《浙江採集遺書總録》：「《中麓畫品》一卷，刊本，明章邱李開先撰。」○上海圖書館藏明紅格鈔本，題「章丘李開先著」，半葉十行，行二十字，紅口，四周雙邊。前有嘉靖辛丑自序。卷末有手識：「六要四病初學不可不知。」下鈐「曾鯨之印」、「東海波臣」二印。另署：「霞白道人觀。」卷内又鈐「何焯之印」、「汪士鐘印」、「鴦湖華氏寫經書屋審定繕本」、「五峰」、「西山」等印記。《存目叢書》據以影印。○山東博物館藏清乾隆孔繼涵家鈔《微波榭鈔書三種》本。○清乾隆綿州李氏萬卷樓刻嘉慶十四年李鼎元重校印《函海》第十九函本。○清道光五年李朝夔補刻《函海》本。○清光緒七年至八年廣漢鍾登甲樂道齋刻《函海》第十三函本，前有「光緒壬午年録于樂道齋」牌記。〇清道光鄒氏依樣壺盧山館鈔《繪事晬編》本，北京大學藏。〇中國科學院圖書館藏清鈔《琅函小品》本。〇民國二十五年上海神州國光社排印《美術叢書》二集第十輯本。〇民國二十六年商務印書館據《函海》本排印，收入《叢書集成初編》。

筆元（玄）要旨一卷　明徐渭撰　　三三五四

浙江汪啟淑家藏本（總目）。〇《浙江省第五次汪啟淑家呈送書目》：「《筆玄要旨》一卷，明徐渭著。」〇《浙江採集遺書總録》：「《筆玄要旨》一卷，刊本，明諸生山陰徐渭撰。」〇《兩淮鹽政李續呈送書目》：「《筆玄要旨》一卷，明徐渭。」〇上海圖書館藏明萬曆三十二年淵雅堂刻本，正文首行上題「筆玄要旨」，下題「淵雅堂」，次題「山陰徐渭篹，長水諸夏評，朱象衡緝補」。半葉九行，行十八字，白口，四周單邊。前有高自積序。《存目叢書》據以影印。〇南京圖書館藏清楊兆瑛鈔本。

吴郡丹青志一卷　明王穉登撰　　三三五五

江蘇巡撫採進本（總目）。〇臺灣「中央圖書館」藏明嘉靖末至萬曆初刻《尊生齋集》本，作《丹青志》一卷。〇北京圖書館藏明萬曆刻《王百穀全集》本，正文首題「國朝吴郡丹青志」，次題「流客太原王穉登撰」。半葉十行，行十八字，白口，左右雙邊。前有嘉靖癸亥自序。卷尾刻「江夏黄氏鳴玉館雕本」一行。鈐「積學齋徐乃昌藏書」印記。《存目叢書》據以影印。中科院圖、上圖亦有是刻。〇明萬曆刻《寶顔堂續祕笈》本，作《刻皇明吴郡丹青志》一卷。北圖、中科院圖、復旦等藏。〇民國十一年上海文明書局石印《寶顔堂祕笈》本。〇明萬曆四十五年刻《閒情小品》本，北大、清華、復旦等藏。○明刻《廣百川學海》壬集本,作《丹青志》一卷。北圖、北大等藏。○明刻清順治三年宛委山堂印《説郛續》本,作《丹青志》一卷。一九八八年上海古籍出版社影印宛委山堂《説郛續》本,收入《説郛三種》。○清道光鄒氏依樣壺盧山館鈔《繪事晬編》本,北京大學藏。○清道光鈔顧湘輯《小石山房墜簡拾遺》本,作《丹青志》一卷。天津圖書館藏。○民國二十五年上海神州國光社排印《美術叢書》本,作《國朝吴郡丹青志》一卷。○民國二十八年商務印書館據明萬曆刻《寶顏堂續祕笈》本排印,收入《叢書集成初編》。○一九六三年上海人民美術出版社排印《畫史叢書》本,所據乃《寶顏堂續祕笈》本。

繪林題識一卷　明汪顯節編　三三五六

兩淮鹽政採進本(總目)。○《兩淮鹽政李續呈送書目》:「《繪林題識》一卷,明汪顯節,一本。」○明萬曆二十五年金陵荆山書林刻《夷門廣牘》本,題「新安汪顯節子建編次」,半葉九行,行十八字,白口,四周單邊。北圖、北大、復旦等藏。民國二十九年商務印書館影印荆山書林刻《夷門廣牘》本。《存目叢書》又據商務本影印。民國二十八年商務印書館《叢書集成初編》本亦據《夷門廣牘》本影印。

海内名家工畫能事二卷　明張鳳翼撰　三三五七

兩淮鹽政採進本(總目)。○《兩淮鹽政李續呈送書目》:「《海内名家工畫能事》二卷,明張鳳翼,一本。」

畫禪一卷　舊本題明釋蓮儒撰　**三三五八**

浙江鮑士恭家藏本（總目）。○山西祁縣圖書館藏明刻《亦政堂鐫陳眉公普祕笈》本，正文首題「陳眉公訂正畫禪」，次題「白石山衲子蓮儒纂，秀水戴全祐子受、華亭張其琛公玉校」。半葉八行，行十八字，白口，四周單邊。末有自跋。《存目叢書》據以影印。北圖、中科院圖、復旦等亦有是刻。○民國十一年上海文明書局石印《寶顏堂祕笈》本。○明刻《重訂欣賞編》本，北圖、上圖等藏。○明刻《水邊林下》本，北圖、蘇州圖藏。○明刻《廣百川學海》本，北圖、北大等藏。○明刻清順治三年宛委山堂印《説郛續》本。一九八八年上海古籍出版社影印宛委山堂《説郛續》本，收入《説郛三種》。○北京大學藏清道光鄒氏依樣壺盧山館鈔《繪事睟編》本。○民國二十五年上海神州國光社排印《美術叢書》本。○民國二十八年商務印書館據《亦政堂鐫陳眉公普祕笈》本排印，收入《叢書集成初編》。○一九六七年上海人民美術出版社排印《畫史叢書》本，亦從《陳眉公普祕笈》本出。

湖州竹派一卷　舊本題明釋蓮儒撰　**三三五九**

兩江總督採進本（總目）。○山西祁縣圖書館藏明刻《寶顏堂彙祕笈》本，正文首題「陳眉公訂正文湖州竹派」，次題「白石山衲子蓮儒纂，華亭眉公陳繼儒、公玉張其琛仝校」。半葉八行，行十八字，白口，四周單邊。《存目叢書》據以影印。北圖、中科院圖、復旦等亦有是刻。○民國十一年上海文明書局石印《寶顏堂祕笈》本。○明刻《廣百川學海》本，作《竹派》一卷。北圖、北大等藏。○明刻清順治三年宛委山堂印《説郛續》本，作《竹派》一卷。一九八八年上海古籍出版社影印宛委山堂

《説郛續》本,收入《説郛三種》。○清道光十一年六安晁氏木活字印《學海類編》本,作《文湖州竹派》一卷,元吴鎮撰。民國九年商務印書館影印晁氏木活字《學海類編》本。○民國二十五年上海神州國光社排印《美術叢書》三集第四輯本,書名撰人同前本。○民國二十八年商務印書館據《學海類編》本排印,收入《叢書集成初編》。○清道光鄒氏依樣壺盧山館鈔《繪事晬編》本,作《竹派》一卷,題明釋蓮儒撰。北京大學藏。○一九六三年上海人民美術出版社排印《畫史叢書》本,從《廣百川學海》本出。

竹嬾畫媵一卷續畫媵一卷　明李日華撰　三三六〇

禮部尚書曹秀先家藏本(總目)。○《都察院副都御史黄交出書目》:「《畫媵》,明李日華,一本。」○明天啟至崇禎刻《李竹嬾先生説部八種》本,中央黨校、上圖、復旦等藏。此刻又有清乾隆三十三年曹秉鈞修補印《李竹嬾先生説部全書》本,清華、上圖等藏。《存目叢書》用清華藏本影印。○北京大學藏清道光鄒氏依樣壺盧山館鈔《繪事晬編》本。○湖北省圖書館藏清鈔《藝苑叢鈔》本,僅《畫媵》一卷。○民國二十四至二十五年上海中央書店排印《國學珍本文庫》第一集本,首都圖、清華等藏。○民國二十五年上海神州國光社排印《美術叢書》二集第二輯本,有鄧實輯附録一卷。

墨君題語二卷　明項聖謨編　三三六一

禮部尚書曹秀先家藏本(總目)。○明崇禎六年鶴夢軒刻本二卷,明李日華、李肇亨撰,江元祚、項聖謨輯。半葉八行,行十九字,白口,四周單邊。上海圖書館、上海博物館藏。○明天啟至崇禎刻

《李竹嬾先生説部八種》本二卷，上卷題「繡水項聖謨孔彰輯」，下卷題「錢唐江元祚邦玉輯」。半葉八行，行十九字，白口，四周單邊。中共中央黨校、上圖、復旦等藏。此刻又有清康熙二十四年李琪枝修補印《李竹嬾先生説部全書》本，臺灣「中央圖書館」藏。又有乾隆三十三年曹秉鈞修補印《李竹嬾先生説部全書》本，清華、上圖、臺灣「中央圖書館」等藏。《存目叢書》用清華此本影印。按：此與鶴夢軒本未知異同。○民國二十四至二十五年上海中央書店排印《國學珍本文庫》第一集本，首都圖、清華等藏。○民國二十五年上海神州國光社排印《美術叢書》二集第二輯本，作《醉鷗墨君題語》一卷，明李肇亨撰；《竹嬾墨君題語》一卷，明李日華撰。

畫説一卷　明莫是龍撰　三三六二

浙江鮑士恭家藏本（總目）。○復旦藏明萬曆刻《寶顔堂續祕笈》本，作《寶顔堂訂正畫説》一卷，題「華亭莫是龍雲卿著，華亭陳繼儒仲醇、繡水陳天保定之校」。半葉八行，行十八字，白口，四周單邊。《存目叢書》據以影印。北圖、中科院圖等亦有是刻。○民國十一年上海文明書局石印《寶顔堂祕笈》本。○明萬曆四十五年刻《閒情小品》本，北大、清華、復旦等藏。○明刻《廣百川學海》壬集本，北圖、北大等藏。○明刻清順治三年宛委山堂印《説郛續》本。一九八八年上海古籍出版社影印宛委山堂《説郛續》本，收入《説郛三種》。○清道光鈔顧湘輯《小石山房墜簡拾遺》本，天津圖書館藏。○清道光鄒氏依樣壺盧山館鈔《繪事晬編》本，北京大學藏。○民國二十五年上海神州國光社排印《美術叢書》四集第一輯本。○民國二十六年北平中華印書館排印《畫論叢刊》本，所據乃

《寶顔堂祕笈》本。○民國二十六年商務印書館《叢書集成初編》排印本，所據亦《寶顔堂祕笈》本。

筆道通會一卷　明朱象衡編　**三三六三**

兩淮鹽政採進本(總目)。○《兩淮鹽政李續呈送書目》：「《筆道通會》一卷，項道民。」○《浙江省第四次汪啟淑家呈送書目》：「《筆道通會》一卷，明項道明著，一本。」按：當作項道民。○《浙江採集遺書總録》：「《筆道通會》一卷，刊本，明太學生秀水項道民撰。」○北京圖書館藏明刻本二卷，卷一題「桃里項道民、長水朱象衡、關西許光祚同輯」，卷二題「陽羨俞安期、長水朱象衡、天台黄維楫同輯」。半葉九行，行十八字，白口，四周單邊。《存目叢書》據以影印。○南京圖書館藏清楊兆瑛鈔本二卷，與《筆玄要旨》合鈔。

寶繪録二十卷　明張泰階撰　**三三六四**

江西巡撫採進本(總目)。○《江西巡撫海第四次呈送書目》：「《寶繪録》一套六本。」○《兩淮鹽政李呈送書目》：「《寶繪録》二十卷，明張泰階，十二本。」○《浙江省第四次鮑士恭呈送書目》：「《寶繪録》二十卷，明張泰階編，六本。」○《浙江採集遺書總録》：「《寶繪録》二十卷，刊本，明華亭張泰階輯。」○北京大學藏明崇禎六年刻本，題「東吴張泰階爰平父評訂，同郡董元熙赤明父較閲」。半葉九行，行二十字，白口，四周單邊。前有崇禎六年自序云「付之剞劂」，又凡例。鈐有「倪黄山館」、「琭亭」、「麐嘉館印」等印記。《存目叢書》據以影印。北圖、上海辭書出版社亦有是刻。○上海圖書館藏明崇禎刻本，半葉九行，行二十字，白口，四周單邊。卷一至卷五、卷十一至卷十二配清鈔本，清許心唵跋。此與前刻未知異同。○華東師大藏知不足齋巾箱本八册（見該校《古籍書目》）。○四川省圖書館藏清光緒六年江西雙峯書屋翻刻撫州饒玉成重刻本八册。又一部六册。

游鶴堂墨藪二卷　明周之士撰　三三六五

兩淮鹽政採進本（總目）。○《兩淮鹽政李續呈送書目》：「《墨藪》二卷，明周之士，一本。」○《浙江省第四次汪啟淑家呈送書目》：「《游鶴堂墨藪》二卷，明周之士著，一本。」○《浙江採集遺書總録》：「《游鶴堂墨藪》二卷，曝書亭藏刊本，明楚中周之士撰。」○原北平圖書館藏明萬曆間齊興周氏游鶴堂刻本二卷二册，題「楚齊興周之士士貴輯著，邑友人朱期昌辰翁校正」。半葉九行，行十七字。有萬曆三十七年自序，瞿九思序。鈐「朱彝尊錫鬯印」印記。現存臺北「故宫」。王重民《善本提要》、臺灣《中央圖書館善本書目》著録。

書畫史一卷　明陳繼儒撰　三三六六

浙江孫仰曾家藏本（總目）。○清華大學藏明萬曆沈氏尚白齋刻《尚白齋鐫陳眉公寶顔堂祕笈》本，作《眉公書畫史》一卷，題「華亭陳繼儒著，秣陵劉之祥校」。半葉八行，行十八字，白口，四周單邊。《存目叢書》據以影印。北圖、中科院圖、復旦等亦有是刻。○民國十一年上海文明書局石印《寶顔堂祕笈》本。○明刻《廣百川學海》壬集本，北圖、北大、遼圖等藏。○明刻清順治三年宛委山堂印《説郛續》本。一九八八年上海古籍出版社影印宛委山堂《説郛續》本，收入《説郛三種》。○天津圖書館藏清管庭芬輯鈔《一瓻筆存》本。○湖北圖書館藏清鈔《藝苑叢鈔》本。○民國二十五年上海神州國光社排印《美術叢書》本。○民國二十八年商務印書館據《寶顔堂祕笈》本排印，收入《叢書集成初編》。

唐詩畫譜五卷　明黄鳳池撰　三三六七

内府藏本(總目)。○《武英殿第一次書目》：「《唐詩畫譜》五本。」○明萬曆天啟間集雅齋清繪齋刻本，作《黄氏畫譜》八種八卷。子目：《新鐫五言唐詩畫譜》一卷、《新鐫六言唐詩畫譜》一卷、《新鐫七言唐詩畫譜》一卷、《唐解元倣古今畫譜》一卷、《新鐫草本花詩譜》一卷、《新鐫木本花鳥譜》一卷、《新鐫梅竹蘭菊四譜》一卷、《張白雲選名公扇譜》一卷。每種一卷一册，各册書名葉刻該册書名，並刻「集雅齋藏板」或「清繪齋」。人民大學藏一部，《唐詩七言畫譜》首圖下有刻工：「劉次泉刻。」天津圖書館、青島博物館、臺灣「中央圖書館」均有全帙。按：是書傳世多不全本，《存目》前後記載兩部，均内府藏本，據《提要》及《武英殿第一次書目》，此《唐詩畫譜》僅五種五册。另一部《存目》作《畫譜》六卷，不著撰人名氏，《武英殿第二次書目》實亦作《唐詩畫譜》，實有七種七册，《總目》作六卷，誤。一書兩見，偶失照應。○北京大學藏日本寬文十二年(清康熙十一年)唐本屋清兵衛等覆刻明本，作《唐詩畫譜》八種八卷五册，甚精，《存目叢書》據以影印。

畫志一卷　明沈與文撰　三三六八

浙江范懋柱家天一閣藏本(總目)。○《浙江省第五次范懋柱家呈送書目》：「《畫志》一卷，明沈與文著，一本。」○《浙江採集遺書總録》：「《畫志》一卷，寫本，明沈與文撰。」○北京圖書館藏明藍格鈔本，題「姑餘山人沈與文編」。半葉十行，行十八字，白口，四周單邊。附《評畫竹》二葉半，題「宋石林居士葉夢得撰，明姑餘山人沈與文注」。無序跋。首葉鈐「翰林院印」滿漢文大官印。書衣有「乾隆三十八年十一月浙江巡撫三寶送到范懋柱家藏畫志壹部計書壹本」長方木記。是天一閣進呈原本。又鈐「孫壯藏書印」長方小印。《存目叢書》據以影印。

畫譜六卷　不著撰人名氏 三三六九

内府藏本(總目)。○《武英殿第二次書目》：「《唐詩畫譜》七本。」按：據《提要》此本共七種，是書明刊本共八種八卷，種各一册，此本缺《梅竹蘭菊四譜》一卷，故有七卷七册。《總目》作六卷，誤。此與前《唐詩畫譜》實爲一書，明黄鳳池輯，重復著録，偶未察也。版本參《唐詩畫譜》條。

草書集韻五卷　不著編輯者名氏 三三七〇

内府藏本(總目)。○《武英殿第一次書目》：「《草書集韻》五本。」○北京圖書館藏明刻本，殘存平聲下、去聲共二册。半葉八行，行十四字，黑口，四周雙邊。有刻工：范安等。鈐「錢謙益印」、「牧齋」、「漢陽葉氏藏書」等印記。《存目叢書》據以影印。

研山齋墨蹟集覽一卷法書集覽一卷　國朝孫承澤撰 三三七一

編修勵守謙家藏本(總目)。○《編修勵第一次至六次交出書目》：「《研山齋歷代名賢法書集覽》一本、《研山齋歷代名賢墨蹟集覽》一本。」○南京圖書館藏《研山齋珍賞歷代名賢墨蹟集覽》一卷，清鈔本，封皮題「研山齋雜録」，下注「墨蹟」二字。封皮有「乾隆三十八年四月翰林院編修勵守謙交出家藏墨蹟集覽壹部計書壹本」長方木記。前有退谷逸叟（孫承澤）小引，首葉鈐「翰林院印」滿漢文大官印。卷内有簽條云「編修臣程昌期恭閲」等。是勵守謙進呈原本。傅增湘嘗見此本，《藏園訂補郘亭知見傳本書目》云爲吴重熹藏書。○湖北省圖書館藏《研山齋珍賞歷代名賢法書集覽》三卷二册，稿本，前有退翁小引，末鈐「北海孫承澤字思仁晚號退翁」方印，全書字體與小引同。又鈐「北平孫氏珍藏書畫印」、「孫炯之印」、「潔庵」、「文博」、「宜子孫」、「坐中弍榻松風樂琴書以消日」、「曾經我眼即我有」（圓印）等印記。按：湖北省圖另有《研山齋珍賞歷代名賢圖繪集覽》三卷一册，字體紙張均同，亦鈐孫承澤及其孫孫炯印，而文中有孫炯增入者，稱「先宫保」云云。則當係承澤晚年（二書均有退翁八十二歲識語）屬孫炯鈔寫者。○《存目叢書》據南京、湖北兩藏本合並影印。

無聲詩史七卷　國朝姜紹書撰　**三三七二**

編修勵守謙家藏本（總目）。○《編修勵第一次至六次交出書目》：「《無聲詩史》二本。」○《浙江省第九次呈送書目》：「《無聲詩史》七卷，明姜紹書輯，二本。」○《浙江採集遺書總録》：「《無聲詩史》七卷，刊本，明曲阿姜紹書撰。」○清康熙五十九年李光暎觀妙齋刻本，目録題「曲阿姜紹書二酉輯」。半葉八行，行十七字，黑口，左右雙邊。前有姜紹書序，後有康熙五十九年首夏之望李光暎刻書跋。目録末記刻工：「嘉興夏舜臣鐫」。封面刻「觀妙齋刻無聲詩史」。是本寫刻極精。《存目叢書》用清華藏本影印，鈐「劉仙洲」印。北大、人民大學、上圖等亦有是刻。津圖本有葉德輝跋。○臺北圖本有鄭振鐸跋。○北京大學藏清道光鄒氏依樣壺盧山館鈔《繪事睟編》本，李盛鐸舊藏。

灣「中央圖書館」藏清道光吴門沈圻手鈔本七卷三册，有道光十八年戊戌重陽石廣沅手跋，内云：「吴門沈鐵農圻藏有乾隆三十六年何鐵菴氏鈔本，余偶借觀一過，鐵農復手録此本，未及校正即出以贈余。時予奉檄淮陰，川塗無事，因並借其所藏何氏本，就篷窻勘之。」卷内鈐「老鐵」、「廣」「沅」(連珠印)、「孟子湘秋樹根齋藏」等印記。(參該館《善本題跋真蹟》、《善本書志初稿》)○臺灣「中央圖書館」又藏清鈔本七卷四册，鈐有「莫友芝圖書印」、「莫彝孫印」、「伯瞖圖書」、「莫繩孫」、「省斂」、「莫經農字筱農」、「莫氏德保」(莫俊農字德保)等印記。○清同治十三年古岡劉氏藏修書屋刻《述古叢鈔》第二集本，北圖、上圖、山東大學等藏。○清光緒十六年新會劉氏藏修書屋刻《藏修堂叢書》第四集本，北圖、中科院圖、南大等藏。○民國五年黄任恒據《藏修堂叢書》版重編印《翠琅玕館叢書》本，北圖、中科院圖、上圖等藏。○民國五年保粹堂據翠琅玕館版重編印《藝術叢書》本，北圖、清華、上圖等藏。○清同光間錦江葉氏刻本三册，北圖分館藏。○清宣統二年杭州雲林閣石印本，山東圖藏。○一九六三年上海人民美術出版社排印《畫史叢書》本，所據係《述古叢鈔》本。

書學彙編十卷　國朝萬斯同撰　三三七三

浙江巡撫採進本(總目)。○《浙江省第二次書目》：「《書學彙編》十卷，國朝萬斯同著，四本。」○《浙江採集遺書總録》：「《書學彙編》十卷，寫本，國朝萬斯同撰。」○天一閣文管所藏清鈔本十卷，題「四明萬斯同季野輯」，半葉十行，行二十一字。鈐「盧觚長壽」印。《存目叢書》據以影印。

畫法年紀一卷　國朝郭礎撰　三三七四

兩淮鹽政採進本(總目)。○《兩淮鹽政李續呈送書目》:「《畫法年紀》一卷,國朝郭礎,一本。」○《浙江省第四次汪啟淑家呈送書目》:「《畫法年紀》一卷,國朝郭礎著,一本。」○《浙江採集遺書總録》:「《畫法年紀》一册,刊本,國朝郭礎撰。」

草韻彙編二十六卷　國朝陶南望編　三三七五

江蘇巡撫採進本(總目)。○《江蘇省第一次書目》:「《草韻彙編》二本。」○《江蘇採輯遺書目録》:「《草韻彙編》二十六卷,清上海布衣陶南望編。」○天津圖書館藏清乾隆十九年南邨草堂刻本,題「上海陶南望遜亭手輯,金壇虞景星東皋、吴縣錢襄思贊、寶山朱桓岡西、嘉定侯昌言研雲參論」。半葉四行,行字不等,白口,四周單邊。前有乾隆二十年二月撫吴使者莊有恭序,乾隆十九年孟秋沈德潛序,乾隆十五年自序,凡例。凡例末有乾隆十九年七月男錕識語:「刻平上去三聲將竣,先嚴于壬申臘月辭世。其入聲二卷,懇廷表陸姑丈悉遵原輯補摹成編。而通集細加較論則侯研雲、朱岡西兩先生之力居多焉。」《存目叢書》據以影印。清華、北師大、河南省圖等亦有是刻。

石村畫訣一卷　國朝孔衍栻撰　三三七六

衍聖公孔昭焕家藏本(總目)。○清康熙三十九年刻《昭代叢書》乙集第六帙本,作《畫訣》一卷。題「曲阜孔衍栻石村著,吴江顧卓爾立校」。《存目叢書》據中央民大藏本影印。○清道光十三年吴江沈氏世楷堂刻《昭代叢書》乙集第四帙本,北圖、北大、上圖等藏。○清道光鄒氏依樣壺盧山館鈔

《繪事暐編》本，北京大學藏。〇清光緒羊城馮氏刻《翠琅玕館叢書》第四集本，作《畫訣》一卷。北圖、清華、復旦等藏。〇民國五年黄任恒重編印《翠琅玕館叢書》子部本，北圖、科圖、復旦等藏。〇民國五年保粹堂據光緒翠琅玕館版重編印《藝術叢書》本，北圖、清華、上圖等藏。〇民國二十四年南海黄兆沂據舊版彙印《芋園叢書》本，北大、清華、廣東中山圖等藏。〇民國二十五年上海神州國光社排印《美術叢書》初集第三輯本，北圖、上圖等藏。〇民國二十六年北平中華印書館排印《畫論叢刊》本，所據係《昭代叢書》本。北圖、上圖等藏。以上五本均名《畫訣》。〇日本静嘉堂文庫藏寫本。

歷代畫家姓氏韻編七卷　國朝顧仲清撰 三三七七

浙江巡撫採進本（總目）。〇《浙江省第四次汪啟淑家呈送書目》：「《歷代畫家姓氏韻編》七卷，顧仲清著，一本。」〇《浙江採集遺書總録》：「《歷代畫家姓氏韻編》六卷，寫本，國朝顧仲清編，孫秀虎補。」〇《兩淮鹽政李呈送書目》：「《歷代畫家姓氏》七卷，國朝顧仲清，一本。」

研山齋圖繪集覽三卷　不著撰人名氏 三三七八

編修勵守謙家藏本（總目）。〇《編修勵第一次至六次交出書目》：「《研山齋歷代名賢圖繪集覽》二本。」〇湖北省圖書館藏稿本，作《研山齋珍賞歷代名賢圖繪集覽》二卷一册，清孫承澤撰。前有八十二老人退翁（孫承澤）小引，末鈐「北海孫承澤字思仁晚號退翁」印。卷内又鈐「北平孫氏珍藏書畫印」、「炯」、「潔庵」、「孫炯之印」、「文博」等印記。卷中有孫炯增入承澤語，稱「先宫保」云云。

蓋退翁晚年屬其孫孫炯鈔寫者。《存目叢書》據以影印。

煙雲過眼録二十卷　清周在浚撰　**三三七九**

按：此書《總目》不載，今據《四庫全書附存目録》補。○《浙江省第十次呈送書目》：「《烟雲過眼録》二册，寫本，國朝周在浚輯。」○《浙江採集遺書總録》：「《烟雲過眼録》，國朝周在浚輯，二本。」

漢溪書法通解八卷　國朝戈守智撰　**三三八〇**

安徽巡撫採進本(總目)。○《江蘇省第一次書目》：「《漢溪書法通解》四本。」○《江蘇採輯遺書目録》：「《漢溪書法通解》八卷，清當湖戈守智著。」○《安徽省呈送書目》：「《漢溪書法》四本。」○清華大學藏清乾隆十五年霽雲閣刻本，題「漢溪戈守智達夫纂，恬浦陸培南香仝參，受業陸聲鐘大乾編次」。半葉九行，行二十字，白口，四周單邊。版心上刻「霽雲閣珍藏」五字。前有乾隆十五年金志章序，厲鶚序，梁詩正序，梁啟心序。卷二有執筆姿式圖十一幅，末注「嘉定汪昜作圖」。《存目叢書》據以影印。又見山東圖書館一部，卷八末記刻工：「平湖縣東張松年鐫。」山西祁縣、北京師大、復旦亦有是刻。○清光緒四川刻本，四川省圖藏。○清光緒四川綿竹翻刻本，四川省圖藏。○清浙江翻刻霽雲閣本，四川省圖藏。○上海朝記書莊石印本，山東師大藏。

國朝畫徵録三卷續録二卷　國朝張庚撰　**三三八一**

浙江巡撫採進本(總目)。○《浙江省第三次書目》：「《畫徵録》三卷《續録》一卷，國朝張庚著，二本。」○《浙江採集遺書總録》：「《國朝畫徵録》三卷《續録》二卷，刊本，國朝秀水張庚撰。」○山西省圖書館藏清乾隆四年蔣泰、湯之昱刻本，僅《國朝畫徵録》三卷，目録及正文各卷均題「秀水張庚浦山著，睢州蔣泰無妄、湯之昱南溪同校梓」。各卷末題「男時敏覆校」。半葉十行，行二十一字，黑口，四周單邊。北京大學有全帙，其《續録》題「秀水張庚浦山著，析津胡振組韭溪校」，行款版式同前。蓋正、續編先後授梓，故傳本或無《續録》。《存目叢書》用山西省圖藏本影印，《續録》以北大藏本配入。山東省圖、柳州圖等亦有全本。○清道光鄒氏依樣壺盧山館鈔《繪事晬編》本，北大藏。○清同治八年粵東刻本，華東師大藏。○清同治八年江蘇翰墨園刻本，四川省圖藏。○清同治八年成都葉宗禩重刻本，四川省圖藏。○清光緒十三年校經山房刻本，山東圖藏。○清光緒十三年上海掃葉山房校刻本，四川省圖藏。○清四川瀘州周氏翻刻本，四川省圖藏。○京都墨林齋刻本，山東圖藏。○萃文書局刻本，復旦藏。○上海裕記書莊石印本，四川圖藏。○上海朝記書莊排印本，四川圖藏。○一九六三年上海人民美術出版社排印《畫史叢書》本，所據係掃葉山房刻本。

月湖讀畫録一卷　國朝王椝撰　三三八二

江西巡撫採進本（總目）。○清道光二十四年吴江沈氏世楷堂刻《昭代叢書》壬集補編本，作《讀畫録》一卷，題「震澤王椝藕亭著」。《存目叢書》據以影印。

豔雪齋書品二卷畫苑二卷筆墨紙硯譜一卷　不著撰人名氏　三三八三

編修勵守謙家藏本（總目）。○《提要》云：「與所作詩評、詞曲評合爲一帙，猶爲未竟之稿。」

右書畫之屬

琴譜正傳六卷　題明無錫宋仕校正　楊嘉森編　三三八四

浙江巡撫採進本（總目）。○《浙江省第六次呈送書目》：「《琴譜正傳》六卷，明黄獻原著，四本。」○《浙江採集遺書總録》：「《琴譜正傳》六卷，刊本，明黄獻撰。」○音樂研究所藏明一樂堂刻本，半葉七行，行二十字，白口，四周雙邊。

琴譜大全十卷　明楊表正撰　三三八五

通行本（總目）。○《兩淮鹽政李呈送書目》：「《琴譜》六卷，明楊表正，一本。」○《武英殿第一次書目》：「《琴譜大全》五本。」○明萬曆元年唐富春刻本，作《新刊正文對音捷要琴譜真傳》六卷，半葉十行，行二十四字，白口，四周雙邊。北圖、上圖、南圖、浙圖、山東圖等藏。○中國科學院圖書館藏明萬曆十三年唐富春刻本，作《重修正文對音捷要真傳琴譜大全》十卷，題「閩延平永安貢川西峰山人楊表正撰，金陵三山街繡谷對溪書坊唐富春梓」。半葉十行，行二十四字，白口，四周雙邊。前有萬曆十三年乙酉楊表正序云：「是譜先於萬曆元年春曾刻秣陵寓舍憑虚閣，今則校正重刻。」又萬曆十三年劉御序。末有萬曆十三年姚士畏跋。《存目叢書》據以影印。北圖、上圖、南圖等亦有是刻。

文會堂琴譜六卷　明胡文焕撰　三三八六

通行本（總目）。○北京圖書館藏明萬曆二十五年胡氏文會堂刻本，作《新刻文會堂琴譜》六卷六册，題「錢唐全菴胡文焕德甫選輯」。半葉十行，行二十字，白口，左右雙邊。前有萬曆二十四年丙中《新刻文會堂琴譜序》云：「文會堂主人爲誰？錢唐抱琴居士胡文焕德父也。譜成於何時？時蓋萬曆丙申下元也。」末有張綸跋。鈐有「長樂鄭振鐸西諦藏書」、「長樂鄭氏藏書之印」等印記。《存目叢書》據以影印。音樂所有萬曆刻本。《格致叢書》内有此書。均當係一版。

理性元雅六卷　明張廷玉撰　**三三八七**

内府藏本（總目）。○《武英殿第一次書目》：「《性理元雅》六本。」吴慰祖已改「性理」爲「理性」。○上海圖書館藏明萬曆刻本，作《新傳理性元雅》四卷《指法》一卷。題「關中汝光父張廷玉編輯」，半葉八行，行十六字，白口，四周單邊。前有自序。鈐「蔡潛谷藏」白文印。《存目叢書》據以影印。音樂所、南圖、中山大學等亦有是刻。

青蓮舫琴雅四卷　明林有麟編　**三三八八**

浙江汪啟淑家藏本（總目）。○《浙江省第四次汪啟淑家呈送書目》：「《青蓮舫琴雅》四卷，明林有麟著，三本。」○《浙江採集遺書總録》：「《青蓮舫琴雅》三卷，刊本，明松江林有麟撰。」○《武英殿第二次書目》：「《青蓮舫琴雅》八本。」○雲南大學圖書館藏明萬曆四十二年刻本，題「雲間林有麟仁甫輯」。半葉九行，行二十字，白口，左右雙邊。前有李紹箕序，甲寅周裕度序，萬曆四十二年甲寅自序。又凡例云：「余先梓《石譜》，滿卷烟露，一洗塵俗。《琴雅》繼出，庶幾哉稱競爽乎。」考《石譜》刻於萬曆四十一年，此書當即刻於四十二年甲寅，故兩序皆作於是年。《存目叢書》據以影印。原北平圖書館藏一部現存臺北「故宫博物院」。

伯牙心法一卷　明楊掄撰　三三八九

浙江巡撫採進本(總目)。○《浙江省第十二次呈送書目》:「《伯牙心法》,明楊掄著,一本。」○北京大學藏明萬曆三十七年楊掄刻《琴譜合璧》本,題「金陵楊掄輯」。半葉八行,行十六字,白口,四周雙邊。《合璧》封面刻「古吴李嘉遇梓」。《存目叢書》據以影印。王重民《善本提要》載美國國會圖書館藏本有萬曆三十七年俞彦序。《合璧》封面刻「文林閣唐錦池梓」。音樂所、上圖、山東圖等亦有是刻。○上海圖書館藏鈔本,與《太古遺音》合鈔。○清華大學藏鈔本。

太古遺音無卷數　明楊掄撰　三三九〇

浙江巡撫採進本(總目)。○《浙江省第六次呈送書目》:「《太古遺音》,明楊掄輯,三本。」○《浙江採集遺書總録》:「《太古遺音》四册,刊本,明金陵楊掄輯。」○北京大學藏明萬曆三十七年楊掄刻《琴譜合璧》本,題「金陵楊掄輯」。半葉八行,行十六字,白口,四周雙邊。前有李文芳序,後有吕蘭谷跋。《合璧》封面刻「古吴李嘉遇梓」。《存目叢書》據以影印。王重民《善本提要》載美國國會圖書館藏本《合璧》封面刻「文林閣唐錦池梓」。音樂所、上圖、山東圖等亦有是刻。○上海圖書館藏鈔本,與《伯牙心法》合鈔。

操縵録十卷　國朝胡世安撰　三三九一

内府藏本(總目)。○《武英殿第一次書目》:「《操縵録》四本。」○中國科學院圖書館藏清初刻《秀巖集》本,半葉九行,行二十一字,白口,左右雙邊。前有自序。《存目叢書》據以影印。北大、臺灣中研院史語所等亦有是刻。

溪山琴况一卷　國朝徐𫲳撰　三三九二

内府藏本(總目)。○《武英殿第一次書目》：「《谿山琴况》一本。」○北京大學圖書館藏清康熙十二年蔡毓榮刻本，題「婁東徐𫲳青山父著，吴門夏溥于澗父校」。半葉七行，行十八字，白口，四周雙邊。版心下刻「大還閣」。此書與《大還閣琴譜》合刻。《存目叢書》據以影印。上圖、遼圖、陝西圖等亦有是刻。○清道光十三年吴江沈氏世楷堂刻《昭代叢書》丁集新編本。

琴學心聲一卷　國朝莊臻鳳撰　三三九三

浙江巡撫採進本(總目)。○《浙江省第六次呈送書目》：「《琴學心聲》三本。」○《浙江採集遺書總録》：「《琴學心聲》二卷，刊本，國朝張臻鳳撰。」按：張字乃莊字聲近之訛。○《武英殿第二次書目》：「《琴學心聲》三本。」○上海圖書館藏清康熙刻本，作《琴學心聲諧譜》一卷《聽琴詩》一卷。題「三山莊臻鳳蝶庵子述，男洲十仙、浦珠玉校」。半葉八行，行二十字，白口，四周單邊。前有康熙四年乙巳袁一相序，四年嚴沆序，五年查培繼序，四年鄧旭序，四年梁知先序，三年自序。梁序云：「予故亟欲刻是譜公諸同好。」凡例云：「兹將自著諧音並採律原圖説、指法要義及贈詠詩文彙成二卷，先梓，公諸同好。」卷下《聽琴詩》前有康熙六年丁未楊雍建序，九年施閏章序。末有劉肇國跋，何元英跋。是康熙初年刻本。《存目叢書》據以影印。音樂所有是刻。又有晒印本。

琴談二卷　國朝程允基撰　**三三九四**

浙江鮑士恭家藏本（總目）。○《浙江省第四次鮑士恭呈送書目》：「《琴談》二卷，國朝程允基著，二本。」○《浙江採集遺書總録》：「《琴談》二卷，刊本，國朝新安程允基撰。」○遼寧圖書館藏清康熙誠一堂刻本，與《誠一堂琴譜》合刻。正文首題「誠一堂琴談卷之二」，次題「新安程允基寓山氏纂輯，弟允培景山氏參校」。半葉十二行，行二十二字，白口，四周雙邊。版心下刻「誠一堂」。封面刻「聚錦堂藏版」。《存目叢書》據以影印。北大、上圖、山東圖等亦有是刻。

琴學内篇一卷外篇一卷　國朝曹庭棟撰　**三三九五**

浙江巡撫採進本（總目）。○《浙江省第九次呈送書目》：「《琴學》，國朝曹庭棟著，二本。」○《浙江採集遺書總録》：「《琴學》二册，刊本，國朝貢生嘉善曹庭棟撰。」○《江蘇採輯遺書目録》：「《琴學》二十六卷，清嘉善曹庭棟著，刊本。」○北京圖書館藏清乾隆刻本，題「曹庭棟撰」。半葉十行，行二十字，白口，左右雙邊。前有乾隆十五年曹庭棟《琴學例説》。《存目叢書》據以影印。音樂所、上圖、復旦等亦有是刻。○民國七年保定印書館排印本，音樂所、臺灣中研院史語所等藏。

右琴譜之屬

宣和集古印史八卷　明來行學刊　**三三九六**

兩淮鹽政採進本（總目）。○《兩淮鹽政李呈送書目》：「《宣和印史》八卷，失名，明來行學刊行，四本。」○北京圖書館藏明萬曆二十四年來行學寶印齋刻鈐印本，題「西陵來行學校摹」，前有屠隆序，自序。第一册末有萬曆二十四年丙申來行學《刻宣和集古印史官印例》。序首葉版心有「徐安刻」三字。書末有識語：「寶印齋監製珊瑚、琥珀、真珠硃砂印色每兩實價伍錢，硃砂印色每兩實價二錢。西陵來行學顔叔識並書。寶印齋藏板。徐安刊。」此帙卷首鈐「翰林院印」滿漢文大官印，是進呈四庫原本。《存目叢書》據以影印。北師大、廣東中山圖、福建省圖等亦有是刻。○明萬曆刻鈐印本四卷，吉林大學藏。

古今印史一卷　明徐官撰　　**三三九七**

内府藏本（總目）。○北京大學藏明嘉靖三十一年刻嘉靖至隆慶三年增刻本，題「吴郡徐官元懋著」，半葉十二行，行二十字，白口，左右雙邊。前有海虚葉具瞻序，瞿景淳跋（此跋版心下刻「下園徐氏文房」），嘉靖三十六年丁巳二月顧應祥書後，丁巳張寰識語，歸有光序，沈田題後。卷末題「諸子與仁校正，男與道同校，甥鍾鳴道𢇍志堂梓行，嘉靖壬子刊」。次牌記：「予述《印史》，自愧所見之陋，方圖求正于方家，而南叔爲我梓行，欲遺同志云爾。有能續其未備，使覽者知人文之盛，顧不美耶。榆菴主人徐官書。」次補刻第三十至三十二葉，末刊「補刻終，計三葉，姑蘇耕讀世家梓行」一行。又次爲隆慶三年己巳壽文一篇，亦補刻。《存目叢書》據以影印。此係嘉靖三十一年壬子鍾鳴道繼志堂刻嘉靖至隆慶三年增補印本。《中國古籍善本書目》著録爲「明隆慶三年自刻本」，《北京大學圖書館藏古籍善本書目》著録爲「明嘉靖三十一年下園徐氏刻本」，均未確。○明刻《亦政堂鐫陳眉公普祕笈》本，作《亦政堂訂正古今印史》一卷，北圖、中科院圖、復旦等藏。○民國十一年上海文明書局石印《寶顔堂祕笈》本。○明刻《重刻欣賞編》本。北圖、上圖等藏。○明刻《廣百川學海》壬集本，北圖、北大等藏。○明刻清順治三年宛委山堂印《説郛續》本。一九八八年上海古籍出版社影印宛委山堂《説郛續》本，收入《説郛三種》。○日本元禄間(清康熙間)刻本一册，北京大學藏。○清乾隆五十九年鈔本，無錫市圖藏。○清道光二十年海虞顧氏刻《篆學瑣著》(一名《篆學叢書》)本，北圖、北大、上圖等藏。○清光緒十四年虞山飛鴻延年堂重刻《篆學瑣著》本，四川省圖藏。○民國二十八年商務印書館據《亦政堂鐫陳眉公普祕笈》本排印，收入《叢書集成初編》。

印藪六卷　明顧從德撰　**三三九八**

編修汪如藻家藏本(總目)。○《國子監學正汪交出書目》：「《印藪》六本。」○《提要》云：「初名《集古印譜》，王穉登始易之曰《印藪》，説見從德自序。」又云：「卷前亦題曰：王常延年編，顧從德汝修氏校。」○上海圖書館藏明隆慶刻鈐印本，作《集古印譜》不分卷，清季錫疇、翁同龢、吴憲澂跋。○浙江圖書館藏明隆慶刻鈐印本，作《集古印譜》一卷，清巢勝跋。○開封市圖書館藏明隆慶刻鈐印本，作《集古印譜》二卷。○北京大學藏明萬曆三年顧氏芸閣刻朱印本，作《集古印譜》六卷，題「太原王常延年編，武陵顧從德汝脩校」。版心下刻「顧氏芸閣」。前有萬曆三年乙亥王穉登序，萬曆三年顧從德《刻集古印譜引》。次凡例，次舊序。北圖、上圖等多有是刻。山東博物館本有清張訥跋。○明萬曆三年淵雅堂刻朱印本，作《集古印藪》四卷八册，山西文物局、山西祁縣圖書館藏。題王常編。

印史五卷　明何通撰　三三九九

兩淮鹽政採進本(總目)。○《兩淮鹽政李續呈送書目》:「《印史》五卷,明何通,六本。」○中國科學院圖書館藏明天啟刻鈐印本五卷十二册。題「古吴何通不違甫著」。白口,四周單邊。前有王亮序,朱簡序,陳萬言序,萬曆四十八年陳元素序,沈承序。末有通隱居士跋,癸亥陳本跋。鈐「紫雪山房」、「若愚鑒賞圖書」、「趙光藻氏」、「印潭亦号千月」、「印潭珍賞」等印記。《存目叢書》據以影印。上圖有是刻緑色鈐印本。南圖本有丁丙跋,《善本書室藏書志》著録。北圖、津圖等亦有是刻。

印存初集二卷印存元(玄)覽二卷　國朝胡正言篆　三四〇〇

内府藏本(總目)。○《武英殿第一次書目》:「《印存》四本。」○北京圖書館藏清順治四年胡正言十竹齋刻鈐印本《印存初集》四卷,題「海陽胡正言曰從氏篆,男其樸、其毅仝校」。前有丁亥周亮工序,陳丹衷序,韓付序,杜濬序,王相業序,錢應金序。末有吴奇跋,丁亥仲冬彭源跋。丁亥爲順治四年。版心下刻「十竹芌」。上海博物館、南圖、浙圖等亦有是刻。○北京圖書館藏清順治十七年胡氏芾古堂刻《印存玄覽》四卷,題「海陽胡正言曰從氏篆,男其樸、其毅仝校」。前有王相業序,順治十七年陳師泰序,紀映鍾序。陳序有「《玄覽》刻成」語,知係順治十七年刊。版心刻「芾古堂」。南圖另有一帙,亦頗罕祕也。《存目叢書》用北圖藏兩種合併影印。

右篆刻之屬

適情録二十卷　明林應龍編　**三四〇一**

浙江范懋柱家天一閣藏本（總目）。〇《浙江省第五次范懋柱家呈送書目》：「《適情録》二十卷，明林應龍著，十本。」〇《浙江採集遺書總録》：「《適情録》二十卷，刊本，明永嘉林應龍撰。」〇中共北京市委圖書館藏明嘉靖四年刻本。按：余嘗獲准入庫查尋，終未找到。〇明崇本書院刻本，北圖殘存卷一至卷六，河南省圖殘存卷一至卷十四、卷十七至卷二十。按：此本刊於嘉靖十七年，説見下文。〇陝西省圖書館藏明嘉靖四十年澄心堂刻本，殘存卷一至卷七、卷十至卷十五、卷十八至卷二十共十六卷。正文首題「適情録第一卷」，次題「永嘉林應龍著」。卷二卷四卷六卷十卷十二卷十四卷十八各卷末有篆書牌記：「中吴安雅衔人校梓。」半葉九行，行二十一字，白口，左右雙邊。版心下刻「澄心堂」。前有嘉靖三年十月十五日自叙，嘉靖四年乙酉李廷相引。末有嘉靖五年丙戌自跋。又嘉靖十七年戊戌跋，跋後有「楚藩崇本書院」六字，下刊「楚藩經史之章」木印。又嘉靖辛酉四十載安雅子於蠡川澄心草堂跋云：「舊帙浸訛，勝圖罕識，主客偶忘，黑白艱辨，手談者不能無遺憾焉。歷訪吴中世家，幸獲劉、鮑二名手校讎者，鳩工鏤梓。仍以白爲主者，鐫之陽文，黑爲客者，鐫之陰文，庶開卷一覽目瞭。」然則楚藩崇本書院本刻於嘉靖十七年，此澄心堂本係據楚藩本校正重刊。惜皆不完整。《存目叢書》據陝西省圖藏本影印。

弈史一卷　明王穉登撰　**三四〇二**

浙江巡撫採進本（總目）。〇清道光十一年六安晁氏木活字印《學海類編》本，《存目叢書》用中科院藏本影印，北圖、上圖等亦有藏。民國九年商務印書館影印晁氏木活字《學海類編》本。○南京圖書館藏清鈔本。

弈律一卷　明王思任撰　**三四〇三**

安徽巡撫採進本（總目）。○明清暉閣刻《王季重九種集》本，正文首題「弈律計四十條」，次題「明山陰謔菴居士定，猶子雪癡生校」。半葉八行，行十八字，白口，四周單邊。前有疏雨軒引，後有疏雨軒跋。《存目叢書》據以影印。北圖、華東師大均有是刻。○明末刻《王季重先生文集》本，半葉九行，行二十一字，白口，左右雙邊。首都圖、重慶圖、湖南圖等藏。○明天啟六年刻《快書》本，北圖、南圖、復旦等藏。○明毛氏汲古閣刻《山居小玩》本，北圖、南圖、南大藏。○明崇禎二年毛氏汲古閣刻《群芳清玩》本，北圖、中科院圖、北大、上圖等藏。○明刻《廣百川學海》癸集本，北圖、南圖、浙圖等藏。○明刻清順治三年宛委山堂印《說郛續》本。一九八八年上海古籍出版社影印宛委山堂《說郛續》本，收入《說郛三種》。○民國二十四年上海中央書店排印《國學珍本文庫》第一集《群芳清玩》本，首都圖、清華等藏。○民國二十四年至二十五年上海貝葉山房排印《中國文學珍本叢書》第一輯《王季重十種》本，首都圖、上圖等藏。

秋仙遺譜十二卷　不著撰人名氏　**三四〇四**

內府藏本（總目）。○《武英殿第二次書目》：「《秋仙遺譜》六本。」○北京圖書館藏明嘉靖三十六年徐慰懷刻本，前集八卷、後集四卷、棋經一卷。半葉八行，行十八字，白口，四周單邊。前有嘉靖三十六年丁巳毘陵徐慰懷序云：「諸君克明性好弈，深知用譜之説，乃集國工之譜，自唐劉積薪及宋劉仲甫諸人，莫不悉備，又時出新意以補古人之不及。因刻之以貽同好者，將望其俱有譜之可依，而不至重爲譜病，則善矣。刻成於嘉靖丁巳仲秋之吉。」知係諸克明撰，徐慰祖刊行之。刻工：何應亨刊、王喆、陳堅、何亨。《存目叢書》據以影印。上圖本殘存九卷。

射書四卷　明顧煜撰　**三四〇五**

兩江總督採進本（總目）。○《兩江第一次書目》：「《射書》，明顧煜輯，二本。」○清華大學藏明崇禎十年刻本四卷首一卷，卷一題「西神䕫圃顧煜銘栢集，胡憲昭邇光、賈允修樹聲、尤起求震伯、湯浣懋新仝訂」。半葉八行，行二十字，白口，左右雙邊。前有崇禎十年陸銑序。又崇禎十年自序云「爰付梓氏」，署「漫題於亦齋之厂」。《存目叢書》據以影印。北大、上圖、湖北省圖亦有是刻。原北平圖書館藏一部，現存臺北「故宫」，王重民《善本提要》著録。○清光緒十四年貽經書屋重刻本，上圖藏。

射義新書二卷　明程道生撰　**三四〇六**

浙江巡撫採進本（總目）。○《浙江省第六次呈送書目》：「《射義新書》二卷，明程道生著，四本。」○浙江圖書館藏明崇禎刻本，題「海昌程道生編輯」，半葉十行，行二十七字，白口，四周單邊。前有乙亥葛定遠序，錢光繡序，朱其紘序。《存目叢書》據以影印。

壺譜一卷　明李孝元撰　**三四〇七**

兩淮鹽政採進本（總目）。○《兩淮鹽政李呈送書目》：「《壺譜》一卷，明李孝元，一本。」○南京圖書館藏明嘉靖四十一年刻本一卷，半葉八行，行二十字，黑口，四周雙邊。前有嘉靖四十一年壬戌歲仲夏之望長安石峯王彙征《重刻壺譜引》云：「余於暇日，默思古人矩度，引申觸類，間有所得，乃作譜以廣其義，因類以立名，因名以繪象，因象以著訣，凡百三十有二壺。不敢自私，鋟梓以傳。」後有嘉靖壬戌五月望虞泉楊臯跋云：「刻既成，宜貽同志。」據前序，是書出王彙征手。而《四庫提要》所稱「十八目一百三十餘式」及成書時代均與此帙合，是否一書，疑未能定。鈐「鳴野山房」、「善本書室」、「八千卷樓藏書印」等印記。《存目叢書》據以影印。

三四〇八　壺史三卷　明郭元鴻撰

内府藏本（總目）。○《武英殿第二次書目》：「《壺史》一本。」○北京圖書館藏明藍格鈔本五卷一册，題「兩峰山人泰和郭元鴻輯」，半葉十一行，行二十二字，藍口，四周雙邊。末有庚辰孤秋朔徙居南楚族姪鵬覆梓謹撰《刻壺史後序》。卷内鈐「當湖胡篴江珍藏」、「胡惠孚印」、「篴江」等印記。《存目叢書》據以影印。

三四〇九　五木經一卷　唐李翺撰　元革註

直隸總督採進本（總目）。○明嘉靖祇洹館刻《小十三經》本，北圖、上圖藏。○明萬曆二十五年金陵荆山書林刻《夷門廣牘》本，北圖、北大、復旦等藏。民國二十五年商務印書館《叢書集成初編》影印《夷門廣牘》本。民國二十九年商務印書館影印荆山書林刻《夷門廣牘》本。《存目叢書》又據民國二十九年本影印。正文三葉，首題「唐李翺譔，唐元革註，明周履靖校」。末有庚申羅浮外史跋。

○明刻《重訂欣賞編》本，北圖、上圖等藏。○明崇禎毛氏汲古閣刻《津逮祕書》本，北圖、上圖等多處藏。民國十一年上海博古齋影印汲古閣《津逮祕書》本。○明刻《續百川學海》本，北圖、遼圖、南大等藏。○明刻清順治三年宛委山堂印《説郛》本，北圖、上圖等藏。○清據《説郛》《説郛續》版重編印《五朝小説》本，上圖、南圖、南大、山東大藏。○民國十五年上海掃葉山房石印《五朝小説大觀》本，首都圖、上圖等藏。○清乾隆五十七年挹秀軒刻《唐人説薈》本，北圖、上圖等藏。○清道光二十三年序刻《唐人説薈》本，上圖、杭大等藏。○清宣統三年上海天寶書局石印《唐人説薈》本，津圖、河南圖等藏。○民國十一年上海掃葉山房石印《唐人説薈》本，北圖、華東師大等藏。○清嘉慶十一年序刻《唐代叢書》本，北圖、上圖等藏。

丸經二卷　不著撰人名氏　三四一〇

江西巡撫採進本(總目)。○《兩江第一次書目》：「《丸經》，書不載名，抄本，一本。」○明嘉靖祇洹館刻《小十三經》本，北圖、上圖藏。○明萬曆二十五年金陵荆山書林刻《夷門廣牘》本，北圖、北大、復旦等藏。民國二十九年商務印書館影印荆山書林刻《夷門廣牘》本。○明崇禎毛氏汲古閣刻《津逮祕書》本。民國十一年上海博古齋影印汲古閣刻《津逮祕書》本。民國二十五年商務印書館《叢書集成初編》亦據是刻影印。○明刻《續百川學海》本，北圖、遼圖、南大等藏。○明刻清順治三年宛委山堂印《説郛》本。一九八八年上海古籍出版社影印宛委山堂《説郛》本，收入《説郛三種》。○清嘉慶十年虞山張海鵬照曠閣刻《學津討原》本。民國十一年商務印書館影印張海鵬刻《學津討原》本。

雙陸譜一卷　舊本題丫角道人撰

永樂大典本(總目)。

右雜技之屬

四庫存目標注卷四十

滕州　杜澤遜　撰

子部九

譜録類

銅劒讚一卷　梁江淹撰　**三四一二**

浙江范懋柱家天一閣藏本（總目）。〇《浙江省第五次范懋柱家呈送書目》：「《銅劍讚》一卷，梁江淹著，一本。」〇《浙江採集遺書總録》：「《銅劍讚》一篇，寫本，梁江淹撰。」〇天津圖書館藏明萬曆刻《祕册彙函》本，題「梁江淹撰，明沈士龍、胡震亨同校」。半葉九行，行十八字，白口，左右雙邊。尾題下刻「陳留青雲寺伯宇記」八字。末有胡震亨題後。《存目叢書》據以影印。北圖、南大、川圖亦有是刻。〇按：已入本集，嚴可均又輯入《全梁文》。

蟫衣生劍記一卷　明郭子章撰　**三四一三**

兩江總督採進本（總目）。○山西祁縣圖書館藏明萬曆刻《亦政堂鐫陳眉公家藏廣祕笈》本，題「泰和郭子章輯，繡水沈孚先、陳詩教校」。半葉八行，行十八字，白口，四周單邊。《存目叢書》據以影印。北圖、科圖、復旦等亦有是刻。○民國十一年上海文明書局石印《寶顏堂祕笈》本。

劍筴二十七卷　明錢希言撰　**三四一四**

内府藏本（總目）。○《武英殿第一次書目》：「《劍筴》八本。」○山西祁縣圖書館藏明陳訏謨等刻本二十七卷十六册，正文首行題「劍筴第一」，次行題「明甄胄錢希言譔輯，雲間馮時可訂正，晉安陳訏謨授鋟」。各卷訂正、授鋟者不同，授鋟（或稱授梓、校鋟）者又有：楊鶴、吴之甲、李佺臺、郭元昭、崔爾進、張大猷。半葉八行，行十六字，白口，左右雙邊。版心下刻「翠幄草堂」。前有曹學佺序。《存目叢書》據以影印。

別本考古圖十卷　宋吕大臨撰　**三四一五**

内府藏本（總目）。○《武英殿第一次書目》：「《考古圖》四本。」○《江蘇省第一次書目》：「《考古圖》四本。」○《江蘇採輯遺書目録》：「《考古圖》十卷，宋汲郡吕大臨著。」○《浙江省第四次汪啟淑家呈送書目》：「《考古圖》十卷，宋吕大臨著，五本。」○《浙江採集遺書總録》：「《考古圖》十卷，刊本，宋汲郡吕大臨撰。」○《江西巡撫六次續採書目》：「《考古圖》五本。」○北宋刻本十卷《續考古圖》五卷《釋文》一卷，顧宸、錢曾、季振宜、徐乾學、宋至遞藏（詳《讀書敏求記校證》卷二中）。○

清初錢曾影宋鈔本，即從前本出。後歸天禄琳琅，《四庫全書》據以收録，錢曾影本當已燬於嘉慶二年宫火。（參《讀書敏求記》、《天禄琳琅書目》、《四庫提要》）。○元大德三年茶陵陳翼子刻明修本十卷，題「默齋羅更翁考訂」。半葉八行，行十七字，黑口，三魚尾，四周雙邊。上魚尾下刻書名卷數，中魚尾下刻葉數。前有元祐七年吕大臨《考古圖記》，大德三年己亥古迂陳才子序，大德三年己亥茶陵陳翼子序。陳才子序云：「汲郡吕公，彙諸大家所藏尊卣敦盂之屬，繪爲巨編，兵後多磨滅。吾弟翼備（陳翼子字）又廣吕公好古素志，屬羅兄更翁臨本，且更翁刻以傳世，并採諸老辯證附左方，用心良苦。」陳翼子序云：「偶閲汲郡吕先生舊輯《考古圖》十卷，……命友臨本，刊訛刻傳，且採諸君子辯證附其下。」臺灣「中央圖書館」藏一部六册，首册簽題「元槧考古圖」，下注「世學樓藏本，吉園題簽」。卷内鈐「會稽鈕氏世學樓圖籍」朱文方印、「楊」「棨」連珠印等印記。原北平圖書館藏一部四册，鈐「王德之印」、「誦芬堂印」、「孫虔之印」、「履吉」等印記。現存臺北「故宫」。（參該館《善本書目》、《善本書志初稿》、《善本題跋集録》、王重民《善本提要》）○明初刻本十卷，半葉八行，行二十字，四周雙邊，三魚尾。北大、上圖藏。科圖本存卷一至卷四。○華東師大藏明初刻本十卷，題「默齋羅更翁考訂」，半葉八行，行十七字，大黑口，三魚尾，四周雙邊。有吕大臨、陳才子、陳翼子三序。卷尾有「宣統庚戌江陰繆荃孫重裝」識語。鈐有「是士山房藏書印」、「東臯黄氏珍藏」、「陳立炎」、「荃孫」、「曾經藝風勘讀」、「古書流通處」等印記。《存目叢書》據以影印。○明刻本十卷，半葉八行，行十六字，白口，四周單邊。故宫、上圖、濟南博物館、安徽博物館藏。○北京圖書館藏明刻本,存卷三,清翁同龢跋。○明泊如齋刻本,作《泊如齋重修考古圖》十卷,半葉八行,行十七字,白口,四周單邊。北圖、故宫、上圖、天一閣文管所、安徽博物館、陝西省委黨校等藏。按:此與明萬曆十六年泊如齋刻《泊如齋重修宣和博古圖録》三十卷同時所刻。嘗見蓬萊慕湘藏書樓藏一部,二書合印,此書末有「黄德時、黄德懋刻」刻工名,《博古圖》萬曆戊子程士莊序後亦有刻工「黄德時刻」一行,知係一時所刻。○明萬曆三十一年吴萬化刻本,作《寶古堂重修考古圖》十卷,半葉八行,行十七字,白口,四周單邊。序後有《考古圖所藏姓氏》,《姓氏》後刻「黄德時刻」四小字,此刻工與泊如齋本同,知即從泊如齋本出。人民大學、上圖、山東圖、南圖、中山大學、臺灣「中央圖書館」等藏。○明天啟元年鄭宏經刻本,作《重修考古圖》十卷,半葉八行,行十七字,白口,四周單邊。北圖、鎮江圖藏。○清乾隆十八年天都黄晟亦政堂刻本,作《亦政堂重修考古圖》十卷,係黄氏刻《三古圖》之一。北圖分館、湖南圖、天津圖等藏。按:黄永年先生《陝西師大善本書目》著録明萬曆十六年泊如齋刻《泊如齋重修宣和博古圖録》,注云「此版清乾隆時爲黄晟所得,廣爲印行」。此《考古圖》亦有萬曆泊如齋刻本,未知黄晟此本是否爲萬曆泊如齋舊版修補重刷。附記待考。○上海圖書館有清鈔《續考古圖》五卷《釋文》一卷。○清光緒陸心源刻《十萬卷樓叢書》内有《續考古圖》五卷《釋文》一卷。

紹興内府古器評二卷　舊本題宋張掄撰　三四一六

内府藏本(總目)。○《兩江第一次書目》:「《紹興内府古器評》,舊題宋張掄編,抄本,一本。」

○《浙江省第五次范懋柱家呈送書目》：「《内府古器評》二卷，宋張掄著，一本。」○《浙江採集遺書總録》：「《紹興内府古器評》二卷，寫本，宋張掄才輯。」按：張掄字才甫，此誤以張掄才爲姓名。○北京圖書館藏明鈔本，題「張掄才甫」，下注「號蓮社居士、南渡故老、及見太平之盛者」。半葉十一行，行二十二字，無格。目録首葉題「翰林院印」滿漢文大官印，是進呈四庫館原本。又鈐「常熟翁同龢藏本」、「永寶用之顧子剛贈」等印記。《存目叢書》據以影印。○明鈔《明人叢鈔十三種》本，盧址抱經樓藏書。（見《藏園訂補郘亭知見傳本書目》）○明崇禎毛氏汲古閣刻《津逮祕書》第十四集本，北圖、上圖等藏。民國十一年上海博古齋影印汲古閣《津逮祕書》本。民國二十五年商務印書館據是刻影印，收入《叢書集成初編》。○南京圖書館藏清雍正三年吴玉搢鈔本，清吴玉搢校並跋。○上海圖書館藏清鈔本。○北京圖書館分館藏清道光十九年吴大志刻本，作《古器評》二卷二册。封面刻「宋古器評」、「西京吴耐軒重刊」、「板藏延陵堂」。

焦山古鼎考一卷　題王士禄圖釋　林佶增益　**三四一七**

兩江總督採進本（總目）。○清康熙三十九年刻《昭代叢書》乙集第六帙本，題「濟南王士禄西樵圖釋，侯官林佶吉人增益」。《存目叢書》據以影印。

古奇器録一卷　明陸深撰　**三四一八**

内府藏本（總目）。○明嘉靖二十四年刻《儼山外集》本，北圖、北師大、上圖等藏。○明萬曆刻《寶顔堂續祕笈》本，北圖、中科院圖、復旦等藏。○民國十一年上海文明書局石印《寶顔堂祕笈》本。

○明刻《重訂欣賞編》本，北圖、上圖、浙圖等藏。○明刻《廣百川學海》本，北圖、北大、南大等藏。○明刻清順治三年宛委山堂印《説郛續》本，北圖、上圖等藏。一九八八年上海古籍出版社影印宛委山堂《説郛續》本，收入《説郛三種》。○清道光咸豐間宜黄黄秩模刊《遜敏堂叢書》本，北圖、上圖、南圖等藏。○民國二十六年商務印書館據《寶顔堂續祕笈》本排印，收入《叢書集成初編》。

古器具名二卷附古器總説一卷　明胡文焕編　**三四一九**

浙江巡撫採進本（總目）。○《浙江省第六次呈送書目》：「《古器具名》二卷，明胡文焕著，三本。」○《浙江採集遺書總録》：「《古器具名》二卷，刊本，明錢塘胡文焕撰。」○遼寧圖書館藏明萬曆胡文焕刻本，作《新刻古器具名》二卷，題「錢塘胡文焕德甫選輯」。半葉十行，行二十二字，或半葉八行，行十六字，白口，左右雙邊。前有《古器具名凡例》十四則，又《古器總説附》一卷，題「錢唐胡文焕德甫輯」。當即《格致叢書》單本。《存目叢書》據以影印。東北師大、中科院圖書館藏明萬曆刻《格致叢書》内均有此種。○日本静嘉堂文庫藏寫本。

分宜清玩譜一卷　不著撰人名氏　**三四二〇**

浙江汪啟淑家藏本（總目）。○《浙江省第四次汪啟淑家呈送書目》：「《分宜清玩籍》一卷，缺名，一本。」○《浙江採集遺書總録》：「《分宜清玩籍》一册，寫本，明文嘉編。」

古玉圖譜一百卷　舊本題宋龍大淵等奉敕撰　**三四二一**

内府藏本（總目）。○遼寧大學藏清乾隆四十四年歙縣江春康山草堂刻本，卷一首行題「宋淳熙敕編古玉圖譜第一册」，次行題「文林郎翰林院待詔兼畫學博士賜金帶臣劉松年奉敕寫圖」。前有乾隆四十四年十二月望日歙人江春於康山草堂序云：「乾隆三十八年閏三月奉旨採訪遺書，始購得此圖譜鈔本，即恭加繕校，上之四庫全書館。」又云：「謹按呈本挍其脱訛而付之梓。」次淳熙三年龍大淵等序。次總目，題「銀青光禄大夫翰林學士承旨檢校禮部尚書開府儀同三司上柱國永興郡開國公食邑七百户實封三百户提舉嵩山崇福宫使賜紫金魚袋臣龍大淵等奉敕纂」。卷末有「宋淳熙三年三月臣龍大淵等奉敕編纂《古玉圖譜》共一百册」篆文二行。刊刻工緻。《存目叢書》據以影印。北圖分館有是刻四部。大連圖、華東師大、山西文史館等亦有是刻。〇清刻本三十二卷十册，北圖分館藏。〇北大藏清鈔本存卷七至卷十共一册，李盛鐸舊藏。

泉志十五卷　宋洪遵撰　　三四二二

湖北巡撫採進本（總目）。〇《湖北巡撫呈送第二次書目》：「《泉志》三本。」〇《兩江第一次書目》：「《歷代泉志》，宋洪遵著，抄本，六本。」〇明萬曆胡震亨、沈士龍刻《祕册彙函》本，題「宋洪遵撰，明徐象梅校並圖篆」。半葉九行，行十八字，白口，左右雙邊。前有《刻泉志序》云：「此刻屬武林徐仲和手摹，亡論魚龍飛動，抑亦蒼籀判别。」又紹興十九年自序。民國二十八年商務印書館《叢書集成初編》本即據是刻影印。《存目叢書》據天津圖書館藏是刻影印。北圖、南大、川圖亦有是刻。上圖有單本，清佚名録翁樹培批。〇明崇禎毛氏汲古閣刻《津逮祕書》本。北圖藏一部，清翁樹培校。北圖分館藏一部，清翁樹培朱墨批校。又藏一部，清楊守敬手批並跋。蘇州大學藏一部，存卷六至十五，清趙烈文批並跋。民國十一年上海博古齋影印汲古閣刻《津逮祕書》本。○明刻清順治三年宛委山堂印《説郛》本，北圖、上圖等藏。一九八八年上海古籍出版社影印宛委山堂《説郛》本。○清嘉慶十年虞山張海鵬照曠閣刻《學津討原》本。民國十一年商務印書館影印照曠閣刻《學津討原》本。○清華大學藏清道光鈔本。○清同治十三年刻本，湖北圖、湖南圖藏。○清光緒元年隸釋齋金陵藤溪義學刻本十五卷一册，北圖分館藏。洪汝奎輯刻《洪氏晦木齋叢書》内有此書，光緒元年刊，當係同版。北圖、杭大、吉大藏。○天津圖書館藏清鈔本。○北京市文物局藏清鈔本，清翁樹培校。○南京圖書館藏清鈔本，清于鬯校。○北京圖書館分館藏民國間鈔本十五卷《續志》一卷共四册。○民國二十五年上海醫學書局石印《古泉叢書》内有《泉志菁華録》一册，係丁福保選本。北圖分館藏單本。

百寶總珍集十卷　不著撰人名氏　　　　三四二三

兩淮鹽政採進本(總目)。○《兩淮鹽政李呈送書目》：「《百寶總珍集》十卷，宋人失名，一本。」○北京大學藏清鈔本，半葉九行，行十八字，無格。無序跋。《存目叢書》據以影印。卷九《書册》條可見宋時書籍情形：「書册多般休强名，先觀目録定完全，監本紙白多着主，麻沙應是不直錢。書册如目録内對得不全，可有人要接得，理會不得。須當與書册學販先生并賣文字人議論，尋主投賣。如條貫同近編者，新書多着主。王承宣。」○南京圖書館藏清鈔本。○民國三十七年中央圖書館影印舊鈔本，《玄覽堂叢書》三集之一。

燕几圖一卷　舊本題宋黄伯思撰 三四二四

兩江總督採進本（總目）。○《兩江第一次書目》：「《燕几圖》，宋黄長睿輯，抄本，一本。」○明刻《重訂欣賞編》本，北圖、上圖、浙圖等藏。民國二十五年商務印書館據以影印，收入《叢書集成初編》。○明刻清順治三年宛委山堂印《説郛》本，北圖、上圖等藏。一九八八年上海古籍出版社影印宛委山堂《説郛》本，收入《説郛三種》。○清嘉慶十四年姚椿鈔本，浙江圖書館藏。○民國二十二年中國營造學社據《重訂欣賞編》本石印，收入《存素堂校寫几譜三種》。北圖、北大、上圖等藏。

槎居譜一卷　明黄鶴撰 三四二五

兩淮鹽政採進本（總目）。○《兩淮鹽政李續呈送書目》：「《槎居譜》一卷，明黄鶴，一本。」

蝶几譜一卷　明嚴瀓撰 三四二六

江西巡撫採進本（總目）。○明毛氏汲古閣刻《山居小玩》、《群芳清玩》内均有《蝶几譜》一卷，明戈汕撰。未知是否一書。

文苑四先生集四卷　明鍾嶽秀撰 三四二七

浙江巡撫採進本（總目）。○《浙江省第十一次呈送書目》：「《文苑四先生集》四卷，明鍾嶽秀輯，四本。」○《浙江採集遺書總録》：「《文苑四先生集》四卷，刊本，明鍾嶽秀輯。」

歙硯志三卷　明江貞撰 三四二八

兩淮鹽政採進本（總目）。○《兩淮鹽政李呈送書目》：「《歙硯志》三卷，明江貞，一本。」

程氏墨苑十二卷　明程君房撰　三四二九

浙江巡撫採進本(總目)。○《浙江省第四次汪啟淑家呈送書目》:「《程氏墨苑》十二卷附録不分卷,明程君房輯,三十四本。」○《浙江採集遺書總録》:「《程氏墨苑》三十二册,刊本,明休寧程大約輯。」○《江蘇省第一次書目》:「《墨苑》二十二本。」○明萬曆程氏滋蘭堂刻彩印本。北京圖書館藏一部十四卷附《人文爵里》八卷。又藏一部僅《程氏墨苑》十二卷。甘肅博物館藏一部存玄工二卷、《人文爵里》九卷。日本尊經閣文庫藏一部。刻工:黄鏻、黄應泰、黄應道。畫工:丁雲鵬、江世會。《中國版刻圖録》、《西諦書跋》著録。○明萬曆程氏滋蘭堂刻墨印本十四卷《人文爵里》九卷,北圖、首都圖、遼圖、吉大、南圖、杭州圖、寧夏圖等藏。《存目叢書》影印北圖藏本僅《程氏墨苑》十四卷,版心下刻「滋蘭堂」。鈐「陽湖陶氏涉園所有書籍之記」、「長樂鄭振鐸西諦藏書」等印記。○明萬曆程氏滋蘭堂刻墨印本十三卷《人文爵里》九卷。中國歷史博物館、上海博物館、南京圖書館藏。白口、單邊。版心下刻「滋蘭堂」。○明萬曆程氏滋蘭堂刻本十二卷《人文爵里》九卷附《中山狼傳》一卷《續中山狼傳》一卷,北京圖書館藏。原北平圖書館藏一部,現存臺北「故宫」。王重民《善本提要》著録。

方氏墨譜六卷　明方于魯撰　三四三〇

浙江汪啟淑家藏本(總目)。○《浙江省第四次汪啟淑家呈送書目》:「《方氏墨譜》六卷,明方于魯輯,八本。」○《浙江採集遺書總録》:「《方氏墨譜》六卷,刊本,明歙縣方于魯輯。」○《安徽省呈送書目》：「《方氏墨譜》八本。」○明萬曆方氏美蔭堂刻本，版心下刻「美蔭堂集」。北圖、北大、上圖、復旦、津圖等藏。《存目叢書》據以影印。王重民《善本提要》著録。

雪堂墨品一卷　國朝張仁熙撰　**三四三一**

内府藏本（總目）。○清康熙三十六年新安張氏霞舉堂刻《檀几叢書》二集第五帙本，北圖、北大、上圖、山東圖等藏。《存目叢書》據以影印。○清光緒十五年刻《榆園叢刻・娛園叢刻》本，北圖、北大、上圖等藏。○清王耤輯鈔《藝苑叢鈔》本，湖北圖藏。○清管庭芬輯鈔《一瓻筆存》本，天津圖書館藏。○清鈔《墨苑叢談》本，北圖藏。○清光緒羊城馮兆年刻《翠琅玕館叢書》第四集本，北圖、清華、復旦等藏。○民國五年黄任恒重編印《翠琅玕館叢書》本，北圖、北大、復旦等藏。○民國五年保粹堂據翠琅玕館版重編印《藝術叢書》本。北圖、清華、上圖等藏。○民國二十四年南海黄肇沂據舊版彙印《芋園叢書》本，北大、清華、廣東中山圖等藏。○清鈔《墨品三種》本，北大藏。○民國十一年吴昌綬雙照樓刻《十六家墨説》本，北大、首都圖、上圖等藏。○民國二十五年上海神州國光社排印《美術叢書》本，北圖、北大、上圖等藏。○民國二十八年商務印書館據《榆園叢刻》本排印，收入《叢書集成初編》。

漫堂墨品一卷　國朝宋犖撰　**三四三二**

内府藏本（總目）。○清康熙三十六年新安張氏霞舉堂刻《檀几叢書》二集第五帙本，北圖、北大、上圖、山東圖等藏。《存目叢書》據以影印。○清光緒十五年刻《榆園叢刻・娛園叢刻》本，北圖、北大、上圖等藏。○清王耤輯鈔《藝苑叢鈔》本，湖北圖書館藏。○清管庭芬輯鈔《一瓻筆存》本，天津圖書館藏。○清鈔《墨苑叢談》本，北圖藏。○清鈔《墨品三種》本，北大藏。○清光緒羊城馮兆年刻《翠琅玕館叢書》本，北圖、清華、復旦等藏。○民國五年黄任恒重編印《翠琅玕館叢書》本，北圖、北大、復旦等藏。○民國五年保粹堂據翠琅玕館版重編印《藝術叢書》本，北圖、清華、上圖等藏。○民國二十五年南海黄肇沂據舊版彙印《芋園叢書》本，北大、清華、廣東中山圖等藏。○民國十一年吴昌綬雙照樓刻《十六家墨説》本，有《續墨品》一卷，北大、首都圖、上圖等藏。○民國二十五年上海神州國光社排印《美術叢書》本，北圖、北大、上圖等藏。○民國二十八年商務印書館據《榆園叢刻》本排印，收入《叢書集成初編》。

曹氏墨林二卷　國朝曹素功編　三四三三

通行本(總目)。○北京圖書館藏清康熙二十七年自刻本，前有劉楷序，孫勷序，靳治荆序。康熙二十七年戊辰自序云：「敬登梨棗，以示同志。」署「康熙戊辰年仲冬月古歙曹聖臣素功氏并書於燕臺邸舍」。末有高層雲跋，趙執信跋，康熙二十九年庚午耿世際跋。《存目叢書》據以影印。上圖、復旦等亦有是刻。

冠譜一卷　明顧孟容撰　三四三四

兩淮鹽政採進本(總目)。○中國科學院圖書館藏清鈔本，前有明永樂甲辰吴郡尤芳序。鈐「吉云」等印記。《存目叢書》據以影印。○南京圖書館藏清鈔本，八千卷樓舊藏，《善本書室藏書志》著録。

冠圖一卷　不著撰人名氏 **三四三五**

浙江范懋柱家天一閣藏本（總目）。○《浙江省第五次范懋柱家呈送書目》：「《冠圖》一卷，缺名著，一本。」○《浙江采集遺書總録》：「《冠圖》一册，寫本，明武陵顧孟容撰。」○《提要》云：「即顧孟容之《冠譜》。」

汝水巾譜一卷　明朱術垧撰 **三四三六**

浙江巡撫采進本（總目）。○《浙江省第十一次呈送書目》：「《汝水巾譜》，明朱術垧著，一本。」○《浙江采集遺書總録》：「《汝水巾譜》一册，刊本，明宗室朱術垧撰。」○北京圖書館藏明崇禎六年自刻本一册，前有崇禎六年癸酉南郡汝水居士朱術垧序云：「遂付之棗以代腕。」末有姑蘇陸廣明題後（已佚尾）。正文末有「徽州梓人黄德寵刊於姑蘇書肆」一行。末有鄭振鐸手跋：「□爲張菊生先生所貽，予報之以影印本《顧氏畫譜》四册。明人有《冠譜》，見《四庫存目》，予嘗見一舊鈔本。此《巾譜》别是一書，《四庫》未收，且刊刻極精，洵異品也。紉□□。」（首尾稍損）鈐「長樂鄭振鐸西諦藏書」印記。《存目叢書》據以影印。南圖藏一部，鈐「宛平查氏藏書印」、「宛平查禮恂叔氏圖書」、「古燕查氏家藏」、「浣花谿屋祇藏書」及八千卷樓丁氏印記，《善本書室藏書志》著録。

香國三卷　明毛晉撰 **三四三七**

安徽巡撫采進本（總目）。○明毛氏汲古閣刻《山居小玩》本，北圖、南圖、南大藏。○明崇禎二年毛氏汲古閣刻《群芳清玩》本，題「東吴毛晉輯」，半葉八行，行十八字，白口，左右雙邊。前有自序。

《存目叢書》據中科院圖書館藏本影印。北圖、北大、上圖亦有是刻。○民國二十四至二十五年上海中央書店排印《國學珍本文庫》第一集《群芳清玩》本，首都圖、清華、遼圖、山東大學藏。○民國二十五年上海神州國光社排印《美術叢書》四集第十輯本，北圖、上圖等藏。

素園石譜四卷　明林有麟撰　**三四三八**

浙江汪啟淑家藏本（總目）。○《浙江省第四次汪啟淑家呈送書目》：「《素園石譜》四卷，明林有麟著，四本。」○《浙江採集遺書總録》：「《素園石譜》四卷，刊本，明雲間林有麟撰。」○《兩淮商人馬裕家呈送書目》：「《素園石譜》四卷，明林有麟，四本。」○廣東中山圖書館藏明萬曆四十一年自刻本，題「雲間林有麟仁甫輯」，半葉八行，行十八字，白口，四周單邊。前有黃經序，萬曆四十一年自序。自序版心刻工：「雲間周有光刻。」鈐有「仇時古印」等印記。繪刻精工。《存目叢書》據以影印。北大、故宮、上圖亦有是刻。北圖本有鄭振鐸跋，已入《西諦書跋》。○民國二十二年故宮博物院圖書館石印本，復旦等藏。鄭振鐸云：「係托陶湘描繪上石者，故原本之面目僅存虎賁中郎之似。日本大村西厓所輯《圖本叢刊》亦嘗收入此書，乃以木刻翻雕，刻工亦不甚精，且原書是後印本，遂多模糊影響之處。」

石品二卷　明郁濬撰　**三四三九**

兩淮鹽政採進本（總目）。○《兩淮鹽政李續呈送書目》：「《石品》二卷，明郁濬，二本。」○臺灣「中央圖書館」藏明萬曆刻本二卷六册，題「雲間郁濬開之甫紫芝軒輯」。半葉七行，行十九字，白口，四周單邊。前有萬曆四十五年丁巳何萬化序。鈐「孫星衍印」、「東魯觀察使者」等印記。○臺灣「中央圖書館」又藏舊鈔本二卷二册，題署、行款、序文同前本。鈐「王宗炎所見書」等印記。（參該館《善本書志初稿》）

怪石贊一卷　國朝宋犖撰 **三四四〇**

内府藏本（總目）。○清康熙三十四年新安張氏霞舉堂刻《檀几叢書》初集第五帙本，《存目叢書》據山東省圖書館藏本影印。北圖、上圖等多有是刻。○民國二十五年上海神州國光社排印《美術叢書》初集第五輯本，北圖、上圖等多處藏。

觀石後録一卷　國朝毛奇齡撰 **三四四一**

浙江巡撫採進本（總目）。○清康熙書留草堂刻《西河合集》本，《存目叢書》據中央民族大學藏本影印，北圖、上圖等多有是刻。○清康熙刻《昭代叢書》乙集第六帙本，上圖藏。○清道光十三年吴江沈氏世楷堂刻《昭代叢書》乙集第六帙本，北圖、北大、上圖等藏。○民國二十二年排印《藝海一勺》本，北圖、上圖等藏。○民國二十五年上海神州國光社排印《美術叢書》初集第三輯本，北圖、上圖等藏。按：各本均名《後觀石録》。

漢甘泉宫瓦記一卷　國朝林佶撰 **三四四二**

福建巡撫採進本（總目）。○清康熙三十九年刻《昭代叢書》乙集第六帙本，《存目叢書》據中央民族大學藏是刻影印。清華、復旦、浙圖等多有是刻。○清道光十三年吴江沈氏世楷堂刻《昭代叢書》

乙集第五帙本，北圖、上圖等多處藏。

右器物之屬

茶寮記一卷　明陸樹聲撰　**三四四三**

内府藏本(總目)。○明萬曆二十五年金陵荆山書林刻《夷門廣牘》本，北圖、北大、復旦等藏。民國二十五年商務印書館《叢書集成初編》據以影印。民國二十九年商務印書館影印荆山書林刻《夷門廣牘》本。○湖南圖書館藏明萬曆四十一年刻《茶書二十七種》本，題「明華亭陸樹聲著」，半葉九行，行十八字，白口，左右雙邊。前有小序。版心刻工：工、刘。《存目叢書》據以影印。南圖亦有是刻。○明萬曆四十三年程百二、胡之衍刻《程氏叢刻》本，半葉十一行，行二十二字，白口，四周單邊。北圖藏。○明刻《亦政堂鐫陳眉公普祕笈》本，作《陳眉公訂正茶寮記》一卷。北圖、中科院圖、復旦等藏。○民國十一年上海文明書局石印《寶顔堂祕笈》本。○明刻清順治三年宛委山堂印《說郛續》本，北圖、上圖等藏。一九八八年上海古籍出版社影印宛委山堂《說郛續》本，收入《說郛三種》。○《古今圖書集成·食貨典》收有此書。

茶約一卷　明何彬然撰　**三四四四**

兩淮鹽政採進本(總目)。○《兩淮鹽政李續呈送書目》：「《茶約》一卷，明何彬然，一本。」

別本茶經三卷　舊本題曰玉茗堂主人閲　**三四四五**

浙江鮑士恭家藏本(總目)。○臺灣「中央圖書館」藏明刻本三卷一册，正文首題「茶經卷一」，次題

「唐陸羽鴻漸撰，明玉茗堂主人閲」。半葉九行，行二十字，白口，四周單邊。卷二爲「茶經水辨」，卷三爲「茶經外集」。○臺灣「中央圖書館」又藏明宜和堂刻本三卷二册，實與前本同版，唯卷端題「唐陸羽鴻漸撰，明江夏鄭德徵君一閲，西甌陳鑾和聲訂」，封面刻「茶經酒史」、「宜和堂」，係與《酒史》同刻者。鈐「宜和堂印」、「耿大光印」、「東郡耿氏家藏」、「大光」「石鏡」（連珠印）、「澤存書庫」等印記。（參該館《善本書志初稿》）

三四四六　茶董二卷　明夏樹芳撰

浙江汪啟淑家藏本（總目）。○《浙江省第四次汪啟淑家呈送書目》：「《茶董》二卷，明夏樹芳著，一本。」○《浙江採集遺書總録》：「《茶董》二卷，刊本，明江陰夏樹芳撰。」○中國科學院圖書館藏明萬曆夏氏清遠樓刻本二卷，題「延陵夏樹芳茂卿甫輯」。半葉七行，行十六字，白口，四周單邊。有姑蘇馮時可序，雲間董其昌序，陳繼儒序，夏樹芳序。刻工：「楊同春刻。」《存目叢書》據以影印。首都圖、故宫、南圖、浙圖等亦有是刻。○明萬曆刻本二卷附《茶董補》二卷。《茶董》題「延陵夏樹芳茂卿甫輯，茸城眉公陳繼儒甫補」。《茶董補》題「茸城眉公陳繼儒采輯」。半葉七行，行十六字，白口，四周單邊。前有夏樹芳、陳繼儒、董其昌三序。北大、首都師大、上圖、重慶圖等藏。王重民《善本提要》著録。○日本寶曆八年（清乾隆二十三年）書林日野屋源七等刻本三卷一册，北京大學藏。○南開大學藏鈔本一册。○民國二年上海國學扶輪社排印《古今説部叢書》第九集本，北圖、清華、上圖等藏。

茗笈二卷　明屠本畯撰　三四四七

安徽巡撫採進本（總目）。○《浙江省第十二次呈送書目》：「《茗笈》，明屠本畯輯，一本。」○《浙江採集遺書總録》：「《茗芨》一册附《韋弦佩》不分卷，刊本，明鄞縣屠本畯輯。」○湖南圖書館藏明萬曆四十一年刻《茶書二十七種》本，半葉九行，行十八字，白口，左右雙邊。前有庚戌上巳日社弟薛岡序。又萬曆三十九年辛亥秋日晉安徐𤊹興公序云：「乃謀諸守公喻使君梓之郡齋，以廣同好。」又自序。有刻工：忠、章和、安、志、刘、工、正。《存目叢書》據以影印。南京圖書館亦有是刻。○明毛氏汲古閣刻《山居小玩》本，北圖、南圖、南大藏。○明崇禎二年毛氏汲古閣刻《群芳清玩》本，北圖、中科院圖、北大、上圖藏。○民國二十四至二十五年上海中央書店排印《國學珍本文庫》第一集《群芳清玩》本，首都圖、清華、遼圖、山東大學藏。○民國二十五年上海神州國光社排印《美術叢書》四集第四輯本。北圖、上圖等藏。

茗史二卷　明萬邦寧撰　三四四八

江蘇巡撫採進本（總目）。○南京圖書館藏清鈔本，題「明甬上萬邦寧纂」。半葉八行，行十六字，無格。前有天啟元年萬邦寧小引，《茗史評》。末有贅言。卷内玄、寧等字不避諱。《存目叢書》據以影印。

茶疏一卷　明許次紓撰　三四四九

内府藏本（總目）。○《兩淮鹽政李續呈送書目》：「《茶疏》一卷，明許次紓，一本。」○湖南圖書館藏明萬曆四十一年刻《茶書二十七種》本，正文首題「許然明茶疏」，次題「明錢唐許次紓然明著」。半葉九行，行十八字，白口，左右雙邊。前有萬曆三十五年丁未姚紹憲序。末有自跋。《存目叢書》據以影印。南京圖書館亦有是刻。○明刻《亦政堂鐫陳眉公普祕笈》本，作《陳眉公訂正許然明先生茶疏》一卷。北圖、中科院圖、復旦等藏。○民國十一年上海文明書局石印《寶顔堂祕笈》本。北圖、上圖等藏。○明刻《重訂欣賞編》本，北圖、首都圖、上圖等藏。○明刻《廣百川學海》癸集本，北圖、北大、南圖等藏。○明刻清順治三年宛委山堂印《説郛續》本，北圖、上圖等藏。一九八八年上海古籍出版社影印宛委山堂《説郛續》本，收入《説郛三種》。王毓瑚《中國農學書録》謂此係節本。○明崇禎竹嶼刻《雪堂韻史》本，清華、上圖藏。○明末刻《錦囊小史》本，北圖、南開藏。○民國元年上海國學扶輪社排印《古今説部叢書》二集本。○民國二十五年上海商務印書館據《陳眉公普祕笈》本排印，收入《叢書集成初編》。○《古今圖書集成·食貨典》收節録本。

茶史二卷　國朝劉源長撰　三四五〇

浙江汪啟淑家藏本（總目）。○《浙江省第四次汪啟淑家呈送書目》：「《茶史》二卷，國朝劉源長著，一本。」○《浙江採集遺書總録》：「《茶史》二卷，刊本，國朝淮右八十老人劉源長撰。」○北京圖書館藏清康熙十四至十七年劉謙吉刻本，《茶史》二卷，清劉源長撰，陸求可訂，《茶史補》一卷，清余懷撰，劉謙吉訂。共四册。半葉十一行，行二十字，黑口，四周雙邊。○復旦大學藏清雍正六年墨韻堂刻本。《茶史》二卷題「八十老人劉源長介社父著，男謙吉輯，曾孫乃大校，山陽陸求可密菴重訂」《茶史補》一卷題「莆陽余懷澹心父補，山陽劉謙吉六皆父訂」。半葉十一行，行二十字，黑口，四周雙邊。封面刻「墨韻堂藏板」。前有雍正六年秋七月張廷玉序，康熙十六年丁巳李仙根序，康熙十四年乙卯陸求可序。《茶史》末有男謙吉序。《茶史補》前有康熙十七年戊午劉謙吉《茶史補序》，末有劉乃大跋。鈐有「錬閑」、「吴興劉氏嘉業堂藏書記」等印記。《存目叢書》據以影印。按：張廷玉序云：「三十年來鐫本亦稍蝕，……今年秋先生之曾孫乃大重校是書，修整裝潢，請序於余。」劉乃大跋云：「先王父刻之家塾，歲久殘蝕，藏者絶少。……因急修補校刻，俾成完書。」玩其辭意，實係修補舊版重印，非重刻新版。然則《茶史》乃康熙十四年乙卯所刻，《茶史補》乃康熙十七年戊午所刻，刻書人爲劉源長之子劉謙吉。至雍正六年謙吉之子乃大修補重印，即此墨韻堂本也。南圖、福建圖、中山大學亦有是刻。○日本享和元年(清嘉慶六年)蒹葭堂刻本二卷《補》一卷共二册，北京大學、大連圖書館藏。

水品二卷　明徐獻忠撰　三四五一

浙江巡撫採進本(總目)。○《浙江省第十一次呈送書目》：「《水品全帙》二卷，明徐獻忠著，一本。」○《浙江採集遺書總録》：「《水品全秩》二卷，寫本，明知縣華亭徐獻忠撰。」○《都察院副都御史黄交出書目》：「《水品》，徐獻忠著，一本。」○明萬曆二十五年金陵荆山書林刻《夷門廣牘》本，北圖、北大、復旦等藏。民國二十九年商務印書館影印荆山書林刻《夷門廣牘》本。○湖南圖書館藏明萬曆四十一年刻《茶書二十七種》本，題「明雲間徐獻忠著」。半葉九行，行十八字，白口，左右雙邊。有嘉靖三十三年甲寅田藝蘅序，蔣灼跋。版心刻工：刘、宇、忠、志、正、四、和、俊、弟。《存目叢書》據以影印。南圖亦有是刻。〇明刻清順治三年宛委山堂印《説郛續》本，北圖、上圖等藏。一九八八年上海古籍出版社影印宛委山堂刻《説郛續》本，收入《説郛三種》。

三四五二　煮泉小品一卷　明田藝蘅撰

内府藏本（總目）。〇湖南圖書館藏明萬曆四十一年刻《茶書二十七種》本，題「明錢唐田藝蘅撰」，半葉九行，行十八字，白口，左右雙邊。前有嘉靖三十三年甲寅趙觀序，嘉靖甲寅自序，末有蔣灼跋。版心刻工：宇、忠、正。《存目叢書》據以影印。南圖亦有是刻。〇明萬曆刻《寶顔堂續祕笈》本，北圖、中科院圖、復旦等藏。〇民國十一年上海文明書局石印《寶顔堂祕笈》本。〇明萬曆四十五年刻《閒情小品》本，北大、清華、復旦等藏。〇明刻《重訂欣賞編》本，北圖、首都圖、上圖等藏。〇明末刻《錦囊小史》本，北圖、南開藏。〇明刻清順治三年宛委山堂印《説郛續》本，北圖、上圖等藏。一九八八年上海古籍出版社影印宛委山堂刻《説郛續》本，收入《説郛三種》。〇民國四年上海文明書局石印《説庫》本。北圖、上圖等藏。

三四五三　湯品無卷數　不著撰人名氏

副都御史黄登賢家藏本（總目）。〇明萬曆二十五年金陵荆山書林刻《夷門廣牘》本，作唐蘇廙撰。北圖、北大、復旦等藏。民國二十九年商務印書館影印荆山書林刻《夷門廣牘》本。〇明萬曆四十一年刻《茶書二十七種》本，作唐蘇廙撰，半葉九行，行十八字，白口，左右雙邊。南圖、湖南圖藏。

○清初刻《水邊林下》本,作《十六湯品》,無撰人。北圖、蘇州圖藏。以下各本書名、撰人同此本。○明刻清順治三年宛委山堂印《説郛》本,北圖、上圖等藏。一九八八年上海古籍出版社影印宛委山堂刻《説郛》本,收入《説郛三種》。○清據《説郛》、《説郛續》版重編印《五朝小説》本,上圖、南圖、山東大學藏。○清乾隆四庫館鈔《四庫全書·説郛》本。○民國十五年上海掃葉山房石印《五朝小説大觀》本。上圖、南圖等藏。○清乾隆五十七年挹秀軒刻《唐人説薈》本,北圖、上圖等藏。○清道光二十三年序刻《唐人説薈》本,上圖、杭大等藏。○清宣統三年上海天寶書局石印《唐人説薈》本,津圖、河南圖等藏。○民國十一年上海掃葉山房石印《唐人説薈》本,北圖、華東師大等藏。○清嘉慶十一年序刻《唐代叢書》本,北圖、中科院圖、上圖等藏。○民國元年上海國學扶輪社排印《古今説部叢書》二集本。

酒譜一卷　舊本題臨安徐炬撰　**三四五四**

内府藏本(總目)。○中國科學院圖書館藏明萬曆新安汪士賢刻《山居雜志》本,題「明臨安徐炬輯,新安汪士賢校」。半葉九行,行二十字,白口,左右雙邊。《存目叢書》據以影印。北圖、北大亦有是刻。

酒史六卷　明馮時化撰　**三四五五**

内府藏本(總目)。○首都圖書館藏明隆慶四年獨醒居士刻本,題「無懷山人編次,獨醒居士校梓」。半葉八行,行十九字,白口,四周單邊。前有隆慶四年邑人懷堂趙惟卿序。鈐「謝剛國印」、「況翁歡喜」、「百鍊盦」、「慈舟祕笈」、「老況欣賞」等印記。《存目叢書》據以影印。北圖、上圖、浙圖等亦有是刻。○明萬曆刻清康熙十四年重修本，附午橋釣叟《酒史續編》六卷。南圖、昆明師院藏。○明末刻本，附《中郎觴政》一卷。半葉九行，行二十字，白口，四周單邊。北圖藏。○明刻《亦政堂鐫陳眉公普祕笈》本一卷，北圖、中科院圖、復旦等藏。○民國十一年上海文明書局石印《寶顔堂祕笈》本。○民國二十五年商務印書館據《陳眉公普祕笈》本排印，收入《叢書集成初編》。

觴政一卷　明袁宏道撰　　**三四五六**

内府藏本(總目)。○浙江圖書館藏明萬曆三十八年刻本，半葉十行，行二十字，白口，四周單邊。前有萬曆三十六年李柷題辭云：「方子公欲重梓廣傳，屬序於余。」次袁宏道引。末有方文僎跋。《存目叢書》據以影印。南圖亦有是刻。○明刻《袁中郎集》本，北圖、上圖、清華、山東大學等藏。○明萬曆四十三年程百二、胡之衍刻《程氏叢刻》本，北圖藏。○明萬曆刻《寶顔堂續祕笈》本，北圖、中科院圖、復旦等藏。○民國十一年上海文明書局石印《寶顔堂祕笈》本。○明末刻本，與馮時化《酒史》合刻。半葉九行，行二十字，白口，四周單邊。北圖藏。○明刻《重訂欣賞編》本，北圖、首都圖、上圖等藏。○明宜和堂刻本，與《茶經》、《酒史》合刻。半葉九行，行二十字，白口，四周單邊。題「明袁宏道撰」。(見臺灣「中央圖書館」《善本書志初稿》)○明崇禎竹嶼刻《雪堂韻史》本，清華、上圖藏。○明末刻《錦囊小史》本，北圖、南開藏。○明刻《廣百川學海》本，北圖、北大等藏。○明刻清順治三年宛委山堂印《説郛續》本，北圖、上圖等藏。一九八八年上海古籍出版社影印宛委山堂刻《説郛續》本,收入《説郛三種》。○清初錢氏述古堂鈔本,與《茶録》等合一册。北圖藏。○傳録清錢氏述古堂鈔本,與《茶録》等共一册,總名《飲膳六種》。鈐「莚圃收藏」印。臺灣「中央圖書館」藏。

酒概四卷　明沈沈撰　**三四五七**

浙江巡撫採進本(總目)。○《浙江省第六次呈送書目》:「《酒概》四卷,明沈沈著,二本。」○《浙江採集遺書總録》:「《酒概》四卷,刊本,明無錫沈沈輯。」○北京圖書館藏明刻本,題「震旦醯民沈沈囦囦父輯,海陵友弟儲燠君照父、韓濤如巨源父校」。半葉九行,行二十字,白口,四周單邊。前有自序。鈐「檇李沈氏有爲堂鑑定」、「沈熊毅印」、「熊毅過目」、「同榮堂」、「思明齋」等印記。《存目叢書》據以影印。上圖亦有是刻。

酒部彙考十八卷　不著撰人名氏　**三四五八**

江蘇巡撫採進本(總目)。○《江蘇省第二次書目》:「《酒部彙考》六本。」○《江蘇採輯遺書目録》:「《酒部彙考》十九册,不著姓氏。」

疏食譜一卷　題清漳陳達叟撰　**三四五九**

内府藏本(總目)。○宋咸淳刻《百川學海》本,北京圖書館藏。○明弘治十四年無錫華珵刻《百川學海》本,北圖、北大、上圖、南圖等藏。民國十年上海博古齋影印華珵刻《百川學海》本。○明嘉靖十五年鄭氏宗文堂刻《百川學海》本,北大、上圖藏。○明鈔《百川學海》本,南圖藏。○明鈔《百川學海》本，北圖藏。○民國十六年陶湘據宋咸淳本影刻《百川學海》本。○民國二十五年商務印書館據《百川學海》咸淳本排印，收入《叢書集成初編》。按：以上各本皆作《本心齋疏食譜》。○明萬曆新安汪士賢刻《山居雜志》本，北圖、北大藏。○明刻《百川學海》重輯本，上圖、遼圖等藏。○北京圖書館藏明鈕氏世學樓鈔《説郛》本，在卷七十，書名《蔬食譜》。○民國十六年商務印書館排印張宗祥據明鈔本重校《説郛》本，在卷七十。昌彼得先生《説郛考》曰：「此本凡録蔬饌十六品，每品撰十六字贊。前有本心翁小引，卷末有識語一則。書出《百川學海》，而於每品下註文，則多所删削。」○明刻清順治三年宛委山堂印《説郛》本，北圖、上圖等藏。一九八八年上海古籍出版社影印宛委山堂《説郛》本，收入《説郛三種》。○清據《説郛》《説郛續》版重編印《五朝小説》本，上圖、南圖、南大、山東大藏。○民國十五年掃葉山房石印《五朝小説大觀》本。○清宣統三年國學扶輪社排印《古今説部叢書》四集本，北圖、上圖等藏。以上三本均名《蔬食譜》。○清嘉慶十六年張海鵬刻本，收入《借月山房彙鈔》第十二集，中科院圖、浙圖藏。書名《本心齋蔬食譜》。民國九年上海博古齋影印張海鵬刻《借月山房彙鈔》本。昌彼得先生《説郛考》曰：「借月山房本作明陳達叟則誤。」○北京圖書館藏清初錢氏述古堂鈔本。○北圖又藏清鈔本，有鄭振鐸跋，吴曉鈴輯入《西諦書跋》。○北京大學藏清鈔本，李盛鐸舊藏。

飲膳正要三卷　元和斯輝撰　三四六〇

浙江范懋柱家天一閣藏本(總目)。○《浙江省第五次范懋柱家呈送書目》：「《飲膳正要》三卷，元忽思慧著，三本。」○《浙江採集遺書總録》：「《飲膳正要》三卷，刊本，元太醫忽思慧撰。」○《兩淮商人馬裕家呈送書目》：「《飲膳正要》三卷，元忽思慧，六本。」○北京大學藏元刻本，殘存卷三。半葉十行，行二十字，白口，左右雙邊。《北京大學圖書館藏善本書録》内有書影。○北京大學藏明景泰七年内府刻本，半葉十行，行二十字，大黑口，四周雙邊。前有景泰七年四月初一日《御製飲膳正要序》云：「朕嘉是書而用之，以資攝養之助，且鋟諸梓以廣惠利于人。」次天曆三年五月朔日虞集上表，天曆三年三月三日飲膳太醫忽思慧進表。次列銜：「中奉大夫太醫院使臣耿允謙校正，奎章閣都主管事資政大夫大都留守内宰隆祥總管提調織染雜造人匠都總管府事臣張金界奴校正，資德大夫中政院使儲政院使臣拜住校正，集賢大學士銀青榮禄大夫趙國公臣常普蘭奚編集。」各卷有插圖，繪刻頗工。白綿紙印。鈐「北平謝氏藏書印」、「謝寶樹印」、「珊嶠」等印記。《存目叢書》據以影印。北圖、無錫市圖、臺灣「故宫」、臺灣史語所亦有是刻。皕宋樓藏一部，因佚去景泰御製序而誤爲元刊元印，《四部叢刊續編》據以影印。○南京圖書館藏清初鈔本三卷二册，丁氏八千卷樓舊藏，《善本書室藏書志》著録爲「影元鈔本」。多闕葉殘破。○臺灣「中央圖書館」藏鈔本三卷三册，半葉十行，行二十字。前有虞集《飲膳正要序》，忽思慧進表。鈐「莚圃收藏」印。○臺灣「故宫」藏日本傳鈔明成化刻本。

易牙遺意二卷　舊本題元韓奕撰　**三四六一**

副都御史黄登賢家藏本（總目）。○明萬曆二十五年金陵荆山書林刻《夷門廣牘》本，題「吴郡韓奕公望編次，嘉禾梅墟周履靖校」。前有周履靖敘。民國二十九年商務印書館影印荆山書林刻《夷門廣牘》本。〇上海圖書館藏明崇禎十五年鄭濂鈔《鑒賞小品》本一卷。

三四六二

飲食須知八卷　元賈銘撰

編修程晉芳家藏本（總目）。〇《浙江採集遺書總録》：「《飲食須知》二册，刊本，國朝朱泰來撰。」〇清道光十一年六安晁氏木活字印《學海類編》本，題「元海昌賈銘文鼎著」，前有華山老人自序。民國九年商務印書館影印晁氏木活字《學海類編》本。《存目叢書》又據商務本影印。〇民國二十五年商務印書館據《學海類編》本排印，收入《叢書集成初編》。

三四六三

饌史一卷　不著撰人名氏

兩淮鹽政採進本（總目）。〇《兩淮鹽政李續呈送書目》：「《饌史》等三種，元人，一册。」〇清道光十一年六安晁氏木活字印《學海類編》本，題「元撰人闕」。民國九年商務印書館影印晁氏木活字《學海類編》本。《存目叢書》又據商務本影印。〇南京圖書館藏清鈔本。

三四六四

天廚聚珍妙饌集一卷　不著撰人名氏

永樂大典本（總目）。

三四六五

居常飲饌録一卷　國朝曹寅撰

編修程晉芳家藏本（總目）。〇《提要》云：「是編以前代所傳飲膳之法彙成一編。一曰宋王灼《糖霜譜》，二、三曰宋東谿遯叟《粥品》及《粉麪品》，四曰元倪瓚《泉史》，五曰元海濱逸叟《製脯鮓法》，六曰明王叔承《釀録》,七曰明釋智舷《茗箋》,八、九曰明灌畦老叟《蔬香譜》及《製蔬品法》。」

右食譜之屬

唐昌玉蘂辨證一卷　宋周必大撰　**三四六六**

内府藏本(總目)。○《提要》云:「原載《平園集》中,此本乃毛晉摘出,刻入《津逮祕書》者也。」○《周益文忠公集》二百卷,有上海辭書出版社藏明純白齋鈔本,北京圖書館藏明祁氏淡生堂鈔本,北圖又藏黄丕烈跋明鈔本,北圖又藏清張本淵跋明鈔本,北圖又藏清金氏文瑞樓鈔本兩部,南圖藏清蔣氏西圃鈔本。又清乾隆四庫館鈔《四庫全書》本(作《文忠集》)。清道光二十八年歐陽棨瀛塘别墅刻咸豐元年續刻本。民國二十六年吉安劉氏排印《宋廬陵四忠集》本(作《周文忠公全集》)等。内有《玉蘂辨證》一卷,即此書。○明崇禎毛氏汲古閣刻《津逮祕書》第八集本。民國十一年上海博古齋影印汲古閣刻《津逮祕書》本。民國二十八年商務印書館據《津逮祕書》本影印,收入《叢書集成初編》。書名均同集本。

瓊花譜一卷　明楊端撰　**三四六七**

兩淮鹽政採進本(總目)。○《兩淮鹽政李呈送書目》:「《瓊花譜》一卷,明楊端,一本。」吴慰祖云:「原題宋杜斿撰,譌。」○《浙江省第五次范懋柱家呈送書目》:「《楊州瓊華集》三卷,明楊端輯,一本。」○《浙江採集遺書總録》:「《揚州瓊花集》二册,刊本,明四明楊端撰。」○南京圖書館藏明成化二十三年刻本,作《揚州瓊花集》三卷。半葉十行,行二十一字,黑口,四周雙邊。有成化二十三年楊端序云：「三山楊公立齋，以南臺侍御來守是郡，始屬端爲之采輯。……稿成，公適以疾告歸。端恐復漫爲故紙，勉爲倩鐫工刻梓。」知係成化二十三年楊端刻於揚州者。鈐「八千卷樓」、「善本書室」、「辛卯劫後所得」諸印記。有丁申手跋：「《附存提要》謂錢遵王衍一木字。今檢《讀書敏求記》著楊端采輯。當時館臣所見本采輯之采訛作木字，故疑爲衍耳。校誤之難如是。《留青日札》：南宋宦者陳源取瓊花孫枝接於聚八仙根上，至今流傳，杭瓊花園是也。《嘉靖仁和志》：忠清里舊名瓊花街。余實居是里，幸獲此編，偶一翻閱，覺意蕊心花都爲舒放，豈僅如枯木回春哉。同治甲子臘八日丁申記于八千卷樓。」下鈐「竹書堂」印。又丁丙跋，語意與丁申跋略同，即《善本書室藏書志》本條原稿。《存目叢書》據以影印。

天彭牡丹譜一卷　宋陸游撰　三四六八

内府藏本（總目）。〇《提要》云：「已載《渭南文集》第四十二卷，此其別行之本也。」〇《渭南文集》五十卷，有宋嘉定十三年陸子遹溧陽學宮刻本（北京圖書館藏），明弘治十五年華珵銅活字印本（北圖、南圖藏），明末毛氏汲古閣刻本（北圖、上圖藏），清乾隆四庫館鈔《四庫全書》本（所據係汲古閣本）等。《渭南文集》五十二卷，有明正德八年梁喬刻本（北圖、上圖等藏），明萬曆四十年陸夢祖刻本（北大、上圖、南圖等藏）。〇明萬曆新安汪士賢刻《山居雜志》本，北圖、北大藏。〇明刻《百川學海》重輯本，上圖、吉大、福師大藏。〇明刻清順治三年宛委山堂印《說郛》本。一九八八年上海古籍出版社影印宛委山堂《說郛》本，收入《說郛三種》。〇清乾隆四庫館鈔《四庫全書·說郛》本。

○《古今圖書集成·草木典》收入此書。○清光緒繆荃孫刻《雲自在龕叢書》本。○清宣統二年國學扶輪社排印《香豔叢書》第十集本。

亳州牡丹志一卷　不著撰人名氏　**三四六九**

江蘇巡撫採進本(總目)。○中國科學院圖書館藏明萬曆汪士賢刻《山居雜志》本,題「明新安汪士賢校」,半葉九行,行二十字,白口,左右雙邊。尾題下刻「錢塘郭志學寫」一行。《存目叢書》據以影印。北圖、北大亦有是刻。

牡丹史四卷　明薛鳳翔撰　**三四七〇**

内府藏本(總目)。○《武英殿第一次書目》:「《牡丹史》四本。」○《兩江第一次書目》:「《牡丹史》,明薛鳳翔著,二本。」○《兩淮鹽政李續呈送書目》:「《牡丹史》四卷,明薛鳳翔,二本。」○《浙江省第六次呈送書目》:「《牡丹史》四卷,明薛鳳翔著,二本。」○《浙江採集遺書總録》:「《牡丹史》四卷,刊本,明亳州薛鳳翔撰。」○蘇州圖書館藏明萬曆刻本,作《亳州牡丹史》四卷,題「郡人薛鳳翔著,同郡李文幟、李文友校」。半葉九行,行十八字,白口,四周單邊。前有焦竑序,袁中道序,萬曆四十一年癸丑鄧汝丹序,丁巳李胤華序,凡例。卷内鈐「四明盧氏抱經樓藏書記」、「楊瓚」、「在中」、「楊瓚私印」等印記。《存目叢書》據以影印。南圖、寧夏圖亦有是刻。○明刻清順治三年宛委山堂印《説郛續》内有薛鳳翔《亳州牡丹表》一卷、《牡丹八書》一卷,皆《牡丹史》之一部。○北京圖書館藏清管庭芬輯鈔《花近樓叢書》内有薛鳳翔《亳州牡丹説》一卷,亦《牡丹史》之一部。

三四七一　香雪林集二十六卷　明王思義編

浙江巡撫採進本（總目）。○《浙江省第六次呈送書目》：「《香雪林集》二十六卷，明王思義輯，四本。」○《浙江採集遺書總録》：「《香雪林集》二十六卷，刊本，明王思義輯。」○《兩淮鹽政李呈送書目》：「《香雪林集》二十六卷，明王思義，十本。」○《武英殿第二次書目》：「《香雪林集》二十本。」○北京圖書館藏明萬曆三十一年自刻本，題「香雪林主人允明王思義集」。半葉八行，行二十字，白口，四周雙邊。版心記刻工寫工：「沈元震刻」、「沈元震寫并刻」、「潘維垣寫、沈君實刻」、「沈及之寫、沈元震刻」。前有萬曆三十三年乙巳王圻序，萬曆三十一年自序。卷一、卷二梅圖，繪刻精工。王序首葉鈐「翰林院印」滿漢文大官印，猶是進呈四庫館之本。《存目叢書》據以影印。南京圖書館另藏是刻一帙，丁丙《善本書室藏書志》著録。

三四七二　蘭譜一卷　宋王貴學撰

兩江總督採進本（總目）。○《兩江第一次書目》：「《蘭譜》，宋王貴學著。《石譜》，宋杜綰著。以上二種合一本。」○北京圖書館藏明鈕氏世學樓鈔《説郛》本，在卷六十二，書名《王氏蘭譜》。○民國十六年商務印書館排印張宗祥據明鈔數本重校訂《説郛》本，在卷六十二。昌彼得先生《説郛考》曰：「今傳凡有二本，皆一卷。毛氏汲古閣刊《群芳清玩》本，凡分品第之等、灌溉之候、分析之法、泥沙之宜、愛養之地、蘭品之産六篇。書名無王氏二字，《四庫》即據其本載入《存目》。一本即此陶宗儀《説郛》本，較汲古閣本少愛養之地、蘭品之産二篇，而多紫蘭、白蘭二篇凡四十條。前有淳祐丁未葉大有序及王氏自序。」又曰：「此本紫蘭篇何首座及林仲禮二條併爲一條，中有脱文，蓋失校也。」○明毛氏汲古閣刻《山居小玩》本，北圖、南圖、南大藏。書名《王氏蘭譜》。○明崇禎二年毛氏汲古閣刻《群芳清玩》本，北圖、中科院圖、北大、上圖等藏。書名《蘭譜》。○明刻清順治三年宛委山堂印《説郛》本，在弓一百三，書名《王氏蘭譜》。一九八八年上海古籍出版社影印宛委山堂《説郛》本，收入《説郛三種》。○清宣統二年國學扶輪社排印《香豔叢書》第九集本，書名同前。○民國二十四年至二十五年上海中央書店排印《國學珍本文庫第一集·群芳清玩》本，首都圖、清華等藏。

蘭易一卷附録蘭易十二翼一卷蘭史一卷　上卷爲蘭易，一名天根易，題宋鹿亭翁撰。下卷爲蘭易十二翼，題曰蕈溪子。末爲蘭史一卷，亦題蕈溪子撰。　三四七三

浙江巡撫採進本（總目）。○《浙江採集遺書總録》：「《蘭易》二卷附《蘭史》一卷，寫本，題宋鹿亭翁著（上一卷），題明蕈溪子著（下一卷及《蘭史》）。」○中山大學藏清瑛寶鈔本二卷一册，半葉八行，行二十一字，無格。鈐「夢禪手鈔」、「别下齋藏」等印記。瑛寶字夢禪，滿洲正白旗人，大學士永貴長子，與劉墉、法式善遊，善書畫。○浙江圖書館藏清蔣氏别下齋鈔本，卷上題「宋鹿亭翁著，明蕈溪子較」，卷下題「明蕈溪子輯」，《蘭史》同卷下。半葉十一行，行二十一字，版心下印「别下齋校本」五字。《存目叢書》據以影印。○上海圖書館藏清鈔本，無《蘭史》。○民國二十三年四明張氏約園刻《四明叢書》第二集《馮侍郎遺書》本。○民國二十二年排印《藝海一勺》本。

三四七四
蓺菊志八卷　國朝陸廷燦撰

浙江鮑士恭家藏本(總目)。○《浙江省第四次鮑士恭呈送書目》:「《藝菊志》八卷,國朝陸廷燦著,四本。」○《浙江採集遺書總録》:「《蓺菊志》八卷,刊本,國朝疁城陸廷燦撰。」○中國科學院圖書館藏清康熙五十七年棣華書屋刻本,題「嘉定陸廷燦扶照氏輯」。半葉十行,行二十字,大黑口,左右雙邊。前有康熙五十七年御製《菊賦》,五十七年王復禮序。《存目叢書》據以影印。北圖、上圖、南圖等亦有是刻。○清咸豐六年丙辰宜稼堂刻本,南大藏。

三四七五
茶花譜三卷　舊本題樸静子撰

兩淮鹽政採進本(總目)。○《兩淮鹽政李續呈送書目》:「《茶花譜》一卷一本。」○北京圖書館藏清康熙五十八年刻本,題「樸静子著」。半葉九行,行十九字,白口,左右雙邊。凡《花品》一卷《總説》一卷(以上二種版心作《茶花譜》)《茶花别名詠》一卷《擬詠鐘欵茶花詩》一卷《茶花詠》一卷(以上三種版心作《茶花詠》),共一册。前有康熙五十八年己亥自序,署「題於漳署之天海山堂」。鈐「長樂鄭振鐸西諦藏書」、「長樂鄭氏藏書之印」等印記。《存目叢書》據以影印。

三四七六
永昌二芳記三卷　明張志淳撰

浙江鄭大節家藏本(總目)。○《浙江省第五次鄭大節呈送書目》:「《永昌二芳記》三卷,明張志淳著,一本。」○《浙江採集遺書總録》:「《永昌二芳記》三卷,刊本,明張志淳撰。」

瓶花譜一卷　明張謙德撰　**三四七七**

兩江總督採進本(總目)。○山西祁縣圖書館藏明萬曆刻《亦政堂鐫陳眉公家藏廣祕笈》本,作《高寄齋訂正缾花譜》一卷,題「崑山張謙德著,繡水王淑民、沈士皐校」。《存目叢書》據以影印。北圖、中科院圖、復旦等亦有是刻。○民國十一年上海文明書局石印《寶顏堂祕笈》本。○明刻《重訂欣賞編》本,北圖、首都圖、上圖等藏。○明崇禎竹嶼刻《雪堂韻史》本,清華、上圖藏。○明刻《廣百川學海》癸集本,北圖、北大等藏。○明刻清順治三年宛委山堂印《說郛續》本。一九八八年上海古籍出版影印宛委山堂《說郛續》本,收入《說郛三種》。○清管庭芬輯鈔《一瓻筆存》本,天津圖書館藏。○民國二年國學扶輪社排印《古今說部叢書》三集本。○民國二十五年上海神州國光社排印《美術叢書》二集第十輯本。○民國二十六年商務印書館據《陳眉公家藏廣祕笈》本排印,收入《叢書集成初編》。

茘支通譜十六卷　明鄧慶寀撰　**三四七八**

編修汪如藻家藏本(總目)。○《國子監學正汪交出書目》:「《閩中茘枝通譜》一本。」○《兩淮鹽政李呈送書目》:「《茘支通譜》十六卷,明鄧慶寀,五本。」○中科院圖書館藏明崇禎刻本,作《閩中茘支通譜》十六卷,題「晉安鄧慶寀道協輯,綏城吴師古啟信訂」。半葉九行,行十八字,白口,左右雙邊。前有黄居中序,崇禎二年蔡邦俊序,林古度序。蔡序云:「余友道協鄧君,宦游之餘,僑居白下,與啟信吴君共訂茘譜,……因爲廣其説以傳之。」署云「書於陪畿公署」,蓋即崇禎二年刻於金陵。鈐「明善堂覽書畫印記」等印。《存目叢書》據以影印。北圖、北大亦有是刻。

筍梅譜二卷　明釋真一撰　**三四七九**

兩淮鹽政採進本（總目）。○《兩淮鹽政李呈送書目》：「《筍梅譜》二卷，明釋真一，一本。」

澹圃芋紀一卷　明楊德周撰　趙士駿增定　**三四八〇**

兩淮鹽政採進本（總目）。○《兩淮鹽政李續呈送書目》：「《澹園芋紀》一卷，明楊德周，一本。」○《提要》云：德周「官高唐縣知縣。」按：《明史·地理志》山東東昌府高唐州：洪武初以州治高唐縣省入，領縣三：恩、夏津、武城。然則高唐縣明洪武初已省入高唐州，屬東昌府。《浙江採集遺書總録》：「《杜詩解》八卷，明高唐州知州鄞縣楊德周撰。」知係高唐州知州，非知縣也。

竹譜一卷　國朝陳鼎撰　**三四八一**

兩江總督採進本（總目）。○清康熙三十六年至四十二年詒清堂刻《昭代叢書》本，在乙集第六帙。上圖、北大等藏。○清道光十三年吴江沈氏世楷堂刻《昭代叢書》乙集第六帙本，《存目叢書》據以影印。

箋卉一卷　國朝吴菘撰　**三四八二**

安徽巡撫採進本（總目）。○清康熙三十六年至四十二年詒清堂刻《昭代叢書》本，在乙集第六帙。上圖、北大等藏。○清道光十三年吴江沈氏世楷堂刻《昭代叢書》乙集第六帙本，《存目叢書》據以影印。

苔譜六卷　國朝汪憲撰　**三四八三**

浙江巡撫採進本（總目）。○《浙江省第十一次呈送書目》：「《苔譜》六卷，國朝汪憲輯，一本。」○《浙江採集遺書總録》：「《苔譜》六卷，振綺堂寫本，國朝汪憲輯。」○北京大學藏稿本六卷一册，有乾隆乙酉夏五東軒居士汪憲序。鈐「翰林院印」滿漢文大官印，即浙江進呈振綺堂寫本。又鈐「麐嘉館印」，李盛鐸故物。《存目叢書》據以影印。

學圃雜疏一卷　明王世懋撰　**三四八四**

兩江總督採進本（總目）。○山西祁縣圖書館藏明萬曆刻《亦政堂鐫陳眉公家藏廣祕笈》本，作《高寄齋訂正學圃雜疏》一卷，題「太倉麟洲王世懋□，雲間仲醇陳繼儒、繡水白生沈孚先校」。《存目叢書》據以影印。北圖、中科院圖、復旦等亦有是刻。○民國十一年上海文明書局石印《寶顔堂祕笈》本。○明刻《廣百川學海》癸集本，北圖、南圖、浙圖等藏。○明刻清順治三年宛委山堂印《説郛續》本，在弓四十。一九八八年上海古籍出版社影印宛委山堂《説郛續》本，收入《説郛三種》。○民國二十年兩滙陳氏排印本，南大藏。○民國二十六年商務印書館據《陳眉公家藏廣祕笈》本排印，收入《叢書集成初編》。○王毓瑚《中國農學書録》云：《説郛續》本和《廣百川學海》本都是把原書割裂，分題爲《花疏》、《果疏》和《瓜蔬疏》，並不完全。

群芳譜三十卷　明王象晉撰　**三四八五**

内府藏本（總目）。○《武英殿第一次書目》：「《群芳譜》十四本。」○臺灣「中央圖書館」藏明崇禎二年刻本二十八卷十四册，正文首題「二如亭群芳譜天部卷之二」，次題「濟南王象晉藎臣甫纂輯，松江陳繼儒仲醇甫、虞山毛鳳苞子晉甫同較，寧波姚元台子雲甫、濟南男王與胤、孫士和、曾孫啟泓詮次」。半葉八行，行十八字，白口，單黑魚尾，左右雙邊。分上中下三欄，上欄鐫音釋，下欄刻訓詁。有王象晉序，毛鳳苞序，申用懋序，張溥序，方岳貢引，崇禎二年春仲朱國盛序，天啟元年辛酉王象晉跋。（參該館《善本序跋集録》、《善本書志初稿》）按：王士禛《分甘餘話》卷一：「《群芳譜》一書，先祖前浙江右布政使今皇贈經筵講官刑部尚書臣象晉所著。萬曆中，先祖官京師，爲黨人所忌，借丁巳京察謫官，家居十載，甘農圃以没齒，作爲此書，名亭曰二如以見志。後刻於虞山毛氏汲古閣，流傳已久。」即是刻也。南圖、南大、江西圖、湖南圖等亦有是刻。○明沙村草堂刻本二十九卷，北師大、山西大學、山西祁縣圖書館等藏。日本京都大學人文所漢籍目録著録沙村草堂刻本三十卷。○明末刻清虎丘禮宗書院補修本，北大藏。○書業堂古講堂刻本二十八卷，北師大藏。○清文富堂刻本三十卷，南大藏。按：以上四本與汲古閣本未知異同，姑依目録著録。

汝南圃史十二卷　明周文華撰　三四八六

浙江巡撫採進本（總目）。○《浙江省第六次呈送書目》：「《汝南圃史》十二卷，明周文華著，四本。」○《浙江採集遺書總録》：「《汝南圃史》十二卷，刊本，明吴中周文華撰。」○《兩淮鹽政李呈送書目》：「《圃史》十二卷，明周文華，六本。」○北京圖書館藏明萬曆四十八年書帶齋刻本，題「吴郡周文華含章補次」。半葉八行，行十八字，白口，左右雙邊。版心下刻「書帶齋」。前有萬曆四十八年庚申吴郡陳元素序,萬曆四十八年自序。首葉鈐「翰林院印」滿漢文大官印,又鈐「范」、「明遠」印記。《存目叢書》據以影印。上圖亦有是刻。○王重民《善本提要》著録美國國會圖書館藏明萬曆刻本十二卷十册,書題作《致富全書》,上書口刻「圃史」二字,自序則稱《汝南圃史》。題「吴郡周文華含章補次」。半葉八行,行十八字。有王元懋序,萬曆四十八年陳元素序,萬曆四十八年自序。

花史左編二十七卷　明王路撰　三四八七

江蘇巡撫採進本(總目)。○《江蘇省第二次書目》:「《花史左編》四本。」○《江蘇採輯遺書目録》:「《花史左編》二十四卷,明檇李王路著,刊本。」○《浙江省第六次呈送書目》:「《花史》二十七卷,明仲遵著,十二本。」○《浙江採集遺書總録》:「《花史》二十七卷,刊本,明嘉興仲遵撰。」○北京大學藏明萬曆四十六年緑綺軒刻本二十七卷,題「檇李仲遵王路纂修」。半葉八行,行二十字,白口,左右雙邊。前有陳繼儒序,又序,萬曆四十六年自序。末有「緑綺軒梓行」蓮龕牌子。《存目叢書》據以影印。北圖、上圖亦有是刻。○北京圖書館藏明萬曆刻本二十四卷,附《花塵》一卷題「百花主人輯」,共二十册。半葉八行,行二十字,白口,左右雙邊。中國農科院南京農學院中國農業遺産研究室亦藏是刻。○明天啟刻本二十四卷,半葉八行,行二十字,白口,左右雙邊。北大、華南農學院藏。○臺灣「中央圖書館」藏明霏玉樓刻本二十四卷,題「檇李仲遵王路纂修」。半葉八行,行二十字,白口,左右雙邊。前有戊寅春日陳繼儒《花史序》。封面刻「花史」、「晚香堂考訂灌植諸法」。鈐「霏玉樓較正無訛」、「嘉瑞堂印」、「鼎峙原板」、「南城發兑」各印。(參該館《善本書志初稿》）王重民《善本提要》載美國國會圖書館藏明崇禎刻本似即同版。此與前二本行款版式卷數同，未知版刻異同。

三四八八

花史十卷　明吴彦匡撰

内府藏本（總目）。○《武英殿第二次書目》：「《花史》六本。」○《兩淮鹽政李呈送書目》：「《花史》十卷，明吴彦匡，十本。」按：原誤胡彦匡，吴慰祖訂正。○稿本十卷十册，瑞安孫氏玉海樓藏。首葉爲吴氏手書自叙，上鈐「翰林院印」，蓋即纂修《四庫全書》時經進本也。卷一首葉鈐「海陵張氏石琴收藏善本」、「張氏文梓」、「樹伯」三印。此書僅見《四庫存目》，舊府縣志並未著録，惟選舉門舉人有其姓名而已。光緒戊寅孫琴西先生得此册於金陵，爲跋其後（《遜志齋文鈔》卷十），於著者官歷及事蹟，考證甚詳。（見《文瀾學報》民國二十六年第二卷第三第四期合刊《浙江省文獻展覽會專號》）

三四八九

花裏活三卷　明陳詩教撰

編修程晉芳家藏本（總目）。○清道光十一年六安晁氏木活字印《學海類編》本三卷《補遺》一卷，題「繡水陳詩教四可編」，前有自序。北圖、中科院圖、上圖藏。民國九年商務印書館影印晁氏木活字《學海類編》本。《存目叢書》又據商務本影印。○民國二十八年商務印書館據《學海類編》本排印，收入《叢書集成初編》。

三四九〇

倦圃蒔植記三卷　國朝曹溶撰

浙江巡撫採進本（總目）。○《浙江省第三次書目》：「《倦圃蒔植記》三卷，國朝陳曹溶著，一本。」

按：陳字衍。○《浙江採集遺書總録》：「《倦圃蒔植記》三卷，寫本，國朝侍郎秀水曹溶撰。」○上海圖書館藏清鈔本三卷《總論》二卷，題「繡水曹溶潔躬著」。半葉九行，行二十一字，無格。前有康熙甲子自序。《存目叢書》據以影印。

北墅抱甕録一卷　國朝高士奇撰　三四九一

編修程晉芳家藏本(總目)。○北京圖書館藏清康熙刻本，題「竹窓高士奇」，半葉九行，行十八字，大黑口，左右雙邊。前有康熙二十九年庚午自序。附《北墅詩紀》一卷。《存目叢書》據以影印。首都圖書館亦有是刻。○清道光十一年六安晁氏木活字印《學海類編》本，北圖、中科院圖、上圖等藏。民國九年商務印書館影印晁氏木活字《學海類編》本。○清道光十三年吴江沈氏世楷堂刻《昭代叢書》庚集埤編本，北圖、上圖等多處藏。

名花譜一卷　舊本題西湖居易主人撰　三四九二

兩淮鹽政採進本(總目)。○《兩淮鹽政李續呈送書目》：「《名花譜》一卷一本。」○南京圖書館藏清刻本，半葉七行，行二十字，白口，單魚尾，四周單邊。第三葉以前闕。《存目叢書》據以影印。

蠙衣生馬記一卷　明郭子章撰　三四九三

兩江總督採進本(總目)。○臺灣「中央圖書館」藏明萬曆栝蒼李承勛刻本，作《名馬記》二卷《續》二卷。正文首行題「蠙衣生小記」，次行題「名馬記上」。《續》卷端題「雅歌齋雜集」，係李承勳撰。《名馬記》共一百五條。《續》八十二條。有郭子章序。後有栝蒼李承勛跋云：「因請鋟是編，且爲續增八十二條，録成，祇命僭跋於後，得附不朽。」（參該館《善本序跋集録》、《善本書志初稿》）天一閣文管所亦有是刻。〇山西祁縣圖書館藏明萬曆刻《亦政堂鐫陳眉公家藏廣祕笈》本，題「泰和郭子章輯，繡水黄承玄、沈德先校」。《存目叢書》據以影印。北圖、中科院圖、復旦等亦有是刻。〇民國十一年上海文明書局石印《寶顔堂祕笈》本。〇民國二十八年商務印書館據《寶顔堂祕笈》本排印，收入《叢書集成初編》。

虎薈六卷　明陳繼儒撰 **三四九四**

内府藏本（總目）。〇復旦大學藏明萬曆刻《寶顔堂續祕笈》本，正文首題「新刻寶顔堂虎薈卷之一」，次題「華亭陳繼儒集，繡水沈德先、沈孚先校」。前有自序。《存目叢書》據以影印。北圖、中科院圖等亦有是刻。〇民國十一年上海文明書局石印《寶顔堂祕笈》本。〇民國二十五年商務印書館據《寶顔堂續祕笈》本排印，收入《叢書集成初編》。

畫眉筆談一卷　國朝陳均撰 **三四九五**

安徽巡撫採進本（總目）。〇清康熙三十六年至四十二年詒清堂刻《昭代叢書》乙集第六帙本，北大、上圖等藏。〇清道光二十九年吴江沈氏世楷堂刻《昭代叢書》别集本，《存目叢書》據以影印。

晴川蟹録四卷後録四卷　國朝孫之騄撰 **三四九六**

浙江吴玉墀家藏本（總目）。〇《浙江省第四次吴玉墀家呈送書目》：「《晴川蟹録》四卷《後蟹録》四卷，國朝孫之騄著，二本。」〇《浙江採集遺書總録》：「《晴川蟹録》四卷《後蟹録》四卷，刊本，國朝孫之騄撰。」〇浙江圖書館藏清刻《晴川八識》本，作《晴川蟹録》四卷《後録》四卷《續録》一卷，前有丙申長至姻弟沈繹祖序。《續録》係寫刻，末有「門人吴履泰校」一行。《存目叢書》據以影印。上海辭書出版社亦有是刻。又北圖、南圖、復旦有原刻本前後二録二册，當即同版。

蛇譜一卷　國朝陳鼎撰　**三四九七**

安徽巡撫採進本（總目）。〇清康熙三十六年至四十二年詒清堂刻《昭代叢書》乙集第六帙本，北大、上圖等藏。〇清道光二十九年吴江沈氏世楷堂刻《昭代叢書》别集本，《存目叢書》據以影印。

禽蟲述一卷　舊本題閩中袁達德撰　**三四九八**

浙江巡撫採進本（總目）。〇北京大學藏明萬曆新安汪士賢刻《山居雜志》本，題「閩中袁達德緝，新安汪士賢校」。半葉九行，行二十字，白口，左右雙邊。末刻「餘姚宋愷寫」五字。《存目叢書》據以影印。〇中科院西北水土保持研究所藏明鈔本。

蟲天志十卷　明沈宏正撰　**三四九九**

安徽巡撫採進本（總目）。〇《安徽省呈送書目》：「《蟲天志》四本。」〇《浙江省第四次孫仰曾家呈送書目》：「《蟲天志》十卷，明沈宏正撰，四本。」〇《浙江採集遺書總録》：「《蟲天志》十卷，刊本，明吴淞沈宏正撰。」〇《武英殿第一次書目》：「《蟲天志》四本。」〇中國科學院圖書館藏明暢閣刻本，題「吴淞非磊落氏沈弘正譔」。半葉八行，行十六字，細黑口，左右雙邊。前有楊萬里序，錢希言序，林有麟序，凡例。版心下刻「暢閣」。鈐「吕海寰印」等印記。《存目叢書》據以影印。北大、上圖、南圖等亦有是刻。○明崇禎二年序刻《廣快書》本，作一卷。北圖、中科院圖、上圖等藏。

三五〇〇　烏衣香牒四卷春駒小譜二卷　國朝陳邦彦撰

浙江巡撫採進本（總目）。○《浙江省第六次呈送書目》：「《烏衣香牒》四卷，國朝陳邦彦著，一本。《春駒小譜》二卷，國朝陳邦彦著，一本。」○北京圖書館藏清乾隆刻《養和堂叢書》本，題「匏廬道人述」。半葉十行，行二十字，黑口，左右雙邊。前有乾隆三年陳邦彦序。《存目叢書》據以影印。天津圖書館亦有是刻。北大、江西省圖僅有《春駒小譜》二卷，南圖僅有《烏衣香牒》四卷。

右草木鳥獸蟲魚之屬

四庫存目標注卷四十一

滕州　杜澤遜　撰

子部十

雜家類一

於陵子一卷　舊本題齊陳仲子撰　**三五〇一**

江蘇巡撫採進本（總目）。○《江蘇省第二次書目》：「《於陵子》一本。」○《江蘇採輯遺書目録》：「《於陵子》一册，舊題戰國齊陳仲子著，抄本。」○北京大學藏明萬曆緑天館刻本，題「上元王澍[忄尌]霑校」。半葉七行，行十六字，白口，四周單邊。版心刻「緑天館」三字。前有煬和真人序，黄姬水《陳仲子傳》。鈐「允立氏」等印記。《存目叢書》據以影印。○明萬曆刻《祕册彙函》本，北圖、津圖、川圖、南大藏。○明刻本，明徐渭評。半葉八行，行二十字，白口，四周單邊。北圖、上圖藏。○清嘉慶六年邵恩多鈔本，邵恩多跋。上圖藏。〇清劉履芬鈔本，北圖藏。〇清道光十三年王氏棠蔭館刻《廿二子全書》本，北師大、清華、上圖等藏。〇清光緒元年湖北崇文書局刻《子書百家》本，北圖、北大、復旦等藏。〇民國八年上海掃葉山房石印《百子全書》本。〇民國九年上海五鳳樓石印《子書四十八種》本。〇民國二十八年商務印書館據《祕册彙函》本影印，收入《叢書集成初編》。

天祿閣外史八卷　舊本題漢黄憲撰　三五〇二

内府藏本（總目）。〇《直隸省呈送書目》：「《天祿閣外史》二本。」〇《兩江第一次書目》：「《天祿閣外史》四本。」〇《編修勵第一次至六次交出書目》：「《天祿閣外史》四本。」〇上海圖書館藏明嘉靖二年王汝夔刻本，作《祕傳天祿閣寓言外史》，題「後漢汝南黄憲撰，宋後學韓洎贊，明守溪王鏊校，海門王汝夔刻」（按：鏊字當作鏊）。半葉九行，行二十字，上黑口，四周雙邊。前有嘉靖二年王鏊序，《先賢評外史》。卷内鈐「圖書發古香」、「吴家長物」、「芝香讀過」、「致德堂」、「蓮花博士後人」等印記。《存目叢書》據以影印。〇臺灣「中央圖書館」藏明隆慶四年崑山沈松石留春書館刻本，作《祕傳天祿閣寓言外史》，題「後漢汝南黄憲撰，宋後學韓洎贊」。半葉九行，行二十字，白口，四周單邊。前有嘉靖二年王鏊序。卷一正文前有隆慶庚午沈松石刻書識語。卷八末有雙行牌記：「皇明隆慶庚午崑山沈松石校刊於留春書館。」卷内鈐「曾經東山柳蓉邨過眼印」、「吴興劉氏嘉業堂藏書記」等印記。（參該館《善本書志初稿》）北圖亦有是刻。〇北京大學藏明隆慶六年王近山、龔龍川刻本，書名同前。題「後漢汝南黄憲撰，宋後學韓洎贊，明守溪王鏊校」。半葉九行，行二十字，白口，四周單邊。卷末題「皇明隆慶壬申金陵王近山、龔龍川仝梓」。前有嘉靖二年王鏊序。卷端有萬曆□年松石子刻書告白。（參王重民《善本提要》）臺灣中研院史語所亦有是刻。○北京圖書館藏明書林李少渠刻本，書名同前。半葉九行，行二十字，白口，四周單邊。（見北圖《善本書目》）○明萬曆二十三年葆光樓刻本，書名同前。半葉九行，行二十字，白口，四周雙邊。復旦藏。○明萬曆三十九年王澍刻本，作《重校天禄閣寓言外史》。半葉九行，行二十字，白口，四周單邊。北師大、上圖、南圖藏。○明萬曆四十八年尹應祥刻本，作《祕傳天禄閣寓言外史》。半葉九行，行二十字，黑口。重慶市圖藏。○明朱養純花齋刻本，書名同前。題「漢汝南黃憲撰，宋後學韓泊贊，明姑蘇王鏊評，明西湖沈鼎新自玉、朱養純元一參評，朱養和元冲輯訂」。半葉九行，行二十字，白口，四周單邊。版心下刻「花齋藏板」。有王鏊序，隆慶庚午沈松石跋。南圖、浙圖、中國社科院文學所、臺灣中央圖書館等藏。○明刻本，書名同前。半葉九行，行二十字，白口，四周雙邊。北大、浙圖、江西圖等藏。○明刻本，作《天禄閣外史》。半葉九行，行二十字，白口，左右雙邊。北大、上圖、山東圖、山東大學等藏。○明銅活字印本，書名同前。半葉九行，行二十字，白口。上圖藏。○明鈔本，書名同前。上圖藏。○明萬曆金閶擁萬堂刻鍾惺編《祕書九種》本。北師大、桂林圖藏。○明刻《廣漢魏叢書》本，北圖、上圖、復旦、津圖等藏。○清嘉慶刻《廣漢魏叢書》本，北師大、上圖等藏。○清乾隆五十六年金谿王氏刻《增訂漢魏叢書》本，北圖、上圖等多處藏。○清光緒二年紅杏山房刻民國四年補修印《增訂漢魏叢書》本，北圖、上圖等藏。○清光緒六年三餘堂刻《增訂漢魏叢書》本,北圖、南圖、川大等藏。〇明崇禎十五年采隱山居刻《增訂漢魏六朝别解》本,作一卷。中科院圖、武大藏。〇民國二十五年商務印書館據金谿王氏刻《增訂漢魏叢書》本排印,收入《叢書集成初編》。

化書新聲無卷數　明王清一撰　**三五〇三**

浙江巡撫採進本(總目)。〇《浙江省第十次呈送書目》:「《化書新聲》六卷,明王一清注,二本。」〇北京大學藏明萬曆刻《四經》本,作七卷,題「晉紫霄真人譚景昇著,明體物子王一清註」。半葉九行,行二十四字,黑口,四周單邊。有萬曆二十五年丁酉吳之鵬序,萬曆二十二年甲午王一清序。鈐有「南樵」、「蔣玄蒲字寱因號南樵」等印記。《存目叢書》據以影印。中科院圖書館藏是刻殘存卷一至六。按:注者王一清《總目》誤作王清一。

心傳録三卷日新録一卷　宋于恕編　**三五〇四**

兩江總督採進本(總目)。〇上海圖書館藏宋刻宋端平二年黄壯猷重修《諸儒鳴道》本,僅《横浦日新》二卷。半葉十二行,行二十一字,白口,左右雙邊,有刻工。〇北京圖書館藏清初商邱宋氏榮光樓據宋本鈔《諸儒鳴道》本,亦僅《横浦日新》二卷。半葉十二行,行二十一字,藍格,白口,左右雙邊。按:傅增湘《藏園群書經眼録》云:「卷中慎、完、貞字皆缺末筆,是出於宋刻之證。頃以明本《横浦日新》校之,上卷春秋條後脱文至五百字,咸賴此本補完。」〇上海圖書館藏明沈氏野竹齋鈔本,作《無垢張狀元心傳録》十二卷,明錢允治、清朱之赤題款。傅增湘謂此本題「皇朝太師崇國文忠公臨安府鹽官張九成撰」，半葉十四行，行二十五字。卷十一後有「野竹家校宋刻本摹」墨書一行，當爲沈氏影寫宋刊。末葉有「萬曆甲寅六月九日，是日初伏熱甚，泛閱於南宮坊之新居」朱書一行。其下有「後七十四年歲在丁卯後學朱之赤校於吴趨里之寶祝堂，時清明後之十二日也」墨書一行。鈐有「沈與文印」、「姑餘山人沈辨之家藏」、「朱之赤印」、「道行仙」、「聖之徒」、「寒士精神」、「休寧朱之赤珍藏圖書」、「沈聖岐印」、「金氏孺化」、「吴郡金庚」、「雅游軒」、「揚庭」、「平江黄氏圖書」、「吴趨姚紫垣藏」各印。于恕序後有「功甫」白文印，字亦秀雋，疑爲功甫手蹟。此書爲張菊生前輩所藏，横浦後裔也。（見《藏園群書經眼録》）按張元濟《涉園序跋集録·横浦文集》云：「余近又收得明鈔本《無垢張狀元心傳録》，以校吴刻，字句多有異同，且析爲十二卷。卷九並題『自《謝遜志學説》後爲于憲所編』，此爲吴刻所不載。次行結銜爲『皇朝太師崇國文忠公』，是必自宋本出。先後爲錢叔寶父子、沈辨之、朱卧庵、黄蕘圃諸家所藏，朱氏復加點校，頗多是正。惜僅存此一種。」即謂此本。○明萬曆四十二年吴惟明刻《横浦先生文集》附刻本，作《無垢先生横浦心傳録》三卷《横浦日新》一卷。北京師大藏本題「甥于恕編，後學吴惟明校刊」，半葉十行，行二十字，白口，左右雙邊。前有淳熙元年于恕序。鈐「鐵琴銅劍樓」印記。《存目叢書》據以影印。上圖藏是刻有張元濟、傅增湘跋。北大、清華、中科院圖亦有是刻。民國十四年張元濟影印明萬曆四十二年吴惟明刻《横浦先生文集》亦附此二種。○明萬曆四十三年方士騏刻《重刊横浦先生文集》附刻本，作《重刊無垢先生横浦心傳録》三卷《横浦日新》一卷，半葉十行，行二十字，白口，左右雙邊。題「後學方士騏校刊」。

北圖、北大、北師大、南圖藏。山東省圖有單本二種四册,海源閣物。○《藏園訂補郘亭知見傳本書目》:「《横浦心傳録》三卷附一卷,宋張九成撰,于恕編,舊寫本,有西堂藏印,盧址抱經樓遺書。」

經鉏堂雜志八卷　宋倪思撰　三五〇五

江西巡撫採進本(總目)。○《兩江第一次書目》:「《經鉏堂雜誌》,宋倪思著,抄本,四本。」○《兩淮鹽政李呈送書目》:「《經鉏堂雜志》八卷,宋倪思,四本。」○《浙江省第一次書目》:「《經鉏堂雜志》八卷,宋倪思著,二本。」○《浙江採集遺書總録》:「《經鋤堂雜誌》八卷,刊本,宋寶文閣學士歸安倪思撰。」○《編修勵第一次至六次交出書目》:「《經鋤堂雜志》,宋倪思撰,四本。」○《武英殿第二次書目》:「《經鉏堂雜志》四本。」○北京圖書館藏明嘉靖四十二年至四十三年姚咨鈔本,作《經鉏堂雜誌》八卷二册,半葉十行,行二十二字,竹紙,藍格,白口,四周單邊。版心下印「茶夢齋鈔」四字。卷末有「嘉靖甲子五月廿三日寫起至八月二十四日□□□□下册,噫,難乎其爲力哉」一行。又有「臨安府棚北大街睦親坊巷口陳解元宅書籍鋪刊印」一行。又清韓應陛跋。周叔弢舊藏。《藏園群書經眼録》著録。○北京圖書館藏明穴硯齋鈔本八卷三册,半葉十二行,行二十字,黑格,白口,四周單邊。翁斌孫舊藏。○南京圖書館藏明萬曆二十八年潘大復刻本,題「宋雪川倪思正父」。半葉九行,行二十字,白口,四周單邊。前有萬曆二十八年庚子潘大復刻書序,末署「書于雍陽官署」。後有天啟元年潘振跋,係補刻。卷一卷二卷四卷五卷六首葉版心下刻「吴興張輅校刻」。鈐「丁氏八千卷樓藏書記」、「善本書室」等印記。《善本書室藏書志》著録。《存目叢書》據以影印。

北圖、北大等亦有是刻。○明萬曆三十年新都金有華刻本，題「宋倪思著，明金有華校」。半葉九行，行二十字，白口，四周單邊。有萬曆庚子潘大復序，金有華跋。北圖、上圖、南圖等藏。○明末刻《居家必備》卷二《懿訓》内有《經鋤襍誌》。北圖、遼圖藏。○明刻清順治三年宛委山堂印《説郛》本，在弓七十五。一九八八年上海古籍出版社影印宛委山堂《説郛》本，收入《説郛三種》。○北京圖書館藏清田叀鈔本八卷四册，半葉十三行，行二十四字，白口，左右雙邊。有潘大復序，潘振跋。卷末有「穽曲田叀手鈔」六字。鈐「長洲顧氏藏書」、「湘舟過眼」、「景陸軒」、「杏莊」、「花曉齋圖書印」、「古吳鹿城楊氏景陸軒珍藏圖書之印」等印記。《藏園群書經眼録》著録。○首都圖書館藏清乾隆朱錫庚鈔本。○涵芬樓藏清王宗炎十萬卷樓鈔本，存卷一至四。半葉十一行，行二十字。（見《藏園群書經眼録》）○臺灣「中央圖書館」藏舊鈔本八卷四册，半葉十行，行二十字，黑口，左右雙邊。有潘大復序。鈐「揚州阮氏琅嬛僊館藏書印」、「文選樓」、「澤存書庫」等印記。（見該館《善本書志初稿》）

善誘文一卷　宋陳録撰　　**三五〇六**

内府藏本（總目）。○北京圖書館藏宋刻《百川學海》本。○民國十六年武進陶湘影刻宋刊《百川學海》本。○明弘治十四年華珵刻《百川學海》本，北圖、北大、上圖、山東大學等藏。民國十年上海博古齋影印華珵刻《百川學海》本。○明嘉靖十五年鄭氏宗文堂刻《百川學海》本，北大、北圖藏。○明鈔《百川學海》本，北圖、南圖各一部。○陝西韓城文化館藏明鈔本。○北京圖書館藏明鈕氏世學樓鈔《説郛》本，在卷六十九。○上海圖書館藏明鈔《説郛》本，在卷六十九。○北京圖書館藏明滹南書舍鈔《説郛》本。又藏兩明鈔《説郛》本。〇民國十六年商務印書館排印張宗祥據明鈔數本重校定《説郛》本。昌彼得先生《説郛考》曰:「傳者有《百川學海》、《叢書集成》兩本,全一卷卅四篇。明末重編《百川學海》及重編《説郛》卷七三兩本,則删脱十九篇及木石居士虞舜徒跋,而非完帙。此本僅摘録八篇云。」〇明刻重輯《百川學海》本,上圖、福師大、遼圖、吉大藏。〇明刻清順治三年宛委山堂印《説郛》本,北圖、上圖等藏。〇民國二十五年商務印書館據宋刊《百川學海》本排印,收入《叢書集成初編》。

樵談一卷　舊本題宋許棐撰　三五〇七

編修程晉芳家藏本(總目)。〇北京圖書館藏宋刻《百川學海·獻醜集》本。〇民國十六年陶湘影刻宋刊《百川學海·獻醜集》本。〇明弘治十四年華珵刻《百川學海·獻醜集》本,北圖、北大、上圖、山東大學等藏。民國十年上海博古齋影印華珵刻《百川學海》本。〇明嘉靖十五年鄭氏宗文堂刻《百川學海·獻醜集》本,北圖、北大藏。〇明鈔《百川學海·獻醜集》本,南圖藏。〇民國二十五年商務印書館據宋刻《百川學海》本排印《獻醜集》本,收入《叢書集成初編》。〇北京圖書館藏明鈕氏世學樓鈔《説郛》本,在卷八十。〇北京圖書館藏明滹南書舍鈔《説郛》本。〇浙江瑞安縣玉海樓藏明鈔《説郛》本。〇民國十六年商務印書館排印張宗祥據明鈔本重校定《説郛》本,在卷八十。〇明天啟三年樊維城刻《鹽邑志林》本,北圖、上圖、南圖等藏。民國二十六年商務印書館影印樊維城刻《鹽邑志林》本。〇民國二十五年商務印書館據《鹽邑志林》本排印,收入《叢書集成初編》。〇清道光十一年六安晁氏木活字印《學海類編》本，北圖、上圖等藏。民國九年商務印書館影印晁氏木活字《學海類編》本。○《提要》云：「核其詞氣，如出屠隆、陳繼儒一輩人口，殊不類宋人之作。」澤遜按：南宋咸淳刻《百川學海》所收許棐《獻醜集》内有《樵談》三十則，時去許棐作《獻醜集》自序之南宋嘉熙元年丁酉約三十年，館臣疑爲明末人僞造，殊不足信。

几上語一卷枕上語一卷　宋施清臣撰　**三五〇八**

兩淮鹽政採進本（總目）。○《兩淮鹽政李續呈送書目》：「《几上語》一卷《枕上語》一册，宋施清臣，一本。」○《江蘇採輯遺書目録》：「《東洲几上語》一卷，宋赤城施清臣著。《東洲枕上語》一卷，前人著。」○揚州市圖書館藏清鈔本，作《東洲几上語》一卷《東洲枕上語》一卷，題「赤城散吏施清臣述」。半葉九行，行二十字，無格。無序跋。首葉鈐「翰林院印」滿漢文大官印，猶是進呈四庫館原本。《存目叢書》據以影印。○臺灣「中央圖書館」藏舊鈔本一册，書名題署同前本。半葉十行，行二十四字，黑格，白口，四周單邊。《東洲几上語》前有淳祐四年甲辰自序。《東洲枕上語》前有淳祐五年乙巳人日小序。卷首有沈曾植手記：「丁氏持静齋藏書，宣統壬子九月得之滬上。寐叟。」下鈐「寐翁」朱文方印。卷内又鈐「海日樓」、「植」等印記。（見該館《善本書志初稿》）○民國十四年商務印書館排印本，收入《涵芬樓祕笈》第七集。

千古功名鏡十二卷拾遺一卷　宋吴大有撰　**三五〇九**

浙江范懋柱家天一閣藏本（總目）。○《浙江省第五次范懋柱家呈送書目》：「《千古功名鏡》十三卷，宋吴大有著，二本。」○《浙江採集遺書總録》：「《千古功名鏡》十三卷，寫本，宋嵊縣吴大有撰。」○《兩淮鹽政李續呈送書目》：「《千古功名鏡》十三卷，宋吴大有，二本。」○上海圖書館藏明鈔本，題「瑞鰲吴大有勉道編」。半葉十一行，行字不等，藍格，白口，四周單邊。前有目録，目録首有小序。卷十三爲《拾遺》。首葉鈐「翰林院印」滿漢文大官印，是進呈四庫館之本。卷前有徐乃昌隸書識語：「明藍格鈔本千古功名鏡十二卷拾遺一卷，仲炤先生世守祕笈。徐乃昌題。」下鈐「徐乃昌印」小印。又某氏過録四庫提要本條。卷内又鈐「韓氏藏書」、「玉雨堂印」、「徐乃昌讀」等印記。《存目叢書》據以影印。○北京大學藏清鈔本十三卷二册，四庫進呈本。李盛鐸舊藏。○首都圖書館藏清寶芸齋鈔本。

厚德録四卷　宋李元綱撰　三五一〇

内府藏本（總目）。○北京圖書館藏宋刻《百川學海》本。○民國十六年陶湘影刻宋刊《百川學海》本，題「百鍊真隱李元綱編」，半葉十二行，行二十字，黑口，四周單邊。《存目叢書》據以影印。○明弘治十四年華珵刻《百川學海》本，北圖、北大、上圖等藏。民國十年上海博古齋影印華珵刻《百川學海》本。○明嘉靖十五年鄭氏宗文堂刻《百川學海》本，北圖、北大藏。○明鈔《百川學海》本，北圖、南圖各一部。○民國二十八年商務印書館據宋刊《百川學海》本排印，收入《叢書集成初編》。○北京圖書館藏明鈕氏世學樓鈔《説郛》本，在卷九十四。○民國十六年商務印書館排印張宗祥據明鈔本重校定《説郛》本，在卷九十四。昌彼得先生《説郛考》曰：「全書四卷，凡二百六條，今傳有

《百川學海》、《稗海》、《叢書集成》諸本。此本亦係全録，唯於監察御史沈畸以釋冤獄得罪流落以死條後所附建炎、紹興間追贈訓詞，此本改作正文。又丁謂有長者言條首，此本增『故事以』三字異耳。《歷代小史》、《續百川學海》、重編《説郛》卷七十、《青照堂叢書》諸本皆僅删節一卷七十四條，則非完書。」○明萬曆二十四年忠恕堂刻《由醇録》本，北圖藏。○明萬曆商氏半埜堂刻《稗海》本，北大、中科院圖、復旦、南圖等藏。北圖有單本，傅增湘校並跋。○清康熙振鷺堂重編補刻萬曆刊《稗海》本。北圖、中科院圖、上圖等藏。○清乾隆李孝源重訂修補萬曆刻《稗海》本，北圖、華東師大、福建師大藏。○明刻《續百川學海》本一卷，北圖、浙圖等藏。○明刻《歷代小史》本一卷，北圖、上圖等藏。○明刻清順治三年宛委山堂印《説郛》本一卷。○清道光十五年刻《青照堂叢書》本一卷，北圖、北大、上圖等藏。○民國上海進步書局石印《筆記小説大觀》本四卷。

樂善録二卷　宋李昌齡撰　　**三五一一**

内府藏本（總目）。○日本東洋文庫藏宋紹定二年新安汪統會稽郡齋刻本十卷。民國二十四年商務印書館據以影印，收入《續古逸叢書》。是本題「李昌齡編」，半葉九行，行十八字，白口，左右雙邊。版心記刻工：文、源、濟、永、才、宗、澄、定、泉。前有隆興甲申七夕日蒙埜何榮孫序，隆興二年十月日陳郡胡晉臣跋，淳熙二年正月初三日運使李太博詩。末有紹定二年三月望日郡人趙汝謎跋。次刻書題記四行：「右樂善録十卷，卷各彙分其事，深有益於世教，比游蜀都，得此本，常以自隨。兹刻梓于會稽郡齋，用廣其傳云。紹定二年三月既望新安汪統仲宗。」《存目叢書》又據《續古逸叢書》本影印。按：此係足本，傳世其餘各本皆節本也。○明鈕氏世學樓鈔《説郛》本，北圖藏。○明弘農楊氏鈔《説郛》本，上圖藏。○明鈔《説郛》本，北圖藏。○民國十六年商務印書館排印張宗祥據明鈔數本重校定《説郛》本。以上《説郛》本均一卷，在卷九十八。昌彼得先生《説郛考》曰「凡録十條」。○明萬曆會稽商氏半埜堂刻《稗海》本二卷，北大、南圖等藏。○清康熙振鷺堂重編補刻萬曆刊《稗海》本。北圖、上圖等藏。○清乾隆李孝源重訂修補萬曆刊《稗海》本，北圖、華東師大、福建師大藏。昌彼得先生《説郛考》云：此本僅六十八條。○清初刻《水邊林下》本一卷，北圖、蘇州圖藏。○明萬曆刻《稗乘》本，作《樂善録略》一卷，北圖、中科院圖藏。昌彼得先生謂此本從明鈔《説郛》本出。○又有明刻《續百川學海》、明刻清順治三年宛委山堂印《説郛》兩本，均一卷。昌彼得先生曰：「核其文，實即黄光大《積善録》之文而誤題，非此書也。」

西疇常言一卷　宋何坦撰　三五一二

内府藏本（總目）。○宋刻《百川學海》本，作《西疇老人常言》，北圖藏。○民國十六年陶湘影刻宋刊《百川學海》本。○明弘治十四年華珵刻《百川學海》本。北圖、上圖等藏。民國十年上海博古齋影印華珵刻《百川學海》本。○明嘉靖十五年鄭氏宗文堂刻《百川學海》本。北圖、北大藏。○明鈔《百川學海》本，北圖、南圖各一部。○民國二十五年商務印書館據宋刊《百川學海》本排印，收入《叢書集成初編》。○明鈕氏世學樓鈔《説郛》本，北圖藏。○明滹南書舍鈔《説郛》本，北圖藏。○明鈔《説郛》本，北圖、上圖、瑞安玉海樓各藏一部。○民國十六年商務印書館排印張宗祥據明鈔數本重校定《説郛》本。以上《説郛》本均在卷七十九。昌彼得先生《説郛考》曰：「全書凡九篇一百一十條，今傳有《百川學海》、明末重編《百川學海》、重編《説郛》卷八、《叢書集成》諸本。重編《百川》及重編《説郛》本評古篇第九條少『先儒論』三字，著者作何垣，頗有譌脱。此本僅摘録四十六條。」○廣州市文管處藏明鈔本，作《西疇老人常言》，題「宋盱江何垣著，何士鑨閲」。半葉八行，行二十字。鈐「慕晨審定」、「足廬珍藏書畫金石印」等印記。○明刻重輯《百川學海》本，上圖藏。○明刻清順治三年宛委山堂印《説郛》本。

東谷所見一卷　宋李之彦撰　三五一三

内府藏本（總目）。○宋刻《百川學海》本，北圖藏。○民國十六年陶湘影刻宋刊《百川學海》本。○明弘治十四年華珵刻《百川學海》本，北圖、上圖等藏。民國十年上海博古齋影印華珵刻《百川學海》本。○明嘉靖十五年鄭氏宗文堂刻《百川學海》本，北圖、北大藏。○明鈔《百川學海》本，北圖、南圖各一部。○明鈕氏世學樓鈔《説郛》本，北圖藏。○明鈔《説郛》本，北圖藏。○明溥南書舍鈔《説郛》本，北圖藏。○明鈔《説郛》本，上圖藏。○民國十六年商務印書館排印張宗祥據明鈔數本重校定《説郛》本。以上《説郛》本均在卷七十七。昌彼得先生《説郛考》曰：「全書凡三十條，《四庫提要》謂十三則，蓋傳寫之誤。今傳有《百川學海》、重編《百川學海》、重編《説郛》卷七十三、《五朝小説》諸本。此本則僅摘録十九條及咸淳戊辰自序。」○明刻《百川學海》重輯本，上圖藏。○明刻清順治三年宛委山堂印《説郛》本，北圖、上圖等藏。○清據《説郛》《説郛續》刊版重編印《五朝小説》本。上圖、南圖、南大、山東大學藏。○民國十五年上海掃葉山房石印《五朝小説大觀》本。○清道光十一年六安晁氏木活字印《學海類編》本,作《東谷隨筆》一卷。北圖、中科院圖等藏。民國九年商務印書館影印晁氏木活字《學海類編》本。

鳴道集説一卷　舊本題金李之純撰　**三五一四**

永樂大典本(總目)。○原北平圖書館藏明鈔本,作《屏山李先生鳴道集》五卷一册。題「屏山李純甫之純述」。半葉十二行,行二十三字。前有湛然居士移剌楚才甲午年序。鈐「抱經樓」、「延古堂李氏珍藏」等印記。(見王重民《善本提要》)今存臺北「故宫博物院」。○臺灣「中央圖書館」藏鈔本,作《屏山李先生鳴道集説》三卷二册。題「屏山居士李之純純甫述」。半葉九行,行二十字。前有至正十七年黄溍序,甲午冬十月湛然居士移剌楚材真卿序,李之純自序,鳴道諸儒姓氏,鳴道遺説,諸儒鳴道集總目。鈐「莚圃收藏」印。(見該館《善本書志初稿》)

中説三卷　元敖剎撰　**三五一五**

永樂大典本(總目)。

學問要編六卷　元劉君賢撰　**三五一六**

浙江巡撫採進本(總目)。○《浙江省第八次呈送書目》:「《學問要編》六卷,元劉君賢著,二本。」○《浙江採集遺書總録》:「《學問要編》六卷,刊本,元贛州劉君賢撰。」○《提要》云:「是書初名《雩昌集》,應桂序稱:自元及明僅有寫本,藏其後裔家,康熙庚辰雩都縣知縣盧某始爲刊行。」

三五一七

盧得集四卷附録二卷　元華悰韡撰

浙江巡撫採進本(總目)。○《江蘇省第一次書目》:「《盧得集》一本。」○《江蘇採輯遺書目録》:「《盧得集》四卷《附録》二卷,明無錫華悰韡著,刊本。」○中國科學院圖書館藏明嘉靖十一年華從智刻本,半葉十一行,行二十字,白口。每半葉一框,四周雙邊。前有成化辛丑劉珝序,洪武三十一年錢仲益序,永樂十一年趙友同撰傳,後有永樂乙酉劉據跋,正統元年沈粲跋,正統十三年項伾跋,成化七年彭華跋。末有「嘉靖壬辰裔孫從智重刊」一行。鈐「華潢之印」印記。《存目叢書》據以影印。○臺灣「中央圖書館」藏明萬曆四十二年華繼祥刻本,半葉十行,行十九字。每半葉一框,四周雙邊。版心白口。前有萬曆四十二年甲寅孟夏高攀龍《重刻盧得集序》,次劉珝、錢仲益序,趙友同《傳》,吴郡陳鎰《貞固華先生墓表》。末有劉據、沈粲、項伾、彭華跋。卷末又有刻書記二行:「萬曆四十二年甲寅歲仲夏八世孫繼祥重刊,里人施繼封書、何之清刻。」(見該館《善本書志初稿》)北圖、上圖、南圖、復旦亦有是刻。○清同治十一年刻本,上圖、復旦藏。○民國十六年武進陶氏影刻明嘉靖十一年刊本,版心改黑口,每版一框。前有牌記:「丁卯季夏涉園刊。」後有丙寅八月無錫楊壽枏跋云:「丙寅七月江安傅沅叔同年得之都門以贈,蓋明嘉靖庚辰裔孫從智所從刊也。」又云:「武進陶子蘭泉從余假讀,謂足以翼世摩俗,影録付梓。屬爲校勘,因考而記之。」此本收入《託跋廛叢刻》,傳本甚多。

三五一八

郁離子二卷　明劉基撰

内府藏本(總目)。○《提要》云:「是書原本十卷,分十八篇一百九十五條。今止二卷,蓋後人所併也。」又云：「已附載《誠意伯集》中，此蓋其别行之本。」〇臺灣「中央圖書館」藏明洪武十九年家刻本十卷二册，正文首題「郁離子卷之一」，半葉十一行，行二十一字，黑口，雙黑魚尾，四周雙邊。文多漫漶。前有翰林國史院編修官吴從善序云：「故御史中丞龍泉章公雖已刊置鄉塾，然未盛行於世。先生之子仲璟與其兄之子廌，謀重刻以傳。」又洪武十九年十一月門生杭州府儒學教授天台徐一夔序云：「今公已薨，其子仲璟懼其散軼，以一夔於公有相從之好，俾爲之序。」卷内鈐「鐵琴銅劍樓」印記。（見該館《善本序跋集録》、《善本書志初稿》）〇明刻本十卷，半葉十一行，行二十一字，黑口，四周雙邊。北大、湖南圖藏。北大《古籍善本書目》著録爲「明弘治刻本」，四册，李盛鐸舊藏。王重民《善本提要》亦著録，謂爲成弘間或稍前刻本。序文同臺灣「中央圖書館」藏本。按：此與前本書名卷數及行款版式同，未知是否一版。〇明成化六年戴用、張僖刻《誠意伯劉先生文集》本三卷，半葉十一行，行二十一字，黑口，四周雙邊。北圖、上圖、山東博物館、大連圖藏。〇明刻《誠意伯劉先生文集》本三卷，半葉十一行，行二十一字，黑口，四周雙邊。上圖藏。〇明正德十四年林富刻《誠意伯劉先生文集》本，在卷二至四，題「處州府知府林富重編」。半葉十一行，行二十一字，黑口，四周雙邊。北大、復旦、福建圖藏。是刻有嘉靖七年方遠宜增修本，中央民大、上圖、吉大、湖南圖、湖南師大、重慶圖藏。〇明嘉靖三十五年樊獻科、于德昌刻《太師誠意伯劉文成公集》本三卷，半葉十行，行二十三字，白口，四周雙邊。北圖、上圖、南圖、浙圖等藏。是刻有萬曆重修印本，吉林省圖、西北師大藏。〇明隆慶六年謝廷傑、陳烈刻《太師誠意伯劉文成公集》本三卷，半葉十行，行二十三字，白口，四周雙邊。北圖、遼圖、津圖、山東圖等藏。○清乾隆四庫館鈔《四庫全書·誠意伯文集》本。○明嘉靖三十五年何鏜刻《劉宋二子》本二卷，半葉十行，行二十字，白口，左右雙邊。北圖、南圖、湖南圖藏。○明萬曆楊瑞刻《括蒼二子》本二卷，題「郡後學文林郎楊瑞校梓」，半葉十行，行二十一字。北圖藏。原北平圖書館藏一部現存臺北「故宫」。北大有單本。○明萬曆刻本二卷，半葉九行，行二十字，白口，四周雙邊。中國社科院歷史所藏。○明刻本，作《誠意伯文誠公郁離子》二卷，半葉十二行，行二十二字，白口，四周雙邊。上圖藏。○明嘉靖三十三年鄭梓刻《明世學山》本，作《郁離子微》一卷，北圖藏。○明萬曆刻《百陵學山》本，書名卷數同前。北圖、上圖等藏。○明刻清順治三年宛委山堂印《説郛續》本，書名卷數同前。北圖、上圖等藏。○明天啟六年序刻《諸子彙函》本不分卷，明歸有光輯評。北圖、上圖、南圖等藏。○清嘉慶十年張海鵬刻《學津討原》本，北圖、上圖、南圖等藏。○清同治中番禺李氏鈔《反約編》本，福建師大藏。○清同治間真州張氏廣州刻民國二年重修印《榕園全書》本，北圖、上圖、南圖等藏。以上三本均二卷。○清道光十一年晁氏木活字印《學海類編》本，北圖、中科院圖等藏。民國九年商務印書館影印《學海類編》本。○清光緒元年崇文書局刻《子書百家》本，北圖、北大、山東大等藏。○民國八年掃葉山房石印《百子全書》本。○民國九年上海五鳳樓石印《子書四十八種》本。以上四本均一卷。

青巖叢録一卷　明王禕撰　**三五一九**

編修程晉芳家藏本（總目）。○明嘉靖三十三年鄭梓刻《明世學山》本，北圖藏。○明萬曆刻《百陵學山》本，北圖、上圖等藏。民國二十七年商務印書館影印萬曆刻《百陵學山》本。〇明刻清順治三年宛委山堂印《説郛續》本，北圖、上圖等藏。一九八八年上海古籍出版社影印宛委山堂《説郛續》本，收入《説郛三種》。〇清據《説郛》、《説郛續》刊版重編印《五朝小説》本，上圖、南圖、南大、山東大藏。〇民國十五年上海掃葉山房石印《五朝小説大觀》本。〇清道光十一年六安晁氏木活字印《學海類編》本，北圖、上圖、南圖等藏。民國九年商務印書館影印晁氏木活字《學海類編》本。〇清道光三十年金山錢氏刻《藝海珠塵》癸集本，北圖、上圖等多處藏。〇清同治九年永康胡氏退補齋刻本，收入《金華叢書》子部。〇清張作楠輯鈔《翠微山房叢書》本，金華市圖藏。〇《提要》云：「已見褘本集，曹溶《學海類編》摘出别行，併别立此名。」按：嘉靖刊《明世學山》已有此種此名，顯非曹溶所爲，《提要》失考。

華川巵辭一卷　明王褘撰　　三五二〇

編修程晉芳家藏本(總目)。〇明嘉靖三十三年鄭梓刻《明世學山》本，北圖藏。〇明萬曆刻《百陵學山》本，北圖、上圖等藏。民國二十七年商務印書館影印萬曆刻《百陵學山》本。〇明刻清順治三年宛委山堂印《説郛續》本，北圖、上圖等藏。一九八八年上海古籍出版社影印宛委山堂《説郛續》本，收入《説郛三種》。〇清道光十一年六安晁氏木活字印《學海類編》本，北圖、上圖、南圖等藏。民國九年商務印書館影印晁氏木活字《學海類編》本。〇清乾隆綿州李氏刻嘉慶十四年重校印《函海》本，作《巵辭》一卷。北圖、上圖等藏。〇清道光五年補刻印《函海》本，北圖、上圖等藏。〇光緒七年至八年鍾登甲刻《函海》本，北圖、上圖等藏。○民國二十八年商務印書館據《函海》本排印，收入《叢書集成初編》。○清同治八年永康胡氏退補齋刻本，收入《金華叢書》子部。○清張作楠輯鈔《翠微山房叢書》本，金華市圖藏。○《提要》云：「亦載禕本集中，曹溶摘出別行，華川二字亦溶所加也。」按：嘉靖刊《明世學山》已有此種此名，自非曹溶所爲。館臣於曹溶《學海類編》每有糾彈，多中其病，而亦不免臆斷，此與前書皆其例也。

空同子瞽説一卷　明蘇伯衡撰 **三五二一**

浙江巡撫採進本（總目）。○《浙江省第六次呈送書目》：「《空同子瞽説》，明蘇伯衡著，一本。」○《浙江採集遺書總録》：「《空同子瞽説》一册，刊本，明編修金華蘇伯衡撰。」○《提要》云：「已載入伯衡文集第十六卷，此其別行之本。」○《蘇平仲文集》十六卷，有明正統七年黎諒刻本，卷十六即《空同子瞽説》。《四部叢刊》據以影印。

筆疇二卷　明王達撰 **三五二二**

江蘇巡撫採進本（總目）。○《江蘇省第一次書目》：「《筆疇》一本。」○《江蘇採輯遺書目録》：「《筆疇全集》三卷，明王達著，刊本。」○《衍聖公交出書目》：「《筆疇》一本。」○明正統南平知縣胡濱刻《翰林學士耐軒王先生天游雜稿》本，在卷九卷十。《存目叢書》集部別集類據北圖藏本影印。臺灣「中央圖書館」亦有一部，書名「雜稿」改「文集」，似爲修版。○臺灣「中央圖書館」藏明正德十四年李彦昇湖南刻本二卷一册，題「錫山王達善著」。半葉九行，行十六字，四周單邊。前有正德十一年劉澄序。又正德十四年己卯何孟春重刻序云:「兵憲李君彦昇過予,言欲取是書梓置湖南,予心甚喜。已而徵言於予。」(見該館《善本書志初稿》、《善本序跋集録》)〇上海圖書館藏明萬曆榮壽堂刻本,題「錫山王達著,繡水郁嘉慶校」。半葉八行,行十八字,白口,四周單邊。前有陸之箕序,孫鑨序,林樞序。末有後學祝章俊民刻書識語云:「予於丁卯冬自都下歸省,……爰校而梓之榮壽堂。」《存目叢書》據以影印。〇明萬曆二年朱正民刻本,附朱正民輯《補》一卷。半葉九行,行二十字,白口,四周單邊。有刻工。南圖藏。〇明萬曆三十四年沈氏尚白齋刻《尚白齋鐫陳眉公訂正祕笈》本,北圖、中科院圖、復旦等藏。〇民國十一年上海文明書局石印《寶顔堂祕笈》本。〇民國二十八年商務印書館據《陳眉公訂正祕笈》本排印,收入《叢書集成初編》。〇明刻清順治三年宛委山堂印《説郛續》本一卷,題明陳世寶撰。〇清道光二十一年王芝林養和堂刻《重刻天游集》本,半葉十二行,行二十五字,黑口,左右雙邊。在卷九卷十。北圖藏。〇民國十七年陶氏涉園石印本一卷,收入《喜詠軒叢書》甲編。北圖、上圖等藏。

黎子雜釋一卷　明黎久之撰　**三五二三**

浙江鄭大節家藏本(總目)。〇《浙江省第五次鄭大節呈送書目》:「《未齋雜釋》一卷,明黎久著,一本。」《浙江採集遺書總録》:「《未齋雜釋》一卷,寫本,明臨川黎久撰。」〇明嘉靖三十三年鄭梓刻《明世學山》本,北圖藏。〇明萬曆刻《百陵學山》本,北圖、上圖等藏。民國二十七年商務印書館影印萬曆刻《百陵學山》本。此本題「未齋黎久之大」。《存目叢書》又據商務本影印。〇明萬曆刻

《今獻彙言》本，作《未齋雜言》一卷。北圖、上圖藏。民國二十六年商務印書館影印萬曆刻《今獻彙言》本。○明刻清順治三年宛委山堂印《説郛續》本，作《未齋雜言》一卷。北圖、上圖等藏。一九八八年上海古籍出版社影印宛委山堂《説郛續》本，收入《説郛三種》。○清道光十一年六安晁氏木活字印《學海類編》本，北圖、上圖、南圖等藏。民國九年商務印書館影印晁氏木活字《學海類編》本。○按：是書著者題「未齋黎久之大」，當是姓黎，名久，字之大，號未齋。諸家著録作明黎久撰，是也。《提要》稱「明黎久之撰」，誤。

類博雜言一卷　明岳正撰　　**三五二四**

編修程晉芳家藏本（總目）。○《提要》云：「《明史藝文志》作二卷，今已編入正《類博稿》中。此本乃曹溶《學海類編》所收，僅存六頁，非其全也。」○岳正《類博稿》十卷，卷三爲《雜言》。傳本有明嘉靖八年任慶雲刻本（津圖、華東師大、臺灣「中央圖書館」藏），明嘉靖十八年吴逵刻本（北圖、大連圖、重慶圖藏），明嘉靖徐執策刻本（莆田縣圖），清吴氏繡谷亭鈔本（北圖藏），清鈔本（南圖藏），清乾隆四庫館鈔《四庫全書》本等。按：庫本該卷卷端題「雜言五十二首」，而正文分上下，各二十三條，共四十六條。未知何故。○明嘉靖二十九年至三十年袁氏嘉趣堂刻《金聲玉振集》本，作《蒙泉類博稿》一卷，北圖、中科院圖、上圖等藏。○明嘉靖三十三年鄭梓刻《明世學山》本，北圖藏。○明萬曆刻《百陵學山》本，題「漷縣蒙泉岳正季方」，僅十八條。北圖、上圖等藏。民國二十七年商務印書館影印明萬曆刻《百陵學山》本。○明刻清順治三年宛委山堂印《説郛續》本，在弓四。題「漷縣岳正」,僅六條。北圖、上圖等藏。一九八八年上海古籍出版社影印宛委山堂《説郛續》本,收入《説郛三種》。○清道光十一年六安晁氏木活字印《學海類編》本,北圖、上圖、南圖等藏。民國九年商務印書館影印晁氏木活字《學海類編》本。○明萬曆刻《今獻彙言》本,作《蒙泉雜言》一卷。此本較庫本《類博稿》所收少最後三條。北圖、上圖藏。民國二十六年商務印書館影印明萬曆刻《今獻彙言》本。同年商務印書館《叢書集成初編》亦據此本影印。○明刻清順治三年宛委山堂印《説郛續》本,在弓三,作《蒙泉雜言》,僅三十八條。

警時新録一卷　明胡澄撰　**三五二五**

浙江巡撫採進本(總目)。○《浙江省第五次鄭大節呈送書目》:「《警時新録》二卷,明胡澄著,一本。」○《浙江採集遺書總録》:「《警時新録》二卷,二老閣寫本,明臨川胡澄撰。」

桑子庸言一卷　明桑悦撰　**三五二六**

編修程晉芳家藏本(總目)。○明嘉靖三十三年鄭梓刻《明世學山》本,作《思玄庸言》一卷。北圖藏。○明萬曆刻《百陵學山》本,書名同前。北圖、上圖等藏。民國二十七年商務印書館影印萬曆刻《百陵學山》本。民國二十八年商務印書館《叢書集成初編》本亦據是刻影印。○明刻清順治三年宛委山堂印《説郛續》本,書名同前。北圖、上圖等藏。一九八八年上海古籍出版社影印宛委山堂《説郛續》本,收入《説郛三種》。○清道光十一年六安晁氏木活字印《學海類編》本,北圖、上圖、南圖等藏。民國九年商務印書館影印晁氏木活字《學海類編》本。○清道光十三年太倉東陵氏刻

《婁東雜著》本，北圖、上圖、南圖等藏。

祝子罪知七卷　明祝允明撰　**三五二七**

兩江總督採進本（總目）。○《兩江第一次書目》：「《祝子罪知》，明祝允明著，抄本，一本。」○中國科學院圖書館藏明萬曆刻本，作《祝子罪知録》十卷，題「吴祝允明希哲纂，王世貞元美校，濟南李攀龍于鱗閲」。半葉九行，行二十字，白口，左右雙邊。前有萬曆壬申王世貞序，萬曆十年壬午文徵明題詩，自叙。《存目叢書》據以影印。北圖、上圖、南圖等亦有是刻，上圖有一部有丁國鈞跋。

浮物一卷　明祝允明撰　**三五二八**

浙江范懋柱家天一閣藏本（總目）。○《浙江省第五次范懋柱家呈送書目》：「《浮物》一卷，明祝允明著，一本。」○《浙江採集遺書總録》：「《浮物》一册，寫本，明祝允明撰。」○中國科學院圖書館藏明嘉靖二十九年至三十年吴郡袁褧嘉趣堂刻《金聲玉振集》本，有成化丁未自序。《存目叢書》據以影印。北圖、上圖等多有是刻。

讀書筆記一卷　明祝允明撰　**三五二九**

户部尚書王際華家藏本（總目）。○明嘉靖十八年至二十年顧氏大石山房刻《顧氏明朝四十家小説》本，半葉十行，行十八字，白口，左右雙邊。北圖、上圖、福建圖、厦門大學藏。○清宣統上海國學扶輪社排印《顧氏明朝四十家小説》本，北圖、上圖等藏。○民國三年古今圖書局石印《顧氏明朝四十家小説》本，復旦、桂林圖、寧夏圖藏。○明嘉靖二十九年至三十年吴郡袁氏嘉趣堂刻《金聲玉振集》本，北圖、上圖、山東大學等藏。○明萬曆刻《亦政堂鐫陳眉公家藏廣祕笈》本，作《亦政堂訂正讀書筆記》，題「吴郡祝允明枝山著，華亭顧韙山子、繡水張弢元弢校」。《存目叢書》據祁縣圖書館藏本影印。北圖、復旦等亦有是刻。○民國十一年上海文明書局石印《寶顏堂祕笈》本。○明刻清順治三年宛委山堂印《説郛續》本，北圖、上圖等藏。一九八八年上海古籍出版社影印宛委山堂《説郛續》本，收入《説郛三種》。○清許焞家鈔《説部新書》本，南圖藏。○清道光十一年六安晁氏木活字印《學海類編》本，北圖、上圖、南圖等藏。民國九年商務印書館影印晁氏木活字《學海類編》本。○民國四年上海文明書局石印《廣四十家小説》本，上圖、山東大學等藏。○民國二十八年商務印書館據《陳眉公家藏廣祕笈》本排印，收入《叢書集成初編》。

空同子一卷　明李夢陽撰　**三五三〇**

户部尚書王際華家藏本(總目)。○《提要》云：「凡六目八篇，已編入《空同集》中，此本乃後人摘出别行。」○明嘉靖二十九年至三十年吴郡袁氏嘉趣堂刻《金聲玉振集》本，北圖、上圖等藏。○明萬曆十年李四維刻本，半葉八行，行二十字，白口，四周雙邊。上圖藏。○明萬曆十五年李羅汭陽刻《李空同集》附刻本，在卷尾。半葉十一行，行二十字，白口，左右雙邊。《空同子》有嘉靖十年聶豹序，萬曆十年高尚忠跋。(見該館《善本書志初稿》)○明萬曆三十年鄧雲霄刻《空同子集》六十六卷本，北大、上圖、山東大學等多處藏。○清乾隆四庫館鈔《四庫全書·空同集》本。在卷六十五至六十六。稱「外篇」。○明刻《廣百川學海》本，北圖、北大、南圖等藏。○明刻清順治三年宛委山堂印《説郛續》本，北圖、上圖等藏。一九八八年上海古籍出版社影印宛委山堂《説郛續》本，收入《説郛三種》。○清光緒元年湖北崇文書局刻《子書百家》本。○民國八年上海掃葉山房石印《百子全書》本。

三五三一　空同子纂一卷　不著編輯者名氏

編修程晉芳家藏本（總目）。○《提要》云：「載曹溶《學海類編》中，取李夢陽《空同子》每篇摘鈔十之三四，故題曰纂。」○明嘉靖三十三年鄭梓刻《明世學山》本，北圖藏。○明萬曆刻《百陵學山》本，北圖、上圖等藏。民國二十七年商務印書館影印萬曆刻《百陵學山》本。民國二十八年商務印書館《叢書集成初編》本亦據是刻影印。○清道光十一年六安晁氏木活字印《學海類編》本，北圖、上圖、南圖等藏。民國九年商務印書館影印晁氏木活字《學海類編》本。

三五三二　濯舊稿一卷　明王俊撰

江西巡撫採進本（總目）。○《江西巡撫海第三次呈送書目》：「《濯舊稿》一本。」○首都圖書館藏明嘉靖三十年刻本，作《濯舊》一卷，明汪俊撰。半葉十行，行二十一字，白口，四周雙邊。○中國科學院圖書館藏清同治十年叠山書院刻本，作《濯舊集》一卷，集字被某氏改爲稿。半葉九行，行二十二字，白口，四周雙邊。前有嘉靖三十年辛亥門人潘潢刻書引，嘉靖八年己丑自序，《明史》本傳。末有刻書跋，佚尾。《存目叢書》據以影印。按：撰人汪俊，《提要》誤爲王俊，當據原書及《明清進士題名碑録》訂正。

雅述二卷　明王廷相撰　**三五三三**

陝西巡撫採進本(總目)。○《陝西省呈送書目》:「《雅述》。」○上海圖書館藏明嘉靖隆慶間刻《王浚川所著書》本,正文首行上題「雅述」,下題「王氏家藏集卷之五十五」,次行題「浚川王廷相著」。半葉十行,行十八字,白口,四周單邊。分上下篇。有嘉靖十七年戊戌新安謝鎰《刻雅述篇叙》,知此本刻於嘉靖十七年,後彙入全集。鈐「杭州王氏九峰舊廬藏書畫」等印記。《存目叢書》據以影印。津圖、南圖、浙圖等亦有是刻。又有《王氏家藏集五種》本,北大、中科院圖藏,亦即同版。○明天啟六年刻《快書》本,北圖、復旦、南圖等藏。

大復論一卷　明何景明撰　**三五三四**

户部尚書王際華家藏本(總目)。○《提要》云:「凡十二篇,已載入《大復集》中,此乃其别行之本。」○明嘉靖二十九年至三十年吴郡袁氏嘉趣堂刻《金聲玉振集》本,北圖、上圖、中科院圖等藏。

經世要談一卷　明鄭善夫撰　**三五三五**

編修程晉芳家藏本(總目)。○明嘉靖三十三年鄭梓刻《明世學山》本,北圖藏。○明隆慶刻《丘陵學山》本,臺灣「中央圖書館」藏。○明萬曆刻《百陵學山》本,題「晉安少谷鄭善夫繼之」。半葉十行,行二十字,白口,左右雙邊。北圖、上圖等藏。民國二十七年商務印書館影印萬曆刻《百陵學山》本。《存目叢書》又據商務本影印。○民國二十八年商務印書館據《百陵學山》本排印,收入《叢書集成初編》。○明刻清順治三年宛委山堂印《説郛續》本,北圖、上圖等藏。一九八八年上海古籍出版社影印宛委山堂《説郛續》本，收入《説郛三種》。〇清許焞家鈔《説部新書》本，南圖藏。〇清道光十一年六安晁氏木活字印《學海類編》本，北圖、上圖、南圖等藏。民國九年商務印書館影印晁氏木活字《學海類編》本。

惜陰録十二卷　明顧應祥撰 **三五三六**

浙江朱彝尊家曝書亭藏本（總目）。〇《浙江省第五次曝書亭呈送書目》：「《惜陰録》十二卷，明顧應祥著，四本。」〇《浙江採集遺書總録》：「《惜陰録》十二卷，刊本，明刑部尚書長興顧應祥撰。」〇北京圖書館藏明刻本十二卷附録一卷，正文首題「静虚齋惜陰録卷之一」，次題「吴興顧應祥」。半葉十行，行二十字，白口，四周單邊。前有嘉靖甲子自序及《附録》。版心刻「惜陰録」。卷内鈐「九峰舊廬珍藏書畫記」、「杭州王氏九峰舊廬藏書之章」、「綬珊六十以後所得書畫」、「綬珊收藏善本」、「琅園祕笈」等印記。《存目叢書》據以影印。〇北京圖書館藏清鈔本，書名卷數同前本。清李文田校。

西原遺書二卷　明薛蕙撰 **三五三七**

浙江巡撫採進本（總目）。〇《浙江省第七次呈送書目》：「《西原遺書》二卷，明薛蕙著，二本。」〇《浙江採集遺書總録》：「《薛考功集》十卷《西原遺書》二卷，刊本，明考功司郎中亳州薛蕙撰。」〇《直隸省呈送書目》：「《西原遺書》二本。」〇南京圖書館藏明嘉靖四十二年王廷刻本，題「亳郡薛蕙君采著」，半葉九行，行十八字，白口，四周雙邊。前有嘉靖四十二年癸亥南充王廷《刻西原先生遺書序》云：「余猶收藏《遺書》一卷，至維揚，因出與友人艾陵沈子商之。艾陵以爲不可無傳叙》也，因屬校正且付之梓。」後有嘉靖四十三年揚州府江都縣知縣孝義趙訥《刻西原薛先生遺書後叙》云：「王公以少司徒督撫江淮，以《西原薛先生遺書》下之江都梓之。刻既成，公不棄訥之俗賤，命叙於末簡，以紀歲月。」蓋付梓於嘉靖四十二年，刊成於四十三年。江都開版，頗爲工緻。鈐「八千卷樓」等印記。《存目叢書》據以影印。北圖、中國社科院歷史所、南大、臺灣「中央圖書館」亦有是刻。○按：此書集部别集類存目重出。

約言無卷數　明薛蕙撰　**三五三八**

浙江巡撫採進本(總目)。○《浙江省第七次呈送書目》：「《約言》，明薛蕙著，一本。」○《浙江採集遺書總録》：「《約言》一册，刊本，明吏部考功司郎中亳州薛蕙撰。」○南京圖書館藏明嘉靖刻本一卷，題「西原薛蕙著」。半葉九行，行十九字，白口。半葉一框，四周單邊。前有嘉靖乙未李宗樞序，後有吕景蒙序。卷端有黄裳手跋，云爲天一閣藏書。卷内鈐「鄞蝸寄廬孫氏藏書」、「黄裳藏本」、「來燕榭珍藏記」、「恬存讀」、「黄裳百嘉」、「容家書庫」等印記。《存目叢書》據以影印。天一閣文管所另藏是刻一部。○明嘉靖三十三年鄭梓刻《明世學山》本，北圖藏。○明隆慶刻《丘陵學山》本，臺灣「中央圖書館」藏。○明萬曆刻《百陵學山》本，北圖、上圖等藏。民國二十七年商務印書館影印萬曆刻《百陵學山》本。民國二十八年商務印書館《叢書集成初編》本亦據是刻影印。○明刻清順治三年宛委山堂印《説郛續》本，作《西原約言》一卷。北圖、上圖等藏。一九八八年上海古籍出版社影印宛委山堂《説郛續》本，收入《説郛三種》。

三五三九 **錢子測語二卷　明錢琦撰**

浙江巡撫採進本(總目)。○《浙江省第六次呈送書目》:「《錢子測語》,明錢琦著,一本。」○《浙江採集遺書總録》:「《錢子測語》一册,刊本,明知府海鹽錢琦撰。」○臺灣「中央圖書館」藏明嘉靖刻隆慶萬曆間增補《明世學山》本。○明萬曆刻《百陵學山》本,作《錢子語測》,分法語篇、巽語篇。校以《鹽邑志林》分八門之本,内容半同半異,故《叢書集成初編》兩存之。北圖、上圖等藏。民國二十七年商務印書館影印萬曆刻《百陵學山》本。民國二十五年商務印書館《叢書集成初編》本亦據此本影印。○明天啟三年樊維城刻《鹽邑志林》本,作《錢公良測語》二卷。北圖、上圖、南圖等藏。民國二十六年商務印書館影印樊維城刻《鹽邑志林》本。民國二十五年商務印書館《叢書集成初編》本亦據是刻影印。○清道光十一年六安晁氏木活字印《學海類編》本,北圖、上圖、南圖等藏。民國九年商務印書館影印晁氏木活字《學海類編》本。

三五四〇 **百感録一卷　明陳相撰**

浙江范懋柱家天一閣藏本(總目)。○《浙江省第五次范懋柱家呈送書目》:「《百感録》一卷,明陳相著,一本。」○《浙江採集遺書總録》:「《百感録》一卷,寫本,明懷寧陳相撰。」

三五四一 **拘虚晤言一卷　明陳沂撰**

浙江范懋柱家天一閣藏本(總目)。○明萬曆刻《今獻彙言》本,刻工:只七、余寿、陳友、葉六、詹八。北圖、上圖藏。民國二十六年商務印書館影印萬曆刻《今獻彙言》本。《存目叢書》又據商務本影印。民國二十八年商務印書館《叢書集成初編》本亦據是刻影印。○明刻清順治三年宛委山堂印《説郛續》本，北圖、上圖等藏。一九八八年上海古籍出版社影印宛委山堂《説郛續》本，收入《説郛三種》。○臺灣「中央圖書館」藏清光緒間順德李文田家鈔本，有李文田手跋九行，謂「據繆小山編脩所藏明刊本鈔出」。○北京圖書館分館藏鈔本，與《維禎録》合鈔。張壽鏞舊藏。○民國四年上海文明書局石印《廣四十家小説》本。上圖、上師大、山東大等藏。

竹下寤言二卷　明王文禄撰　**三五四二**

浙江范懋柱家天一閣藏本(總目)。○《浙江省第五次范懋柱家呈送書目》：「《竹下寤言》二卷，明王文禄著，一本。」○《浙江採集遺書總録》：「《竹下寤言》二卷，刊本，明海鹽王文禄撰。」○原北平圖書館藏明嘉靖間原刻本一册，題「海鹽王文禄世廉著」。半葉九行，行十八字。有嘉靖十五年黄省曾序。卷内鈐「翰林院印」滿漢文大官印。書衣有「乾隆三十八年十二月浙江巡撫三寶送到范懋柱家藏竹下寤言壹部計書壹本」長方木記。是天一閣進呈原本。王重民曰：「此爲原刻本，萬曆初收入《百陵學山》，不但版刻不同，内容亦多改易矣。」(《中國善本書提要》)此册現存臺北「故宫博物院」。○明萬曆刻《百陵學山》本，題「浙嘉郡海鹽王文禄世廉」。正文前有自序四行，末云：「嘉靖壬辰書，癸巳仲春梓。」書前冠嘉靖十五年丙申黄省曾序。北圖、上圖等藏。民國二十七年商務印書館影印明萬曆刻《百陵學山》本。《存目叢書》又據商務本影印。民國二十六年商務印書館《叢書集成初編》本亦據是刻影印。○明萬曆刻《今獻彙言》本一卷，北圖、上圖等藏。民國二十六年商務印書館影印萬曆刻《今獻彙言》本。〇明刻《今獻彙言》本一卷,在卷八。天一閣文管所藏。〇明刻《新刊皇明小説今獻彙言》本一卷,上海辭書出版社藏。

三五四三 海沂子五卷　明王文禄撰

編修程晉芳家藏本(總目)。〇明嘉靖三十三年鄭梓刻《明世學山》本,北圖藏。〇明萬曆刻《百陵學山》本,北圖、上圖等藏。民國二十七年商務印書館影印萬曆刻《百陵學山》本。《存目叢書》又據商務本影印。民國二十五年商務印書館《叢書集成初編》本亦據此刻影印。〇清道光十一年六安晁氏木活字印《學海類編》本,北圖、上圖、南圖等藏。民國九年商務印書館影印晁氏木活字《學海類編》本。〇清光緒元年湖北崇文書局刻《子書百家》本,北圖、北大等藏。〇民國八年上海掃葉山房石印《百子全書》本。

三五四四 宋學商求一卷附録一卷　明唐樞撰

浙江巡撫採進本(總目)。〇《浙江省第六次呈送書目》:「《宋學商求》一卷《附録》一卷,明唐樞著,一本。」〇《浙江採集遺書總録》:「《宋學商求》一卷,刊本,明唐樞輯。」〇明嘉靖萬曆間刻《木鐘臺全集》本,北圖、山西大學藏。《存目叢書》影印《木鐘臺全集》即出是刻。〇清咸豐六年唐氏書院刻《木鐘臺全集》本,北大、中科院圖藏。

三五四五 疑誼偶述一卷　明唐樞撰

浙江巡撫採進本(總目)。〇明嘉靖萬曆間刻《木鐘臺全集》本,北圖、山西大學藏。《存目叢書》影印嘉靖至萬曆間刻《木鐘臺全集》本。○清咸豐六年唐氏書院刻《木鐘臺全集》本,北大、中科院圖藏。

一菴雜問録一卷　明唐樞撰　**三五四六**

兩江總督採進本(總目)。○山西祁縣圖書館藏明刻《寶顔堂彙祕笈》本,作《陳眉公訂正一庵雜問録》,題「吳興唐樞著,華亭陳繼儒、檇李沈中英校」。半葉八行,行十八字,白口,四周單邊。《存目叢書》據以影印。北圖、復旦等亦有是刻。○民國十一年上海文明書局石印《寶顔堂祕笈》本。

嘉禾問録一卷　明唐樞撰　**三五四七**

浙江巡撫採進本(總目)。○明嘉靖至萬曆間刻《木鐘臺全集》本,山西大學藏。《存目叢書》影印嘉靖萬曆間刻《木鐘臺全集》本。○清咸豐六年唐氏書院刻《木鐘臺全集》本,北大、中科院圖藏。

轄圜窩雜著一卷　明唐樞撰　**三五四八**

浙江巡撫採進本(總目)。○明嘉靖萬曆間刻《木鐘臺全集》本,山西大學藏。《存目叢書》影印嘉靖萬曆間刻《木鐘臺全集》本。○清咸豐六年唐氏書院刻《木鐘臺全集》本,北大、中科院圖藏。

酬物難一卷　明唐樞撰　**三五四九**

浙江巡撫採進本(總目)。○明嘉靖萬曆間刻《木鐘臺全集》本,山西大學、北圖藏。《存目叢書》影印明嘉靖萬曆間刻《木鐘臺全集》本。○清咸豐六年唐氏書院刻《木鐘臺全集》本,北大、中科院圖藏。

咨言一卷　明唐樞撰　三三五五〇

浙江巡撫採進本(總目)。〇明嘉靖萬曆間刻《木鐘臺全集》本,作《六咨言集》。北圖、山西大學藏。〇《存目叢書》影印明嘉靖萬曆間刻《木鐘臺全集》本。〇清咸豐六年唐氏書院刻《木鐘臺全集》本,作《六咨言》。北大、中科院圖藏。

景行館論一卷　明唐樞撰　三三五五一

浙江巡撫採進本(總目)。〇明嘉靖萬曆間刻《木鐘臺全集》本,北圖、山西大學藏。《存目叢書》影印嘉靖萬曆間刻《木鐘臺全集》本。按:此係嘉靖三十七年門人錢鎮等刻本,中科院圖書館有單本。〇清咸豐六年唐氏書院刻《木鐘臺全集》本,北大、中科院圖藏。

積承録一卷　明唐樞撰　門人吴思誠編　三三五五二

浙江巡撫採進本(總目)。〇明嘉靖萬曆間刻《木鐘臺全集》本,北圖、山西大學藏。《存目叢書》影印嘉靖萬曆間刻《木鐘臺全集》本。〇清咸豐六年唐氏書院刻《木鐘臺全集》本,北大、中科院圖藏。

一菴語録一卷　明唐樞撰　其壻陸稃編　三三五五三

浙江巡撫採進本(總目)。〇明嘉靖萬曆間刻《木鐘臺全集》本,北圖、山西大學藏。《存目叢書》影印嘉靖萬曆間刻《木鐘臺全集》本。〇清咸豐六年唐氏書院刻《木鐘臺全集》本,北大、中科院圖藏。

因領録一卷　明唐樞撰　其壻吴允恭編　三三五五四

浙江巡撫採進本(總目)。〇明嘉靖萬曆間刻《木鐘臺全集》本,北圖、山西大學藏。《存目叢書》影印嘉靖萬曆間刻《木鐘臺全集》本。○清咸豐六年唐氏書院刻《木鐘臺全集》本,北大、中科院圖藏。

唐集輯要四卷　明唐樞撰　國朝王表正刪輯　**三五五五**

浙江巡撫採進本(總目)。○《浙江省第八次呈送書目》:「《唐集輯要》四卷,末附《年譜》,明唐樞著,四本。」○《浙江採集遺書總録》:「《唐一庵集輯要》四卷附《年譜》,刊本,明刑部主事歸安唐樞撰,國朝王表正輯。」

存愚録一卷　明張純撰　**三五五六**

浙江范懋柱家天一閣藏本(總目)。○《浙江省第五次范懋柱家呈送書目》:「《存愚録》一卷,明張純纂,一本。」○《浙江採集遺書總録》:「《存愚録》一册,刊本,明永嘉張純撰。」○民國間永嘉區徵輯鄉哲遺著會藏鈔本一卷一册,係從玉海樓藏明嘉靖丙午王叔本刻本録出。(見《浙江文獻展覽會專號》)

百泉子緒論一卷　明皇甫汸撰　**三五五七**

浙江范懋柱家天一閣藏本(總目)。○《浙江省第五次范懋柱家呈送書目》:「《百泉子緒論》一卷,明皇甫汸著,一本。」○《浙江採集遺書總録》:「《百泉子緒論》一册,刊本,明郎中長洲皇甫汸撰。」○原北平圖書館藏明嘉靖刻本一卷一册,半葉八行,行十六字。有嘉靖四十二年皇甫懋跋。卷内鈐「翰林院印」滿漢文大官印。書衣有「乾隆三十八年十一月浙江巡撫三寶送到范懋柱家藏百泉子緒論壹部計書壹本」長方木記。(見王重民《善本提要》)今存臺北「故宫博物院」。

夜燈管測二卷　明沈愷撰 三五五八

浙江范懋柱家天一閣藏本（總目）。○《浙江省第五次范懋柱家呈送書目》：「《夜燈管測》二卷，明沈愷著，二本。」○《浙江採集遺書總録》：「《夜燈管測》二卷，刊本，明太僕寺卿華亭沈愷撰。」

冬遊記一卷　明羅洪先撰 三五五九

浙江范懋柱家天一閣藏本（總目）。○《浙江省第五次范懋柱家呈送書目》：「《冬遊記》一卷，明羅洪先著，一本。」○《浙江採集遺書總録》：「《冬遊記》一册，刊本，明光禄少卿吉水羅洪先撰。」

太藪外史一卷　明蔡羽撰 三五六〇

户部尚書王際華家藏本（總目）。○中國科學院圖書館藏明嘉靖吴郡袁氏嘉趣堂刻《金聲玉振集》本，題「吴郡蔡羽」。目録末有嘉靖十九年庚子正月二十三日自序。末有「嘉靖辛酉年三月上巳日劉時美刻」二行，辛酉爲嘉靖四十年，此書即刊於是年。《存目叢書》據以影印。北圖、上圖等亦有是刻。

擬詩外傳一卷　明黄省曾撰 三五六一

浙江巡撫採進本（總目）。○明嘉靖刻《五嶽山人集》本，在卷二十一至卷二十二。半葉十行，行十九字，白口，左右雙邊。北圖、中科院圖、南圖等藏。○明嘉靖三十三年鄭梓刻《明世學山》本，北圖藏。○明隆慶刻《丘陵學山》本，臺灣「中央圖書館」藏。○明萬曆刻《百陵學山》本，北圖、上圖等藏。民國二十七年商務印書館影印萬曆刻《百陵學山》本。○清道光十一年六安晁氏木活字印《學海類編》本,北圖、上圖、南圖等藏。民國九年商務印書館影印晁氏木活字《學海類編》本。

客問一卷　明黄省曾撰　三五六二

浙江巡撫採進本(總目)。○明嘉靖刻《五嶽山人集》本,在卷二十。半葉十行,行十九字,白口,左右雙邊。○明嘉靖三十三年鄭梓刻《明世學山》本,北圖藏。○明隆慶刻《丘陵學山》本,臺灣「中央圖書館」藏。○明萬曆刻《百陵學山》本,北圖、上圖等藏。民國二十七年商務印書館影印萬曆刻《百陵學山》本。○清道光十一年六安晁氏木活字印《學海類編》本,北圖、上圖、南圖等藏。民國九年商務印書館影印晁氏木活字《學海類編》本。

閒適劇談五卷　明鄧球撰　三五六三

浙江汪汝瑮家藏本(總目)。○《浙江省第四次汪汝瑮家呈送書目》:「《閒適劇談》五卷,明鄧球著,五本。」○《浙江採集遺書總録》:「《閒適劇談》五卷,刊本,明鄧球撰。」○中國科學院圖書館藏明萬曆十一年鄧雲臺刻本,題「三吾寄漫子鄧球著」。半葉十行,行二十二字,白口,左右雙邊。前有萬曆五年丁丑除夕小引。後有萬曆十一年癸未自跋。跋後有「男雲臺因梓于鎮祁樓僧舍」一行。鈐「紀氏藏書之印」印記。《存目叢書》據以影印。南圖藏一部,鈐「韓氏藏書」、「玉雨堂印」及八千卷樓各印,《善本書室藏書志》著録。臺灣「中央圖書館」亦有是刻。

汲古叢語一卷　明陸樹聲撰　三五六四

兩江總督採進本(總目)。○明萬曆刻《陸學士雜著》本,上圖、南圖藏。○明萬曆刻《亦政堂鐫陳眉公家藏廣祕笈》本，作《寶顏堂訂正汲古叢語》一卷。北圖、中科院圖、復旦等藏。○民國十一年上海文明書局石印《寶顏堂祕笈》本。北圖、上圖等藏。○民國二十八年商務印書館據《陳眉公家藏廣祕笈》本排印，收入《叢書集成初編》。○明刻清順治三年宛委山堂印《説郛續》本，北圖、上圖等藏。一九八八年上海古籍出版社影印宛委山堂《説郛三種》。○臺北中研院史語所藏鈔本。

病榻寤言一卷　明陸樹聲撰　**三五六五**

浙江鮑士恭家藏本（總目）。○明萬曆刻《陸學士雜著》本，中共中央黨校、上圖、南圖藏。○明萬曆刻《寶顏堂續祕笈》本，作《寶顏堂訂正寤言》一卷。北圖、中科院圖、復旦等藏。○民國十一年上海文明書局石印《寶顏堂祕笈》本。○民國二十五年商務印書館據《寶顏堂續祕笈》本排印，收入《叢書集成初編》。○明末刻《八公遊戲叢談》本，北大藏。○明刻《廣百川學海》本，北圖、南圖、浙圖等藏。○明刻清順治三年宛委山堂印《説郛續》本，北圖、上圖等藏。一九八八年上海古籍出版社影印宛委山堂《説郛續》本。○清初刻《水邊林下》本，北圖、蘇州圖藏。

耄餘雜識一卷　明陸樹聲撰　**三五六六**

浙江鮑士恭家藏本（總目）。○明萬曆刻《陸學士雜著》本，中共中央黨校、上圖、南圖藏。○明萬曆刻《寶顏堂續祕笈》本，作《寶顏堂訂正耄餘雜識》一卷。北圖、中科院圖、復旦等藏。○民國十一年上海文明書局石印《寶顏堂續祕笈》本。○民國二十五年商務印書館據《寶顏堂續祕笈》本排印，收入《叢書集成初編》。○明萬曆四十五年刻《閒情小品》本，北大、復旦、蘇州圖等藏。

金罍子四十四卷　明陳絳撰　三五六七

内府藏本（總目）。○《武英殿第一次書目》：「《金罍子》八本。」○《兩江第一次書目》：「《金罍子》，明陳絳著，十本。」○《兩淮商人馬裕家呈送書目》：「《金罍子》三篇四十四卷，明陳絳，六本。」○《浙江省第四次吴玉墀家呈送書目》：「《金罍子》四十四卷，明陳絳著，十二本。」○《浙江採集遺書總録》：「《金罍子》四十四卷，刊本，明應天府尹上虞陳絳撰。」○《都察院副都御史黄交出書目》：「《金罍子》，明陳絳，十二本。」○《江蘇採輯遺書目録》：「《金罍子》四十四卷，明光禄寺卿上虞陳絳著。」○湖北省圖書館藏明萬曆三十四年陳昱刻本，題「明上虞陳絳用揚甫著，會稽陶望齡周望甫閲，同邑車任遠遠之甫校，男陳昱録」。半葉九行，行二十字，白口，四周單邊。前有萬曆三十四年丙午陶望齡序，舒日敬序，萬曆三十四年徐待聘序，車任遠撰《傳》，凡例末有陳昱序云：「梓始于萬曆丙午正月二十八日，訖成于八月望日。」末有車任遠跋，侄民性跋。刻工：謝應科鐫。《存目叢書》據以影印。北大、南圖、山東圖等亦有是刻。○人民大學藏明泰昌元年陳志潤等刻本，作《新刻批點金罍子》四十四卷八册，明李維楨批點。半葉九行，行二十字，白口，左右雙邊。眉上鐫評。卷一首葉版心下有寫工刻工：郭文寫，晏君壽刊。清華、南開、湖南圖等亦有是刻。

經濟録二卷　明張鍊撰　三五六八

陝西巡撫採進本（總目）。○《陝西省呈送書目》：「《經濟録》。」○吉林大學藏明崇禎刻本，題「武功張鍊伯純甫著，上谷賈鴻洙憲仲甫選，新安劉滓然興伯甫訂」。半葉九行，行十八字，白口，四周單邊。前有崇禎二年己巳賈鴻洙序，墓志銘。《存目叢書》據以影印。王重民《善本提要》著録美國國會圖書館藏是刻二卷一册。

學道記言五卷事行紀略一卷　明周思兼撰　**三五六九**

浙江巡撫採進本（總目）。○《浙江省第六次呈送書目》：「《學道紀言》五卷《補餘附言》二卷，明周思兼著，六本。」○《浙江採集遺書總録》：「《道學紀言》五卷《補餘附言》二卷附《事行紀略》，刊本，明提學副使松江周思兼撰，周紹節編《事略》。」按：道學二字誤倒。○浙江圖書館藏明萬曆二十三年徐汝晉刻本，題「雲間貞靖先生萊峰周思兼著輯」。半葉九行，行十七字，白口，左右雙邊。前有萬曆二十二年陸樹聲序，萬曆二十二年陸光祖《刻學道記言跋》，嘉靖壬戌周思兼小引。正文五卷，後有《學道記言補遺》三葉，又《附録》係家訓。附録末有「華亭學諭三衢後學徐汝晉裒梓」一行。再次有助梓姓氏，再次有萬曆二十三年周紹元跋，萬曆二十二年王梨跋。又一跋僅存前二葉。刻工：馬凌雲刻、吴門張紹祖刻、吴倫刻、朱有、張效、吴門馬凌雲刻、熊成應刻、吴門朱有成、江茂刻、雲間潘晋卿刻、閩人熊刻。《存目叢書》據以影印。清華亦有是刻。

推篷寤語九卷餘録一卷　明李豫亨撰　**三五七〇**

浙江范懋柱家天一閣藏本（總目）。○《浙江省第五次范懋柱家呈送書目》：「《推篷寤語》九卷，明李豫亨著，五本。」○《浙江採集遺書總録》：「《推篷寤語》九卷《餘録》一卷，刊本，明松江李豫亨撰。」○《江蘇省第一次書目》：「《推篷寤語》八本。」○《江蘇採輯遺書目録》：「《推篷寤語》九卷

《餘録》一卷,明華亭李豫亨著,刊本。」〇《兩淮商人馬裕家呈送書目》:「《推篷寤語》九卷,明李豫亨,五本。」〇首都圖書館藏明隆慶五年李氏思敬堂刻本,題「雲間李豫亨元薦甫」。半葉十行,行二十一字,白口,四周雙邊。版心寫工刻工:長洲吴曜書、袁宸刻、馬恩刻、吴倫刻、章時、馬凌雲刻、張鳳刻、袁宏刻、顧承刻、倪承謐刻、錢世英、顧廉、沈玄易、雲間顧濟刻、倪成謐刻、袁川。《餘録》尾題下刻「長洲吴曜書,袁宸等同刻完」小字二行。尾題後有雙行隸書牌記:「隆慶辛未秋李氏思敬堂雕梓。」《存目叢書》據以影印。北大、上圖、臺灣「中央圖書館」亦有是刻。〇明刻清順治三年宛委山堂印《説郛續》本一卷,北圖、上圖等藏。一九八八年上海古籍出版社影印宛委山堂《説郛續》本。〇清據《説郛》《説郛續》刊版重編印《五朝小説》本,上圖、南圖、南大、山東大藏。〇民國十五年掃葉山房石印《五朝小説大觀》本一卷。

三事遡真一卷　明李豫亨撰　　**三五七一**

内府藏本(總目)。〇陝西省圖書館藏明萬曆刻《寶顔堂續祕笈》本,作《寶顔堂訂正三事遡真》一卷,題「雲間李豫亨元薦甫著,陳繼儒仲醇甫訂,沈從先尊生甫校」。前有萬曆庚辰王畿序。《存目叢書》據以影印。北圖、中科院圖、復旦等亦有是刻。〇民國十一年上海文明書局石印《寶顔堂祕笈》本。〇民國二十五年商務印書館據《寶顔堂續祕笈》本排印,收入《叢書集成初編》。

瞿塘日録十二卷　明來知德撰　　**三五七二**

浙江朱彝尊家曝書亭藏本(總目)。〇《浙江省第五次曝書亭呈送書目》:「《來瞿塘先生日録内篇》七卷《外篇》五卷，明來知德著，十二本。」○《浙江採集遺書總録》：「《來瞿塘先生日録内篇》七卷《外篇》七卷，刊本，明翰林待詔梁山來知德撰。」○《江蘇省第一次書目》：「《瞿塘日録》十二本。」○《江蘇採輯遺書目録》：「《瞿唐日録》十二卷，明夔州舉人來知德著，刊本。」北京大學藏明萬曆刻本十二册，作《來瞿塘先生日録》，内容缺《提要》所述前三種。○明萬曆刻本，作《重刻來瞿塘先生日録内篇》七卷《外篇》五卷，北京師大、吉林省圖、中國社科院考古所藏。首都師大藏一部有清唐翰題手跋。中科院圖藏殘帙，存《弄圓篇》、《理學辨疑》、《心學晦明解》各一卷。○清初刻本，湖南圖藏。○四川省圖書館藏清道光十一年刻本，作《來瞿塘先生日録内篇》六卷《外篇》七卷。半葉九行，行二十字，白口，四周雙邊。有萬曆三十九年張惟任序，黄汝亨序，萬曆八年郭棐序，萬曆十三年張子功序，萬曆十一年傅時望序。鈐「李文錦印」印記。《存目叢書》據以影印。復旦、南大、山西大亦有是刻。○清咸豐元年四川梁山張力廷刻本，作《來子日録》六卷。四川省圖藏。

一貫編四卷　明羅汝芳撰　三五七三

江西巡撫採進本（總目）。○《江西巡撫海第二次呈送書目》：「《一貫編》四本。」○《浙江省第十二次呈送書目》：「《一貫編》，明羅汝芳著，四本。」○《浙江採集遺書總録》：「《一貫編》四册，刊本，明參政南城羅汝芳撰。」○明萬曆刻《耿中丞楊太史批點近溪羅子全集》本，作《近溪羅子一貫編》九卷。半葉十行，行二十一字，白口，四周單邊。中國社會科學院文學所、福建師大藏。《存目叢書》集部影印萬曆刻《耿中丞楊太史批點近溪羅子全集》本。○中國科學院圖書館藏明長松館刻本，作

《近溪羅先生一貫編》十一卷，題「明人熊儐孺夫編次，後學錢啓忠沃心重訂」。半葉九行，行二十字，白口，四周單邊。版心刻「長松館藏板」五字。有萬曆二十六年楊起元序，萬曆二十六年熊儐序。目録後有熊儐《凡例》云：「起工萬曆乙未，告成戊戌。」知原刻於萬曆二十六年戊戌，即《全集》所收者。此係錢啓忠重訂本，刊版又在戊戌之後。《存目叢書》據以影印。

三五七四　近溪子明道録八卷　明羅汝芳撰

江蘇巡撫採進本(總目)。○《江蘇省第一次書目》：「《近溪子明道録》二本。」○《江蘇採輯遺書目録》：「《近溪子明道録》八卷，明雲南副使羅汝芳著，欒安詹事講編，刊本。」○《浙江省第五次曝書亭呈送書目》：「《明道録》八卷，明羅汝芳著，四本。」○《浙江採集遺書總録》：「《明道録》八卷，刊本，明郎中盱江羅汝芳撰。」○劉昌潤藏明萬曆十三年詹事講刻本，題「門人欒安詹事講明甫校梓」。半葉十行，行二十字，白口，四周單邊。末有萬曆十三年乙酉詹事講跋。卷内鈐「慈谿畊餘樓藏」、「孝慈廔藏」、「馮氏辨齋藏書」、「劉昌潤讀書記」、「漢陽劉氏文房」等印記。有一九九〇年八月劉昌潤題記。《存目叢書》據以影印。按：劉氏此書「文革」中被抄没，藏武漢市圖書館，「文革」後發還。

三五七五　會語續録二卷　明羅汝芳撰

浙江巡撫採進本(總目)。○《浙江省第六次呈送書目》：「《會語續録》二卷，明羅汝芳著，二本。」○《浙江採集遺書總録》：「《會語續録》二卷，刊本，明郎中盱江羅汝芳編，楊起元評。」○《提要》

云：「是編乃萬曆丙戌汝芳游南京時講學之語，其門人楊起元加以評語，國子監祭酒趙志皐爲之付梓。」○中國社會科學院文學研究所藏明萬曆刻《耿中丞楊太史批點近溪羅子全集》二十四卷内有《近溪子續集》二卷，題「歸善門人楊起元訂」，半葉九行，行十八字，白口，四周單邊。版心書名《會語續録》。眉欄鐫評。有羅汝芳序，萬曆十五年丁亥趙志皐《刻會語續録序》，萬曆十五年丁亥陳省重刻序。末有「孫羅懷智、羅懷祖、羅懷本重梓」識語。《存目叢書》集部影印萬曆刻《耿中丞楊太史批點近溪羅子全集》内收有此本。

識仁編二卷　明羅汝芳撰　門人楊起元編　**三五七六**

兩江總督採進本（總目）。○《兩江第二次書目》：「《識仁編》，明羅汝芳撰，楊起元編。二本。」

古言二卷　明鄭曉撰　**三五七七**

浙江范懋柱家天一閣藏本（總目）。○《浙江省第五次范懋柱家呈送書目》：「《古言》二卷，明鄭曉著，二本。」○《浙江採集遺書總録》：「《古言》二卷，刊本，明尚書海鹽鄭曉撰。」○《山東巡撫第二次呈進書目》：「《古言》、《今言》六本。」○清華大學藏明嘉靖四十四年項篤壽刻本，題「海鹽鄭曉」。半葉八行，行十六字，白口，四周雙邊。前有嘉靖四十四年乙丑自序云：「項甥子長進士見而説之，遂付諸梓。」卷尾鈐「輯五經眼」印記。《存目叢書》據以影印。北圖、浙圖、南大等亦有是刻。○上海圖書館藏明嘉靖萬曆間項篤壽刻《鄭端簡公全集》本。此與前本當係一版。○臺灣「中央圖書館」藏明鄭心材刻本，正文首題「鄭端簡公古言卷上」，次行題「海鹽鄭曉著，孫心材重校」。半葉八行,行十六字,白口,四周雙邊。版心魚尾上方刻「鄭端簡公古言」,版心下方有刻工:中升、陳瑜、江、吕、王、劉等。卷末尾題下刻「曾孫端胤、端濟閲」。前有嘉靖乙丑自序。(見該館《善本書志初稿》)北圖、北大、清華、中科院圖、南圖亦有是刻。按:此刻當在萬曆間。○山東博物館藏明鈔本。○明萬曆刻《百陵學山》本,作一卷。北圖、上圖等藏。民國二十七年商務印書館影印萬曆刻《百陵學山》本。○明天啟三年樊維城刻《鹽邑志林》本,作《古言類編》二卷。北圖、上圖等藏。民國二十六年商務印書館影印樊維城刻《鹽邑志林》本。民國二十五年商務印書館《叢書集成初編》本亦據是刻影印。○明刻清順治三年宛委山堂印《説郛續》本一卷。北圖、上圖等藏。一九八八年上海古籍出版社影印宛委山堂《説郛續》本,收入《説郛三種》。○清道光十一年六安晁氏木活字印《學海類編》本,作《學古瑣言》二卷。北圖、上圖、浙圖等藏。民國九年商務印書館影印晁氏木活字《學海類編》本。

渾然子一卷　明張翀撰　三五七八

浙江鮑士恭家藏本(總目)。○明刻《亦政堂鐫陳眉公普祕笈》本,作《陳眉公訂正渾然子》一卷,題「馬平鶴樓張翀著,檇李于弢沈道明、沈璜若水校」。《存目叢書》據祁縣圖書館本影印。北圖、中科院圖、復旦等亦有是刻。○民國十一年上海文明書局石印《寶顔堂祕笈》本。○民國二十五年商務印書館據《陳眉公普祕笈》本排印,收入《叢書集成初編》。

經子臆解一卷　明王世懋撰　三五七九

兩淮鹽政採進本(總目)。○明萬曆刻《王奉常雜著》本,半葉九行,行十七字,白口,四周雙邊。北圖、上圖、南圖藏。〇明萬曆刻《王奉常集》本，在文集第五十四卷。半葉十行，行二十字，白口，左右雙邊。北大、津圖、南圖、浙圖等藏。《存目叢書》影印萬曆刻《王奉常集》本。

三五八〇　望崖録二卷　明王世懋撰

兩淮鹽政採進本（總目）。〇明萬曆刻《王奉常雜著》本，内外篇各一卷。半葉九行，行十七字，白口，四周雙邊。北圖、上圖、南圖藏。

三五八一　澹思子一卷　明王世懋撰

兩淮鹽政採進本（總目）。〇明萬曆刻《王奉常雜著》本，半葉九行，行十七字，白口，四周雙邊。北圖、上圖、南圖藏。〇明萬曆刻《王奉常集》本，在文集第五十二卷。半葉十行，行二十字，白口，左右雙邊。北大、津圖、南圖、浙圖等藏。《存目叢書》集部影印明萬曆刻《王奉常集》本。

三五八二　内外篇二卷　明周宏祖撰

安徽巡撫採進本（總目）。〇《安徽省呈送書目》：「《内外篇》二本。」

三五八三　文雅社約一卷附録一卷　明沈鯉撰

兩淮馬裕家藏本（總目）。〇《兩淮商人馬裕家呈送書目》：「《文雅社約》二卷，明沈鯉，一本。」〇浙江圖書館藏明萬曆三十年李三才刻本，題「歸德龍江沈鯉著」，半葉九行，行二十字，白口，四周單邊。卷端書名《文雅社約》，版心書名《沈公家政》。前有萬曆三十年壬寅李三才序云：「及余持節兩淮，再候先生。先生因出其居家諸刻相示，皆所以檢束身心，敦崇俗尚，蓋所謂古之道者。屬余爲之梓。」後有萬曆三十年整飭揚州海防兵備浙江按察司副使楊洵跋云：「時江防李君方視府事，請合梓之。」知刻於揚州官署。《存目叢書》據以影印。

脈望八卷　明趙台鼎撰　**三五八四**

內府藏本（總目）。○復旦大學藏明萬曆刻《寶顔堂續祕笈》本，作《寶顔堂訂正脈望》八卷，題「丹華洞主西蜀趙台鼎長玄著，華亭陳繼儒仲醇、繡水沈德先天生校」。前有曹代蕭序。《存目叢書》據以影印。北圖、中科院圖等亦有是刻。○民國十一年上海文明書局石印《寶顔堂祕笈》本。○民國二十五年商務印書館據《寶顔堂續祕笈》本排印，收入《叢書集成初編》。

庭幃雜録二卷　明袁衷等録其父母之訓　錢曉訂定　**三五八五**

編修程晉芳家藏本（總目）。○清道光十一年六安晁氏木活字印《學海類編》本，北圖、上圖、南圖等藏。民國九年商務印書館影印晁氏木活字《學海類編》本。○民國二十八年商務印書館據《學海類編》本排印，收入《叢書集成初編》。以上均作袁衷、袁襄、袁裳、袁表、袁衮等記，錢曉訂。○北圖分館藏舊鈔本，題「明嘉善錢曉訂」，半葉九行，行二十一字。前有萬曆丁酉孫男袁天啟序。上卷末題「男袁襄録」，下卷末題「男袁衮録」。末有錢曉跋。曆字避諱改歷，蓋清鈔本。《存目叢書》據以影印。

甘露園長書六卷短書十一卷　明陳汝錡撰　**三五八六**

江西巡撫採進本（總目）。○《江西巡撫海第三次呈送書目》：「《甘露園短書》四本。」○《浙江省第十二次呈送書目》：「《甘露園短書》十一卷，明陳汝錡著，四本。」○《浙江採集遺書總録》：「《甘露園短書》十一卷，刊本，明訓導高安陳汝錡撰。」○明萬曆三十八年刻本，僅《甘露園短書》十一卷。半葉十行，行二十字，白口，四周雙邊。○人民大學藏明萬曆三十八年刻清康熙六年劉顧人重修本，亦僅《甘露園短書》十一卷。題「高安陳汝錡伯容著，侄陳邦瞻德遠較」。前有萬曆三十八年庚辰自序，又自序，傳。刻工：羅世佛刊。《存目叢書》據以影印。上圖、南圖、山東圖、江西圖亦有是刻。

海蠡編二卷　明袁士瑜撰 **三五八七**

浙江巡撫採進本（總目）。○《浙江省第十次呈送書目》：「《海蠡編》二卷，明袁士瑜著，一本。」○《浙江採集遺書總録》：「《海蠡編》二卷，刊本，明公安袁士瑜撰。」○首都圖書館藏明王少塘刻《趙氏三書》本，半葉九行，行十八字，白口，四周單邊。

槐亭漫録無卷數　明嚴堯巖撰 **三五八八**

湖北巡撫採進本（總目）。○《湖北巡撫呈送第三次書目》：「《槐亭漫録》四本。」○北京大學藏明嘉靖刻本十一篇五册，半葉十二行，行二十四字，白口，四周單邊。前有嚴堯巖牒一則，啟一則，嘉靖二十三年自序等。有明人批注，批注有「今上天啟」云云，知出天啟間人手筆。《存目叢書》據以影印。

東水質疑六卷　明袁衮撰 **三五八九**

兩江總督採進本（總目）。○《兩江第二次書目》：「《東水質疑》，明胡衮著，二本。」○北京圖書館分館藏明刻本，半葉十行，行二十字，白口，四周雙邊。目録後有嘉靖甲辰（二十三年）鄱陽東水味菜山人識語，次列門生楊山等六十二人同校刊。當即嘉靖原刊本。鈐「授經樓藏書印」、「抱經樓藏善本」、「吴興藥龕」、「吴興抱經樓藏」、「張壽鏞印」、「詠霓」、「約園藏書」等印記。《存目叢書》據以影印。

三五九〇　宵練匣十卷　明朱得之撰

浙江巡撫採進本（總目）。〇《浙江省第六次呈送書目》：「《宵練匣》十卷，明朱得之著，二本。」〇《浙江採集遺書總録》：「《宵練匣》十卷，刊本，明貢生靖江朱得之撰。」〇明隆慶刻《丘陵學山》本一卷，中科院圖書館藏。〇明萬曆刻《百陵學山》本一卷，題「靖江近齋朱得之本思」。北圖、上圖等藏。民國二十七年商務印書館影印萬曆刻《百陵學山》本。《存目叢書》又據商務本影印。〇明刻清順治三年宛委山堂印《説郛續》本一卷，北圖、上圖等藏。一九八八年上海古籍出版社影印宛委山堂《説郛續》本，收入《説郛三種》。

三五九一　意見一卷　明陳于陛撰

浙江巡撫採進本（總目）。〇《浙江省第十一次呈送書目》：「《意見》，明陳于陛著，一本。」〇《浙江採集遺書總録》：「《意見》一册，寫本，明大學士南充陳于陛撰。」〇《江蘇省第一次書目》：「《亦政堂意見》合《海槎餘録》一本。」〇山西祁縣圖書館藏明萬曆刻《亦政堂鐫陳眉公家藏廣祕笈》本，作《亦政堂訂正意見》一卷，題「南充玉壘陳于陛著，雲間仲醇陳繼儒、繡水天生沈德先校」。《存目叢書》據以影印。北圖、復旦等亦有是刻。〇民國十一年上海文明書局石印《寶顏堂祕笈》本。〇民國二十五年商務印書館據《陳眉公家藏廣祕笈》本排印，收入《叢書集成初編》。〇明刻清順治三年宛委山堂印《説郛續》本，北圖、上圖等藏。一九八八年上海古籍出版社影印宛委山堂《説郛續》本，收入《説郛三種》。〇清據《説郛》《説郛續》刊版重編印《五朝小説》本，上圖、南圖、南大、山東大藏。〇民國十五年掃葉山房石印《五朝小説大觀》本，上圖、南圖等藏。

藝圃琳瑯四卷　明蔣以忠撰　林大桂集注　**三五九二**

浙江汪汝瑮家藏本（總目）。〇《浙江省第四次汪汝瑮家呈送書目》：「《藝圃球琅》四卷，明蔣以忠著，一本。」〇《浙江採集遺書總録》：「《藝圃球瑯》四卷，刊本，明道士常熟蔣以忠撰。」〇北京圖書館藏明萬曆十五年張可久刻本，作《新刻藝圃球瑯集注》四卷。題「賜進士常熟貞菴蔣以忠著稿，同年舉人弟養菴蔣以化仝稿，常熟廩生弟達菴蔣以行校正，福建長樂縣門生林大桂集註，直隸永年縣知縣張可久重刻，廣平府儒學訓導何錦訂録」。半葉十行，行二十字，白口，四周雙邊。前有隆慶庚午陳省序。卷四末有缺文。鈐「古里瞿氏」、「鐵琴銅劍樓」等印記。《存目叢書》據以影印。故宫、上圖等亦有是刻。〇明萬曆刻本，作《新刻删補注釋藝圃球瑯集》四卷，半葉十行，行二十字，白口，四周雙邊。無錫圖藏。〇北京大學藏明吴航書林李氏善慶堂刻本，作《藝圃球瑯》二卷，題「明進士吴常熟蔣以忠伯孝、同年舉人弟蔣以化仲學著，邑庠生弟蔣以行叔孚校」。半葉十行，行二十字，白口，四周單邊。有隆慶四年陳省序，隆慶四年蔣以忠跋。目録後有「吴航書林李氏善慶堂梓」一行。

鈐「佐伯文庫」印。（參王重民《善本提要》）○按：書名「球琊」，《總目》誤作「琳琊」，進呈目及傳世各本均不誤。

三五九三

筆麈十八卷　明于慎行撰

兩江總督採進本（總目）。○《兩淮鹽政李呈送書目》：「《穀城山房筆麈》十八卷，明于慎行，二本。」○《浙江省第四次鮑士恭呈送書目》：「《穀山筆麈》十八卷，明于慎行著，四本。」○《浙江省第六次呈送書目》：「《筆麈》十八卷，明于慎行著，四本。」○《浙江採集遺書總録》：「《穀山筆麈》十八卷，刊本，明大學士東阿于慎行撰。」○《江蘇採輯遺書目録》：「《穀山筆麈》，明于慎行著。」○《山東巡撫呈送第一次書目》：「《筆麈》四本。」○《都察院副都御史黄交出書目》：「《筆麈》四本。」○中國科學院圖書館藏明萬曆四十一年于緯刻本，作《穀山筆麈》十八卷。題「明東阿穀山于慎行著，門人福唐郭應寵編次，男于緯校梓」。半葉九行，行十八字，白口，四周單邊。前有馮琦序，目録後有萬曆四十一年門人郭應寵序。《存目叢書》據以影印。科圖另藏一部有鄧之誠題記。南開藏一部有清李葆恂、吴重憙跋。山東省圖藏一部有壬辰年張爾梅手跋。卷内鈐「於陵張氏爾梅鼎臣父珍藏」印記。北大、上圖等多有是刻。○萬曆四十一年于緯刻清康熙十六年重修本，有康熙十六年宋文英修版跋。遼圖、南圖、福建圖等藏。山東省圖書館藏《穀城山館全集》本亦即此刻。○明天啟五年于緯刻本，書名卷數同前本。半葉八行，行十八字，白口，四周單邊。卷端題「明東阿穀山于慎行著，門人福唐郭應寵編次，男于緯校梓」。有天啟五年乙丑郭應寵序，文字與萬曆四十一年郭應寵序同，唯改作序之年而已。此本行款與萬曆本不同，開版稍大，長宋字亦較稍圓轉方正之萬曆本稍大。北圖、北大、山東圖等藏。○明天啟沈域刻本，書名卷數同前本。卷一題「明東阿穀山于慎行著，門人福唐郭應寵編次，男于緯校梓」。卷十七、卷十八卷端另題一行「後學商丘沈域重訂」。半葉八行，行十八字，白口，四周單邊。有馮琦題辭，沈域刻書引，天啟五年郭應寵跋。（參臺灣「中央圖書館」《善本書志初稿》）中科院圖藏一部有清潘祖蔭題記。上圖、南圖、川圖等亦有是刻。

問辨牘四卷續問辨牘四卷　明管志道撰　三五九四

浙江巡撫採進本（總目）。○《浙江省第六次呈送書目》：「《問辨牘》四卷《續問辨牘》四卷，明管志道著，八本。」○《浙江採集遺書總録》：「《問辨牘》四卷《續》四卷，刊本，明婁縣管志道輯。」○北京圖書館藏明萬曆刻本，題「中吴管志道登之甫著」。《問辨牘》前有萬曆二十六年戊戌自序，萬曆二十六年門人瞿汝稷跋。分元亨利貞四集。《續問辨牘》前有萬曆二十七年己亥蜡月丁丑自序云：「《問辨牘》四卷，越己亥門人請梓之，流通先後達間，獎荐與駁問交至，獎荐可含，而駁問不可以無答。自春徂冬，復積副墨二十餘通。門人許椿齡、徐汝良、年家子曹仲禮等復議梓之。諮諸學博王道宇先生，曰可，遂索以付剞劂氏。」則前四卷刻於萬曆二十七年春，後四卷刻于二十七年冬。《存目叢書》據以影印。

從先維俗議五卷　明管志道撰　三五九五

江蘇巡撫採進本（總目）。○《江蘇省第一次書目》：「《從先維俗議》五本。」○《江蘇採輯遺書目録》：「《從先維俗議》五卷，明吴管志道著，刊本。」○天津圖書館藏明萬曆三十年徐泰寧刻本，題「吴婁管志道登之甫著」。半葉九行，行十八字，白口，四周雙邊。前有萬曆三十年壬寅自序云：「通家子徐文學泰寧請梓以行，從之。」《存目叢書》據以影印。朱家溍云：故宫藏是刻封面題《管志道稿》。北圖、中科院圖亦有此刻。民國十七年太倉俞氏世德堂嘗影印萬曆本，收入《太崑先哲遺書》首集。

無甚高論七卷　明趙鴻賜撰　**三五九六**

編修勵守謙家藏本（總目）。○《編修勵第一次至六次交出書目》：「《無甚高論》，明趙鴻賜輯，四本。」○首都圖書館藏明萬曆三十六年趙延登刻本，存序一册、正文卷一至三。題「桐城趙鴻賜承玄輯」。半葉九行，行十八字，白口，四周單邊。前有萬曆三十六年戊申吴郡魯川曹胤儒序，萬曆戊申上元如真老生李登序，萬曆戊申秣陵翟文炳序，萬曆三十一年癸卯門人范一謨序，萬曆三十年壬寅自序。各卷末刻「男延登梓藏淡菊齋中」一行。是本寫刻頗精，惜已不完。《存目叢書》據以影印。

何之子一卷　明周宏禴撰　**三五九七**

浙江巡撫採進本（總目）。○《浙江省第八次呈送書目》：「《何之子》一卷，明周宏禴著，三本。」○《浙江採集遺書總録》：「《何之子》一卷，刊本，明尚寶少卿麻城周宏禴撰。」○中國科學院圖書館藏明鈔《兩周子》本。○中國科學院圖書館藏明崇禎刻《廣快書》本，卷端標題「何之子」下注：「删周元孚本。」半葉八行，行十八字，白口，左右雙邊。此本共五十條。前有序。《存目叢書》據以影印。北圖、南圖、復旦等亦有是刻。

鴻苞四十八卷　明屠隆撰　**三五九八**

浙江巡撫採進本(總目)。○《浙江省第六次呈送書目》：「《鴻苞》四十八卷，明屠隆著，二十四本。」○《浙江採集遺書總録》：「《鴻苞》三十八卷，刊本，明禮部主事鄞縣屠隆撰。」○天津圖書館藏明萬曆三十八年茅元儀刻本，卷一題「明東海屠隆緯真著，西吴茅元儀公選訂，松陵李嘉言孔彰校」。各卷校者不同。半葉八行，行十九字，白口，左右雙邊。前有萬曆三十八年庚戌二月黄汝亨序云：「公選茅氏爲吾友水部薦卿之子，博文嗜奇，爰付剞劂，屬予序之。」次張應文《鴻苞居士傳》。《存目叢書》據以影印。人民大學、中科院圖書館、臺灣「中央圖書館」等亦有是刻。○清咸豐七年刻本，作《鴻苞節録》二十卷。上圖藏。

證學編四卷附證學論策一卷　明楊起元撰　**三五九九**

兩江總督採進本(總目)。○《兩江第一次書目》：「《證學編》，明楊起元著，五本。」○北京圖書館藏明萬曆四十五年佘永寧刻本，作《太史楊復所先生證學編》四卷首一卷《證學論》一卷《策》一卷附佘永寧《秣陵紀聞》六卷。編首題「新安門人佘永寧校閲」。卷一題「新安學人曹樞校閲」。前有萬曆二十二年鄭邦福序，萬曆二十四年自序，萬曆四十五年新安門人佘永寧刻書序。版心刻工：「黄伯符刻併書。」《存目叢書》據以影印，未收《秣陵紀聞》。南圖藏是刻無《秣陵紀聞》。○復旦大學藏明萬曆刻《楊貞復六種》本，作《歸善楊先生證學編》二卷。

因明子無卷數　明張恒撰　三六〇〇

浙江巡撫採進本(總目)。○《浙江省第八次呈送書目》:「《因明子》,明張恒著,三本。」○《浙江採集遺書總録》:「《因明子》一册,刊本,明布衣張恒撰。」

進修録三卷　明馮渠撰　三六〇一

江西巡撫採進本(總目)。○《浙江巡撫海第三次呈送書目》:「《進修録》二本。」

三一子無卷數　明程德良撰　三六〇二

檢討蕭芝家藏本(總目)。○湖北省圖書館藏清光緒九年板橋書屋刻本,題「明雲夢程德良撰,應城王承禧祐卿甫校刊」。半葉九行,行二十三字,上黑口,四周雙邊。前有萬曆庚子自序。又道光七年周之琦序云:「雲夢程凝之先生《三一子書》一册、《白蓮洴文集》一册,玉農廉使先世之遺書也。……一日者以書抵余,謂訪求先世遺書歷有年所,今始得鈔本,顧多殘缺,懼其益久而無存,謀亟付梓人。」知道光間德良後裔嘗據鈔本刊版。此本書名葉刻「光緒九年重鐫」、「板橋書屋藏板」,又據道光本重刊者。《存目叢書》據以影印。

微言四卷附説書隨筆一卷　明詹在泮編　三六〇三

浙江巡撫採進本(總目)。○《浙江省第十次呈送書目》:「《諸儒微言》,明詹在泮輯,四本。」○《浙江採集遺書總録》:「《諸儒微言》四册附《説書隨筆》,刊本,明常山詹在泮輯。」

宗一聖論二卷　明吴應賓撰　**三六〇四**

安徽巡撫採進本(總目)。○《安徽省呈送書目》:「《宗一聖論》一本。」○中國科學院圖書館藏清光緒四年吴樹申刻本,題「桐城吴應賓客卿著,八世孫樹申較刊」。半葉八行,行二十字,黑口,四周單邊。前有光緒四年六世從孫承讓序,六世從孫康弼序,原序。末有光緒四年八世孫樹申跋。《存目叢書》據以影印。安徽省圖亦有是刻。

祈嗣真詮無卷數　明袁黄撰　**三六〇五**

浙江鮑士恭家藏本(總目)。○北京圖書館藏明萬曆三十三年建陽余氏刻《了凡雜著》本一卷。○山西祁縣圖書館藏明刻《亦政堂鐫陳眉公普祕笈》本,作《陳眉公訂正祈嗣真詮》一卷,題「東吴袁黄坤儀甫編,屠中孚德胤甫校」。版心上刻「漱芳堂」三字。前有萬曆十八年庚寅門人東萊韓初命《刻祈嗣真詮引》。《存目叢書》據以影印。北圖、中科院圖、復旦等亦有是刻。○民國十一年上海文明書局石印《寶顔堂祕笈》本。○民國二十五年商務印書館據《陳眉公普祕笈》本排印,收入《叢書集成初編》。

支談三卷　明焦竑撰　**三六〇六**

兩江總督採進本(總目)。○山西祁縣圖書館藏明刻《寶顔堂彙祕笈》本,分上中下三卷。《存目叢書》據以影印。北圖、中科院圖、復旦等亦有是刻。○民國十一年上海文明書局石印《寶顔堂祕笈》本。

焦弱侯問答一卷　明焦竑撰　潘曾紘編　**三六〇七**

浙江巡撫採進本（總目）。〇《浙江省第六次呈送書目》：「《焦弱侯問答》一卷，明焦竑撰，潘灝輯，一本。」

藂語十二卷　明吴炯撰　**三六〇八**

浙江巡撫採進本（總目）。〇《浙江省第六次呈送書目》：「《叢語》二十卷，明吴烱著，四本。」〇《浙江採集遺書總録》：「《叢語》十二卷，刊本，明杭州司理華亭吴炯撰。」〇上海圖書館藏明萬曆刻本，題「華亭吴炯晉明甫」。半葉九行，行十七字，白口，四周單邊。前有萬曆二十二年甲午武林李時英序，萬曆甲午盱江劉文卿序，門生何汝學序。末有萬曆三十五年丁未吴炯跋。何序云：「學隨任金陵，披覽誦讀，爲之編其類而重付剞劂氏。」《存目叢書》據以影印。

環碧齋小言一卷　明祝世禄撰　**三六〇九**

兩江總督採進本（總目）。〇《浙江省第十一次呈送書目》：「《環碧齋小言》，明祝世禄著，一本。」〇《浙江採集遺書總録》：「《環碧齋小言》一册，寫本，明祝世禄撰。」〇北京大學圖書館藏明萬曆刻《環碧齋集》本，正文首行標題《祝子小言》，版心標題《環碧齋小言》。半葉九行，行十八字，白口。每半葉一框，四周單邊。寫刻本。《存目叢書》據以影印。北圖亦有是刻。〇明刻《寶顔堂彙祕笈》本，作《祝子小言》一卷。北圖、中科院圖、復旦等藏。〇民國十一年上海文明書局石印《寶顔堂祕笈》本。〇明天啟六年快堂刻《快書》本。北大、上圖、山東圖等藏。

時習新知六卷　明郝敬撰 三六一〇

山東巡撫採進本(總目)。○《山東巡撫呈進第二次書目》:「《時習新知》二本。」○中國科學院圖書館藏明萬曆崇禎間郝洪範刻《山草堂集》内篇本,首行題「山草堂集第八」,次行題「時習新知卷之一」,三行題「京山郝敬著,新安章文煒編」,四行題「門人田必成、男郝洪範校」。半葉九行,行十八字,白口,四周單邊。前有萬曆四十七年己未自序兩篇。《存目叢書》據以影印。北圖、清華、吉林省圖亦有是刻。

西行草一卷　明曾偉芳撰 三六一一

浙江孫仰曾家藏本(總目)。○《浙江省第四次孫仰曾家呈送書目》:「《西行草》,明曾偉芳著,一本。」○《浙江採集遺書總録》:「《西行草》一册,刊本,明尚書温陵曾偉芳撰。」

傳家迂言一卷　明賀應保撰 三六一二

江西巡撫採進本(總目)。○《江西巡撫六次續採書目》:「《迂録》、《迂億》、《迂議》三種共四本。」

按:《迂録》疑即此書。

迂議一卷　明賀應保撰 三六一三

江西巡撫採進本(總目)。○見《傳家迂言》條。

迂億四卷　明賀應保撰 三六一四

江西巡撫採進本(總目)。○見《傳家迂言》條。

共發編四卷　明曹于汴撰　**三六一五**

山西巡撫採進本(總目)。○《山西省呈送書目》:「《共發編》。」○北京圖書館分館藏明天啟五年刻本,半葉八行,行十八字,白口,四周雙邊。前有天啟五年門人楊柱《重刻共發編序》。末有萬曆二十六年譚大禮跋,吕崇烈跋。鈐有「五福堂收藏明版善本書」朱文長方印、「黄紹齋家珍藏」朱文方印。《存目叢書》據以影印。

盡心編一卷證語二卷海鷗居日識二卷　明陳伯友撰　**三六一六**

山東巡撫採進本(總目)。○《山東巡撫第二次呈進書目》:「《盡心編》三本。」

寅陽十二論二卷　明葉秉敬撰　**三六一七**

浙江巡撫採進本(總目)。○《浙江採集遺書總録》:「《葉寅陽十二論》二卷,寫本,明提學副使西安葉秉敬撰。」

剩言十四卷　明戴君恩撰　**三六一八**

浙江巡撫採進本(總目)。○《浙江省第六次呈送書目》:「《剩言》十四卷,明戴君恩著,四本。」○《浙江採集遺書總録》:「《剩言》十四卷,刊本,明江陵戴君恩撰。」○北京圖書館藏明刻本,内篇十一卷,外篇六卷,共十七卷。題「荆澧戴君恩忠甫著」。半葉八行,行十八字,白口,四周單邊。無序跋。鈐「石臣」、「天柱」、「讀書臺」、「拙存」、「戴石臣」、「戴石臣印」、「原名昆楕」、「天柱氏」等印記。《存目叢書》據以影印。按:館臣所見外篇僅三卷,蓋非完帙也。

宏山集四卷　明張後覺撰　三六一九

山東巡撫採進本(總目)。○《山東巡撫第二次呈進書目》:「《宏山集》二本。」○中國科學院圖書館藏明萬曆二十七年張尚淳刻本,作《張弘山集》四卷。題「茌平張後覺著,吴橋范景文、光山畢佐周編,聊城朱延禧、梁廷楫、堂邑張鳳翔校,孫男張尚淳、曾孫張明俊、張明傑、張明僎、張明璽録」。半葉九行,行十九字,白口,左右雙邊。前有萬曆二年茌平門生孟秋序,萬曆二十七年張尚淳《重刻語録叙言》。末有萬曆十六年門人孟秋跋。鈐「柳圃堂藏書記」、「六合徐氏孫麒珍藏書畫記」、「孫麒氏使東所得」、「陽湖陶氏涉園所有書籍之記」等印記。《存目叢書》據以影印。○清康熙五年茌平張愚刻《茌平三先生合刻》本,作《張弘山先生集》。北圖、北大、吉大、山東圖等藏。

感述録六卷續録四卷　明趙維新撰　三六二〇

山東巡撫採進本(總目)。○《山東巡撫第二次呈進書目》:「《感述録》二本、《感述續録》一本。」○《兩江第二次書目》:「《感述録》,明趙維新著,二本。」○《浙江省第九次呈送書目》:「《感述續録》四卷,明趙維新著,一本。」○《浙江採集遺書總録》:「《感述續録》四卷,刊本,明訓導茌平趙維新撰。」○清康熙五年茌平張愚刻《茌邑三先生合刻》本,北圖、北大、吉大、山東圖等藏。《存目叢書》影印中科院圖書館藏本,題「茌平素衷趙維新著」。半葉九行,行二十字,白口,四周單邊。前序及《續録》四周雙邊。前序有張鳳翔序,萬曆丙辰曹和聲序,萬曆庚寅自序。原定爲道光刻本。卷内曆、泓、真字不避諱,玄字缺末筆。余以山東省圖藏《茌邑三先生合刻》本相校,知係一版。

治平言二卷　明曾大奇撰　**三六二一**

江西巡撫採進本(總目)。○《江西巡撫海第三次呈送書目》:「《治平言》二本。」○北京圖書館分館藏明刻本,題「泰和曾大奇端甫著,男文饒謹較」。半葉八行,行十八字,白口,四周單邊。無直格。前有《陳宗師批允鄉賢參語》云:「其《治平》一書成於神廟之時,而符於數十年以後成敗得失,有如持券,使數十年間有深謀蚤見如其人者,豈遂周章無緒至此。」知是本刊刻在崇禎間。卷首有蕭士瑋序,江西學使者陳懋德序,泰和令徐行忠序。《存目叢書》據以影印。王重民《善本提要》著録美國國會圖書館藏明末刻本,當係一版。

論學緒言六卷　明鄒士元撰　**三六二二**

江西巡撫採進本(總目)。○《江西巡撫海第三次呈送書目》:「《論學緒言》二本。」

林全子集四十卷　明林兆恩撰　**三六二三**

安徽巡撫採進本(總目)。○《安徽省呈送書目》:「《林氏全書》二十四本。」○北京圖書館藏明崇禎刻本,作《林子全集》,元部十一册六十二卷、亨部十册十九卷、利部十册二十九卷、貞部十册二十四卷,共四十一册一百三十四卷。卷一題「門人涂文輔、劉永昌仝參閲」。半葉九行,行十九字,白口,四周單邊。前有崇禎四年辛未弟子馬鳴起序,崇禎四年葉燦序,崇禎四年門人劉永昌序,崇禎四年門人姚家凱序,崇禎四年弟子周景濂序,崇禎四年門人真懶序。劉永昌序云:「吾鄉涂左垣先生任刻其半,昌謀諸同社孝廉于廷陳等續竣其事,而留都名公鉅卿暨諸文學較讐參閲,實爲詳焉。」知係崇禎四年涂文輔、劉永昌等金陵刻本。《存目叢書》據以影印。按：書名《林子全集》，浙本《總目》誤爲《林全子集》。殿本《總目》不誤。

韋弦佩無卷數　明屠本畯撰　**三六二四**

浙江巡撫採進本（總目）。○《浙江採集遺書總録》：「《茗芨》一册附《韋弦佩》不分卷，刊本，明鄞縣屠本畯輯。」○明末刻《八公遊戲叢談》本一卷，半葉九行，行二十字，白口，左右雙邊。北大藏。○明末刻《居家必備》本，題「甬上屠本畯」。半葉九行，行二十字，白口，左右雙邊。前有自序。《存目叢書》用北大藏本影印。北圖、山東大學亦有是刻。○明刻清順治三年宛委山堂印《説郛續》本，北圖、上圖等藏。一九八八年上海古籍出版社影印宛委山堂《説郛續》本，收入《説郛三種》。

紀聞類編四卷　明竇文照撰　**三六二五**

浙江鮑士恭家藏本（總目）。○《浙江省第四次鮑士恭呈送書目》：「《紀聞類編》四卷，明竇文照著，四本。」○《浙江採集遺書總録》：「《竇子紀聞類編》四卷，刊本，明光禄卿秀水竇文照撰。」○《江蘇省第一次書目》：「《竇子紀聞》四本。」○《江蘇採輯遺書目録》：「《竇子紀聞》四卷，明光禄寺卿秀水竇文照著，刊本。」○《浙江省第六次呈送書目》：「《竇子紀聞類編》四卷，明竇文照輯，四本。」○北京大學藏明萬曆六年自刻本，作《竇子紀聞類編》四卷，題「秀水竇文照子明彙編，同邑姚弘謨繼文參校，友人馮夢禎開之同閲」。半葉九行，行十九字，白口，四周單邊。前有萬曆六年秀水姚弘謨序云：「遂謀入梓。」又萬曆八年庚辰七月古鹽官馮皋謨序，秀水馮夢禎引。鈐「衡陽常氏潭印閣藏書之圖記」、「陸承昊印」、「淡園」、「翠竹」等印記。是本寫刻頗精。《存目叢書》據以影印。北圖、上圖亦有是刻。

虞精集八卷　明周伯耕撰　三六二六

江西巡撫採進本（總目）。〇日本内閣文庫藏明萬曆三十九年序刻本四卷。〇無錫市圖書館藏明書林鄭大經刻本，作《新鍥官板批評註釋虞精集》八卷。每卷題「郢中李維楨本寧父選，莆田周伯畊更生著，臨川徐奮鵬自溟評，湯開遠叔寧校，男周家賢齊甫註，書林鄭大經道常梓」。半葉九行，行十八字，白口，四周單邊。眉上刻評。有李維楨、湯顯祖、徐奮鵬、陳騰鳳序。又諸名公評文書略。鈐「栩栩盦」等印記。《存目叢書》據以影印。

聽心齋客問一卷　舊題廬山山人萬尚父撰　三六二七

浙江鮑士恭家藏本（總目）。〇山西祁縣圖書館藏明刻《亦政堂鐫陳眉公普祕笈》本，題「廬山山人萬尚父著，空青居士陳繼儒、三竺道人陳天保校」。半葉八行，行十八字，白口，四周單邊。前有自序。《存目叢書》據以影印。北圖、中科院圖、復旦等亦有是刻。〇民國十一年上海文明書局石印《寶顔堂祕笈》本。〇民國二十五年商務印書館據《陳眉公普祕笈》本排印，收入《叢書集成初編》。

王氏二書選要十一卷　明王貞善撰　鄒元標選　三六二八

江西巡撫採進本（總目）。〇《江西巡撫海第三次呈送書目》：「《王氏二書選要》六本。」〇日本静嘉堂文庫藏鈔本。

文園漫語一卷　舊本題程希堯撰　三六二九

浙江吴玉墀家藏本(總目)。○《浙江省第四次吴玉墀家呈送書目》:「《文園漫語》,明程希堯著,一本。」○《浙江採集遺書總録》:「《文園漫語》一册,倦圃寫本,明程希堯撰。」○北京圖書館藏明鈔本,題「都門程希堯著」,半葉十二行,行二十四字,黑方格,白口,四周單邊。書衣有「乾隆三十八年十一月浙江巡撫三寶送到吴玉墀家藏文園漫語壹部計書壹本」長方朱記。卷内鈐「曹溶私印」、「潔躬」、「翰林院印」、「曾在趙元方家」等印記。即吴玉墀家進呈四庫館原本。《存目叢書》據以影印。按:顧廷龍先生手批《四庫全書附存目録》有此明鈔本,謂見於修文堂,價七十元,燕京大學録副。

辨學遺牘一卷　明利瑪竇撰　三六三〇

兩江總督採進本(總目)。○北京大學藏明萬曆天啟間刻《天學初函》本,正文首題「辯學遺牘」,次題「習是齋續梓」。半葉十行,行二十二字,白口,四周雙邊。《存目叢書》據以影印。北圖、川圖亦有是刻。○一九一九年《大公報》英華排印本,附艾儒略《大西利先生行蹟》一卷、陳垣《明浙西李之藻傳》一卷。前有一九一九年八月陳垣序云:「萬松野人主天津大公報時曾以此卷刊入報中,今欲再版,屬余訂正。」又云:「補刊彌格子跋一篇。彌格子者,楊廷筠也。此跋崇禎間閩刻本有之,《天學初函》本無有。又袾宏和尚答虞淳熙一書,亦附録之。」又一九一五年相伯馬良序云:「大公報主任英斂之喜見《天學初函》,亟爲重校刊報尾。」余藏一册。

二十五言一卷　明利瑪竇撰　**三六三一**

浙江巡撫採進本(總目)。○北京大學藏明萬曆天啟間刻《天學初函》本,作《重刻二十五言》一卷,題「大西利瑪竇述,新都後學汪汝淳較梓」。前有萬曆三十三年甲辰馮應京《重刻二十五言序》。後有萬曆甲辰徐光啟跋。《存目叢書》據以影印。北圖、川圖亦有是刻。

天主實義二卷　明利瑪竇撰　**三六三二**

兩江總督採進本(總目)。○北京大學藏明萬曆天啟間刻《天學初函》本,題「耶穌會中人利瑪竇述,燕貽堂較梓」。半葉九行,行二十字,白口,四周單邊。前有萬曆彊圉叶洽之歲(三十五年)浙西後學李之藻序云:「余友汪孟樸氏重刻於杭而余爲僭弁數語。」又萬曆二十九年馮應京序,萬曆三十一年利瑪竇引,萬曆三十五年汪汝淳《重刻天主實義跋》。汪跋末刊二木記:「汪女淳印」、「汪孟樸氏」。版心刻「燕貽堂」三字。蓋萬曆三十五年汪汝淳燕貽堂杭州刻本,卷端校字作較,避明熹宗諱,則又天啟間修板。《存目叢書》據以影印。北圖、川圖亦有是刻。浙圖有單本。○清同治七年重刻本,慈母堂版。中央民大、中科院圖、南圖、安徽圖藏。

畸人十篇二卷附西琴曲意一卷　明利瑪竇撰　**三六三三**

兩江總督採進本(總目)。○北京大學藏明萬曆天啟間刻《天學初函》本,作《重刻畸人十篇》二卷,題「利瑪竇述,後學汪汝淳較梓」。半葉十行,行二十字,白口,四周單邊。前有萬曆三十六年戊申李之藻序,勾吴周炳謨《重刻畸人十篇引》,渤海王家植引,凉菴居士識語。附刻《西琴曲意》一卷。

《存目叢書》據以影印。北圖、川圖亦有是刻。臺灣中研院史語所藏單本，缺卷上。有清劉位坦題記。○清康熙三十四年金臺聖母領報會刻本，附《泠石生演畸人十規》一卷。中科院圖藏。○日本天保傳鈔明萬曆汪汝淳刻本二册，北京大學藏。○清道光二十七年刻本，安徽省圖藏。

交友論一卷　明利瑪竇撰 三六三四

兩江總督採進本(總目)。○北京大學藏明萬曆天啟間刻《天學初函》本，題「歐羅巴人利瑪竇譔」。半葉九行，行二十字，白口，四周單邊。前有萬曆二十九年辛丑馮應京《刻交友論序》，萬曆二十七年己亥瞿汝夔序。《存目叢書》據以影印。北圖、川圖亦有是刻。○明萬曆刻《亦政堂鐫陳眉公家藏廣祕笈》本，作《高寄齋訂正友論》一卷。北圖、中科院圖、復旦等藏。○民國十一年上海文明書局石印《寶顏堂祕笈》本。○民國二十五年商務印書館據《陳眉公家藏廣祕笈》本排印，收入《叢書集成初編》。○明刻《廣百川學海》本，作《友論》。北圖、北大、南圖等藏。○明刻清順治三年宛委山堂印《説郛續》本，作《友論》。北圖、上圖等藏。一九八八年上海古籍出版社影印宛委山堂《説郛續》本，收入《説郛三種》。

七克七卷　明西洋人龐迪我撰 三六三五

兩江總督採進本(總目)。○《武英殿第一次書目》：「《七克》二本。」○北京大學藏明萬曆天啟間刻《天學初函》本，各卷題「西海耶穌會士龐迪我譔述，武林鄭圃居士楊廷筠較梓」。半葉十行，行二十二字，白口，四周單邊。前有楊廷筠序，晉人曹于汴序，上饒鄭以偉序，南州熊明遇引，山東按察司副使陳亮采序,萬曆四十二年甲寅自序。《存目叢書》據以影印。北圖、川圖亦有是刻。○清初刻本,浙圖藏。○清嘉慶京都刻本,浙圖、安徽圖藏。○日本京貽大堂刊本,臺灣私立東海大學藏。

西學凡一卷附録唐大秦寺碑一篇　明西洋人艾儒略撰　**三六三六**

兩江總督採進本(總目)。○北京大學藏明萬曆天啟間刻《天學初函》本,題「西海耶穌會士艾儒略答述」。半葉九行,行十九字,白口,四周單邊。前有天啟三年癸亥鄭圃居士楊廷筠序云:「而其凡則艾子述以華言,友人熊子士旂、袁子升聞、許子胥臣爲授梓。」知係天啟三年熊士旂等三人所刊。末附《景教流行中國碑頌》並序共八頁,末有「習是齋藏版」一行,又天啟五年凉菴居士《讀景教碑書後》。此附録係寫刻,《西學凡》係宋體字,非同時所刻。蓋《景教碑》係天啟五年李之藻刊。《存目叢書》據以影印。北圖、川圖亦有是刻。

靈言蠡勺二卷　明西洋人畢方濟撰　徐光啟編録　**三六三七**

兩江總督採進本(總目)。○北京大學藏明萬曆天啟間刻《天學初函》本,題「泰西畢方濟口授,吳淞徐光啟筆録,慎修堂重刻」。半葉九行,行十八字,白口,四周雙邊。前有天啟四年甲子畢方濟引。《存目叢書》據以影印。北圖、川圖亦有是刻。臺灣中研院史語所有單本。

空際格致二卷　明西洋人高一志撰　**三六三八**

直隸總督採進本(總目)。○《直隸省呈送書目》:「《空際格致》二本。」○南京圖書館藏清鈔本,題「極西耶穌會士高一志撰,古絳後學韓雲訂」。半葉八行,行二十一字。鈐「錢唐丁氏藏書」、「四庫坿存」等印記。《存目叢書》據以影印。○鎮江圖書館藏清鈔本。○大連圖書館藏清鈔本。○清同治間李冬涵輯鈔《濟寧李氏礲墨亭叢書》本，中山大學藏。○臺灣「中央圖書館」藏清鈔本，題「極西耶穌會士高一志撰，古絳後學韓雲訂」。半葉十一行，行二十字，藍格，白口，左右雙邊。後附西極耶穌會士龍華民《地震解》一卷，末云：「丙寅京師邊地大震，或過而問焉，則以告李太宰者告之，因刻以廣之，天啟六年歲次丙寅五月夏至日。康熙十八年己未仲秋上浣重刻。」鈐有「廣陵江洵鑑藏印」、「王宗炎所見書」、「子培父」、「曜貞瑁館所收」等印記。（見該館《善本書志初稿》）

寰有銓六卷　明西洋人溥汎際撰　　**三六三九**

浙江汪啟淑家藏本（總目）。○《浙江省第四次汪啟淑家呈送書目》：「《寰有詮》五卷，明李之藻著，四本。」○《浙江採集遺書總録》：「《寰有詮》五卷，刊本，明太僕卿仁和李之藻撰。」○《武英殿第二次書目》：「《寰有銓》六本。」○華東師大圖書館藏明崇禎元年靈竺玄棲刻本，正文首題「寰有詮卷之一」，次題「波爾杜曷後學傅汎際譯義，西湖存園寄叟李之藻達辭」。半葉九行，行十九字，白口，四周單邊。前有崇禎元年李之藻序。目録末有「靈竺玄棲藏板」六字。卷六末刊：「遵教規，凡譯經典，三次看詳，方允付梓。耶穌會中同學黎寧石、曾德昭、費樂德共訂，值會陽瑪諾閱準，皇明天啟五年立夏譯完，崇禎元年秋分刻完。」卷首鈐「明善堂覽書畫印記」、「安樂堂藏書記」等印記。《存目叢書》據以影印。臺灣「中央圖書館」亦藏是刻六卷六册，卷六係鈔配，卷六之目録亦係鈔補。蓋佚去第六卷一册，書賈遂割去卷前目録之卷六部分，僞充全帙。後收藏之家復據足本鈔補齊全。

卷内鈐「沈雲麐字翼蒼一字雙坨」、「二十八宿研齋」、「王氏二十八宿硯齋藏書之印」等印記。臺灣中研院史語所亦藏一部六册。按：《總目》書名作「寰有銓」，銓當作詮(殿本《總目》不誤)。又著者作「溥汎際」，亦當依原書作「傅汎際譯義」。

蒼崖子無卷數　明朱健撰　**三六四〇**

浙江巡撫採進本(總目)。○《浙江省第十二次呈送書目》：「《蒼崖子》，明朱健著，一本。」○《浙江採集遺書總録》：「《蒼崖子》一册，刊本，明舉人漢陽朱健撰。」○北京圖書館藏明末刻本一卷，題「鍾陵朱健子强父著，西湖門人鍾鉉箋」。半葉九行，行二十字，白口，四周單邊。前有毘陵社盟弟岳虞巒序，吴下社盟弟張采序，黄端伯序，古吴社盟弟張溥序，年社弟章世純序，武林社盟弟張玄序，弟崧小引。《存目叢書》據以影印。北師大、上圖等亦有是刻。

爨下語二卷　明張復撰　**三六四一**

浙江巡撫採進本(總目)。○《浙江省第六次呈送書目》：「《爨下語》二卷，明張子遠著，二本。」○《浙江採集遺書總録》：「《爨下語》二卷，刊本，明新安張子遠撰。」○北京圖書館藏明天啟二年刻本，正文首題「張子遠先生爨下語卷上」，次題「里人黄士孝忠可甫校」。半葉九行，行十九字，白口，四周單邊。有天啟二年壬戌中秋日重刻序，無序者名氏，似佚去，據《提要》當係陳繼儒序。又江漢老人瞿九思題語。鈐有「曾留吴興周氏言言齋」、「艸亭藏」、「黄裳藏本」等印記。末有黄裳手跋：「晚明人好作清言，終日不倦，終至亡國。而此畢生所集玄言絮語，亦終至澌滅無存。此《爨下語》未聞有著録者，即此類也。書出周越然家，余得之徐紹樵許。壬辰五月十七日漫記，小燕。」《存目叢書》據以影印。○清康熙五十二年程端初刻本，標題同前本。泰州市圖書館藏。

尚絅小語三卷　明姚張斌撰　**三六四二**

浙江巡撫採進本（總目）。○《浙江省第六次呈送書目》：「《小語》三卷，明姚張斌著，二本。」○《浙江採集遺書總録》：「《小語》三卷，刊本，明金谿姚張斌撰。」○清華大學藏明崇禎六年刻本，作《尚絅生小語》二卷。半葉八行，行二十字，白口，四周單邊。無直格。寫刻本。前有崇禎六年癸酉季夏尚絅畸人姚張斌序。《存目叢書》據以影印。

垂訓樸語一卷　明陳其德撰　**三六四三**

浙江巡撫採進本（總目）。○《浙江省第六次呈送書目》：「《垂訓朴語》一卷，明陳其德著，一本。」○《浙江採集遺書總録》：「《垂訓朴語》一册附《松濤遺詩》，刊本，明桐鄉陳其德撰。」○南京圖書館藏清嘉慶十八年刻本，題「桐鄉陳其德太華甫著，同里後學沈堯咨編校」。半葉九行，行二十五字，白口，左右雙邊。鈐有「丁氏八千卷樓藏書記」、「四庫坿存」、「兩江總督端方爲江南圖書館購藏」等印記。卷前有丁丙有録《四庫提要》本條，並附丁丙跋：「丙按：此爲嘉慶間石門徐氏刊本，編校之名則未剷去，而遺詩但於目下注明嗣出，不知十首是否仍作勸戒語耶。災荒兩記，吾生當辛酉圍城中，所歷尤慘於是。克復才周歲星，而奢侈争競之風似過于劫前，讀之彌深虎尾春冰之懼。卷中加墨者邵位西樞僉也。光緒丙子二月中記。」《存目叢書》據以影印。

狂夫之言三卷續狂夫之言二卷　明陳繼儒撰　三六四四

浙江孫仰曾家藏本(總目)。○中國科學院圖書館藏明萬曆沈氏尚白齋刻《尚白齋鐫陳眉公寶顔堂祕笈》本,卷一題「華亭陳繼儒著,武塘沈豫昌校」。半葉八行,行十八字,白口,四周單邊。前有朱國禎題辭。《存目叢書》據以影印。北圖、復旦等亦有是刻。○民國十一年上海文明書局石印《寶顔堂祕笈》本。○民國二十五年商務印書館據《寶顔堂祕笈》本排印,收入《叢書集成初編》。○明末濬發堂刻《陳眉公先生十集》本,半葉九行,行十八字,白口,四周單邊。大連圖書館藏。○明末聚奎樓刻《陳眉公先生十集》本,不分卷。半葉九行,行十八字,白口,四周單邊。首都圖、清華、社科院文學所藏。○明末武林王欽明編刻《笈雋》本。半葉九行,行二十字,白口,四周單邊。南開大學、臺灣「中央圖書館」藏。○明崇禎醉緑居刻《眉公十種藏書》本,作《狂夫之言》二卷。半葉九行,行二十一字,白口,左右雙邊。北大、上圖、山東圖等藏。○日本安政六年(清咸豐九年)官版書籍發行所刻本。遼圖、浙圖、蘇州圖、復旦、南圖藏。

安得長者言一卷　明陳繼儒撰　三六四五

浙江孫仰曾家藏本(總目)。○明萬曆沈氏尚白齋刻《尚白齋鐫陳眉公寶顔堂祕笈》本,半葉八行,行十八字,白口,四周單邊。北圖、中科院圖、復旦等藏。○民國十一年上海文明書局石印《寶顔堂祕笈》本。○民國二十五年商務印書館據《寶顔堂祕笈》本排印,收入《叢書集成初編》。○明末濬發堂刻《陳眉公先生十集》本,半葉九行,行十八字,白口,四周單邊。大連圖書館藏。○明末聚奎樓刻《陳眉公先生十集》本，半葉九行，行十八字，白口，四周單邊。首都圖、清華、社科院文學所藏。○北京大學藏明崇禎醉緑居刻《眉公十種藏書》本，半葉九行，行二十一字，白口，左右雙邊。前有自序。《存目叢書》據以影印。上圖、山東圖等亦有是刻。○明刻《廣百川學海》已集本，作《長者言》一卷。北圖、北大等藏。○明刻清順治三年宛委山堂印《説郛續》本，書名同前本。北圖、上圖等藏。一九八八年上海古籍出版社影印宛委山堂《説郛續》本，收入《説郛三種》。○清初刻《水邊林下》本，作《長者言》。北圖、蘇州圖藏。

睿養圖説無卷數　明楊觀光撰　**三六四六**

浙江巡撫採進本（總目）。○《浙江省第十次呈送書目》：「《睿養圖説》，明楊觀光輯，一本。」○《浙江採集遺書總録》：「《睿養圖説》一册，刊本，明檢討楊觀光撰。」○《衍聖公交出書目》：「《睿養圖説》，明楊觀光著，一本。」

尋樂編一卷　明毛元淳撰　**三六四七**

浙江巡撫採進本（總目）。○《浙江省第八次呈送書目》：「《尋樂編》，明毛元淳著，三本。」○《浙江採集遺書總録》：「《尋樂編》一册，刊本，明舉人松陽毛元淳撰。」○無錫市圖書館藏明崇禎刻本，題「明浙松川毛元淳還樸父著」。半葉九行，行十九字，白口，四周單邊。前有錢塘翁鴻業於煮字山房序，崇禎六年癸酉孟秋日率性居士毛元淳於紫微堂序。又引言一葉，僅存一葉。末有秀水吴胤昌題詞。《存目叢書》據以影印。

補計然子一卷　明董漢策撰 **三六四八**

江蘇周厚堉家藏本(總目)。○《江蘇省第一次書目》:「《計然子》一本。」○《江蘇採輯遺書目録》:「《補計然子》一册,明菰城董漢策輯,刊本。」○北京圖書館藏明崇禎陸信甫刻本,作《計然子》一卷。半葉八行,行十八字,白口,四周單邊。無直格。前有董説序,崇禎十五年壬午閏月一日菰城董漢策引例。鈐有「翰林院印」滿漢文大官印,又鈐「雲間第八峰山下周氏藏書」印,知係周厚堉進呈四庫館原本。又鈐「何默之印」、「江安傅增湘沅叔珍藏」、「雙鑑樓藏書記」諸印記。《存目叢書》據以影印。上圖亦藏是刻。

蔬齋厞語四卷　明沈大洽撰 **三六四九**

浙江巡撫採進本(總目)。○《浙江省第七次呈送書目》:「《蔬齊厞語》四卷,明沈大洽著,四本。」○《浙江採集遺書總録》:「《蔬齊厞語》四卷,刊本,明處士錢塘沈太洽撰。」

激書無卷數　明賀貽孫撰 **三六五〇**

江西巡撫採進本(總目)。○《江西巡撫海第四次呈送書目》:「《激書》一套一本。」○民國六年南昌豫章叢書編刻局刻本二卷,《豫章叢書》之一。題「永新賀貽孫子翼父著」。末有胡思敬校記三條。又民國七年戊午胡思敬跋。《存目叢書》據以影印。

真如子醒言九卷　明王化隆撰 **三六五一**

兩江總督採進本(總目)。○《兩江第二次書目》:「《醒言》,明王化隆著,一本。」○浙江圖書館藏明萬曆王化遠等刻本，題「廣漢真如子王化隆撰，蕭丁泰吉父選，劉邦靖孟安父校，周世匡翼之父閲，弟王化遠濟可父、男王烈光梓」。半葉十行，行二十字，白口，四周雙邊。前有萬曆二十九年辛丑蕭良有序，曾可前序。末有萬曆三十年壬寅劉體元跋。首葉鈐「翰林院印」滿漢文大官印，又鈐「浮雲書屋珍藏書畫章」印。《存目叢書》據以影印。

養生弗佛二論一卷　明魏大成撰　**三六五二**

兩江總督採進本（總目）。

枕流日劄一卷　不著撰人名氏　**三六五三**

浙江巡撫採進本（總目）。○《浙江省第九次呈送書目》：「《枕流日劄》一卷一本。」○《浙江採集遺書總録》：「《枕流日劄》一卷，寫本，明僉事海寧陳之伸撰。」

息齋藏書十二卷　國朝裴希度撰　**三六五四**

山西巡撫採進本（總目）。○《山西省呈送書目》：「《息齋藏書》十二卷。」○中國科學院圖書館藏清康熙二年刻本，卷一題「陽直中菴子輯著，天水懷倩子參訂，汾曲橘園逸叟校閲」。半葉九行，行二十字，白口，四周雙邊。前有康熙二年天水懷倩子序，康熙二年自序，末有康熙二年癸卯馮雲驤跋。《存目叢書》據以影印。清華大學亦有是刻。

衡書三卷　國朝唐大陶撰　**三六五五**

浙江巡撫採進本（總目）。○《浙江省第十次呈送書目》：「《衡書》三卷，國朝唐大陶著，一本。」

○《浙江採集遺書總録》：「《衡書》三卷，刊本，國朝舉人夔州唐甄撰。」

新婦譜一卷　國朝陸圻撰　**三六五六**

江西巡撫採進本（總目）。○清康熙二十五年徐樹屏刻本，與《閨訓新編》合刻。中科院圖書館藏。○清康熙三十四年新安張氏霞舉堂刻《檀几叢書》本。《存目叢書》據山東省圖藏本影印。北圖、上圖等多有是刻。○清咸豐二年刻本，中科院圖書館藏。○清光緒刻本，南圖藏。○清宣統二年國學扶輪社排印《香豔叢書》第二集本。北圖、上圖等多處藏。

格物問答三卷　國朝毛先舒撰　**三六五七**

浙江巡撫採進本（總目）。○《浙江省第十二次呈送書目》：「《格物問答》三卷，明毛先舒著，一本。」○《浙江採集遺書總録》：「《格物問答》三卷，刊本，國朝錢塘毛先舒撰。」○北京圖書館藏清康熙毛氏思古堂刻《思古堂十五種書》本，題「錢唐毛先舒稚黄敬撰」。半葉十二行，行二十四字，白口，四周單邊。前有盱南湯來賀、晉安林雲銘、四明萬思大、逸菴濟日、錢唐柴世雄、弟子周琮瑩題詞。又略例。《存目叢書》據以影印。復旦亦有是刻。江西省圖藏康熙刻本，與《匡林》合函，疑亦同刻。

螺峯説録一卷　國朝毛先舒撰　**三六五八**

浙江巡撫採進本（總目）。○北京圖書館藏清康熙毛氏思古堂刻《思古堂十五種書》本二卷首一卷，題「錢唐毛先舒稚黄著」。半葉十二行，行二十六字，白口，四周單邊。前有康熙二十七年戊辰七月十一日毛先舒《螺峯説録綜概》。卷上、卷下首葉版心下方均刊「思古堂叢書」五字。《存目叢書》據以影印。復旦亦有是刻。

聖學真語二卷　國朝毛先舒撰 三六五九

浙江汪汝瑮家藏本(總目)。○北京圖書館藏清康熙毛氏思古堂刻《思古堂十五種書》本,題「錢唐毛先舒稚黄(一名騤字馳黄)著」。半葉十一行,行二十二字,白口,四周單邊。前有林雲銘序,自序。《存目叢書》據以影印。復旦亦有是刻。江西省圖藏康熙刻本,與《匡林》合函,疑亦同刻。

潛齋處語一卷　國朝楊慶撰 三六六〇

陝西巡撫採進本(總目)。

蒙訓一卷　國朝楊慶撰 三六六一

陝西巡撫採進本(總目)。

理學就正言十卷　國朝祝文彦撰 三六六二

浙江巡撫採進本(總目)。○《浙江省第六次呈送書目》:「《理學就正言》十卷,國朝祝文彦著,二本。」○《浙江採集遺書總録》:「《理學就正言》十卷,刊本,國朝石門祝文彦輯。」

聖學大成無卷數　國朝孫鍾瑞編 三六六三

浙江范懋柱家天一閣藏本(總目)。○《浙江省第五次范懋柱家呈送書目》:「《聖學大成》十二卷《補遺》一卷,國朝孫鍾瑞輯,十二本。」○《浙江採集遺書總録》:「《聖學大成》十二卷《補遺》一卷,寫本，國朝嘉興孫鍾瑞輯。」

拳拳録二卷　國朝李亰燦撰　**三六六四**

江西巡撫採進本（總目）。

顔巷録一卷　國朝李亰燦撰　**三六六五**

江西巡撫採進本（總目）。

晚聞篇一卷　國朝李亰燦撰　**三六六六**

江西巡撫採進本（總目）。

柏鄉魏氏傳家録二卷附家約一卷　國朝魏裔介撰　**三六六七**

直隸總督採進本（總目）。

勸世恒言一卷　題曰時人近本，崑林删訂。崑林者，魏裔介之别號也　**三六六八**

直隸總督採進本（總目）。

萬世太平書十卷　國朝勞大輿撰　**三六六九**

内府藏本（總目）。〇《武英殿第二次書目》：「《萬世太平書》五本。」〇中國科學院圖書館藏鈔本，題「語水勞大與貞山父著」。半葉八行，行二十字，白口，四周單邊。無直格。前有康熙九年庚戌史大成序，康熙十年勞大與自叙，張玉書序。又凡例五則，末署「男本敬、本和同百拜識」。又本敬識語。《存目叢書》據以影印。〇按：勞大與《總目》誤爲勞大輿。

龍巖子集十二卷　國朝李丕則撰　**三六七〇**

兩江總督採進本（總目）。○《兩江第二次書目》：「《龍巖子集》，曲沃李丕則著，六本。」

唾居隨録四卷　國朝張貞生撰　**三六七一**

江西巡撫採進本（總目）。○《江西巡撫海第三次呈送書目》：「《唾居隨録》二本。」○中國科學院圖書館藏清康熙十八年張世坤等刻《庸書三種》本，卷一題「廬陵張貞生簣山著，男世坤、世坊鈔」。半葉九行，行十九字，白口，左右雙邊。前有吴騋登序，康熙十八年己未知吉水縣事王辰序。《存目叢書》據以影印。北圖、上海辭書出版社均藏是刻，《中國叢書綜録》著録清康熙講學山房刻《張簣山三種》本是也。

圖書祕典一隅解一卷　國朝張沭撰　**三六七二**

河南巡撫採進本（總目）。○《河南省呈送書目》：「《圖書祕典一隅解》，本朝張沭著，一本。」○中國科學院圖書館藏清康熙保學堂刻本，作《圖書祕典》一卷，收入《張仲誠遺書》。

潛書四卷　國朝唐甄撰　**三六七三**

浙江巡撫採進本（總目）。○《浙江省第六次呈送書目》：「《潛書》，國朝唐甄著，四本。」○《浙江採集遺書總録》：「《潛書》四册，刊本，國朝舉人夔州唐甄撰。」○《江蘇省第一次書目》：「《潛書》四本。」○《江蘇採輯遺書目録》：「《潛書》二卷，清長子知縣夔州唐甄著，刊本。」○北京圖書館藏清康熙王聞遠刻本，題「夔州唐甄鑄萬著，華亭甥王聞遠編」。半葉九行，行二十字，白口，左右雙邊。

前有康熙四十二年季秋江南督學使者韓城張廷樞序云：「華亭王生聞遠持所刊《潛書》來謁，謂爲唐君鑄萬所譔。」知當刻於康熙四十二年或稍前。《存目叢書》據以影印。湖北省圖、山西祁縣圖等亦有是刻。○清光緒三十一年鄧氏達縣翻刻中江李氏本，四川圖書館藏。○清光緒三十二年山東全省官書局排印本，南圖、江西圖藏。

五倫懿範八卷　舊本題曰天台鹿門子撰　**三六七四**

兩淮馬裕家藏本(總目)。

天方典禮擇要解二十卷　國朝劉智撰　**三六七五**

兩江總督採進本(總目)。○《兩江第二次書目》：「《天方典禮擇要解》，金陵劉智輯，六本。」○天津圖書館藏清康熙楊斐菉等刻本二十卷，又《天方典禮擇要解後編》一卷，即《歸正儀》。正文卷一題「金陵劉智介廉纂述，海陽俞楷陳芳點訂，山陽楊斐菉淇益枝梓」(按：枝即校字，他卷多作較，或作校)。各卷參訂、較梓者不同。參訂者另有：石城梁潘賞青和、沅江馬汝爲宣臣、山陽金學舒董醇、山陽陳祖孝翼後、山陽楊九霞丹巖、江左馬助佑上、石城馬禹錫洛文、武林丁灝勗菴、錢塘丁晟軼李、秣陵馬星高陵、石城曹賢五遇。較梓者另有：楊斐葱樹玉、楊斐蒨湘芷、楊廷桂木天、棠邑劉可大簡菴、楊繩基厚存。半葉九行，行十八字，大黑口，四周雙邊。前有賜進士出身通議大夫兵部侍郎鹿祐《天方禮經序》、禮部侍郎苕溪徐倬序，陝西道監察御史景日昣《一齋書序》，山陽楊斐菉序，劉智序，例言。末有康熙四十九年江夏眷教弟定成隆跋。《存目叢書》據以影印。浙圖、湖北恩施地區圖書館亦有是刻。〇清乾隆五年京江童氏覆刻康熙楊斐菉等刻本，有重刻序云：「遂付剞劂，照原板，隻字無訛。」序末署：「乾隆五年歲次庚申春月京江童氏國選、國瑾重刊謹識。」後又題：「金陵後學袁維垣、劉瑛商刻。」當是刻工。封面刻「京江童氏重刊藏板」。近年寧夏社會科學院輯印《回族和中國伊斯蘭教古籍資料彙編》第一輯第三函所收即據童氏刻本影印。遼圖有童刻本兩部。〇民國三年至五年上元蔣氏慎修書屋排印《金陵叢書》本二十卷《後編》一卷。北圖、上圖、南圖等藏。

進善集無卷數　國朝張天柱撰　三六七六

江西巡撫採進本（總目）。

懿言日録一卷二録一卷續録一卷别録一卷附禮闈分校日記一卷七規一卷　國朝王喆生撰　三六七七

江蘇巡撫採進本（總目）。〇《江蘇省第一次書目》：「《懿言日録》四本。」〇《江蘇採輯遺書目録》：「《懿言日録》不分卷，清翰林院編修崑山王喆生著，刊本。」〇康熙五十一年刻本，四册。清華。〇上海圖書館藏清光緒八年津河廣仁堂刻本，僅《懿言日録》一卷《乙丑禮闈分校日記》一卷，收入《津河廣仁堂所刻書》。題「相在門人王喆生素巘氏敬述」。版心下刻「廣仁堂」。前有篆文牌記「光緒壬午中夏津河廣仁堂重刊古虞孫鍾豫署檢」四行。《存目叢書》據以影印。中科院圖、山東省圖亦有是刻。

方齋補莊無卷數　國朝方正瑗撰　三六七八

江蘇巡撫採進本（總目）。〇《江蘇省第一次書目》：「《方齋補莊》一本。」〇《江蘇採輯遺書目録》：「《方齋補莊》七篇，清陝西兵備副使桐城方正瑗著，刊本。」○清乾隆四十八年金石居刊本（見《皖人書録》）。○中國科學院圖書館藏清光緒十四年刻《桐城方氏七代遺書》本，七篇一卷。題「皖桐方正瑗引徐氏著」。半葉十行，行二十四字，白口，左右雙邊。前有乾隆二年丁巳自序。《存目叢書》據以影印。北圖、上圖、南圖等亦有是刻。

公餘筆記二卷　國朝張文炳撰　**三六七九**

江西巡撫採進本（總目）。○《江西巡撫六次續採書目》：「《讀易隅通》、《象數鈎深圖》、《公餘筆記》，以上三種共六本。」

容膝居集雜録六卷　國朝葛芝撰　**三六八〇**

浙江巡撫採進本（總目）。○《浙江省第六次呈送書目》：「《容膝居雜録》六卷，國朝葛芝著，十六本。」○《浙江省第十一次呈送書目》：「《容膝居雜録》六卷，清葛芝著，六本。」○《浙江採集遺書總録》：「《容膝居雜録》六卷，刊本，國朝崑山葛芝撰。」又：「《容膝居雜録》六卷，刊本，明崑山葛芝撰。」○清刻本，杭州大學藏。○北京圖書館藏清鈔本，題「崑山葛芝龍仙著」。半葉十行，行二十二字。前有自序。卷六第二十八葉前半葉止，後缺。鈐「鞠園藏書」、「開萬樓藏書」、「斷編殘簡伴閒居」、「温陵張氏藏書」等印記。《存目叢書》據以影印。

苕西問答一卷　國朝吴學孔録其師羅爲賡講學語　**三六八一**

浙江巡撫採進本（總目）。○《浙江省第六次呈送書目》：「《苕西問答》一卷，國朝羅爲賡述，吴學孔録，二本。」○《浙江採集遺書總録》：「《茗西問答》一册，刊本，國朝知縣南充羅爲賡撰。」

續箋山房集略十八卷　國朝鄭道明撰 三六八二

兵部員外郎丁田樹家藏本（總目）。

頤菴心言一卷　國朝喬大凱撰 三六八三

山東巡撫採進本（總目）。

聖學逢源録十八卷　國朝金維嘉撰 三六八四

安徽巡撫採進本（總目）。○《安徽省呈送書目》：「《聖學逢原録》二本。」○《浙江省第十二次呈送書目》：「《聖學逢源録》十八卷二本。」○《浙江採集遺書總録》：「《聖學逢源録》十八卷，刊本，國朝休寧金維嘉撰。」○《江蘇省第一次書目》：「《聖學逢源録》二本。」○《江蘇採輯遺書目録》：「《聖學逢源録》十八卷，清休寧布衣金維嘉著，刊本。」

右雜學之屬

四庫存目標注卷四十二

滕州　杜澤遜　撰

子部十一

雜家類二

事始一卷　不著撰人名氏　**三六八五**

浙江范懋柱家天一閣藏本（總目）。○《浙江省第五次范懋柱家呈送書目》：「《事始》一卷，缺名著，一本。」○《浙江採集遺書總録》：「《事始》一册，刊本，明佚名人撰。」○原北平圖書館藏明鈔本一册，不題撰人，書衣有「乾隆三十八年十一月浙江巡撫三寶送到范懋柱家藏事始壹部計書壹本」長方進書木記。卷内鈐「翰林院印」滿漢文大官印、「犀盦藏本」小印。即館臣所見天一閣呈本。今存臺北「故宫博物院」。王重民《善本提要》著録。臺灣《中央圖書館善本書目》著録爲明傳鈔《説郛》本。○北京圖書館藏明鈕氏世學樓鈔《説郛》本，在卷十，作《事始》、《續事始》。○上海圖書館藏明吴氏叢書堂鈔《説郛》本，同上。○北京圖書館藏明鈔《説郛》本。○北京圖書館藏明滹南書舍鈔《説郛》本。○瑞安玉海樓藏明鈔《説郛》本。○臺灣「中央圖書館」藏舊鈔《説郛》本。○民國十六年商務印書館排印張宗祥據明鈔數本重校訂《説郛》本。在卷十。據昌彼得先生《説郛考》，此本《事始》凡録三百二十三條。原書三卷，唐劉存撰，明以來不傳。存目所據天一閣本當從《説郛》録出。《續事始》凡録三百六十二條。原書五卷，五代僞蜀馮鑑撰，明以來不傳。宋人輯《紺珠集》删節二十一條，曾慥《類説》删節五十七條，均《事始》、《續事始》連續不分。重編《説郛》（澤遜按：指宛委山堂本）卷二十六録二十一條，即全鈔《紺珠集》之文，而名《劉馮事始》。《學海類編》收有《事原》一卷二十一條，題宋劉孝孫撰，核即出自重編《説郛》而改書名，且著者年代亦誤唐爲宋。○明刻清順治三年宛委山堂印《説郛》本，在弓二十六，作《劉馮事始》。北圖、上圖等藏。一九八八年上海古籍出版社影印《説郛三種》收有商務本、宛委山堂本。○清道光十一年六安晁氏木活字《學海類編》本，作《事原》一卷。北圖、上圖等藏。民國九年商務印書館影印晁氏木活字《學海類編》本。

釋常談三卷　不著撰人名氏　三六八六

兵部侍郎紀昀家藏本（總目）。○《江蘇省第一次書目》：「《釋常談》一本。」○《兩江第二次書目》：「《釋常談》，宋人書，不載名。」○北京圖書館藏宋咸淳刻《百川學海》本。○民國十六年陶湘影刻宋咸淳刊《百川學海》本。○明弘治十四年無錫華珵刻《百川學海》本，北圖、北大、上圖等藏。

民國十年上海博古齋影印華珵刻《百川學海》本。○明嘉靖十五年鄭氏宗文堂刻《百川學海》本，北圖、北大藏。○明鈔《百川學海》本，北圖、北大藏。○明鈕氏世學樓鈔《説郛》本，在卷六十八。北圖藏。○明溥南書舍鈔《説郛》本，北圖藏。○明鈔《説郛》本，上圖藏。○民國十六年商務印書館排印張宗祥據明鈔數本重校訂《説郛》本，在卷六十八。○明刻清順治三年宛委山堂印《説郛》本，在弓十二。北圖、上圖等藏。一九八八年上海古籍出版社影印《説郛三種》收有商務、宛委山堂兩本。○清據《説郛》版重編印《五朝小説》本，北圖、南圖等藏。○明萬曆胡文焕刻《格致叢書》本，半葉十行，行二十字，白口，左右雙邊。北圖藏單本有傅增湘校並跋。○明末刻《居家必備》本，在藝文門，不分卷。北圖、北大、山東大學藏。○民國二十八年商務印書館據《百川學海》本排印，收入《叢書集成初編》。

別釋常談三卷　不著撰人名氏　**三六八七**

浙江巡撫採進本（總目）。○《浙江省第十一次呈送書目》：「《別釋常譚》三卷三本。」○《浙江採集遺書總録》：「《別釋常談》三卷，寫本，不著撰人姓名。」

肎綮録一卷　宋趙叔問撰　**三六八八**

編修程晉芳家藏本（總目）。○《兩淮鹽政李續呈送書目》：「《肯綮録》一卷，宋趙叔向，一本。」○明鈕氏世學樓鈔《説郛》本，在卷二十四。北圖藏。○民國十六年商務印書館排印張宗祥據明鈔本重校訂《説郛》本，在卷二十六。昌彼得先生《説郛考》曰：「全書凡三十四條，今傳有《學海類編》、

《函海》、《藝海珠塵》諸本。此本僅録首序及文六條。」〇清乾隆綿州李氏萬卷樓刻嘉慶十四年重校印《函海》本，在第九函。北圖、上圖等藏。〇清道光五年李朝夔重校印《函海》本。北圖、上圖、南圖等藏。〇清光緒七年至八年廣漢鍾登甲樂道齋刻《函海》本，在第十一函。北圖、上圖、山東大學等藏。〇清嘉慶南匯吴氏聽彝堂刻《藝海珠塵》本，《存目叢書》據以影印。〇清道光十一年六安晁氏木活字印《學海類編》本，北圖、上圖等藏。民國九年商務印書館影印晁氏木活字《學海類編》本。〇民國二十八年商務印書館據《學海類編》本排印，收入《叢書集成初編》。〇臺灣「中央圖書館」藏清乾隆鮑氏困學齋鈔本，半葉十行，行二十字，黑格，黑口，左右雙邊。每葉左下方欄外刻「鮑氏困學齋」。末有鮑廷博手跋。鈐有「張乃熊印」、「芹伯」、「菦圃收藏」等印記。（見該館《善本書志初稿》）〇北京圖書館藏清鈔本，半葉九行，行二十五字，無格。清鮑廷博校。（《北京圖書館古籍善本書目》、《中國古籍善本書目》均著録爲「宋趙叔問撰」。）〇南開大學藏清乾隆五十一年黄氏醉經樓鈔本一册（南開《古籍善本書目》作「宋趙叔向撰」。《中國古籍善本書目》作「宋趙叔問撰」）。〇中科院圖書館藏鈔本。〇按：是書著者趙叔向，《四庫總目》、《中國古籍善本書目》雜家類、《北京圖書館古籍善本書目》均誤作趙叔問。趙叔向事蹟《提要》云「始末未詳」。按：《宋史》卷二百四十七《宗室四》有趙叔向傳。

古今考一卷　宋魏了翁撰　三六八九

兩江總督採進本（總目）。〇明萬曆十二年王圻刻本三十八卷，題「鶴山魏了翁華父撰，紫陽方回萬里續，上海後學王圻校刊」。半葉十一行，行二十四字，白口，四周雙邊。前有萬曆十二年王圻跋，魏了翁自序，方回識語。北圖、上圖、山東圖、臺灣「中央圖書館」等藏。○明崇禎九年謝三賓刻本三十八卷，題「宋鶴山魏了翁華父撰，紫陽方回萬里續，明四明謝三賓象三定」。半葉九行，行二十字，白口，四周單邊。封面刻「謝衙藏板」。前有崇禎九年謝三賓序，魏了翁序，方回序。○明鈔本，存卷一至卷四、卷十三至卷二十共三册。藍格。天一閣文管所藏。按：《四庫全書》收録《古今考》一卷《續古今考》三十七卷，宋魏了翁撰，元方回續。以上三十八卷本當即同一系統。○明萬曆刻《亦政堂鐫陳眉公家藏廣祕笈》本，作《寶顏堂訂正古今考》一卷。北圖、中科院圖、復旦等藏。按：《存目》所據即此。○民國十一年上海文明書局石印《寶顏堂祕笈》本。○明末刻《續百川學海》本一卷，北圖、川大、南大等藏。○明刻清順治三年宛委山堂印《説郛》本一卷，北圖、上圖等藏。一九八八年上海古籍出版社影印宛委山堂《説郛》本，收入《説郛三種》。○清嘉慶十八年當塗金氏刻《詒經堂藏書》本一卷。北圖、上圖、南圖等藏。

正朔考一卷　宋魏了翁撰　　**三六九〇**

兩江總督採進本（總目）。○明萬曆刻《亦政堂鐫陳眉公家藏廣祕笈》本，作《寶顏堂訂正正朔考》一卷。北圖、中科院圖、南圖等藏。○民國十一年上海文明書局石印《寶顏堂祕笈》本。○民國二十五年商務印書館據《陳眉公家藏廣祕笈》本排印，收入《叢書集成初編》。○明末刻《廣百川學海》本，北圖、北大、南圖等藏。○明刻清順治三年宛委山堂印《説郛》本，北圖、上圖等藏。一九八八年上海古籍出版社影印宛委山堂《説郛》本,收入《説郛三種》。○清嘉慶十八年當塗金氏刻《詒經堂藏書》本,北圖、上圖、南圖等藏。

讀書雜鈔二卷　宋魏了翁撰　**三六九一**

江蘇巡撫採進本(總目)。○《江蘇省第一次書目》:「《讀書雜鈔》二本。」○《江蘇採輯遺書目録》:「《讀書雜鈔》二卷,宋待制婺源魏了翁著,刊本。」○《浙江省第四次汪啟淑家呈送書目》:「《渠陽讀書雜抄》五卷,宋魏了翁著,一本。」○《浙江採集遺書總録》:「《渠陽讀書日抄》五卷,寫本,宋魏了翁撰。」○復旦大學藏明萬曆刻《寶顔堂續祕笈》本,作《鶴山渠陽讀書雜抄》二卷。題「宋魏了翁著,仲醇陳繼儒、長穀王體元、天生沈德先同校」。半葉八行,行十八字,白口,四周單邊。《存目叢書》據以影印。北圖、中科院圖等亦有是刻。○民國十一年上海文明書局石印《寶顔堂祕笈》本。○民國二十五年商務印書館據《寶顔堂續祕笈》本排印,收入《叢書集成初編》。○北京圖書館藏明吴氏叢書堂鈔本,作《鶴山渠陽讀書雜鈔》不分卷,與《經外雜鈔》合鈔。清何焯批校並跋。○北圖藏清鈔本,作《渠陽讀書雜鈔》五卷一册。半葉十二行,行二十四字,無格。○復旦大學藏清鈔本,作《渠陽讀書雜鈔》五卷。

搜采異聞集五卷　舊本題宋永亨撰　**三六九二**

江蘇巡撫採進本(總目)。○明萬曆會稽商氏半埜堂刻《稗海》本,北圖、上圖等藏。○清康熙振鷺堂據商氏原板重編印《稗海》本,北圖、復旦等藏。○清乾隆李孝源據振鷺堂板修補重印《稗海》本,北圖、津圖、華東師大等藏。○民國二十八年商務印書館據《稗海》本排印，收入《叢書集成初編》。○民國上海進步書局石印《筆記小説大觀》第六輯本。○清敬修堂鈔《敬修堂叢書》本，作一卷。北京師大藏。○按：書名各本作《搜采異聞録》，《總目》録字作集，疑誤。

續古今考九卷　舊本題金元好問撰　**三六九三**

兩江總督採進本（總目）。○《兩江第一次書目》：「《續古今考》，舊題金元好問著，一本。」○中國科學院圖書館藏鈔本，題「元好問遺山著」。半葉九行，行二十字。前有永樂四年解縉序。《存目叢書》據以影印。

箐齋讀書録二卷　明周洪謨撰　**三六九四**

兩江總督採進本（總目）。○《兩江總督高第三次進到書目》：「《箐齋讀書録》一本。」○北京圖書館藏清鈔本，題「南皋子述」。半葉十行，行二十字，無格。鈐有「詩龕書畫印」、「蓮孫墨緣」、「如菴書畫印」等印記。《存目叢書》據以影印。

兩山墨談十八卷　明陳霆撰　**三六九五**

兩淮鹽政採進本（總目）。○《兩淮鹽政李呈送書目》：「《兩山墨談》十八卷，明陳霆，四本。」○《浙江省第四次鮑士恭呈送書目》：「《兩山墨談》十八卷，明陳霆著，二本。」○《浙江採集遺書總録》：「《兩山墨談》十八卷，刊本，明提學僉事德清陳霆撰。」○天津圖書館藏明嘉靖十八年德清知縣李檗刻本，題「吴興陳霆」。半葉九行，行十八字，下黑口，四周雙邊。前有嘉靖十八年己亥知德清縣事李檗序云：「次其編而付諸梓人。」末有嘉靖十八年陳霆跋，謂邑侯雙崖先生「斥俸付之梓」。《存目叢書》據以影印。福建省圖有是刻全二册，鈐「徐氏興公」、「閩中徐惟起藏書印」、「黄培芳印」、「鄭杰之印」、「鄭氏注韓居珍藏記」、「思竹素園」、「大通樓藏書印」、「龔少文收藏書畫印」等印記（見該館《善本書目》）。臺灣「中央圖書館」藏是刻兩部，其一鈐「嘉業堂」、「翰怡欣賞」等印記，其一鈐「曉霞收藏」、「愛日館收藏印」、「徐鈞印」、「徐安」等印記（見該館《善本書志初稿》）。黄裳藏一部，鈐「南通楊元植藏」印（見《來燕榭書跋》）。〇清道光二十六年宏道書院刻《惜陰軒叢書》本，北圖、北大、上圖等藏。〇清光緒二十二年長沙刻《惜陰軒叢書》本，北大、上圖等藏。〇民國八年吴興劉氏嘉業堂刻本，收入《吴興叢書》。北圖、上圖等藏。按：此據嘉靖李檗本重刊。〇民國二十五年商務印書館據《惜陰軒叢書》本排印，收入《叢書集成初編》。〇臺灣師大藏舊鈔本。

灼薪劇談二卷　明朱承爵撰　三六九六

浙江鄭大節家藏本（總目）。〇《浙江省第五次鄭大節呈送書目》：「《灼薪劇談》二卷，明朱子儋著，四本。」〇《浙江採集遺書總録》：「《灼薪劇談》二卷，寫本，明朱子儋撰。」〇北京圖書館藏明鈔本，半葉十一行，行二十字，藍格，白口，四周單邊。大題後有自序。《存目叢書》據以影印。

古今原始十四卷　明趙釴撰　三六九七

浙江鮑士恭家藏本（總目）。〇《浙江省第四次鮑士恭呈送書目》：「《古今原始》十四卷，明趙釴著，五本。」〇《浙江採集遺書總録》：「《古今原始》十四卷，刊本，明太僕卿桐城趙釴撰。」〇《江蘇省第一次書目》：「《古今原始》十四卷，明大學士桐城趙釴著。」○《江蘇採輯遺書目録》：「《古今原始》五本。」○《河南省呈送書目》：「《古今原始》，明趙釴著，二本。」○臺灣「中央圖書館」藏明嘉靖四十一年自刻本，正文首題「古今原始第一卷」，次題「桐城趙釴鼎卿著」。半葉九行，行十八字，白口，左右雙邊。前有嘉靖四十一年壬戌十二月朔賜進士中憲大夫貴州按察司提學副使高安況叔祺序云：「殺青甫竟，愛而傳者必廣，又何待久而後重於世邪？」又嘉靖四十二年癸亥正月馬平鶴樓張翀序，嘉靖四十一年壬戌冬趙釴述意。版心下記刻工：張時中、柯奉、柯俸、范祥、柴文學、柴文、劉貴高、劉貴、王州、周正洪、彭計一、彭應宗、任章、路崇敬、李應學、郝文學、言記祖、言繼祖、言計祖、柳全等。鈐「澤存書庫」印。（參該館《善本書志初稿》、《善本序跋集録》）北圖、南圖、浙圖等亦有是刻。○明萬曆刻本，半葉九行，行十八字，白口，左右雙邊。文化部文學藝術研究院藏。○天津圖書館藏明邵廉刻本，各卷題「南豐邵廉閲刊」。半葉九行，行十八字，白口，四周雙邊。《存目叢書》據以影印。○明萬曆胡文焕刻《格致叢書》本，十五卷。北圖、首圖等藏。○臺灣「中央圖書館」藏清康熙間藍格鈔本，題「桐城趙釴鼎卿著」。半葉九行，行十八字，白口，左右雙邊。有張翀、況叔祺、趙釴序，萬曆二十七年己亥方學漸後序。鈐「澤存書庫」印。（見該館《善本書志初稿》）

史綱疑辨四卷　明林有望撰　　**三六九八**

江蘇巡撫採進本（總目）。○《江蘇省第一次書目》：「《史綱疑辨》五本。」○蘇州圖書館藏明萬曆元年饒仁卿刻本，作《新刊晦軒林先生類纂古文名家史綱疑辯》四卷，正文大題後題：「四川按察司僉事桐城未軒林有望精選，癸丑科同年進士會友泰渠齊遇批閱，戊午文魁門婿兖峰劉采參校，書林錦溪饒仁卿梓行。」目録後有蓮龕牌記：「萬曆元年秋季既望金陵饒氏錦溪繡梓。」半葉十二行，行二十四字，白口，四周單邊。版心題「史綱疑辯」。《存目叢書》據以影印。按：《總目》書名「辨」字當依原書作「辯」。

千古辨疑七卷　明陳錫撰　**三六九九**

安徽巡撫採進本（總目）。○《安徽省呈送書目》：「《千古辨疑》二本。」

讀史訂疑一卷　明王世懋撰　**三七〇〇**

兩淮鹽政採進本（總目）。○明萬曆刻《王奉常雜著》本，半葉九行，行十七字，白口，四周雙邊。北圖藏兩部。○明刻清順治三年宛委山堂印《説郛續》本，北圖、上圖等藏。一九八八年上海古籍出版社影印宛委山堂《説郛續》本，收入《説郛三種》。

簡籍遺聞二卷　明黃溥撰　**三七〇一**

浙江范懋柱家天一閣藏本（總目）。○《浙江省第五次范懋柱家呈送書目》：「《簡籍遺聞》一卷，明黃溥著，一本。」○《浙江採集遺書總録》：「《簡籍遺聞》二卷，刊本，明四明黃溥撰。」

稗乘四卷　不著編輯者名氏　**三七〇二**

浙江巡撫採進本（總目）。○《浙江省第六次呈送書目》：「《稗乘》二册，明陳元久輯，四十本。」○《浙江採集遺書總録》：「《稗乘》二册，刊本，明陳元允輯。」○《兩淮鹽政李呈送書目》：「《稗乘》四十二種，明孫幼安，四本。」○《提要》云：「萬曆戊午孫幼安得其本，爲校正刊行。其類凡四，曰史略，曰訓詁，曰説家，曰二氏，凡採用書四十二種，然多所删削。」○傅增湘藏明萬曆四十六年戊午孫幼安刻本，四十二種四十七卷。首《稗乘題辭》，題目下某氏批「共肆本」，次行題「大泌山人李維楨本寧父撰」，末署「萬曆戊午秋月」。《題辭》有云：「有集小説四十二種，分爲四類，曰史略，曰訓詁，曰説家，曰二氏者，而孫生持以請余爲之目。余曰：《稗乘》其可乎？」又云：「是書編輯不得主名，孫幼安得之，校正以傳，亦可紀也。」知編者佚名，《稗乘》書名出李維楨，刊刻者則孫幼安，時萬曆四十六年戊午也。次《稗乘總目》，列四類四十二種書名。次正文，首行題「晉文春秋」，次行上題「謀與楚戰第一」，下題「秣陵陳玄胤校」。半葉十行，行十九字，白口，左右雙邊。版心單黑魚尾，魚尾上刻「稗乘」，魚尾下刻「晉文春秋」，再下刻葉數。（全書版心下方或刻字數，或不刻。）末有《晉文春秋跋》三則，一署「大德十年冬至日吾衍識」，一署「映雪老人年八十二寫」，一署「成化戊戌春三月王衡記」。第二種《漢武事略》，題「漢班固撰」。第三種《皇明十七事》，題「唐李德裕撰」，大題後有序。第四種《一統肇基録》，題「長沙夏原基纂」。第五種《聖君初政記》，題「江東沈文撰」。第六種《在田録》，題「泗州張定述」，共十四條，「高皇既在寺」條第二行至四行佚去，似被割去。第七種《椒宫舊事》，題「梁溪王達著」。第八種《東朝紀》，題「海上王泌著」，大題下刻「五段」二字，實則二十三段。第九種《明良録略》，題「梅菊菴主人沈士謙著」。第十種《逐鹿記》，撰人處作墨丁。第十一種《造邦賢勳録略》，題「夏山王褘集」。第十二種《趙氏二美遺踪》，題「宋秦醇撰」，大題後有小序。第十三種《元氏掖庭侈政》，題「天台陶宗儀九成撰」。第十四種《樂善録略》，題「宋李昌齡撰」。第十五種《積善録》撰人處作墨丁，傅增湘於大題下手批：「十二卷，宋黃光大，字行甫，號蓬山居士，高豐人。」鈐「雙鑑樓」、「沅叔手校」印記。内文亦有傅增湘手校。第十六種《續積善録》，撰人處作墨丁，傅增湘於大題下手批：「五卷，元馮夢周，字士可，潁川人。」鈐「雙鑑樓」、「沅叔手校」印記。末傅增湘手跋：「此與前卷俱在明鈔《説郛》第六十四卷中，遍檢各叢書，正苦無底本可校，偶搜篋中殘書，得此，因乘晨夕之暇點勘及之，一日蕆功，爲之欣快無已。丁巳十二月十二日沅叔記。」下鈐「傅增湘」印。第十七種《兩鈔摘腴》，題「元史浩輯」，傅增湘將「史浩」二字改爲「周密」。此種傅增湘詳校，大題下手批：「丁巳十二月十二日據叢書堂本校讀一過，沅叔。」鈐「沅叔手校」印。次行上方傅氏書「浩然齋意鈔一弓」。末有傅氏題：「戊辰四月九日依明鈔《説郛》本校。」第十八種《希通録》，題「元蕭參撰」。第十九種《訓子言》，題「明袁黄撰」。第二十種《因話録》三卷，題「唐趙璘譔」，末有手記：「嘉慶十六年辛未五月初六日閲書。」第二十一種《松窻録略》，撰人作墨丁。第二十二種《家世舊聞》，題「宋陸游撰」。第二十三種《隨隱漫録》，撰人處作墨丁。第二十四種《攬轡録》、二十五種《驂鸞録》、二十六種《吴船録》，均題「宋范成大撰」。第二十七種《解酲語》，撰人處作墨丁。第二十八種《萬松閣記客言》，題「明陳吴才著」。第二十九種《鳳凰臺記事》，題「三湘馬生龍著」。第三十種《巳瘧編》，題「藜閣生劉玉記」。第三十一種《殉身録》，題「錢塘裘玉著」。第三十二種《龍起襍事》，題「吴門劉泌記」。第三十四種《熙朝樂事》，撰人處作墨丁，某氏改爲「田汝成」。末某氏手批：「下有數頁，茲不全刊。」第三十五種《適園語録》，題「陸樹聲撰」。第三十六種《蟺談》二卷，題「吴人顧聖之述」，前有引。第三十七種《禪玄顯教編》，題「南陽楊溥著」。第三十八種《摩訶般若波羅密多心經》，題「林兆恩釋」，前有林兆恩《自書心經釋略後》。第三十九種《三國記》二卷，題「晉釋瀍顯撰」。第四十種《宗禪辯》，題「宋張商英撰」。第四十一種《廣成子》，題「宋蘇軾注」。第四十二種《常清静經》，題「林兆恩釋」，前有林兆恩自序，小引。第四十三種《保生要録》，題「宋蒲處厚撰」。以上各種凡不標卷數者均一卷。《積善録》、《續積善録》原書作一種計，故稱四十二種，今以撰人不同，視爲二種，故總爲四十三種。卷内鈐「湯溎之印」、「紹南」、「臣溎之章」、「湯氏溎」、「湘畦」、「藏之名山」諸印。按：湯溎，字紹南，號湘畦，清浙江蕭山人。又鈐「藏園」、「江安傅沅叔藏書記」、「雙鑑樓藏書印」、「雙鑑樓」、「傅增湘」、「沅叔手校」、「忠謨繼鑑」諸印，則傅增湘、忠謨父子印記。《藏園訂補郘亭知見傳本書目》著録者即此帙，唯稱「明黄昌齡輯。明萬曆中黄氏刊本」，均未碻。湯氏諸印亦未記。各子目僅擇要舉出，亦未羅列。原書不知何歸，一九八六年北京中國書店據以影印，裝成八册一函，蓋原書藏中國書店也。茲據影印本詳記如右。商務印書館《叢書集成初編目録》内《叢書百部提要》有是書提要，稱「萬曆孫幼安校刊」，種數、卷數及稱引李維楨序亦一一符合，知所據底本同傅氏藏本。王重民《善本提要》著録原北平圖書館藏一部，李維楨序「孫幼安得之，校正以傳」已改爲「黄九如得之，校正以傳」，又《晉文春秋》次行「秣陵陳玄胤校」已挖改爲「新安黄昌齡校」。王重民謂「原版固當原刻於孫，蓋後鬻諸黄，此本爲黄氏所印」，是也。北平本現存臺北「故宮」，臺灣《中央圖書館善本書目》著録「明萬曆四十六年新安黄昌齡校刊本」即是。《中國叢書綜録》著録是書，稱「明黄昌齡輯，明萬曆中黄氏刊本」，藏家爲北圖、科圖二家。檢中科院《善本書目》，僅著録鈔本一部。北圖《古籍善本書目》、《中國古籍善書目》亦未著録此書。疑《叢書綜録》仍據原北平圖書館本著録，故誤爲黄昌齡輯刊。臺灣中央圖書館《善本書志初稿》著録三部，一部係孫幼安原刊原印本，二部係黄昌齡改版刷印本。黄氏印本一部係嘉業堂舊藏，另一部係文禄堂故物，王文進據上海東方圖書館本校補抄配。美國國會圖書館有萬曆刻本殘帙。○中國科學院圖書館藏清榮光樓鈔本全四册一函。○按：《提要》「陶九成《元氏掖庭僞政》」，僞字乃侈之訛。

常談考誤四卷　明周夢暘撰　**三七〇三**

浙江鮑士恭家藏本（總目）。○《浙江省第四次鮑士恭呈送書目》：「《常談考誤》四卷，明周夢暘著，二本。」○《浙江採集遺書總録》：「《常談考誤》四卷，刊本，明臨沮周夢暘撰。」○北京大學藏明萬曆三十年刻本，正文首行題「青谿山人文集卷之一」，次行題「臨沮周夢暘啟明著」，三行題「門人何躍龍校証」，四行題「常談考誤一」。半葉九行，行二十字，白口，四周單邊。前有萬曆三十年壬寅自序云：「頃且老，愳其久而佚也，檢畀梓人，並列其目於左。」《存目叢書》據以影印。北圖、復旦、南圖亦有是刻。寫刻甚精。

瑯琊曼衍四卷　明張鼎思撰　**三七〇四**

江蘇巡撫採進本（總目）。○《江蘇省第一次書目》：「《瑯琊曼衍》二本。」○《江蘇採輯遺書目録》：「《瑯琊曼衍》四卷，明江西按察使張鼎思著，抄本。」〇按：張鼎思，長洲人。《提要》稱安陽人，未知何據。

秕言四卷　明鄭明選撰 **三七〇五**

浙江鮑士恭家藏本（總目）。〇《浙江省第四次鮑士恭呈送書目》：「《秕言》四卷，明鄭明選著，一本。」〇《浙江採集遺書總録》：「《秕言》四卷，刊本，明給事中歸安鄭明選撰。」〇天津圖書館藏明萬曆二十四年刻本，題「西吴春寰鄭明選侯升甫著，社友觀瀾徐守綱正公甫校」。半葉八行，行十八字，白口，四周單邊。前有萬曆二十四年丙申祝世禄序。是本寫刻甚精。鈐「佐伯文庫」、「巴陵方氏珍藏」、「方功惠藏」等印記。《存目叢書》據以影印。上圖亦有是刻。

升菴新語四卷　明王宇編 **三七〇六**

浙江巡撫採進本（總目）。〇《江蘇省第一次書目》：「《升菴新語》一本。」〇《江蘇採輯遺書目録》：「《升庵新語》四卷，明楊慎著，刊本。」〇南京圖書館藏明葉均宇刻本，半葉十行，行二十字，白口，四周單邊。王重民《善本提要》著録美國國會圖書館藏明刻本一部，未知同版否。

學林就正四卷　明陳耀文撰 **三七〇七**

安徽巡撫採進本（總目）。〇《安徽省呈送書目》：「《學林就正》四本。」〇石家莊圖書館藏明萬曆刻本，題「朗陵陳耀文晦伯甫簒，男龍光校」。半葉十行，行二十字，白口，左右雙邊。前有萬曆二十一年癸巳貴州山東按察司提學副使順陽李蓘序。《存目叢書》據以影印。河南圖亦有是刻。原北平圖書館藏一部,現存臺北「故宫」,王重民《善本提要》著録。

玉唾壺二卷　明王一槐撰　**三七〇八**

浙江范懋柱家天一閣藏本(總目)。○《浙江省第五次范懋柱家呈送書目》:「《玉唾壺》二卷,明王一槐著,一本。」○《浙江採集遺書總録》:「《玉唾壺》二卷,寫本,明臨淄令杭州王一槐撰。」○北京圖書館藏明鈔本,題「臨淄令王一槐」。半葉九行,行二十字,緑格,白口,四周單邊。前有自叙。書衣有「乾隆三十八年十一月浙江巡撫三寶送到范懋柱家藏玉唾壺壹部計書壹本」長方進書木記。首葉鈐「翰林院印」滿漢文大官印。卷前又有簽條:「總辦處閲定,擬存目。」卷内又鈐「翁斌孫印」、「翁同龢印」等印記。即天一閣進呈原本。《存目叢書》據以影印。

戲瑕三卷　明錢希言撰　**三七〇九**

浙江鮑士恭家藏本(總目)。○《浙江省第四次鮑士恭呈送書目》:「《戲瑕》三卷,明錢希言著,三本。」○《浙江採集遺書總録》:「《戲瑕》三卷,刊本,明常熟錢希言撰。」○《兩淮鹽政李續呈送書目》:「《戲瑕》三卷,明錢希言,一本。」○原北平圖書館藏明萬曆刻本,題「甄胄錢希言譔,新野馬之駿校」。半葉八行,行十六字。有萬曆四十一年自序。書衣有「乾隆三十八年十一月浙江巡撫三寶送到鮑士恭家藏戲瑕壹部計書叁本」長方木記。卷内鈐「翰林院印」滿漢文大官印。即存目所據原本。王重民《善本提要》著録。今存臺北「故宫」。安徽省圖書館藏明刻本,題「甄胄錢希言譔,新野馬之駿校」。半葉八行,行十六字,白口,四周雙邊。無序跋。與北平本當係一版。鈐「趙泪之印」、「四彗廬」等印記。《存目叢書》據以影印。南京圖書館藏明萬曆刻《松樞十九山九種》本，未知同異。○明崇禎二年序刻《廣快書》本一卷，北圖、復旦、南圖等藏。○明刻清順治三年宛委山堂印《説郛續》本一卷，北圖、上圖等藏。一九八八年上海古籍出版社影印《説郛三種》。○清據《説郛》、《説郛續》版重編印《五朝小説》本，上圖、南圖、南大、山東大學藏。○清嘉慶張海鵬刻《借月山房彙鈔》第十三集本，中科院圖、浙圖藏。民國九年上海博古齋影印張海鵬刻《借月山房彙鈔》本。○清道光金山錢氏據《借月山房彙鈔》版重編增刻《指海》第八集本，北圖、上圖、南圖等藏。民國二十四年上海大東書局影印《指海》本。○清道光三年上海陳氏據《借月山房彙鈔》版重編印《澤古齋重鈔》第十一集本。北圖、南圖、浙圖、河南圖藏。○清道光二十六年金山錢氏據《借月山房彙鈔》版重編印《式古居彙鈔》本，上圖藏。以上四本均三卷，皆當出張海鵬所刊同版。○民國二十五年商務印書館據《借月山房彙鈔》本排印，收入《叢書集成初編》。○民國二年國學扶輪社排印《古今説部叢書》三集本，一卷。北圖、上圖等藏。○民國十五年掃葉山房石印《五朝小説大觀》本，一卷。上圖、南圖等藏。

析酲漫録六卷　明陳懋仁撰　　三七一〇

浙江巡撫採進本（總目）。○《浙江省第五次曝書亭呈送書目》：「《析酲漫録》六卷，明陳懋仁著，二本。」○《浙江採集遺書總録》：「《析酲漫録》六卷，刊本，明嘉興陳懋仁撰。」○南京圖書館藏明刻本，題「嘉興陳懋仁無功著」。半葉九行，行十八字，白口，四周單邊。無原書序跋。《四庫提要》

書」、「四庫坿存」等印記。《存目叢書》據以影印。

云「書成於萬曆壬子」，是本字體版式猶是萬曆原刊，館臣所見尚有序跋，此則佚去也。前有丁丙手跋，即《善本書室藏書志》本條。卷内鈐「檇李曹氏藏書印」、「曹溶」、「詩龕書畫印」、「嘉惠堂藏閱書」、「四庫坿存」等印記。《存目叢書》據以影印。

雅俗稽言四十卷　明張存紳撰　三七一一

湖南巡撫採進本(總目)。○《湖南續到書》：「《雅俗稽言》十本。」○《浙江省第六次呈送書目》：「《雅俗稽言》四十卷，明張存紳輯，十二本。」○《浙江採集遺書總録》：「《雅俗稽言》四十卷，刊本，明教諭張存紳輯。」○湖北省圖書館藏清康熙刻本，作《增定雅俗稽言》四十卷，卷一題「楚章華張見其先生著，姪孫斯侗公謹、俠嗣鄭校訂」，各卷校訂者不同，皆其姪孫。半葉十行，行二十一字，白口，四周單邊。前有巡撫遼陽右副都御史同邑孫穀子嗇甫《增定雅俗稽言原序》，天啟三年癸亥夏月南郡劉傳巖少拜序，楚蒲圻魏説肖生父序，同邑孫瑴雙玉甫序，天啟三年自序，門人蔡長玉子懷序，從子希哲跋，姪希斗跋。據魏説序，當時邑侯吴可先「捐餐錢若干付之剞劂」，即張存紳官蒲圻訓導時縣令吴可先刊行。此本校訂者爲其姪孫，卷内玄字缺末筆，弘、曆字不避諱，是康熙間重刊者。鈐「榮陔」等印記。《存目叢書》據以影印。北大、南開亦有是刻。臺灣「中央圖書館」藏是刻，封面刻「楚頌堂藏板」。封越健先生函告：日本愛知大學圖書館小倉氏簡齋文庫藏有明天啟三年序刻本，一九七四年日本汲古書院《明清俗語辭書集成》據以影印。究係明代原刊，抑係康熙重刊，尚待覈定。

三七一二

讀書考定三十卷　明陳良儒撰

浙江巡撫採進本（總目）。○《浙江省第十二次呈送書目》：「《讀書考定》三十卷，明程良孺輯，六本。」○《浙江採集遺書總録》：「《讀書考定》三十卷，刊本，明程良孺撰。」○故宫博物院藏明萬曆四十一年刻本，題「楚人程良孺稺脩父著，友人吴禎澹人父、門人馮啟胤、劉之瑞、男正揆端伯父、孫大年、大復校。」半葉九行，行二十字，白口，四周單邊。前有萬曆四十一年癸丑自序，稱「又序」，知尚有前序，今未見。《存目叢書》據以影印。北大、上圖亦有是刻。○北京大學藏明崇禎六年刻本全十六册，題「楚人程良孺稺脩父著，友人吴禎澹人父、門人馮啟胤、劉之瑞，男正揆端伯父、孫大年、大復校」。半葉九行，行二十字。有崇禎六年楊以任序，萬曆四十一年自序。（參北大《古籍善本書目》、《中國古籍善本書目》、王重民《善本提要》）○臺灣「中央圖書館」藏明末刻本全十册，題「楚人程良孺稺脩父著，男程正揆端伯父較，孫程大年爾則訂」。半葉九行，行二十字，白口，四周單邊。前有《程稺脩先生讀書考定叙》，缺第六葉以後。叙中云「先生爲吾端伯年兄尊甫」。考程良孺之子程正揆，字端伯，崇禎四年進士。北大藏崇禎六年刻本有崇禎六年楊以任序，以任亦崇禎四年進士，故稱程正揆爲年兄，然則臺灣「中央圖書館」藏本之叙當即楊以任序，佚去尾葉。《中央圖書館善本序跋集録》稱爲「明馬□叙」，未知何據。以上明刻三本未得比勘書影，是否一版而經增刻序言、改刻卷端校者列名而重印者，未可知也。又是書撰人程良孺，《總目》誤作陳良儒，當據進呈目及傳本訂正。

事物初略三十四卷　明呂毖撰 三七一三

浙江巡撫採進本(總目)。○《浙江省第六次呈送書目》:「《事物初略》三十四卷,明呂毖著,二本。」○《浙江採集遺書總録》:「《事物初略》三十四卷,刊本,明吴郡呂毖貞撰。」按:毖字貞九,此以呂毖貞爲名,誤。○上海圖書館藏明崇禎十七年資敬堂刻本,題「明古吴呂毖貞九父編輯」。半葉九行,行二十五字,白口,四周單邊,無直格。前有崇禎閼逢涒灘(十七年甲申)呂毖於資敬堂序,次《凡例》云:「是集爲文百二十篇,閱月告竣。」版心下刻「資敬堂」。卷内鈐「杭州王氏九峰舊廬藏書之章」印記。《存目叢書》據以影印。

俗語一卷　不著撰人名氏 三七一四

兩淮馬裕家藏本(總目)。○《浙江省第五次范懋柱家呈送書目》:「《俗語》一卷,缺名著,一本。」○《浙江採集遺書總録》:「《俗語》一册,寫本,不著撰人。」

緯略類編三十五卷　不著撰人名氏 三七一五

浙江范懋柱家天一閣藏本(總目)。○《浙江省第五次范懋柱家呈送書目》:「《緯略類編》三十五卷八本。」○《浙江採集遺書總録》:「《緯略類編》三十五卷,天一閣寫本,不著撰人。卷首止署崇德芹溪沈五字。」

菰中隨筆三卷　國朝顧炎武撰 三七一六

兩淮鹽政採進本(總目)。○《兩淮鹽政李呈送書目》:「《菰中隨筆》三卷,國朝顧炎武,一本。」○

湖南圖書館藏清乾隆曲阜孔昭薰玉虹樓刻本一卷，題「東吴顧炎武亭林著」。半葉九行，行二十字，黑口，左右雙邊。前有庚午仲秋何焯序。卷尾鐫「後學闕里孔昭薰較刊」一行。卷前有清張穆手跋，近人葉啟發長跋，葉啟勳手跋。卷内鈐「葉氏定侯紬書」、「石林後裔」、「定侯」、「拾經樓」、「拾經樓著録」、「葉氏雅好」、「啟發心賞」等印記。《存目叢書》據以影印。北圖亦有是刻。○上海圖書館藏清鈔本不分卷附《補遺》一卷。佚名校。○山西省圖書館藏清乾隆五十九年黄丕烈家鈔本三卷附《詩律蒙告》一卷《亭林著書目録》一卷，清黄丕烈、孔憲庚、孔憲彝跋，清葉名澧、何慶涵題款，近人傅增湘校並跋。○浙江圖書館藏清嘉慶十六年鈔本三卷。○清道光二十五年番禺潘仕成海山仙館刻本一卷，收入《海山仙館叢書》。北圖、上圖等藏。○清道光十二年長白鄂山刻本一卷，李盛鐸故物，現藏北大。○上海圖書館藏清咸豐三年潘道根鈔本三卷，清季錫疇跋。○清崇仁華氏刻《海粟樓叢書》本一卷，北大、遼圖、福建省圖藏。○清光緒十一年吴縣朱記榮刻《顧亭林先生遺書補遺》本一卷，北大、上圖等藏。○民國二十五年商務印書館據《海山仙館叢書》本排印，收入《叢書集成初編》。

救文格論一卷雜録一卷　國朝顧炎武撰　三七一七

大學士英廉購進本（總目）。○清康熙四十一年吴震方刻《説鈴》前集本，北圖、上圖、浙圖等藏。○清道光五年聚秀堂刻《説鈴》前集本，上圖、遼圖等藏。○清光緒十一年吴縣朱記榮刻《顧亭林先生遺書補遺》本，北大、上圖等藏。○清光緒五年上海淞隱閣排印《國朝名人著述叢編》本，北圖、上圖等藏。○民國二年國學扶輪社排印《古今説部叢書》十集本，北圖、上圖等藏。

三七一八　別本潛邱劄記六卷　國朝閻若璩撰

江蘇巡撫採進本（總目）。○《江蘇省第一次書目》：「《潛邱劄記》六本。」○《江蘇採輯遺書目録》：「《潛邱劄記》六卷，清太原閻若璩著，刊本。」○《山東巡撫第二次呈進書目》：「《潛邱劄記》六本。」○清乾隆九年閻學林眷西堂刻本，半葉十一行，行二十字，白口，左右雙邊，版心下刻「眷西堂」，封面刻「眷西堂藏板」。寫刻精雅。湖南圖書館藏一部有清梁同書、錢大昕批校，葉德輝跋。上海圖書館藏一部有清孫鳳翼批校。東北師大藏一部有清繆荃孫校。北圖藏一部有傅增湘校並跋。○南京圖書館藏清初王聞遠家鈔本，不分卷。清潘耒校。○上海圖書館藏清鈔本七卷，清吴騫校並跋，清陳鱣跋，清洪頤煊跋。○按：《存目》所據爲閻學林刻本，較《四庫全書》所收吴玉縉删訂本多卷六應博學宏詞賦及雜詩（詳見《提要》）。館臣謂詩賦非若璩所長，是也，而零篇碎簡亦未嘗非考史之資。故余在《四庫全書存目叢書》編纂委員會建議收入閻學林本，不避與庫本重複。一九九五年三月六日會議通過。不知何故，終未見採。

三七一九　修潔齋閒筆四卷　國朝劉堅撰

浙江巡撫採進本（總目）。○《浙江省第七次呈送書目》：「《修潔齋閑筆》八卷，國朝劉堅輯，二本。」○《浙江採集遺書總録》：「《修潔齋閑筆》八卷，刊本，國朝無錫劉堅輯。」○北京圖書館藏清乾隆六年自刻增修本，共八卷。題「錫山劉堅青城」。半葉十行，行二十一字，白口，左右雙邊。前有自序云：「乾隆辛酉仲冬十日槧版工畢，爰識簡端。」次條目，僅卷一至卷四，知乾隆六年初刻爲四卷也。後增刻爲八卷，即傳世之本。全書寫刻頗精。鈐「恂庵病僧」、「元鼎」、「匡九」等印記。《存目叢書》據以影印。華東師大、杭州大學、中科院圖書館亦有是刻。○按：是書傳本八卷，浙江進呈本亦八卷，《總目》所據即浙江呈本，而作四卷。檢北圖八卷本，卷前目録僅列卷一至四，是初刻四卷，後增刻爲八卷，而卷前目録仍作四卷，未予增刻。館臣蓋僅據卷前目録著録，並未通閲全書也，疏略殊甚。

天香樓偶得十卷　國朝虞兆漋撰　**三七二〇**

浙江巡撫採進本（總目）。○《浙江省第四次鮑士恭呈送書目》：「《天香樓偶得》，國朝虞兆隆著，一本。」○《浙江採集遺書總録》：「《天香樓偶得》一册，寫本，國朝嘉興虞兆隆撰。」○北京圖書館藏清刻《虞虹升雜著》本十卷（見《中國叢書綜録》）。此書在北圖未找到。傅增湘藏清刻本十卷，殘存九卷，鈐「秀州陳銑」朱文印（見《藏園訂補郘亭知見傳本書目》）。○清康熙刻《説鈴》後集本一卷，北圖、上圖等藏。○清道光五年聚秀堂刻《説鈴》後集本。上圖、遼圖等藏。○北京圖書館分館藏清鈔本一卷，題「秀水虞兆漋著」，半葉十行，行二十二字。無序跋。曆字作厯，弘字不避。《存目叢書》據以影印。○清宣統三年國學扶輪社排印《古今説部叢書》六集本一卷，北圖、上圖等藏。○民國四年上海文明書局石印《説庫》本一卷，北圖、上圖等藏。○日本静嘉堂文庫藏寫本。○按：作者虞兆漋，《總目》作虞兆漋，進呈目作虞兆隆，均未確。

言鯖二卷　國朝呂種玉撰　**三七二一**

大學士英廉購進本(總目)。○清康熙刻《説鈴》後集本,題「長洲呂種玉藍衍著」,前有康熙壬辰吴震方序。《存目叢書》用甘肅省圖藏本影印。北圖、上圖等多有是刻。○清鈔本二卷一册,中共中央黨校藏。

事物考辨六十二卷　國朝周象明撰　**三七二二**

江蘇巡撫採進本(總目)。○《江蘇省第二次書目》:「《事物考辨》十本。」○《江蘇採輯遺書目録》:「《事物考辨》六十三卷,清太倉周象明著,抄本。」按:《提要》云:「此本猶出其手録,旁註塗抹,多所改定。」○故宫博物院藏清康熙二十四年周德宣鈔本,作《事物考辯》六十三卷,題「太倉周象明懸著氏輯,姪裕南卓氏訂,男德宣常吉氏録」。前有康熙二十四年王御序,又康熙二十四年自序於帶經堂。版心有「帶經堂」三字,知即周德宣鈔本。紙白墨潔,楷法精工。《存目叢書》據以影印。○上海圖書館藏清鈔本,書名卷數同前本。○按:是書卷數《總目》作六十二卷,當依原書及進呈目作六十三卷。

天禄識餘二卷　國朝高士奇撰　**三七二三**

大學士英廉購進本(總目)。○中國科學院圖書館藏清康熙刻本八卷四册,題「錢塘高士奇澹人輯」。半葉十一行,行十九字,黑口,四周單邊。前有康熙二十九年庚午尤侗序,康熙二十九年毛奇齡序,康熙二十九年自序。卷末刊「男元受校字」一行。《存目叢書》據以影印。南圖亦有是刻。○

中國科學院圖書館藏清康熙刻增修本十二卷，收入《清吟堂全集》。津圖有單本。○清康熙四十一年刻《説鈴》前集本二卷，北圖、上圖等藏。○清道光五年聚秀堂刻《説鈴》本，上圖、遼圖等藏。○清宣統三年國學扶輪社排印《古今説部叢書》七集本二卷，北圖、上圖等藏。○民國四年上海文明書局石印《説庫》本二卷，北圖、上圖等藏。

畏壘筆記四卷　國朝徐昂發撰　**三七二四**

浙江巡撫採進本（總目）。○《浙江省第六次呈送書目》：「《畏壘筆記》四卷，國朝徐昂發著，一本。」○《浙江採集遺書總録》：「《畏壘筆記》四卷，刊本，國朝編修長洲徐昂發撰。」○《江蘇省第一次書目》：「《畏壘筆記》一本。」○《江蘇採輯遺書目録》：「《畏壘筆記》四卷，清翰林院編修長洲徐昂發著，刊本。」○北京圖書館藏清康熙徐氏德有鄰堂刻本，與《畏壘山人詩集》四卷等合訂。題「長洲徐昂發大臨」。半葉九行，行十九字，白口，左右雙邊。寫刻頗精。大題後有康熙五十七年戊戌自序。北圖另有單本。《存目叢書》用中央民族大學藏清康熙桂森堂刻本影印，行款版式同，亦係寫刻，當出一版。書有殘損，不佳。社科院文學所亦有桂森堂刻本。○清道光二十四年吴江沈氏世楷堂刻《昭代叢書》壬集補編本，一卷。北圖、上圖等多處藏。○民國十七年東方學會排印《殷禮在斯堂叢書》本，四卷。北圖、上圖等藏。

古今釋疑十八卷　國朝方中履撰　**三七二五**

副都御史黄登賢家藏本（總目）。○《都察院副都御史黄交出書目》：「《古今釋疑》，本朝方中履，十二本。」〇《武英殿第一次書目》：「《古今釋疑》十二本。」〇《江蘇省第一次書目》：「《古今釋疑》六本。」〇《江蘇採輯遺書目録》：「《古今釋疑》十八卷，清桐城方中履著。」〇《兩江第一次書目》：「《古今拾遺》，桐城方中履著，十二本。」按：「拾遺」二字吴慰祖改爲「釋疑」。〇《安徽省呈送書目》：「《古今釋疑》十本。」〇《浙江省第六次呈送書目》：「《古今釋疑》十八卷，國朝方中履著，六本。」〇《浙江採集遺書總録》：「《古今釋疑》十八卷，刊本，國朝桐城方中履撰。」〇中國科學院圖書館藏清康熙汗青閣刻本，題「合山方中履素北學」。半葉八行，行二十字，白口，左右雙邊。版心下刻「汗青閣」。前有康熙二十一年壬戌張英序云：「姑孰郡守楊公，好古樂善，梓是書以行。」次康熙十七年戊午楊霖序云：「乃爲之付梓，以公之天下。」知係康熙十七年姑蘇郡守楊霖助刊，仍以書版歸方氏汗青閣。又吴雲序，戴移孝序，康熙十八年己未馬孝思序，黄虞稷序，潘江序，康熙十九年庚申方中德序，康熙十八年方中通序，康熙十八年自序，凡例。書末有楊嗣漢跋。《存目叢書》據以影印。首都圖、北大、清華、人民大學、上圖等亦有是刻。

螺江日記八卷　國朝張文鷟撰　三七二六

浙江巡撫採進本（總目）。〇《兩江第一次書目》：「《螺江日記》，蕭山張文鷟著，四本。」〇《浙江採集遺書總録》：「《螺江日記》八卷，刊本，國朝蕭山張文鷟著。《螺江日記續編》四卷，刊本，前人撰。」〇中國科學院圖書館藏清乾隆十七年張氏二銘軒刻本八卷四册。題「蕭山張文鷟字風林又樹聲稿，三原劉紹攽九畹、歸安陳克繩衡北、武進許元基約齋、仁和鄭宗孔南湖仝校」。半葉十行，行二十字，白口，四周雙邊。前有乾隆十二年鄭天錦序，又乾隆十六年辛未三月姪驃序云：「因重加參校，亟請付梓，以公同好。」封面刻「乾隆壬申年鐫」、「二銘軒藏板」。《存目叢書》據以影印。○清光緒八年會稽徐氏八杉齋刻《融經館叢書》本八卷，又《續編》四卷。北圖、復旦、南圖等藏。○按：浙江呈本正編八卷外又有續編四卷，《總目》未之及，蓋偶疏也。

知新録三十二卷　國朝王棠撰　　**三七二七**

安徽巡撫採進本（總目）。○《安徽省呈送書目》：「《知新録》十二本。」○《江西巡撫海第四次呈送書目》：「《知新録》二套十本。」○清華大學藏清康熙五十六年刻本，作《燕在閣知新録》三十二卷，題「豐山王棠勿翦氏彙訂，白嶽汪晉徵涵齋、新安吴苑鱗潭、古歙張兆鉉貫玉、岑川程浚肅菴參校」。半葉十行，行二十一字，白口，四周單邊。前有康熙五十六年丁酉自序，凡例。鈐有「龍山懃廬藏書之章」印記。《存目叢書》據以影印。北大、上圖、山東圖等亦有是刻。

西圃叢辨三十二卷　國朝田同之編　　**三七二八**

兵部侍郎紀昀家藏本（總目）。○清華大學藏清乾隆十九年李世垣刻本，題「安德田同之小山藴纂集」。半葉十行，行十九字，黑口，左右雙邊。前有乾隆四年己未趙城序，程盛修序，乾隆十九年知陝西興安直隸州事共學姻弟李世垣序，乾隆七年自序。李序云：「因捐薄俸，代爲刊行。」《存目叢書》據以影印。北大、華東師大等亦有是刻。是刻又收入《西圃老人全集》，中科院圖書館有藏。○清康熙乾隆間刻《德州田氏叢書》本，北圖、上圖、復旦、山東大學等藏。此與前本亦出同版。

經史問五卷　國朝郭植撰　**三七二九**

福建巡撫採進本(總目)。○《福建省呈送第三次書目》:「《經史問》五卷二本。」

掌録二卷　國朝陳祖范撰　**三七三〇**

江蘇巡撫採進本(總目)。《江蘇採輯遺書目録》:「《陳祖范詩文集》十一卷(《文集》四卷《經咫》一卷《詩》四卷《掌録》二卷),國子監司業常熟陳祖范著。」○浙江圖書館藏清乾隆二十九年刻本,題「海虞陳祖范著」。半葉十行,行二十三字,白口,四周雙邊。前有乾隆二十九年受業邵齊燾序云:「公之長子明經道光載誦清芬,永言手澤,重加校勘,刻於集後。其間脱訛,顧主事鎮、湯進士愈並嘗是正。以今歲次甲申月建癸酉剞劂告竣,實公歿後之十年也。」世傳《陳司業集》本即是刻也。《存目叢書》據以影印。北圖、南圖、中科院圖亦有是刻。○清光緒十七年廣雅書局刻《陳司業遺書》本,收入《廣雅書局叢書》雜著類。北圖、中科院圖、上圖等藏。

右雜考之屬